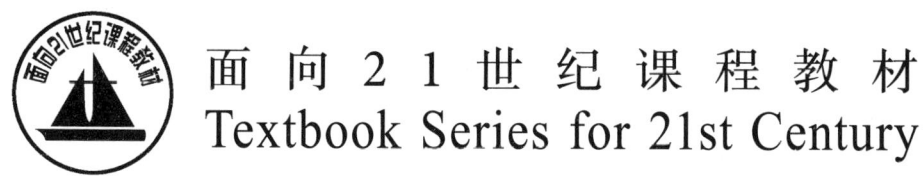

面向21世纪课程教材
Textbook Series for 21st Century

高等学校经济学类、工商管理类核心课程教材

统计学

（第五版）

主编 袁卫 庞皓 贾俊平 杨灿

高等教育出版社·北京

内容简介

本书是教育部"面向21世纪课程教材",是高等学校经济学类、工商管理类核心课程教材。

本书在第四版基础上进一步强化"统计学是数据和数据分析的科学"这一主线,突出应用统计的特点。在基本保留原有框架的基础上,更新了案例和数据,精简了较为烦琐的数学推导和统计软件可以取代的数学计算,力图使数据和数据分析的核心内容更加简洁。在基本数据分析的方法上,增加更多的实际案例,从正反两个方面强化正确选择和使用分析工具的能力。同时,每章新增二维码链接相关教学资源,读者通过扫描二维码,输入封底防伪二维码下的20位密码后即可访问。

本书可作为高等学校经济学类、工商管理类专业本科生的教材,也可作为人文、社会科学以及其他学科的本、专科教材或参考书,还可作为相关管理人员和研究人员的参考书。

图书在版编目(CIP)数据

统计学 / 袁卫等主编. ——5 版. ——北京:高等教育出版社,2019.8(2025.2重印)
ISBN 978-7-04-052229-7

Ⅰ.①统… Ⅱ.①袁… Ⅲ.①统计学-高等学校-教材 Ⅳ.①C8

中国版本图书馆 CIP 数据核字(2019)第 141100 号

统计学
Tongjixue

| 策划编辑 | 施春花 | 责任编辑 | 施春花 | 封面设计 | 张 楠 | 版式设计 | 杜微言 |
| 责任校对 | 张 薇 | 责任印制 | 高 峰 | | | | |

出版发行	高等教育出版社	网 址	http://www.hep.edu.cn
社 址	北京市西城区德外大街4号		http://www.hep.com.cn
邮政编码	100120	网上订购	http://www.hepmall.com.cn
印 刷	固安县铭成印刷有限公司		http://www.hepmall.com
开 本	787mm×1092mm 1/16		http://www.hepmall.cn
印 张	19.5	版 次	2000年7月第1版
字 数	440千字		2019年8月第5版
购书热线	010-58581118	印 次	2025年2月第15次印刷
咨询电话	400-810-0598	定 价	45.00元

本书如有缺页、倒页、脱页等质量问题,请到所购图书销售部门联系调换
版权所有 侵权必究
物 料 号 52229-00

总前言

高等学校经济学类核心课程和工商管理类核心课程是在高等教育面向 21 世纪教学内容和课程体系改革计划"经济学类专业课程结构,共同核心课程及主要教学内容改革研究与实践"和"工商管理类专业课程结构及主要教学内容改革研究与实践"两个项目调研基础上提出、经经济学教学指导委员会和工商管理类教学指导委员会讨论通过、教育部批准的必修课程。其中,经济学类各专业的核心课程共 8 门:政治经济学、西方经济学、计量经济学、国际经济学、货币银行学、财政学、会计学、统计学;工商管理类各专业的核心课程共 9 门:微观经济学、宏观经济学、管理学、管理信息系统、会计学、统计学、财务管理、市场营销学、经济法。这些课程确定后,教育部高教司组织有关专家制定了各门课程的教学基本要求,并组编了相应的各门教材。各门课程的教学基本要求及相应教材由高等教育出版社 2000 年秋季出齐,供各高等学校选用。

教育部高等教育司
2000 年 3 月

第一版序

近年来,我国的统计学教材建设取得了不小的成绩,出版了一批国人自著的教科书和引进了一些国外的优秀著作。但这些教材中,多数是偏于社会经济统计学或数理统计学一方的,能将这两方面熔合于一炉的著作尚不多见。袁卫教授等的新著《统计学》是朝着这个方向努力的一个尝试,具有其鲜明的特色。这不仅表现于在内容上包罗了上述两个方面,也表现于在讲述数理统计方法时,采用了大量的富于社会经济统计内涵的例子,标示了数理统计方法在解决社会经济统计问题中的作用,使这两个方面达到了一定程度的有机的融合。

在以往相当长一段时间内,甚至直到如今,在我国统计学界有一种看法认为数理统计学和社会经济统计学是两个不同性质甚至对立的学派。笔者认为这是一种误解,其根源盖出于对数理统计方法的"工具性"注意不够。数理统计学作为一门自然科学,是一种"价值中立"的工具。这个属性决定了它不对任何现实问题采取特定的、先入性的立场。一般讲,凡是其中涉及带随机性的数据的问题,都是数理统计方法这个工具的可能用武之地。当然,在一个具体问题中是否该采用随机化的模型因而引入数理统计方法,要由问题的性质和条件等诸多方面的考虑来决定。如在一项调查工作中,究竟是采取普查或抽样调查方法,取决于许多因素,不能武断地说某种方法必然是最好的方法。

数理统计方法这种"工具性"和"价值中立"属性看来属于自明,其所以被误解,一定程度上与其易被滥用或误用有关。统计方法之正确使用有赖于三个方面:一是数据的取得必须符合随机性的要求,而这"随机性"的含义,要依所考察的问题的性质而定,这在医药试验中的所谓"双盲法"中看得很清楚。简单一点的例子,如在抽样调查中要避免为迎合调查所希望的结论而有意偏向地选择样本等。这个道理说起来容易,真正做到不易。即使是抱着负责的、公正的态度,也有可能无意中掉入不易觉察的陷阱。这一点做得如何,恐怕也是衡量一个统计工作者职业训练的一个重要方面。二是模型和方法的选择。是选择线性的还是非线性的模型,选择多少个自变量和哪些自变量,使用哪种类型的相关指标,问题适合于用方差分析还是因子分析来处理为好,等等,有时不易做出合适的判断。而这种判断不当可以使尔后的统计分析形式上合乎规范,但实质却是个"伪问题"。三是在统计分析结果的解释上。在这一点上的考虑不周可以从一个正确的统计分析引申出不当的结论。如不合理的外推,在数据量不大时,对接受或否定一个统计假设的含义做出过度的解释,以及轻率地将统计相关关系解释为因果关系之类。这些问题的妥善处理并无一定之规,在很大程度上取决于经验以及对所研究问题的背景的了解。不可否认,上述种种问题的存在使对数理统计方法的滥用和误用开了方便之门。这是在学习、理解和使用数理统计方法时必须留意的地方。《不列颠百科全书》把统计学定义为"收集和分析数据的科学和艺术,其中标出统计方法的艺术"属性,当然不能拘泥于其字面意义去理解,其含义从上文所论可以有所领悟。

近些年来,我国统计界的一些有识之士倡导"大统计"的说法,号召我国统计工作者不分畛域,团结在"大统计"这面旗帜之下,一同为发展我国的统计事业与统计学术贡献力量。笔者很赞同这一方针。从历史上说,较早期的统计学的发展符合这种"大统计"的精神。那时,数理统计方法的研究是密切结合种种实用问题进行的,其中人口统计和社会经济统计问题是一个显著的方面。例如,格朗特在1662年发表的《关于死亡公报的自然和政治观察》一书,被认为是描述统计的开山之作,其中也包含了某些对后来推断统计发展有影响的思想,如频率稳定性、数据可靠性的检验与生命表等。1710年阿布兹诺特考察生男生女机会是否均等的问题,其所用方法包含了近代假设检验理论的若干基本思想。拉普拉斯在19世纪初用非普查的方法估计一国的人口数,对20世纪得到大发展的随机抽样调查方法起了先驱的作用。又如,在统计学中有广泛应用的方差分析方法,公认是费歇尔在20世纪20年代的创造。事实上19世纪后期莱克西斯在研究一个与人口有关的统计问题时,已很接近这个思想。这些以及统计史上其他的例子说明,统计方法的研究必须与实际问题结合才会有活力。与其他实用部门相比,在我国数理统计方法与社会经济问题的结合要薄弱一些。这更启示了"大统计"这一提法的现实意义。

如上所说,统计学的早期历史实际上是一部大统计的历史。20世纪上半叶,数理统计学建立了严整的数学框架,逐渐形成了一门独立学科。这个事实无疑有其积极的意义,但人们也注意到,在其后续的发展中,源于学科自身的"内生性"问题占据了过大的比重,而造成了理论研究与实际应用脱节的现象。近几十年来,国际统计界一些学者对此进行了反思,如今已形成一股有影响的潮流,这一点应当引起我国统计学界的重视。笔者认为,提倡大统计,正是对此的一种呼应。应当鼓励数理统计学者多关心和参与社会经济统计方面的问题。同时,社会经济统计工作者有必要熟悉基本的数理统计方法,以拓宽视野,增强解决问题的能力,并使自己的研究工作具有更强的现代意识。

这一切不可能一蹴而就,需要一个过程。这中间统计教育是一个重要方面。而要有革新的统计教育,就必须有革新的统计教材。袁卫教授等的《统计学》,是朝着这个方向的一个有意义的努力。如前所指出,本书的一个优点是联系大量的实例来讲述统计方法,把一些较为抽象的内容用浅近易了解的语言表述而不失其科学性。本书的另一个特点是很重视"数据"。作者辟了整两章的篇幅,仔细讲述了数据的整理、表述及统计特征等方面的问题。这部分内容在统计学中一般理解为"描述统计"。以往有一种错误的理解,以为描述统计只涉及粗浅的数学,是属于低层次的统计学。实际上,描述统计是推断统计的基础。统计观念的养成很大程度上来源于对数据的"感觉",培养这种感觉正是描述统计的一个重要目的。近来国际上有的提倡"数据分析"作为未来统计发展的可能方向时,甚至标出向描述统计回归的提法。姑不论这在科学上有其可议之处,其主张"统计学是一门关于数据的科学"这个基点,很具有启发性。

笔者相信,本书的出版,对符合新时代潮流的我国统计学教材建设,是一个有益的贡献,同时,它也将对我国统计界同行起到一种促进作用,促进大家多关心统计学教材建设的问题,写出更多高水平的、符合新时代要求的统计学教材来。

陈希孺
2000 年 3 月

第五版前言

时间过得真快,一晃儿这本教材出版已经快20年了。在修改编写第五版时,我们又重新回顾了自2000年教材第一版与读者见面至今社会的变化和统计学科的发展,特别是重温了已故陈希孺院士为这本教材撰写的"序言",越来越体会到编写一本好教材的"变"与"不变"。

所谓"变",就是教材的方法、应用、案例、习题、网络学习资源、应用软件等要随着大数据时代数据科学对统计方法的要求而发展变化。例如,早期教材中一些简洁算法、插值估算方法等已经被强大快速高效的计算软件取代,使得我们更专注数据获取、数据质量和数据分析及解释。再比如,对大量数据的准确描述和数据可视化分析越来越重要。这样,描述统计部分就不仅仅要介绍样本数据的描述,而且需要对软件可视化分析的结果加以分析讨论。

所谓"不变",就是教材理论、方法结合实际,解决实际问题的目标和思想不能变。陈希孺院士在第一版"序言"中写道:"数理统计学作为一门自然科学,是一种'价值中立'的工具。这个属性决定了它不对任何现实问题采取特定的、先入性的立场。……数理统计方法这种'工具性'和'价值中立'属性看来属于自明,其所以被误解,一定程度上与其易被滥用或误用有关。统计方法之正确使用有赖于三个方面:一是数据的取得必须符合随机性的要求;……二是模型和方法的选择;……三是在统计分析结果的解释上。"陈希孺院士强调统计方法对所有数据都可以应用,但要用好统计方法,必须处理好"数据如何取得,模型与方法的使用以及分析结果的解释"三个方面,而这三个方面是学好用好统计方法的精髓,是经久不变的。

本着"变"与"不变"的原则,作为经济管理、社会科学类应用数据分析方法与应用的教材,我们依然保持"紧密联系实际,重思想、重应用、重数据分析能力培养"的特色,在整体框架保持基本不变的前提下,继续精简不必要的公式推导和证明,例如去掉了第四版的"总体方差估计和检验""总体回归函数与样本回归函数""循环变动的概率性质与运算"等内容。

这一版重点修改和充实的内容包括:第一,大数据时代的数据量"大"与"小"只是相对的概念,传统数据分析的基本方法对大数据分析仍然有效,但在计算工具的实现上要根据大数据形态的新特点选择适合的编程语言和软件,比如R等;第二,充实、更新了数据、案例和习题,增加了二维码链接选择题和判断题;第三,丰富了教学资源,主要章节都增加了网络数据、案例分析及习题解答等内容,供读者参考使用。

第五版修订仍由中国人民大学、厦门大学和西南财经大学合作完成。各章的执笔人分别是:第1、2章袁卫(中国人民大学);第3章袁卫、贾俊平(中国人民大学);第4、5、6章贾俊平;第7、8章庞皓(西南财经大学),第9

章杨灿(厦门大学)。全书由袁卫修改定稿。

本书可作为高等学校经济学类、工商管理类以及人文、社会科学和其他学科的本、专科教材或参考书。感谢广大读者和任课教师,你们的鼓励和建议是我们修改完善的动力。感谢施春花编辑和高等教育出版社,你们的支持和帮助使得这一版能和读者尽快见面。由于数据形态、数据数量和计算方法技术发展日新月异,加上我们知识能力所限,这一版仍然会有疏漏乃至错误之处,恳请同行和读者继续提出批评和建议。

编　者

2019 年 5 月

第一版前言

在人类迈进 21 世纪的今天,知识的更新速度正不断加快,社会对新知识的需求也日益增加。无论是国民经济管理和公司、企业的经营及决策,还是科学研究都越来越依赖于数量分析和统计分析方法。统计方法已经成为理、工、农、医、人文、社会、管理、军事等所有学科领域科学研究的基本方法。因此,社会对统计方法的应用以及对统计教材的编写也就提出了更高的要求。近年来,我国高校经济管理类专业的统计教材在内容和体系上都有了较大的改进,但还缺少普遍适用的统编教材。本教材就是为了适应这一需要而编写的。它总结了我们长期的教学经验,参阅了国内外同类的优秀教材,既可作为高校经济管理类专业的教材,也可作为其他专业和广大实际工作者的参考书。

构建统计学教材的内容体系,关键是要对统计学科有一个全面科学的认识。我们认为,统计学是一门收集、整理和分析统计数据的方法科学,其目的是探索数据内在的数量规律性,以达到对客观事物的科学认识。取得统计数据是进行统计分析的基础和前提,离开了统计数据,统计方法就失去了用武之地。如何取得准确可靠的数据是统计学研究的重要内容之一,通常需要对调查人员和试验人员进行专门的培训。统计数据的整理是通过对统计数据的加工处理使其系统化、条理化,符合统计分析的需要,是介于数据收集与数据分析之间的一个必要环节。统计数据的分析是统计学的核心内容,它是通过统计描述和统计推断的方法探索出数据内在的数量规律性的过程,也是本教材的重点。本教材在编写中力求简明易懂,强调应用实例阐明统计方法的基本原理和思想,并结合 Excel 软件进行教学,以提高读者学习统计的兴趣和应用统计方法分析解决实际问题的能力。

本教材由中国人民大学、厦门大学、西南财经大学合作编写而成。由袁卫教授(中国人民大学)、庞皓教授(西南财经大学)、曾五一教授(厦门大学)担任主编。各章执笔人分别是:第一章袁卫,第二章、第三章贾俊平(中国人民大学),第四章周惠彬(西南财经大学),第五章、第六章王青华(西南财经大学),第七章金勇进(中国人民大学),第八章曾五一,第九章庞皓,第十章曾五一,第十一章杨灿(厦门大学),第十二章刘文卿(中国人民大学),第十三章杨灿,附录林飞(厦门大学)。全书最后由袁卫、贾俊平总纂定稿。中国科技大学的陈希孺院士、中国人民大学的倪加勋教授和天津财经学院的肖红叶教授认真审阅了书稿,并提出了宝贵的修改意见。在本书付印之际,谨向所有帮助和支持本书编写和出版的同志表示衷心的感谢。

由于编者水平所限,书中难免有疏漏或错误之处,恳请同行和读者多提宝贵意见,以便我们进一步修改和完善。

编　者
2000 年 3 月

目 录

第1章 数据与统计学 ················ 1
  1.1 统计数据与统计学 ········ 2
  1.2 统计学的产生与发展 ········ 4
  1.3 统计学的分科 ············ 5
    1.3.1 描述统计和推断统计 ··· 6
    1.3.2 理论统计和应用统计 ··· 7
  1.4 数据的种类与来源 ········ 8
    1.4.1 数据的种类 ········ 8
    1.4.2 数据的来源 ········ 9
  1.5 统计数据的质量 ········· 10
  1.6 统计学的基本概念 ········ 11
    1.6.1 总体 ············ 11
    1.6.2 变量 ············ 11
    1.6.3 样本 ············ 11
  本章小结 ················ 12
  思考与练习 ··············· 12
  案例分析 ················ 13
  即测即评 ················ 14
第2章 统计数据的描述 ············ 15
  2.1 统计数据的整理 ········· 16
    2.1.1 统计数据的分组 ······ 16
    2.1.2 次数分配 ········· 17
    2.1.3 次数分配直方图与
          茎叶图 ·········· 19
    2.1.4 洛伦茨曲线与基尼
          系数 ············ 22
  2.2 分布集中趋势的测度 ······ 24
    2.2.1 众数 ············ 24
    2.2.2 中位数 ··········· 25
    2.2.3 分位数 ··········· 26
    2.2.4 均值 ············ 26
    2.2.5 几何平均数 ········ 29
    2.2.6 切尾均值 ·········· 30
    2.2.7 众数、中位数和均值的
          关系 ············ 31
  2.3 分布离散程度的测度 ······· 33
    2.3.1 极差 ············ 34
    2.3.2 内距 ············ 34
    2.3.3 方差和标准差 ······· 34
    2.3.4 离散系数 ········· 36
  2.4 分布偏态与峰度的测度 ····· 38
    2.4.1 偏态及其测度 ······· 39
    2.4.2 峰度及其测度 ······· 40
  2.5 统计表、统计图与辛普森
      悖论 ················ 41
    2.5.1 统计表 ··········· 41
    2.5.2 箱线图、统计图的误用
          与妙用 ··········· 42
    2.5.3 辛普森悖论 ········ 51
  本章小结 ················ 52
  思考与练习 ··············· 52
  案例分析 ················ 58
  附录 ··················· 60
  即测即评 ················ 62
第3章 概率、概率分布与抽样分布 ··· 63
  3.1 事件及其概率 ··········· 64
    3.1.1 试验、事件和样本
          空间 ············ 64
    3.1.2 事件的概率 ········ 66
    3.1.3 概率的性质和运算
          法则 ············ 68
    3.1.4 条件概率与事件的
          独立性 ··········· 71

3.1.5　全概率公式与逆概率
　　　公式 ·················· 74
3.2　随机变量及其概率分布 ······ 76
　　3.2.1　随机变量 ················ 76
　　3.2.2　离散型随机变量的
　　　　　概率分布 ·············· 78
　　3.2.3　离散型随机变量的
　　　　　数学期望和方差 ······ 79
　　3.2.4　几种常用的离散型
　　　　　概率分布 ·············· 79
　　3.2.5　概率密度函数与
　　　　　连续型随机变量 ······ 86
　　3.2.6　常见的连续型随机
　　　　　变量的概率分布 ······ 87
3.3　常用的抽样方法 ·············· 96
　　3.3.1　简单随机抽样 ············ 96
　　3.3.2　分层抽样 ················ 97
　　3.3.3　系统抽样 ················ 97
　　3.3.4　整群抽样 ················ 98
3.4　抽样分布 ······················ 98
　　3.4.1　抽样分布的概念 ·········· 98
　　3.4.2　抽样分布的形式 ········ 101
　　3.4.3　抽样分布的特征 ········ 102
　　3.4.4　样本比率的抽样
　　　　　分布 ···················· 106
　　3.4.5　样本方差的抽样
　　　　　分布 ···················· 107
　　3.4.6　两个样本统计量的
　　　　　抽样分布 ·············· 108
3.5　中心极限定理的应用 ······ 110
本章小结 ························ 112
思考与练习 ······················ 113
案例分析 ························ 118
即测即评 ························ 119

第4章　参数估计 ················ 120

4.1　参数估计的基本原理 ······ 121
　　4.1.1　估计量与估计值 ········ 121
　　4.1.2　点估计与区间估计 ···· 121
　　4.1.3　评价估计量的标准 ···· 124

4.2　一个总体参数的区间估计 ··· 125
　　4.2.1　总体均值的区间
　　　　　估计 ···················· 125
　　4.2.2　总体比率的区间
　　　　　估计 ···················· 128
4.3　两个总体参数的区间估计 ··· 129
　　4.3.1　两个总体均值之差的
　　　　　区间估计 ·············· 129
　　4.3.2　两个总体比率之差的
　　　　　区间估计 ·············· 134
4.4　样本量的确定 ··············· 135
　　4.4.1　估计总体均值时
　　　　　样本量的确定 ········ 136
　　4.4.2　估计总体比率时
　　　　　样本量的确定 ········ 137
本章小结 ························ 137
思考与练习 ······················ 138
案例分析 ························ 140
即测即评 ························ 141

第5章　假设检验 ················ 142

5.1　假设检验的基本原理 ······ 143
　　5.1.1　假设的陈述 ············ 143
　　5.1.2　两类错误与显著性
　　　　　水平 ···················· 146
　　5.1.3　检验统计量与
　　　　　拒绝域 ················ 146
　　5.1.4　利用P值进行决策 ···· 148
5.2　一个总体参数的检验 ······ 150
　　5.2.1　总体均值的检验 ········ 150
　　5.2.2　总体比率的检验 ········ 156
5.3　两个总体参数的检验 ······ 158
　　5.3.1　两个总体均值之差的
　　　　　检验 ···················· 158
　　5.3.2　两个总体比率之差的
　　　　　检验 ···················· 165
本章小结 ························ 166
思考与练习 ······················ 167
案例分析 ························ 169
即测即评 ························ 170

第6章 方差分析 ·············· 171
6.1 方差分析引论 ············ 172
6.1.1 方差分析及其有关术语 ············ 172
6.1.2 方差分析的基本思想和原理 ············ 173
6.1.3 方差分析中的基本假定 ············ 174
6.1.4 问题的一般提法 ········ 175
6.2 单因素方差分析 ········ 175
6.2.1 数据结构 ············ 176
6.2.2 分析步骤 ············ 176
6.2.3 用 Excel 进行方差分析 ············ 181
6.2.4 方差分析中的多重比较 ············ 182
6.3 双因素方差分析 ········ 183
6.3.1 双因素方差分析及其类型 ············ 183
6.3.2 无交互作用的双因素方差分析 ············ 184
6.3.3 有交互作用的双因素方差分析 ············ 187
本章小结 ············ 190
思考与练习 ············ 190
案例分析 ············ 193
即测即评 ············ 194

第7章 相关与回归分析 ············ 195
7.1 相关分析 ············ 196
7.1.1 相关关系的概念 ············ 196
7.1.2 相关系数 ············ 200
7.1.3 相关分析与回归分析 ············ 201
7.2 一元线性回归分析 ···· 202
7.2.1 一元线性回归模型 ··· 202
7.2.2 回归系数的普通最小二乘估计 ············ 203
7.2.3 拟合优度的度量 ······ 206
7.3 线性回归的显著性检验与回归预测 ············ 208
7.3.1 回归系数显著性的 t 检验 ············ 208
7.3.2 一元线性回归模型的预测 ············ 210
7.4 多元线性回归分析 ········ 211
7.4.1 多元线性回归模型及假定 ············ 212
7.4.2 多元线性回归模型的估计 ············ 213
7.4.3 多元线性回归模型的检验 ············ 216
本章小结 ············ 219
思考与练习 ············ 220
案例分析 ············ 226
即测即评 ············ 228

第8章 时间序列分析与预测 ········ 229
8.1 时间序列的描述 ········ 230
8.1.1 时间序列及其描述 ··· 230
8.1.2 时间序列的图形描述 ············ 232
8.1.3 时间序列的速度分析 ············ 233
8.2 时间序列的构成因素及其组合模型 ············ 236
8.2.1 时间序列的构成因素 ············ 236
8.2.2 时间序列构成因素的组合模型 ············ 238
8.3 时间序列趋势变动分析 ··· 239
8.3.1 测定长期趋势的移动平均法 ············ 239
8.3.2 测定长期趋势的指数平滑法 ············ 242
8.3.3 测定长期趋势的模型法 ············ 244
8.4 季节变动分析 ············ 251
8.4.1 季节变动分析的原始资料平均法 ············ 251

8.4.2 季节变动分析的趋势
——循环剔除法 ………… 252
8.4.3 季节变动的调整 …… 254
本章小结 ………………………… 255
思考与练习 ……………………… 256
案例分析 ………………………… 259
即测即评 ………………………… 260

第9章 统计指数 ………………… 261
9.1 指数的概念与分类 ………… 263
9.1.1 指数的概念 ………… 263
9.1.2 指数的分类 ………… 264
9.2 总指数的编制方法 ………… 265
9.2.1 总指数编制的基本问题 ………………… 265
9.2.2 加权总指数的编制原理 ………………… 268
9.2.3 加权综合指数的主要形式 ………………… 271
9.3 指数体系与因素分析 …… 273
9.3.1 指数体系及其作用 …… 273
9.3.2 总量变动的因素分析 ………………… 274
9.4 几种常用的经济指数 …… 275
9.4.1 消费者价格指数和商品零售价格指数 … 275
9.4.2 生产指数和生产者价格指数 ………… 276
9.4.3 股票价格指数 …… 277
本章小结 ………………………… 278
思考与练习 ……………………… 279
案例分析 ………………………… 281
即测即评 ………………………… 282

附录 常用统计表 ……………… 283
附表1 标准正态分布表 … 283
附表2 t 分布表 ………… 284
附表3 χ^2 分布表 ………… 285
附表4 F 分布表 ………… 287

参考书目 ………………………… 293

第 1 章
数据与统计学

乘飞机的风险与航空意外险

在我们出差或外出旅行时,如果要买航空意外险,现在比较常见保单的保费是 20 元,保额 100 万元。也就是说,如果发生空难等航空意外事故,最多可以得到 100 万元的保险赔偿。大家知道,保费费率的厘定,主要根据风险的大小,同时考虑管理费用、保险公司的利润和上缴的税款。如果暂不考虑管理费用、利润和税款,不难得到 20 元保 100 万元是按 1/50 000 左右的风险计算的。那么我国民航业现在的风险到底有多大?根据国际民用航空业航空风险的计算原则,一般是以 10 年作为一个周期,计算百万起降架次和百万飞行小时的事故率。从中国民用航空总局的网站上可以查到,近 10 年来(2008 年到 2017 年)我国民航起降总架次为 3 500 万次左右,旅客总人数为 35 亿多人次。这 10 年间发生的空难只有 1 次,即 2010 年 8 月 24 日河南航空公司哈尔滨飞伊春的 VD8 387 航班(44 人遇难)。不论从百万飞行小时、旅客人数或者起降架次哪个指标计算,近年来我国民航业的风险和事故率都已经大大降低,大约为 1/35 000 000 或者更小。显然,按照 1/50 000 计算的航空意外险就有着极大的利润。这也是前些年航空意外险市场混乱、假保单满天飞的诱因之一。如果按照 1/35 000 000 的概率计算,100 万元保额应该收多少保费?即使加上 50% 的利润、上缴税款和管理费用,每张保单应该卖多少钱?将这一保费数额纳入机票费用是否合理?

1.1 统计数据与统计学

大数据时代,我们的工作和日常生活已经离不开各种各样的数据。例如,早上起来要关心当天气温的高低和空气质量情况;在网络"百度搜索"输入"数据"后除了列出与其相关的词汇信息外,还根据与查询"数据"的相关程度列出"相关术语""相关网站";球类比赛时解说员总要统计竞赛双方的进攻次数和成功率;学生考试后非常关心自己的考试成绩和名次;企业管理人员要掌握生产销售情况和利润额;报刊和电视中常提到 GDP(国内生产总值)、CPI(消费者价格指数)和经济增长率的数字等。日常工作与生活中的这些数字就是我们所关心的统计数据。

统计学是一门收集、整理、显示和分析数据的科学,其目的是探索数据内在的数量规律性。正是因为统计学总是在和数据打交道,因而也可称统计学为"数据的科学"。

怎样理解统计学是数据的科学呢? 下面先看看统计学英文的名词,再举几个例子。

统计学的英文是 Statistics。在英文字典中它有两个含义:当它以单数名词出现时,表示一门科学的名称"统计学";当它以复数名词出现时,表示"统计数据"或"统计资料"。Statistics 一词的英文解释至少可以说明两件事情。

第一,由于统计数据在英文中是以复数形式出现的,表明统计数据不是指个别的单个数字,而是指同类的较多数据。因为单个数字如果不和其他数据进行比较,是不能说明问题的。例如,某个学生在某门课程的考试中得了 85 分,如果仅凭这一个数字,我们很难对这位学生的知识和能力水平作出判断和评价。因为这个 85 分可能是班上的最高分,可能是中等水平的分数,也可能是较低的分数。如果还知道这次考试的平均分数,就可以对这位学生的成绩是高于还是低于平均分数,以及是高多少或者低多少作出评价了。在生产和生活实际问题中,通常可以收集到较多的数据,进而利用统计方法对数据进行加工整理,从而发现数据中的内在联系及数量规律。

第二,作为单数的统计学和作为复数的统计数据在英文中使用同一名词,显示出二者之间的密切关系。统计学是由收集、整理、显示和分析统计数据的方法组成的,这些方法来源于对统计数据的研究,目的也在于对统计数据的研究。离开了统计数据,统计方法乃至统计学就失去了其存在的意义。这正如俗话所说"巧妇难为无米之炊"。这里的"巧妇"就是掌握统计方法的统计学家或统计工作者,"米"就是统计数据,"炊"就是统计研究或统计工作的目的,即探索数据内在的数量规律性。显然,没有统计数据或没有较好的统计数据,即使很科学的统计方法或很高明的统计学家也难有所作为。

那么,什么是数据内在的数量规律性呢? 下面用几个简单的例子来说明。

【例 1.1】 一个家庭新生婴儿的性别可能是男,也可能是女。有的家庭几个孩子都是男孩,也有的都是女孩。从表面上看,新生婴儿的性别比例似乎没什么规律可循。但如果对新生婴儿的性别进行大量观察,就会发现性别比例还是有规律的,即婴儿总数中男孩要多于女孩,大致为每生育 100 个女孩,就有 105 个左右的男孩。这个 105∶100 的比例就是新生婴儿男女性别的数量规律性,古今中外都大致相同,它是由人类社会长期遗传与发展的结果。因为人类社会要延续、要发展,就要保持男女人数的大致相同。那么有人会问,新生儿男多于女,不是性别不平衡了吗? 是的,新生儿时男多于女会出现不平衡,但男孩的死亡率高于女孩,到了中青年时,男女人数就大致相同了。进入中老年后,男性的死亡率仍然高于女性,男性的平均预期寿命比女性短,长寿的男性要少于女性。从一个国家看,如果没有人为的 B 超检查后堕胎等干扰,其规律是婴幼儿时男性略多于女性,中青年时男女人数大致相同,老年时女性又略多于男性。这样既保证人类在中青年结婚生育时性别的大致平衡,又使得在人口总数上男女也大体相当,有利于人类社会的进化和发展。对人类性别比例的研究是统计学的起源之一,也是统计方法探索的最早的数量规律之一。

【例1.2】 我们都做过掷硬币和掷骰子的游戏,知道随机地掷一次硬币或骰子不能事先确定出现正面还是反面或某个点数,也就是说个别游戏或试验中充满了不确定性或偶然性。机会游戏或赌博正是利用了这种不确定性和偶然性才能够吸引人。但当我们进行大量观察,即不断做重复试验时,就会发现掷一枚均匀硬币出现正面和反面的比率会大体相同,即 0.5∶0.5。试验的次数越多,出现正面和反面的可能性就越接近1/2 这一稳定的数值。同样,在掷一枚均匀骰子时,出现 1~6 点中任一点数的可能性也都接近1/6。这里的 1/2 和 1/6 就是掷硬币和掷骰子出现某一特定结果的概率,也就是我们探索的数量规律性。

【例1.3】 在进行农作物试验时,如果其他试验条件相对固定,我们会发现某种粮食作物的产量会随某种施肥量的增加而增加。当开始增加施肥量时,产量增加较快。以后增加同样的施肥量,粮食产量的增加量逐渐减少。当施肥量增加到一定数值量,产量不再增加。这时如果再增加肥料,产量反而会减少。这一施肥量与粮食产量的数量关系就是我们要探索的规律性。当我们从大量试验数据中用统计方法探索到施肥量与产量之间的数量关系,就可以考虑肥料的费用并选择最佳的施肥效果了。

【例1.4】 天津汽车制造厂与丰田公司合资生产的威驰(Vios)汽车安装的是 8 A 型发动机,排量为 1.342 L,公司声称其手动挡汽车每百公里油耗(等速情况下)不超过 5 L。要检验购买的车辆是否达到了说明书上的节油标准,就需要计算在高速路上匀速行驶的平均油耗。假定你的汽车平均每百公里油耗为 5.5 L,那么你的汽车是属于质量达标汽车中恰巧由于运气不好碰上的个例呢,还是该批产品本身就不合格呢? 统计方法可以作出检验并给予回答。

【例1.5】 某企业开发出一种新的化妆品,在正式投产之前,需要根据市场需求情况制定其价格和销售策略等。该企业委托某市场调查公司在全市 200 万户家庭中抽取 1 000 户家庭作为样本,免费赠送给这 1 000 户家庭试用,然后了解该化妆品的销售前景。如何科学地从该市 200 万户家庭中抽出 1 000 户家庭进行调查,并由这 1 000 户家庭反馈的市场信息科学地推断出全市 200 万户家庭对该化妆品的购买意愿这一数量规律,是统计工作者的任务。

【例1.6】 北京市公安局根据多年来各区县街道刑事案件数据的积累、整理和分析,利用大数据方法在 2013 年 7 月 10 日发布了"北京市治安地图"。其中将动物园批发市场、新发地地区、锦绣大地市场等 19 处列为最不安全地区。之后,北京市公安局进一步公布治安重点整治地区、扒窃案高发地区、入室盗窃案高发地区等详细信息。这些信息的公布既有利于公安部门有针对性地整治,也让老百姓有所防范。

为什么统计方法能够通过对数据的大量观察和处理而研究和探索出其内在的数量规律性呢？这是由客观事物本身的特点和统计方法的特性共同决定的。从客观事物方面来说，根据辩证法的基本原理，任何客观事物都是必然性与偶然性的对立统一。同样，任何一个数据也都是必然性与偶然性共同作用的结果，是二者作用的对立统一。必然性反映了事物本质的特征和联系，是比较稳定的，因而它决定了事物的内在本质是有规律可循的。偶然性反映了该事物每个表现形式的差异。如果客观事物只有必然性一个方面的特征，事物的表现形式就会比较简单，就可以比较容易把握它的规律性。正是由于偶然性的存在，造成了事物的表现形式与必然性和规律性发生偏移，从而形成了表面形式的千姿百态，形成数据表现形式的千差万别。这样，必然性的数量规律性就被掩盖在表面的差异之中了。前面举出的六个例子，本身都存在必然性的数量规律，但就每个新生儿的性别、每次掷硬币的结果、每次施肥带来的增产、每辆汽车的百公里耗油量、每个家庭对化妆品的购买意愿、每个地区增加的刑事案件都是不同的，是有差异的，其表现形式也是充满偶然性的。但每个例子本身都是有规律可循的，应用统计方法就可以从偶然性中探索到内在的、本质的数量规律；从统计方法来看，统计学提供了一系列的方法，专门用来收集数据、整理数据、显示数据的特征，进而分析和探索（或推断）出事物总体的数量规律性。当然，如果事物本身的规律比较简单，所用的统计方法也就相对容易；如果事物本身的规律错综复杂，所用的统计方法也就相对复杂。以上的六个例子中，前面两个例子比较简单，用描述统计的方法就可以解决问题。第三、四、五个例子就需要应用比较复杂的推断统计方法，如后面章节中的抽样与抽样分布、假设检验和相关与回归分析等。第六个例子则是互联网和大数据时代利用数据分析方法，发现规律并提高社会治理水平的成功应用案例。

总之，用什么统计方法，取决于我们有什么样的统计数据以及要解决什么问题。

1.2 统计学的产生与发展

统计学产生于 17 世纪中叶，是从几个不同的领域开始的。统计学的一个源头是来自英国经济学家威廉·配第（William Petty）的《政治算术》（1676 年）。配第在书中用大量的数字、重量、尺度等定量的方法对英国、法国、荷兰三国的经济实力进行分析和比较，表达他的思想和观点。马克思在《资本论》中评价配第"是政治经济学之父，在某种程度上也可以说是统计学的创始人"。

统计学的另一个源头是英国的约翰·格朗特（John Graunt）。格朗特在 1662 年出版了《关于死亡公报的自然与政治观察》。他通过大量观察的方法，研究并发现了人口与社会现象中重要的数量规律性。如新生儿的性别比例稳定在 14∶13，即例 1.1 中谈到的 105∶100；男性在各年龄组中死亡率高于女性；新生儿的死亡率较高；一般疾病与事故的死亡率较稳定而传染病的死亡率波动较大等。在研究中，格朗特不但探索了人口变化和发展的一些数量规律，而且还对伦敦市总人口数量作出了较科学的估计。如果说配第是政府统计的创始人，则格朗特可被认为是人口统计的开创者。

统计学的第三个源头是古典概率论，奠基人包括法国的布莱士·帕斯卡（Blaise Pascal）和皮埃尔·德·费马（Pierre de Fermat）等。早在他们之前，已有一些数学家在研究赌博中的数量规律了。意大利诗人但丁早在15世纪就讨论过掷3颗骰子可能出现的各种点数。16世纪中,意大利科学家伽利略讨论了掷3颗骰子出现10点次数多于9点次数的原因。在数学家们对机会游戏研究的基础上,帕斯卡和费马通过通信的方式,将赌博中出现的各种具体问题,归纳为一般的概率原理,为后来概率论和统计学的发展奠定了重要的基础。

自17世纪中叶科学家从不同角度开始了统计学研究后,经过几代统计学家的努力,历经两个多世纪,到19世纪末20世纪初,英国卡尔·皮尔逊(Karl Pearson)在前人的基础上建成了描述统计的基本框架。

20世纪初,大工业的发展对产品质量检验问题提出了新的要求,即只抽取少量产品作为样本对全部产品的质量好坏作出推断。因为大批量产品要做全面的检验,既费时、费钱,又费人力,加之有些产品质量的检验要做破坏性检验,全部检验已不可能。1908年,英国的高塞特(W. S. Gosset)提出了小样本t统计量,利用t统计量就可以从大量的产品中只抽取较小的样本完成对全部产品质量的检验和推断,这样就使统计学进入了推断统计的新阶段。以后经过著名统计学家费希尔(R. A. Fisher)的F统计量、最大似然估计、方差分析等方法和思想,奈曼(J. Neyman)和小皮尔逊(E. S. Pearson)的置信区间估计和假设检验,柯尔莫果洛夫(A. Kolmogorov)的概率论基本概念,沃尔德(A. Wald)的序贯分析和统计决策函数等,到20世纪中叶构筑了经典统计方法的基本框架。

从20世纪50年代以来,统计理论、方法和应用进入了一个全面发展的新阶段。一方面,统计学受计算机科学、信息论、人工智能等现代科学技术的影响,新的研究领域层出不穷,如多元统计分析、现代时间序列分析、贝叶斯统计、非参数统计、线性统计模型、探索性数据分析、数据挖掘和机器学习等。特别是近一二十年来,由于互联网、智能手机、高性能计算与云计算等新科技的发展与普及,音频、视频、图片、文本等信息都可以转化为数字数据,数据的范围已经从0—9的传统数据扩展到海量、高速、所有类型电子信息都可处理分析的大数据概念。大数据时代的到来,正在形成一门新的学科——数据科学。数据科学是处理、研究、分析大量电子新型数据的学科,是统计学与计算机科学、数学以及数据相关领域学科的新兴交叉学科。尽管数据科学的方法与内容在不断创新与发展,但这本教材所介绍的统计分析方法仍然是数据分析的基础;另一方面,由于电子数据无处不在,统计方法的应用领域不断扩展。不论是自然科学、工程技术、农学、医学、军事科学,还是社会科学领域都积累了越来越多的数据,要对数据进行研究和分析就必然用到统计方法。现在连人文学科的文学、历史学、语言学、人类学、新闻学、法学、政治学等都越来越重视对数据的分析。国内外高校的统计学课程越来越受欢迎,统计方法与数学、哲学、计算机技术一样逐渐成为所有学科的基础。

1.3 统计学的分科

统计学的内容十分丰富,研究与应用的领域非常广泛。从统计教育的角度,统计学大致有以下两种分类。

1.3.1 描述统计和推断统计

描述统计(descriptive statistics)是用图形、表格和概括性的数字对数据进行描述的统计方法。图 1.1 的框图清楚地表明描述统计是对数据进行处理的第一阶段,即用直观的图形、汇总的表格和概括性的数字(如均值)表示数据的分布、形状等特征,并为进一步的统计推断提供根据。

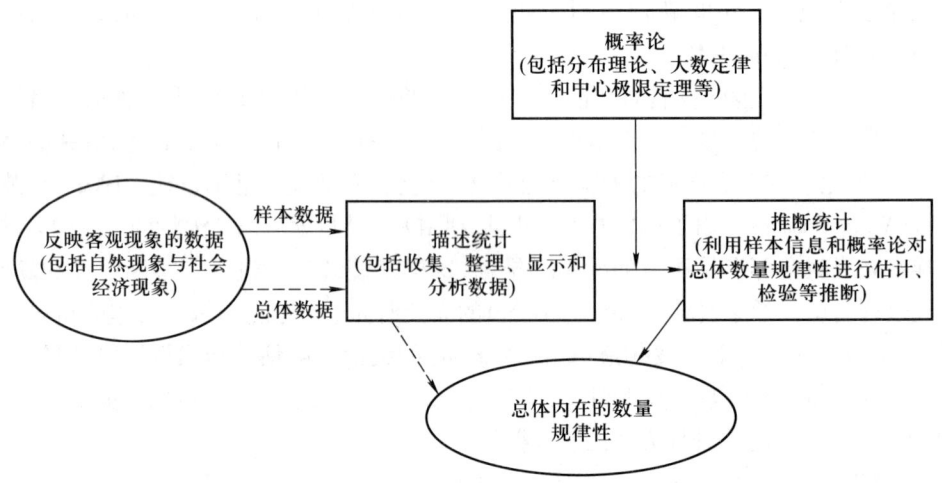

图 1.1　统计学探索客观现象数量规律性过程的框图

推断统计(inferential statistics)是根据样本信息对总体进行估计、假设检验、预测或其他推断的统计方法。例如,根据 100 张样本发票的统计结果,审计人员可以对所有 55 400 张发票中有错误的发票数作出估计,然后公司可据此决定是否调整其营业额;又如,美国盖洛普(Gallup)调查公司在美国总统大选前通常会从全美国的选民中随机抽取 1 500 人左右,对大选结果进行调查和预测,并会给出不超过 3% 的预测误差。以上这两个例子都是利用样本信息和概率论原理进行统计推断的过程。

统计学分为描述统计和推断统计,一方面反映了统计发展的前后两个阶段,另一方面也反映了用统计方法研究和探索客观事物内在数量规律性的先后两个过程。图 1.1 即为统计学探索客观现象数量规律性过程的框图。

由图 1.1 可以得知,统计研究过程的起点是数据,终点是探索到客观事物总体内在的数量规律性。要达到统计研究的目的,如果收集到的是总体数据(如普查),则经过描述统计之后就可以达到探索内在数量规律性的目的了;但如果获得的数据只是研究总体的一部分数据,要探索到总体的数量规律性,就必须应用概率论的理论,并根据样本整理出的信息对总体作出科学的推断。显然,描述统计是整个统计学的基础和统计研究工作的第一步。它包括对客观现象的度量,调查方案的设计,科学、及时、快速、经济地收集与整理数据,用图表显示数据,分析和提取数据中的有用信息以最终推断总体;推断统计是现代统计学的核心和统计研究工作的关键环节,因为统计最终能否科学准确地探索到总体内在的数量规律性,与选用何种统计量、选用什么推断方法、如何进行推断有着直接的联系。一个出色的统计工作者的能力和技巧在推断统计中将得到充分的体现和检验。但如果没有描述统计收集可靠的数据并提供有效的样本信息，即使很高明的统计学家和很科学的推断方法也难以得出准确的结论。因而，推断统计对描述统计又有很强的依赖性。

应该认识到，尽管描述统计可以在获得总体数据时直接探索出总体数量的规律性，但这种情况过去在实际工作中较少见到。自然现象的总体多数是无限的，例如，统计物理研究中要弄清楚分子运动的规律，而分子又是无穷多的，不可能全部观察和试验。社会经济现象的总体虽然多数是有限的，但要考虑获得数据以及推断总体的时效性、经济性和准确性，抽样调查往往比普查更有效，因而应用也就更普遍。例如，全国的人口数量和变化、耕地面积、企业个数和经营情况等，虽然可以通过普查得到全部数据，但普查要投入大量的人力、财力和物力，而且要很长时间才能收集、整理出所要的数据，不是每年都能做到的，因而我国确定每10年进行一次人口普查，每5年进行一次经济普查，其他各年均以抽样调查数据进行推断。此外，大量的管理和研究工作不可能组织普查，例如，城市居民家庭每月的收入支出调查、某种商品的市场调查、某个事件的民意调查等都只能通过抽样调查方式，对总体数量规律性进行科学的推断。因而，在描述统计中收集、整理和分析的多是样本数据。这样，科学地整理样本数据、显示样本数据的特征和规律、提取样本数据中的有用信息就显得格外重要了。

在这里特别要强调的是，在当今大数据网络时代，我们常常可以获得接近总体的海量数据。因而，只要能从数据中探索到相互联系的数量特征，就基本把握了事物间的内在数量规律，也就是说，只需要描述统计一个阶段就够了。例如，过去要计算CPI，由于衣食住行的商品成千上万种，只能抽样选择代表性商品和服务记录其价格。而今相当数量的商品价格都可以从网络上获得，可以利用网络价格数据编制CPI，结果与抽样调查的差别不大。这就是说，针对海量数据进行收集、整理、分析和显示的数据科学家和数据分析师越来越重要，他们需要更强的计算机技能和数据分析能力，本书将为他们提供学习数据分析的基础。

1.3.2 理论统计和应用统计

理论统计是指统计学的数学原理。由于现代统计科学用到了较多的数学知识，要成为优秀的统计工作者就必须经过严格的数学训练，特别是从事统计理论和方法研究的人员就必须有很好的数学基础。从广义来讲，统计学是应该包括概率论的，因为概率论是统计推断的数学基础，而概率论是数学的一个分支，则理论统计应该是包括概率论在内的对统计方法数学原理的研究。

在统计工作者中，从事理论统计研究的人只是很少的一部分，大部分是应用统计方法去解决实际问题的应用统计工作者。统计学是一门数据科学，由于在自然科学、社会科学的所有研究和实际工作中都要通过数据来分析和解决问题，统计方法的应用就自然而然地扩展到几乎所有的研究领域。例如，统计方法在物理研究中的应用形成了统计物理，统计方法在生物学中的应用形成了生物统计，统计方法在医学中的应用形成了医疗卫生统计，统计方法在风险管理与保险中的应用形成了保险精算学，统计方法在微观企业管理中的应用形成了管理统计，等等。以上这些应用统计学的不同分支所应用的基本方法都是一样的,即都是描述统计和推断统计的主要方法。但由于各应用领域都有其特殊性,统计方法在应用中就具有了不同的特点。例如,在经济应用中要测量和探索物价变动的数量规律性,就在比率和平均数的基础上形成了物价指数法;又如,正态分布在教育学中得到广泛应用,在教育测量和分数转化问题研究中得到了发展。

作为一名优秀的应用统计工作者,不但要能熟练地掌握和应用各种统计方法,而且必须具备所研究和应用领域的专业知识。因而,专业知识和统计方法是做好统计应用的两个基本功。例如,要做好经济统计工作,其基本条件是要具备经济理论和统计方法的知识和能力,当然还需有计算机操作能力、写作能力和其他能力。这就要求统计应用人才是一名复合型人才,这也是人文、社科、理、工、农、医所有院校都开设应用统计方法这门课程的缘由。

1.4 数据的种类与来源

数据是一种未经加工的原始资料,数字、文字、符号、图像、音频、视频等都是数据。现代科学技术使得我们可以获得广阔的数据来源,例如,条形码技术的成熟产生了大量的超市、商品扫描数据;ERP(企业资源计划)系统的广泛实施产生了详细的业务流程数据;CRM(客户关系管理)系统的成熟应用产生了大量客户的消费行为数据;地磁技术的应用产生了大量的交通路况监控数据;城市中铺天盖地的监控摄像头产生了海量的视频图像数据;GPS(全球定位系统)技术的发展产生了巨大的位置数据;以微博微信为代表的移动社交软件的普及产生了海量的文本以及社交关系网络数据等。

1.4.1 数据的种类

1. 按性质分

数据的种类按性质可以分为:
（1）定位的,如各种坐标数据;
（2）定性的,如表示事物属性的数据(城镇、河流、道路等);
（3）定量的,反映事物数量特征的数据,如长度、面积、体积等几何量或重量、速度等物理量;
（4）定时的,反映事物时间特性的数据,如年、月、日、时、分、秒等。

2. 按表现形式分

数据的种类按表现形式可以分为:
（1）结构型数据,如各种数字、测量数据及其解释;
（2）非结构型数据,如网络日志、音频、视频、图片和地理位置信息等。

本书讨论的统计方法主要适用于结构型数据,也可以称为统计数据。非结构型数据有些可以转化为结构型数据,有些用到机器学习、人工智能、数据挖掘等大数据分析方法,但也都以本书介绍的方法作为继续学习的基础。

1.4.2 数据的来源

统计数据来源于直接组织的调查、观察和科学试验,我们称之为第一手数据或直接的数据;或者来源于已有的数据,我们称之为第二手数据或间接的数据。

1. 直接获取的数据

在进行科学研究和管理决策时,若没有现成的数据可以利用,就需要专门组织调查、进行科学试验或者从网络上获取。对于社会经济管理和决策而言,主要是通过统计调查的方式获取数据,如客户满意度调查、电视收视率调查、家庭收支情况调查、居民闲暇时间利用调查等。由于抽样调查是一项技术含量相当高的工作,从制订调查方案到抽取样本,从调查到数据整理,从质量控制到研究报告的撰写等,都需要有专门的技能和培训,因此调查公司和调查业因市场的需求而发展迅速。统计调查的方法主要有以下几种。

(1) 普查。普查是为某一特定目的,专门组织的一次性全面调查。这是一种摸清国情、国力的重要调查方法。世界各国都定期地(一般是 10 年)进行人口普查、农业普查等。例如,我国在 1982 年进行了第三次全国人口普查,1985 年进行了全国工业普查,1990 年、2000 年和 2010 年分别进行了第四次、第五次和第六次全国人口普查,2004 年年底、2008 年年底、2013 年年底和 2018 年年底分别进行了第一次到第四次经济普查。

全国及各省、市、地区的普查可以摸清基本情况,获得丰富的统计数据。但普查涉及千家万户,所花费的时间、人力、财力和物力都较大,因而只能间隔较长时间进行一次,而两次普查之间的年份以抽样调查方法获得连续的统计数据。

(2) 抽样调查。抽样调查是统计调查中应用最广、最为重要的调查方法,它是通过随机样本对总体数量规律性进行推断的调查研究方法。虽然抽样调查不可避免地存在着由样本推断总体产生的抽样误差,但统计方法不仅可以估计出误差的大小,而且可以进一步控制这些误差。由于以上这些特点,加之其节省人力、财力、物力,又能保证实效性的特点,抽样调查已经成为科学研究及管理决策最重要的方法之一。

(3) 科学试验。在自然科学和工程的研究领域,通常是通过科学试验的方法获得研究的统计数据。例如,某化工厂生产一种新产品,要在不同原料配方的不同水平中选择最优搭配,就要通过最少搭配试验的数据找出最佳方案。在医学研究中通过临床试验的数据分析某种药物或治疗方案的疗效,这部分内容可以参阅试验设计的相关图书资料。

(4) 网络获取。由于互联网的普及,从网络上获取各种数据已经相当方便,因而越来越成为数据分析的重要来源。数据库、数据挖掘、机器学习等相关领域的知识和能力已经成为现代数据分析人才的基本技能。但要强调的是,网络参与人群只是一国、一地人口的一部分,网络参与人群的数据不能简单代表总体,不能简单代表全部人群。

除了以上四种直接数据来源外,还有音频、视频、图片和地理位置信息等大量非结构型直接数据可以得到,分析的工具也多种多样,读者可以参阅相关书籍进一步学习提高。

国内外提供统计数据的部分数据库

2. 间接获取的数据

在科学研究和管理决策中,要善于利用各种现成的数据。这种数据既可以从报纸、图书、杂志、统计年鉴、网络等渠道获得,也可以从调查公司或数据库公司等处购买。近年来,互联网已经成为数据来源的重要渠道,几乎所有的政府机构和大公司都有自己的网站并提供公共访问端口,访问者可以从中获得有用的数据。表1.1给出部分重要政府网站,这些网站都建有可供公众访问的数据库。

表1.1 提供统计数据的部分政府网站

相关网站	网址	数据内容
中国国家数据	http://data.stats.gov.cn	统计年鉴、统计月报等国家数据,并可链接到各省市、各部委,以及世界各国政府网站
中国国家调查数据库	http://cnsda.ruc.edu.cn	中国综合社会调查(CGSS)、中国教育追踪调查(CEPS)等数据
美国普查局网站	http://www.census.gov	美国人口、经济与家庭等数据
美国联邦政府数据网站	http://www.fedstats.gov	美国政府100多个部门数据
各国际组织数据网站	http://data.un.org	联合国各国际组织数据

1.5 统计数据的质量

统计的整个工作过程就是对数据的加工过程,从原始数据的收集开始,经过整理、显示、样本信息的提取到总体数量规律性的科学推断,都有一个减少误差、提高数据质量的问题。也就是说,统计数据的质量控制问题是贯穿于统计研究全过程的重要问题。但在不同的统计工作阶段,统计数据误差产生的原因是不同的,严重程度也不同。

统计调查阶段是统计研究的第一步,是直接收集统计数据的阶段。因而这一阶段统计数据的质量如何,直接影响到整个统计工作。在这一阶段中,从不同的角度分类,可以分为非抽样误差与抽样误差。

非抽样误差是由于调查过程中各有关环节工作失误造成的。它包括调查方案中有关规定或解释不明确所导致的填报错误、抄录错误、汇总错误,不完整的抽样框导致的误差,调查中不回答产生的误差等。非抽样误差在普查、抽样调查和所有数据搜集、汇总和整理过程中都可能发生。显然,从理论上看,这类误差是可以避免的。克服或降低非抽样误差时,一方面要加强统计调查人员的培训,使他们树立很强的责任心和数据质量意识,加强填报和汇总时的检查;另一方面要掌握获取完整抽样框的方法,以及科学抽样的方法与技术。在非抽样误差中还有一种人为干扰造成的误差,即有意低报或虚报数据,这是需要给予特别注意的。例如,在填报产量产值时,某些领导好大喜功,虚报产值以图高升;又如,在调查市场物价时,某些负责人为表现自己的工作业绩,无视有关统计的法律法规,强行调低物价指数。这种虚报、低报等瞒报的行为都触犯了《统计法》,统计人员要坚决抵制并予以揭露。

抽样误差是利用样本推断总体时产生的误差。由于样本只是总体的一部分,用样本的信息去推断总体,或多或少总会存在误差,因而抽样误差对任何一个随机样本来讲都是不可避免的。但它又是可以计量的,并且是可以控制的。在坚持随机原则的条件下,一般来讲,样本的容量越大,抽样误差就越小。确切地说,抽样误差与样本容量的平方根呈反比关系。因而在抽样调查中,随机的原则极其重要,其中的原理和抽样方法将在第 3 章进一步讨论。

概括地讲,非抽样误差特别是其中的系统偏差是可以避免的。但如果不注意,这类偏差造成的结果对调查质量来说又是致命的。美国统计学会于 1995 年专门编写了一本题为《调查误差的主要来源是什么?》的小册子,列出了 10 种容易犯的错误并给出了应采取的措施。加强统计数据质量的管理要体现在统计研究的全过程,在描述统计和推断统计阶段都要时刻注意统计方法的科学、准确,注意统计方法的前提条件和假设,要根据统计数据的特点和研究的目的选择统计方法,在统计分析时要注意定性分析与定量分析的结合,等等。我们将在后面的各章中根据不同的方法,从不同的角度强调统计数据的质量问题。

1.6 统计学的基本概念

在开始学习统计学时,需要理解几个重要的概念,它们对课程的学习和理解至关重要,并将贯穿在本书的始终。其中,描述统计和推断统计在前面已经介绍,这里不再赘述。

1.6.1 总体

总体(population)是我们研究的所有基本单位(通常是人、物体、交易或事件)的总和。例如,总体可以包括:① 中国的全部人口;② 北京市的选民总人数;③ 某品牌移动电话的所有客户数;④ 长春第一汽车制造厂某条生产线去年生产的所有汽车数;⑤ 中国航空维修设备行业的所有零部件库存数;⑥ 去年北京市麦当劳餐厅所有窗口的销售量;⑦ 一年内京津塘高速公路的交通事故次数;等等。其中,①至③这三个总体是人的总和,④和⑤这两个总体是物体的总和,⑥这一总体是交易的总和,⑦这一总体是事件的总和。同时也可以看出,每一个总和都包括了研究总体的所有单位。

1.6.2 变量

在研究总体时,我们重点关注的是总体单位具有哪些特征或属性,我们把这些特征称为变量(variable)。变量是总体中个体单位所具有的特征或特性。"变量"的名称是针对总体中每一基本单位的属性都存在着差异而言的。例如,被调查的每位失业者的年龄、性别和收入等都不能事先确定,并且存在着差异。

1.6.3 样本

样本(sample)是总体的一部分单位。例如,一家公司正在接受审计,审计人员没有必要对该公司年度内的所有 55 400 张发票全部审查,只需随机抽查一个 100 张发票的样本即可,审计人员通过这 100 张样本发票计算的差错率可对全部 55 400 张发票的差错率进行推断。

本章小结

本章通过介绍统计数据与统计学、统计学的产生与发展、统计学的分科、数据的种类与来源、统计数据的质量以及统计学的几个基本概念,目的是在一开始就给读者留下一些统计学的初步印象,尤其是自始至终都要体会到统计学就是"数据的科学",它的目的是"探索数据内在的数量规律性"。我们研究问题的数据有些是原始数据,有些情况下只能得到经过加工的间接数据。对待不同类型的数据,加工整理的方法有所不同,但关注数据的质量非常重要。如果数据的质量出了问题,就算是我们再有本事,也难有科学准确的结果和结论。在第1章的学习中,我们还希望读者对统计学的学科体系和基本概念有所了解。对于初学者而言,由于缺乏感性认识,这种介绍通常会显得比较枯燥。因此希望本章第1.1节中的6个例子,能使读者加深印象、引起兴趣,确立统计有用、要学好统计的信心。在这个基础上,对章节内容和基本概念的理解掌握也将随着各章的展开,自然会有所收获。

思考与练习

思考题

1. 什么是统计学?怎样理解统计学与数据的关系?
2. 试举出日常生活或工作中统计数据及其规律性的例子。
3. 联系实际简要说明数据的来源。
4. 直接获取数据的渠道主要有哪些?
5. 简要说明抽样误差和非抽样误差。

练习题

1. 一家大型油漆零售商收到了许多客户关于油漆罐分量不足的抱怨。因此,他们开始检查供货商的集装箱,有问题的将其退回。最近的一个集装箱装的是 2 440 加仑①的油漆罐。这家零售商抽查了 50 罐油漆,每一罐的质量精确到 4 位小数。装满的油漆罐应为 4.536 kg。要求:
   (1) 描述总体;
   (2) 描述研究变量;
   (3) 描述样本;
   (4) 描述推断。

2. "可乐战"是描述市场上"可口可乐"与"百事可乐"激烈竞争的一个流行术语。这场战役因影视明星、运动员的参与以及消费者对品尝试验优先权的抱怨而颇具特色。假定作为百事可乐营销战役的一部分,选择了 1 000 名消费者进行匿名性质的品尝试验(即在品尝试验中,两个品牌不做外观标记),请每一名被测试者说出 A 品牌或 B 品牌中哪个口味更好。要求:
   (1) 描述总体;
   (2) 描述研究变量;

---

① 1 加仑=4.546 1 升。

(3) 描述样本;
(4) 描述推断。

案例分析

20 世纪统计方法对质量改进的三大贡献

在 20 世纪七八十年代,美国的公司已受到来自海外优质产品的严重挑战。比如,从 1984 年到 1991 年,进口小轿车和轻型卡车在美国市场上所占份额从 22% 稳步上升到 30%。再看一下电视机和 VCR 市场情况,这两类产品原来都是美国自己生产的,但是到 1995 年,没有一家美国的公司还在生产这些产品,两类产品均来自太平洋沿岸的海外国家,主要是日本。

面对这种挑战,美国的公司和学者再次认真地分析比较了美国、日本两国质量改进的历史和现状,发现在 20 世纪三次重大质量改进过程中,美国在 70 年代后的试验设计竞争中大大地落后于日本。美国摩托罗拉质量管理专家凯克·博特(Keki R. Bhote)在 1988 年 1 月的《管理评论》(Management Review)发表了题为"试验设计:通向质量的高速公路"的文章,用实际数据分析对比了美国和日本 20 世纪 50 年代到 20 世纪 90 年代的三大质量改进技术对整个质量改进的贡献率(图 1.2)。

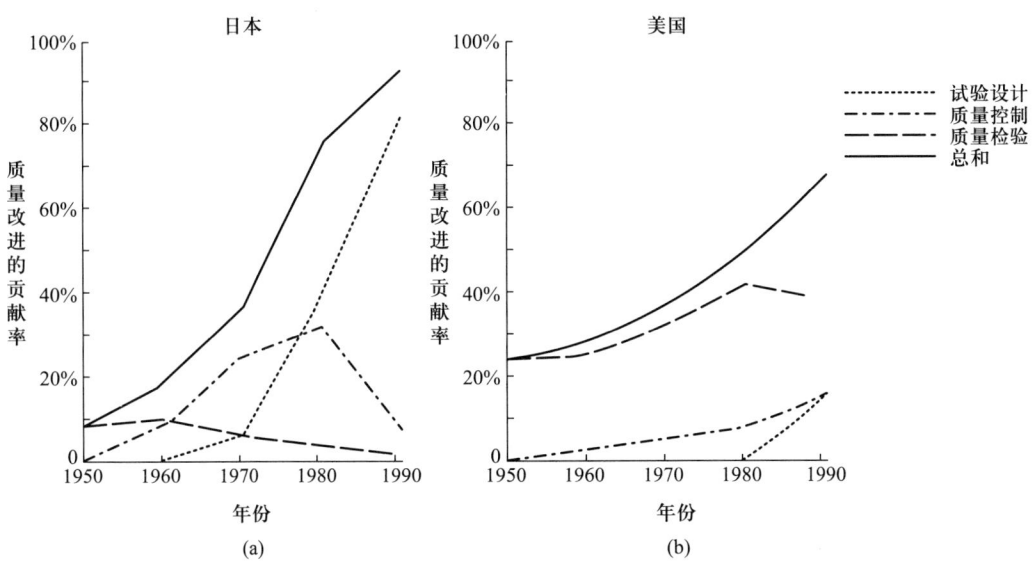

图 1.2　美国和日本的三大质量改进技术对整个质量改进的贡献率对比

20 世纪质量改进的第一次贡献起始于 1908 年英国高塞特(W. S. Gosset)提出的小样本 t 统计量理论。这一理论应用到质量改进过程中就使得原来的全部质量检验可由部分样本质量检验所代替,不仅可以节省大量的检验人力、财力和物力,而且可以使得原来生产数量太大以致无法全面检验的现象成为可能,这就极大地改进了产品质量,节约了成本,建立了质量改进的第一座里程碑。

然而,尽管小样本的质量检验对质量改进作出了巨大的贡献,但这种检验毕竟是生产之后进行的。检验出来的不合格品尽管不再出厂,不对社会和消费者产生损害,但不合格品的费用仍然要摊入成本,因为损失毕竟已经发生了。能否在生产过程之中就及时发现隐患、及时处理,减少不合格品的发生呢?在20世纪20年代中期,美国贝尔实验室的休哈特(Walter Shewhart)等人作出了20世纪过程改进方面最重要的突破。他们认为,生产过程中的变化虽然不可避免(比如,一台机器生产的产品中没有两件是完全相同的;一个银行完成的交易中没有两笔是完全一样的),但可以用统计方法来说明、监测和控制这种变化。因此,他们研制出一种简单的图形技术——控制图,用以确定生产过程是否正常还是可能出现了异常。如果过程出现异常,可以及时调整或纠正,简称统计过程控制(statistical process control,SPC)。这种生产之中的质量改进可以及时发现隐患,减少不合格品,降低成本。

日本在第二次世界大战之后为了振兴工业,聘请美国质量管理专家戴明(W. E. Deming)、朱兰(Joseph M. Juran)等多次去日本讲学,传授质量改进的经验。在学习先进技术和管理理念的基础上,日本管理界暗自思考着,能否将事后检验和过程中的控制进一步推向事前的管理,即事前的试验设计呢?他们提出,好的产品质量不是生产出来的,而是设计出来的。这一管理理念的杰出代表就是田口玄一教授,他采用的方法被称为"田口方法"。田口教授在原费希尔试验设计基础上,提出了系统设计、参数设计和容差设计的三次设计思想并应用于实践,使得日本产品质量成倍地得到改进。正如图1.2所示,日本试验设计对质量改进的贡献率经过1960—1990年的短短30年时间,达到了80%以上,使日本三大质量改进方法的总贡献率超过90%,实现了"好的产品是设计出来的"这一目标。而美国虽然起步早,但一直沿用传统的检验和控制方法,到20世纪70年代后就落后于日本了。我们要特别强调的是,20世纪质量改进的三大贡献全部是统计方法的贡献,可见统计对管理的重要。

美国从20世纪80年代开始加强了质量改进工作,1986年摩托罗拉公司开始实施6σ管理,美国谢宁(Dorian Shainin)试验设计从方法上已经超过"田口方法"。应该说,在20世纪90年代美国成功地应对了日本产品质量的挑战。世界上最具权威的质量改进奖曾经是日本的戴明奖,但后来却是美国的马尔科姆·鲍德里奇(Malcolm Baldrige)国家质量奖。美国竞争力东山再起的其他证据包括:美国汽车制造商所占市场份额已发生变化;美国市场的进口份额从1991年的30%以上降到1999年的26%。

讨论题

1. 比较美国与日本两国20世纪50年代到20世纪90年代质量改进的过程。
2. 请阅读控制图的有关文献并思考其"小概率"原理。

即测即评

第2章
统计数据的描述

房价下跌了吗?

某城市 2010 年和 2011 年商品房成交情况如表 2.1 所示。

表 2.1　某城市商品房成交情况

年份	成交套数	成交面积(平方米)	成交总额(万元)	成交均价(元/平方米)
2010	1 000	100 000	125 000	12 500
2011	800	80 000	98 000	12 250

如果我们只看该城市 2010 年和 2011 年成交均价,则 2011 年每平方米均价下降了 250 元。学过统计学的人不会简单地作出房价下跌的结论,而是要继续收集该城市商品房成交的结构数据,结果发现该城市可以进一步分成市区和郊区。成交情况如表 2.2 所示。

表 2.2　该城市市区和郊区商品房成交情况

年份	市区商品房		郊区商品房		成交总数	
	成交套数	均价(元)	成交套数	均价(元)	成交套数	均价(元)
2010	500	15 000	500	10 000	1 000	12 500
2011	200	16 000	600	11 000	800	12 250

从表 2.2 进一步分析,该城市市区和郊区 2011 年均价都比 2010 年涨了 1 000 元,但总平均价格反而降了。原因就在于结构发生了变化,2011 年市区土地供应减少,成交商品房套数下降。反之,郊区 2011 年成交套数略有上升。2011 年市区均价高的面积减少,郊区均价低的面积增加。这一增一减,导致 2011 年总均价不但没有上升,反而下降。这个例子告诉我们分析数据时,一是要从不同角度进行分析,二是要注意数据结构或权数的影响,这就是本章要讨论的问题。

2.1 统计数据的整理

美国综合调查 GSS 在线数据分析平台

在通过统计调查、科学试验或者从网络中获取了统计数据后,紧接着的工作就是按照统计研究或统计工作的需要来整理统计数据,提取有用的统计信息。

2.1.1 统计数据的分组

统计分组是统计整理的第一步,它是按照统计研究的目的,将数据分别列入不同的组内。在分组时,如果按照性别、质量等级等定性指标分组,称为按品质标志分组;如果按照数量或数值等定量指标分组,称为按数量标志分组。例如,我们要对某班学生的性别进行调查,可将学生分成男生、女生两个组,分组结果如表 2.3 所示。

表 2.3 某班学生按性别分组

按性别分组	人数	百分比(%)
男生	30	60
女生	20	40
合计	50	100

该班分组的标志是男、女两种不同的性别。又如,对该班学生按考试成绩分组,则分组结果如表 2.4 所示。

表 2.4 某班学生按考试成绩分组

按考试成绩分组	人数	百分比(%)
优	5	10
良	10	20
中	20	40
及格	10	20
不及格	5	10
合计	50	100

以上两种分组都属于按品质标志分组。如果对该班学生按年龄进行分组,则分组结果如表 2.5 所示。

表 2.5 某班学生按年龄分组

按年龄分组	人数	百分比(%)
17(岁)	6	12
18(岁)	14	28
19(岁)	18	36
20(岁)	9	18
21(岁)	3	6
合计	50	100

显然,按年龄分组是按数量标志分组,对数量标志分组可以做更多的统计分析。

2.1.2 次数分配

将数据按其分组标志进行分组的过程,就是次数分配形成的过程。次数分配,就是观察值按其分组标志分配在各组内的次数。

【**例2.1**】 某车间30名工人每周加工某种零件的件数如表2.6所示。

表2.6 某车间30名工人周加工零件数   单位:件

工人编号	周加工零件数	工人编号	周加工零件数	工人编号	周加工零件数
1	106	11	99	21	85
2	84	12	94	22	106
3	110	13	119	23	101
4	91	14	88	24	105
5	109	15	118	25	96
6	91	16	97	26	105
7	111	17	103	27	107
8	107	18	106	28	128
9	121	19	95	29	111
10	105	20	106	30	101

要对以上30名工人的周加工零件数进行分组,先要决定分成多少组,每一组的范围(上下组限)是多少,即确定组数和组距。组数是分组的个数,组距是每一组最大值与最小值之差。要确定这两个数值,一般是先要找出全部数据的最大值和最小值。在本例中,加工最多的是128件,最少的是84件。如果采用简单分组,即每10件为一组,则该例可分为5组,即80~90件,90~100件,100~110件,110~120件,120~130件。分组的目的是找出数据分布的数量规律性,因此在一般情况下,组数不应少于5组,也不应多于15组。如果组数太少,数据都分在两三组中,其规律性反映不出来;如果组数太多,特别是数据又太少,则反映出来的都是偶然性差异,也不便于探索出分布的规律。在确定了组数之后,接着就是确定组距和组限了,即要确定每组是否相等的组距及每组的上下组限。在本例中,我们以10件相等的组距进行分组,则各组的组限就随之确定了。然后将每名工人的周加工零件数分配到应落入的组内,如表2.7所示。

表2.7 某车间30名工人周加工零件数的频数分布

按周加工零件数分组	次 数
80~90	3
90~100	7
100~110	13
110~120	5
120~130	2
合计	30

在分组时,一定要遵循这样一个原则,即"不重(复)不漏"。"不重"就是任一个单位数值只能分在其中某一组中,不能同时分在两组中。有些读者可能会问,如果某人加工的零件数为90件,是分在第一组还是分在第二组。统计分组中有这样一条原则,即"上组限不在内"。就是说当相邻两组的上下限相叠时,为了"不重",上组限数值不算在该组内。也就是说,90件的加工数属于第一组的上组限,不分在第一组,而分在第二组。相应地,100件应分在第三组。为了解决"不重"的问题,有时组限也可以这样确定,即80~89件,90~99件,等等。"不漏"就是任一数值必须分在某一组内,不能遗漏。

表2.7中采取以10件为相等组距的分组,也称为等组距分组。在研究问题时,也可采取不等组距分组。例如,对年龄的划分,可做如表2.8所示的不等组距分组。

表2.8　我国人口年龄阶段的分组

按年龄阶段分组	男　性	女　性
婴幼儿	0~6岁	0~6岁
少年儿童	7~17岁	7~17岁
中青年	18~59岁	18~54岁
老年	60岁及以上	55岁及以上

其中,我国男女不同性别在老年组的起始年龄是不同的。男性60岁开始步入老年,女性55岁就步入了老年,现行的基本退休年龄就是以此为标准的。但需要说明的是,这里的"老年"仅仅是一种规定,而不是身体机能意义上的老年。由于人类的预期寿命正在延长,联合国提出65岁以上才进入老年。关于年龄阶段的划分,各国情况不同,因而分组组限也是不同的。党的十八届三中全会提出延迟退休年龄的改革措施,今后我国老年人口的分组年龄也会后移。在表2.8中,最后一组为"60岁及以上"和"55岁及以上",该组只有下限而无上限,这与只有上限而无下限(如100元及以下)的情况是相同的,称为开口组。

为了统计分析的需要,有时要观察某一数值以上或某一数值以下次数之和。例如,在例2.1中,需要在表2.7中基本分组的基础上算出累积次数数值。由变量值小的组向变量值大的组累积称为"向上累积",反之称为"向下累积",如表2.9所示。

表2.9　累积次数分配表

按周加工零件数分组	人　数	向上累积	向下累积
80~90	3	3	30
90~100	7	10	27
100~110	13	23	20
110~120	5	28	7
120~130	2	30	2
合计	30	—	—

例如,如果要了解加工零件数在100件及以上的人数时,就可以从向下累积的第三组数字中直接读出20人;如果要了解加工零件数在110件以下的人数时,就可以从向上累

积的第三组中直接读出23人。当然,还可以分别计算向下累积和向上累积的频率或比重,从而了解到某一数值以上或以下次数的百分比。

2.1.3 次数分配直方图与茎叶图

将统计数据整理成次数分配形式后,已经可以初步看出数据的一些规律。例如,例2.1 整理成表2.7中的次数分配表后,就可以大致看出某车间工人周加工零件数大多在100～110件之间,这个加工水平属于中等。低于这个中等水平的有10人,高于这个水平的有7人,因而是一种非对称的分配形式。对于这个次数分配的结果,如用直方图表示会更直观、更形象。在平面直角坐标系上,将分组标志作为横轴,并将各组次数作为纵轴,给出各组的长方形图即直方图。由表2.7的次数分配绘成的直方图如图2.1所示。

从图2.1的直方图上,我们更容易直观地看出工人零件加工件数的分配情况,即加工件数少的(80～90件)和加工件数多的(120～130件)都是少数,多数工人加工数量在100～110件之间。同时,如果以100～110件作为中等水平,则加工件数少的比加工件数多的工人要多一些。

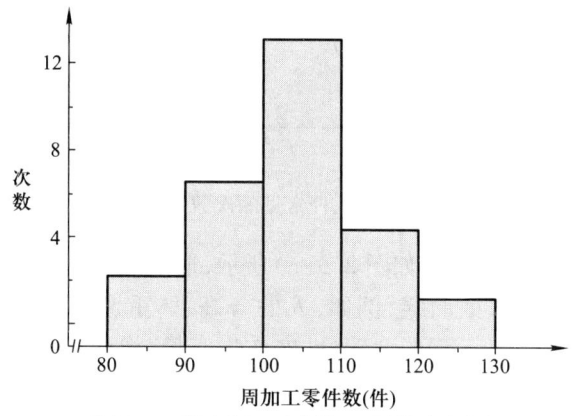

图2.1 某车间工人周加工零件直方图

与直方图具有相似作用的图是折线图。它以各组标志值中点位置作为该组标志的代表值,然后用折线将各组次数连接起来,形成了折线图,也称为次数多边形图,如图2.2所示。

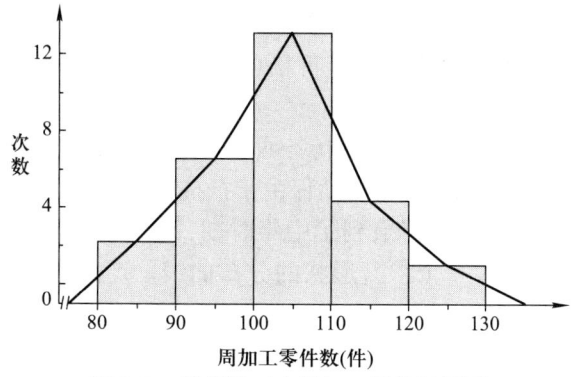

图2.2 某车间工人周加工零件折线图

在图 2.2 中，直方图与折线图的面积是相等的。折线图的折线将直方图的直角切下，正好补在旁边较低的直方图上。这样，直方图与折线图所表示的分布规律是相同的，是两种面积相同但表示形式不同的次数分配图示法。

当所观察的次数越多，组距越小且组数越多时，所给出的折线图就会越光滑，逐渐形成一条光滑的曲线，这种曲线即次数分布曲线，反映了数据或统计量的分布规律。统计曲线在统计学中很重要，是描述各种统计量和分布规律的有效方法。在日常生活和经济管理中，较常见的有四种曲线，即正态分布曲线、偏态曲线、J 形曲线和 U 形曲线，如图 2.3 所示。

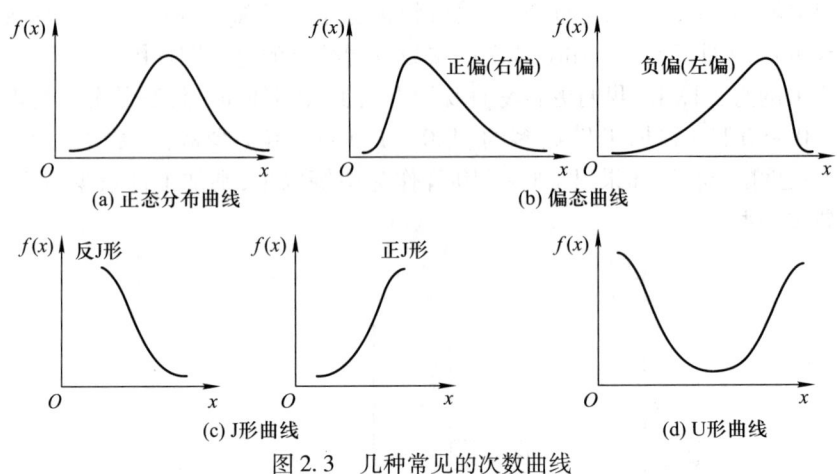

图 2.3　几种常见的次数曲线

正态分布曲线也称钟形曲线，如图 2.3(a)所示，形如左右对称的大钟，这是客观事物数量特征表现最多的一种次数曲线，例如，人的身高、体重、智商，电子管中的热噪声、电流、电压，纤维长度，细纱强度，钢的含碳量，农作物产量，橡胶的抗张力，一个地区多年的降雨量等。所有的试验、测量和观测误差都服从正态分布。

偏态曲线根据尾巴拖向哪一方又可分为正偏（或右偏）和负偏（或左偏）两种曲线。例如，人均收入分配的曲线就是右偏曲线，即低收入的人数较多，因而在左边形成高峰，而高收入的人数较少，且收入越高的人越少，在右边形成一个细长的尾巴。

J 形曲线包括正 J 形和反 J 形曲线两种，应用较广的分别是西方经济学中的供给曲线和需求曲线。供给曲线（正 J 形曲线）表现为随着价格（横轴）的增加，供给量（纵轴）相应增加；需求曲线（反 J 形曲线）表现为随着价格（横轴）的增加，需求量（纵轴）相应减少。供给和需求曲线的交叉点即供求平衡点。

U 形曲线又称为死亡率曲线、产品故障率曲线或浴盆曲线，人和动物、生物的死亡率近似服从 U 形曲线分布。婴儿和动物的幼仔由于抵抗力弱，死亡率很高，随着对新环境的适应和年龄的增长，死亡率逐渐降低；到了中年时期，死亡率最低，同时也相对稳定；进入老年期后又逐渐增高，形成了一个浴盆形状的分布曲线。产品的故障和报损情况也有类似的分布规律。

茎叶图（stem-and-leaf display）将数据分成"茎"和"叶"两部分，利用计算机作图达到直方图分组的目的。通过茎叶图，可以看出数据的分布形状及数据的离散状况，例如，分布是否对称,数据是否集中,是否有离群点,等等。

绘制茎叶图的关键是设计好树茎,通常是以该组数据的高位数值作为树茎,而且树叶上只保留该数值的最后一个数字。树茎一经确定,树叶就自然地长在相应的树茎上了。下面就是用表 2.6 的数据制作的茎叶图表,如表 2.10 所示。

表 2.10 某车间 30 名工人周加工零件数据的茎叶图表

树 茎	树 叶	数据个数
8	458	3
9	1 145 679	7
10	1 135 556 666 779	13
11	01 189	5
12	18	2

从表 2.10 可以看到,树茎是数据的十位数和百位数,树叶由数据的个位数对齐排列。表 2.10 的茎叶图表与表 2.7 的分组和图 2.1 的直方图作用完全相同,既达到了分组的目的,也能给出直观的图形(表 2.10 等于横放的直方图 2.1)。如果不是以 10 作为组距分组,而是以 5 为组距,就可以形成扩展的茎叶图表。例如,可以将表 2.10 扩展一倍,即每一个树茎重复两次,用记号"﹡"表示树叶的个位数为 0~4,用记号"·"表示个位数为 5~9,于是可得到表 2.11。

表 2.11 扩展的茎叶图表

树 茎	树 叶	数据个数
8﹡	4	1
8·	58	2
9﹡	114	3
9·	5 679	4
10﹡	113	3
10·	5 556 666 779	10
11﹡	011	3
11·	89	2
12﹡	1	1
12·	8	1

在实际应用中,茎叶图行数的确定还要根据数据的分散状况及数据分布的特征来确定。总之,要以能充分显示出数据的分布特征为目的。茎叶图类似于横置的直方图,与直方图相比,茎叶图既能给出数据的分布状况,又能给出每一个原始数值,即保留了原始数据的信息,而直方图则不能给出原始的数值。

2.1.4 洛伦茨曲线与基尼系数

在次数分配中,我们可以作出累积的次数分配。这一累积的次数分配也可以用折线图的形式表示。在统计分析中,对这一累积的次数分配用得最直接的就是洛伦茨曲线。洛伦茨曲线是 20 世纪初美国经济学家、统计学家洛伦茨(M. E. Lorentz)根据意大利经济学家帕累托(V. Pareto)提出的"二八原理"和收入分配公式绘制成的描述收入和财富分配性质的曲线,如图 2.4 所示。

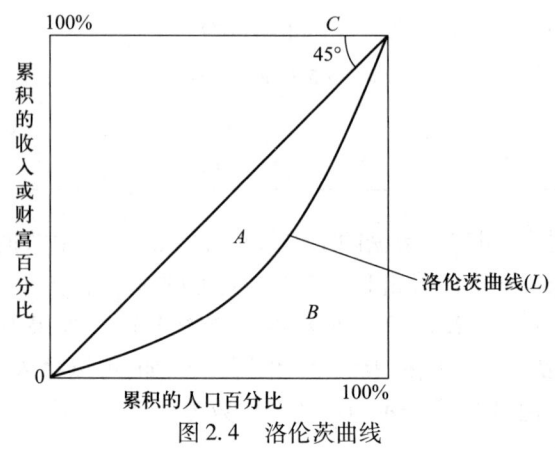

图 2.4 洛伦茨曲线

在图 2.4 中,横轴是累积的人口百分比,纵轴是累积的收入或财富百分比。显然,如果一个国家或地区的收入分配完全按人口平均分配,则此时同一累积百分比的人口就一定占有相同累积百分比的收入。这时,该国的收入分配程度曲线就与绝对平均的对角线重合。如果某国绝大多数人口占有很少的财富和收入,而一小部分人口占有了绝大部分的收入,则该国的曲线就靠近下横轴和右纵轴。一般的国家,分配不会是绝对平均的(不会是对角线),也不会是绝对不平均的(不会是正方形的下边和右边),而是在右下等腰三角形中的一条曲线,如 L 线所示。因而,将任一国家或地区的收入分配情况绘制成洛伦茨曲线,就可以观察、分析该国家或地区分配的平均程度。

为了更准确地反映收入分配的变化程度,20 世纪初意大利经济学家基尼(G. Gini)根据洛伦茨曲线给出了衡量收入分配平均程度的指标,即基尼系数,用公式表示为

$$基尼系数 = \frac{A}{A+B}$$

式中,A 表示实际收入 L 曲线与绝对平均线(对角线)之间的面积,B 表示实际收入 L 曲线与绝对不平均线之间的面积。如果 $A=0$,则基尼系数$=0$,表示收入绝对平均。如果 $B=0$,则基尼系数$=1$,表示收入绝对不平均。基尼系数在 0~1 之间取值,一般认为,基尼系数若小于 0.2,表明分配平均但缺乏效率;基尼系数在 0.2~0.4 之间是比较适当的,即一个社会既有效率又没有造成极大的分配不公;基尼系数为 0.4 时,被认为是收入分配不公平的警戒线,超过了 0.6 则表示可能由于收入分配不公导致社会不稳定。

【例 2.2】 表 2.12 是澳大利亚 1973—1974 年税前收入的分布情况。

表 2.12　1973—1974 年澳大利亚税前收入的分布

按税前收入分组($)	纳税人数目(人)	税前收入($)	在收入等级中的百分数(%)		累积的百分数(%)	
			人数	收入额	人数	收入额
(1)	(2)	(3)	(4)	(5)	(6)	(7)
1 200 以下	119 312	130 725	2.13	0.50	2.13	0.50
1 200~1 599	282 294	395 513	5.04	1.50	7.17	1.99
1 600~1 999	301 201	543 977	5.37	2.06	12.54	4.06
2 000~2 399	351 705	773 007	6.28	2.93	18.82	6.99
2 400~2 799	352 297	916 492	6.29	3.47	25.10	10.46
2 800~3 199	380 032	1 141 392	6.78	4.33	31.88	14.79
3 200~3 599	416 597	1 417 721	7.43	5.37	39.32	20.16
3 600~3 999	444 625	1 690 622	7.93	6.41	47.25	26.57
4 000~4 799	837 870	3 677 720	14.95	13.94	62.20	40.51
4 800~5 599	665 649	3 448 365	11.88	13.07	74.08	53.58
5 600~6 399	466 233	2 785 529	8.32	10.56	82.39	64.14
6 400~7 199	304 771	2 063 612	5.44	7.82	87.83	71.96
7 200~7 999	195 514	1 480 255	3.49	5.61	91.32	77.57
8 000~8 799	125 740	1 052 749	2.24	3.99	93.57	81.56
8 800~9 999	115 155	1 076 144	2.05	4.08	95.62	85.64
10 000~11 999	98 546	1 071 370	1.76	4.06	97.38	89.70
12 000~15 999	79 826	1 090 369	1.42	4.13	98.80	93.83
16 000~19 999	31 477	557 818	0.56	2.11	99.36	95.95
20 000~39 999	31 079	802 948	0.55	3.04	99.92	98.99
40 000 以上	4 564	265 910	0.08	1.01	100.00	100.00
总计	5 604 487	26 382 238	100.0	100.0		

说明：此表依据 Excel 计算，由于计算过程中的四舍五入，累积数据加总存在误差。

第(1)栏是按税前收入分组；第(2)栏纳税人数目是收入分组的次数分配；第(3)栏是各组纳税人税前收入的总额；第(4)栏和第(5)栏是第(2)栏和第(3)栏的百分比；第(6)栏和第(7)栏则是第(4)栏和第(5)栏向下累积的数值。从这最后两栏就可以得出洛伦茨曲线。因为从第(6)栏和第(7)栏看到，占 2.13% 的最低收入人口仅拥有 0.50% 的全部收入；占 95.62% 的较低收入人口仅拥有 85.64% 的全部收入。反之，则意味着占 4.38% 的最高收入人口拥有 14.36% 的全部收入。第(6)栏即图 2.4 横轴上的累积百分比，第(7)栏即图 2.4 纵轴上的累积百分比。将第(6)和第(7)栏数据绘成曲线，就得到图 2.4。

基尼系数的计算比较复杂，不在这里介绍。但我们可以近似地计算，即看洛伦茨曲线与对角线间的面积大致有多少个等腰三角形，算一算对角线右下方的比例即可。例如，图 2.4 中洛伦茨曲线上方与对角线间大致有 6 个多等腰三角形（假如估计按 6.5 个计算），

而对角线下共有 25 个等腰三角形,则 1973—1974 年澳大利亚基尼系数的估计值为

$$基尼系数 = \frac{6.5}{25} = 0.26$$

如果用这种方法比较多个国家的收入分配情况,则比较就有意义了。

2.2 分布集中趋势的测度

分布集中趋势的测度值反映的是数据一般水平的代表值或者数据分布的中心值。从不同的角度考虑,集中趋势的测度值有多个,我们将在本节对重要的代表值加以介绍。

2.2.1 众数

众数(mode)是将数据按大小顺序排队形成次数分配后,在统计分布中具有明显集中趋势点的数值,是数据一般水平代表性的一种。正态分布和一般的偏态分布中,分布最高峰点所对应的数值即众数(M_0)。如果没有明显的集中趋势或最高峰点,众数可以不存在。当然,如果有两个高峰点或集中趋势,也可以有两个众数。众数如图 2.5 所示。

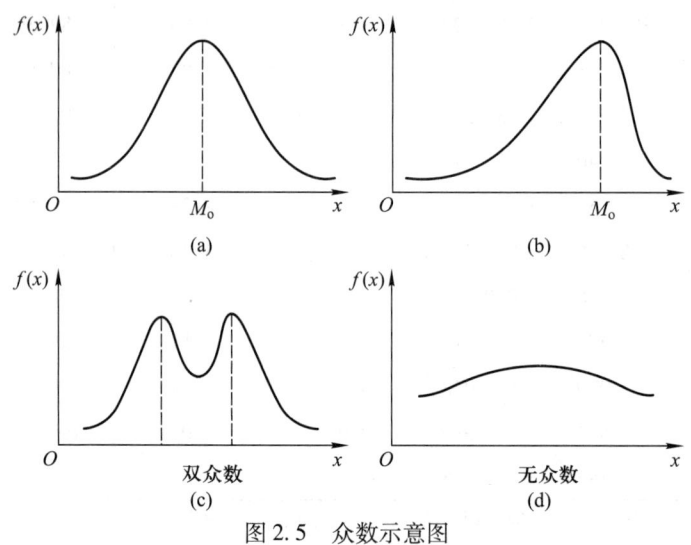

图 2.5 众数示意图

众数是一种位置代表值,它的应用场合比较有限。例如,在编制物价指数时,农贸市场上某种商品的价格常以很多摊位报价的众数值为代表。

例如,某次考试中考生的年龄分别为:20,19,21,18,20,20,21,21,22,21,20,21。求考生中频数最高的年龄。

可以使用 Excel 来完成。具体操作步骤如下:

(1) 新建一工作表,输入年龄的数据,如图 2.6 所示。

(2) 单击 B14 单元格,单击【插入】/【函数】按钮,选择【统计】/【MODE】,单击【Number1】中折叠按钮,选择 B2:B13 对应的单元格区域,或者在 B14 单元格中输入"=MODE(B2:B13)",完成后单击【确定】按钮得到众数。

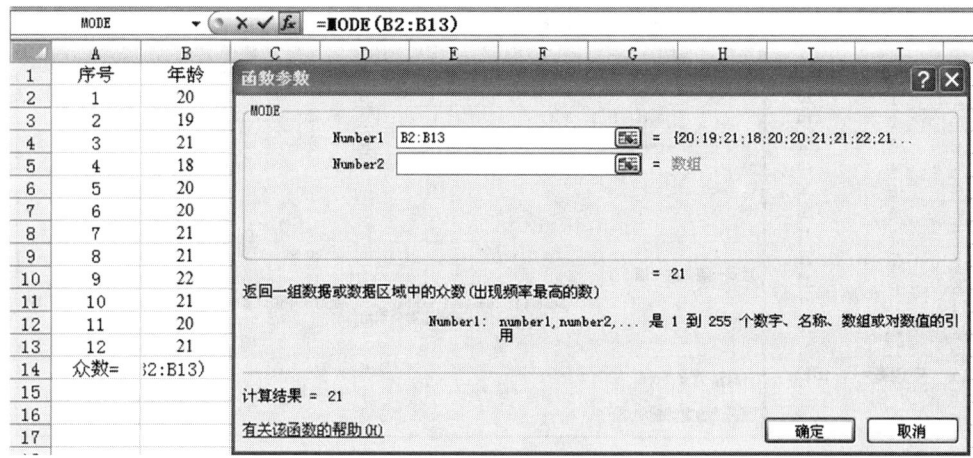

图 2.6　学生年龄的众数

2.2.2　中位数

中位数(median)是数据排序后,位置在最中间的数值。显然,中位数将数据分成两半,一半数据比中位数大,一半数据比中位数小。

例如,下面 5 个数据:1,4,7,11,13,中位数为 7。求中位数(M_e)时要先找出中位数的位置

$$M_e 的位置 = \frac{n+1}{2} = \frac{5+1}{2} = 3$$

然后从小到大或从大到小数到第 3 个数字即中位数。如果数据个数为偶数,例如 1,4,7,11,13,19,按上式中位数位置 =(6+1)/2=3.5,即在第 3 个数值 7 和第 4 个数值 11 之间,那么显然中位数是 9。我们看到,中位数是从位置上确定的,个别极端大值或极端小值的变化不影响中位数数值,因此中位数具有稳健性。例如,上述 5 个数据的最大值 13 变为 113,即 1,4,7,11,113,此时中位数仍是 7。

求中位数时,如果数据大量重复某一数值,这时的中位数未必准确,在解释时要特别小心。例如,某地抽出 100 户家庭,经调查发现,有 20 户是两口人,40 户是三口人,40 户是四口人。如果数据排队,则有

数据:2,…,2,　3,…,3,　3,…,3,　4,…,4

顺序:1,…,20,21,…,50,51,…,60,61,…,100

显然,中位数是 3,即第 50 个和第 51 个数对应数据值的平均数。但此时不能说有一半家庭的规模比三口人多,一半家庭的规模比三口人少。因为实际上,只有 20% 的家庭比三口人少,而有 40% 的家庭比三口人多。

在 Excel 中求中位数的步骤与前面求众数类似。例如,使用前面学生的年龄数据在 Excel 中得到年龄中位数如图 2.7 所示。只是这里使用选择【统计】/【MEDIAN】,单击【Number1】中折叠按钮,选择 B2：B13 对应的单元格区域,或者在 B14 单元格中输入" = MEDIAN(B2：B13)",完成后单击【确定】按钮得到中位数。

另外,中位数有这样一个性质,就是数据值与中位数之差的绝对值之和最小,即

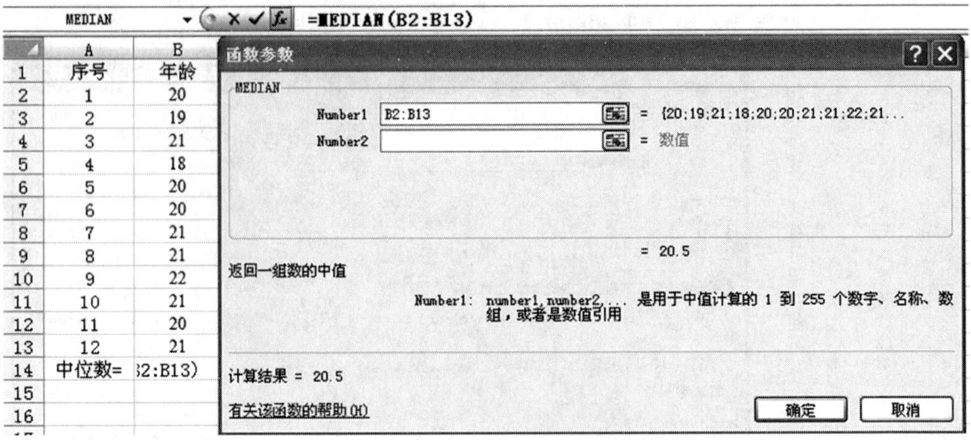

图 2.7 学生年龄的中位数

$$\sum_{i=1}^{n} |x_i - M_e| = \min(\text{最小})$$

也就是说,如果用其他任何数值,如均值、众数等代替中位数,其绝对值之和都大于数据值与中位数之差绝对值的和。这个性质表明中位数与数据值的距离最短,例如,要在若干个连锁店间选择仓库或商品配送中心就可以利用这一性质,因而它在工程设计中有应用价值。

2.2.3 分位数

中位数是将统计分布从中间分成面积(即数据个数)相等的两部分,与中位数性质相似的还有四分位数(quartile)、十分位数(decile)和百分位数(percentile)。显然,四分位数就是将数据分布 4 等分的三个数值,其中中间的四分位数就是中位数。十分位数和百分位数分别是将数据分布 10 等分和 100 等分的数值。下面我们用例 2.2 的数据分布资料计算 1973—1974 年澳大利亚税前收入分布的第一个四分位数和第一个十分位数。

$$\text{第一个四分位数 } Q_1 \approx 2\,400 + \frac{25 - 18.82}{6.29} \times 400 = 2\,793\,(\text{美元})$$

$$\text{第一个十分位数 } D_1 \approx 1\,600 + \frac{10 - 7.17}{5.37} \times 400 = 1\,811\,(\text{美元})$$

计算结果表明在澳大利亚(1973—1974 年)25% 的人口收入在 2 793 美元以下,收入在 2 793 美元以上的有 75% 的人口;10% 的人口收入在 1 811 美元以下。利用分位数和贫困线标准还可以容易地算出在贫困线以下的人口。

下面用前面考生年龄数据展示 Excel 求四分位数的过程,具体步骤如下:
(1) 新建一工作表,输入年龄的数据。
(2) 求 Q_1 值,单击空白单元格(如 B14),在编辑栏输入"= QUARTILE(B2:B13,1)",按回车键,得到四分位数为 20。

2.2.4 均值

均值(mean)就是算术平均数,是数据集中趋势的最主要测度值。如果数据是未经整

理的样本数据,一般用下面的公式计算:

$$\bar{x} = \frac{x_1 + x_2 + \cdots + x_n}{n} = \frac{\sum_{i=1}^{n} x_i}{n} \tag{2.1}$$

式中,$\bar{x}$ 表示样本均值;n 表示样本单位数或样本容量。

对于例 2.1 的数据(见表 2.6),假定该车间工人周加工零件数量是整个企业的一个样本,可用公式(2.1)计算该车间工人的平均加工量,即

$$\bar{x} = \frac{106+84+110+\cdots+111+101}{30} = 103.5(\text{件})$$

这个结果是加工多的数据和加工少的数据互相抵消后的平均,反映了该车间工人周加工零件数量的一般水平。从表 2.7 的次数分配表上也可以看出,均值是数据分布的集中趋势特征值。

对于已经分组并形成次数分配的数据,可用下面公式计算:

$$\bar{x} \approx \frac{\sum_{i=1}^{k} x_i f_i}{\sum_{i=1}^{k} f_i} \tag{2.2}$$

式中,x_i 是次数分配中变量分组的组中值;f_i 是各组次数,也称为权数;k 表示分组的组数。

表 2.13 按公式(2.2)计算得出。

表 2.13 某车间工人周加工零件数量计算表

按加工数量分组	组中值 x_i	权数 f_i	$x_i f_i$
80~90	85	3	255
90~100	95	7	665
100~110	105	13	1 365
110~120	115	5	575
120~130	125	2	250
合计	—	30	3 110

$$\bar{x} = \frac{\sum_{i=1}^{k} x_i f_i}{\sum_{i=1}^{k} f_i} = \frac{3\ 110}{30} \approx 103.67(\text{件})$$

使用 Excel 计算的过程如下:

(1) 在 Excel 中新建一工作表,如图 2.8 所示。

(2) 求 $x_i f_i$ 值。单击 D2 单元格,在编辑栏输入"=B2*C2",回车。单击 D2,将鼠标置于 D2 单元格右下角,当出现小黑十字光标时,拖动至 D6 单元格,完成自动填充单元格。

（3）求观测点总数，单击 C7 单元格，单击工具栏求和按钮，按回车键即可。

（4）求 $x_i f_i$ 值的和，单击 D7 单元格，单击工具栏求和按钮，按回车键即可。

（5）求均值，单击 D8 单元格，在编辑栏输入"=D7/C7"。最终结果如图 2.8 所示。

	A	B	C	D
1	按加工数量分组	组中值x_i	权数f_i	$x_i f_i$
2	80~90	85	3	255
3	90~100	95	7	665
4	100~110	105	13	1365
5	110~120	115	5	575
6	120~130	125	2	250
7	求和		30	3110
8	均值			103.66667

图 2.8　某车间工人周加工零件数量的均值

由分组数据计算的平均加工数量为 103.67 件，与由公式（2.1）计算的 103.5 件相差 0.17 件。显然，103.5 件是准确的平均值，因为公式（2.1）所用的是数据的全部信息。在用公式（2.2）作为公式（2.1）的近似计算时，我们是用各组的组中值来代表各组的实际数据。用组中值作为代表值是假定各组数据在组中均匀分布，即假定在任一组中，比组中值大的数据与比组中值小的数据一样多，并且其与组中值的误差刚好可以互相抵消。如果实际数据与假定相吻合，则公式（2.2）比较准确，否则误差较大。公式（2.1）称为简单算术平均数公式，公式（2.2）称为加权算术平均数公式。由于在公式（2.2）中均值不仅受到组中值大小的影响，而且也受权数 f_i 的影响，即如果某组的权数 f_i 较大，说明该组数据较多，那么该组的组中值大小对均值的影响就比较大。这个道理可以从公式（2.2）的另一种表达式中看出。

$$\bar{x} \approx \frac{\sum_{i=1}^{k} x_i f_i}{\sum_{i=1}^{k} f_i} = \sum_{i=1}^{k} x_i \frac{f_i}{\sum_{i=1}^{k} f_i} \qquad (2.3)$$

公式（2.3）清楚地说明均值不仅受到组中值 x_i 大小的影响，而且受到权数 $\dfrac{f_i}{\sum_{i=1}^{k} f_i}$（或系数）大小的影响。

均值是统计学中非常重要的基础内容，因为任何统计推断和分析都离不开均值。从统计思想看，均值反映了一组数据的中心点或代表值，是数据误差互相抵消后的客观事物必然性数量特征的一种反映；从数学公式看，均值也有一些非常重要的数学性质。首先，数据观察值与均值的离差之和为零，即

$$\sum_{i=1}^{n} (x_i - \bar{x}) = 0$$

它表明数据观察值与均值的误差是可以完全抵消的，均值在数据数值中处于不偏不倚的位置，有折中、中庸的意思；其次，数据观察值与均值的离差平方和最小，即

$$\sum_{i=1}^{n} (x_i - \bar{x})^2 = \min(\text{最小})$$

均值作为统计分布集中趋势的代表值,还有一个重要的性质,就是均值是统计分布的均衡点,即不论统计分布是对称分布还是偏态分布,只有在均值点上才能支撑这一分布,使其保持平稳。这一均衡点在物理上称为重心,如图2.9所示。

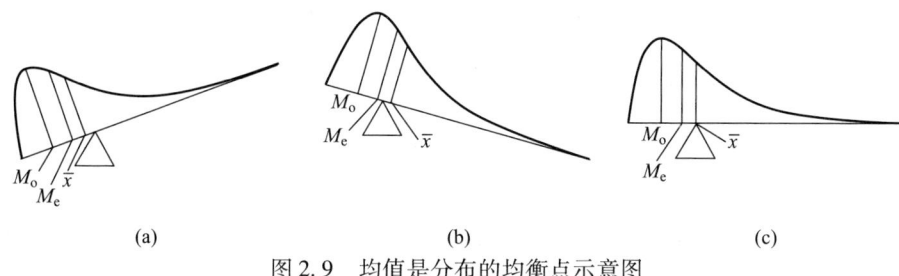

图2.9 均值是分布的均衡点示意图

在图2.9的三个图中,(a)和(b)表示在均值$\bar{x}$的左右两边支撑都不能保持分布的平衡,只有在(c)中支撑在均值的位置才能保持分布的平衡。有人可能觉得支撑在中位数(M_e)上应该能保持平稳,因为中位数左右两边的面积是相等的。但中位数平衡的仅是两边的面积,而没有考虑到数值离中位数的距离。特别是极端值往往离中位数较远,同样重量在远离支点时影响较大,即杠杆的原理。由于均值能将数据值与均值的误差全部抵消,所以均值能够支撑统计分布使其保持平衡,成为分布的均衡点。

2.2.5 几何平均数

几何平均数(geometric mean)在计算方法上可以看成算术平均数公式的变形。几何平均数在计算社会经济问题的平均发展速度等方面有很重要的作用。几何平均数是 n 个比率连乘积的 n 次方根,即

$$G = \sqrt[n]{a_1 \times a_2 \times \cdots \times a_n} = \sqrt[n]{\prod_{i=1}^{n} a_i} \tag{2.4}$$

式中,$\prod$ 为连乘符号;a_i 为各期发展速度或各个比率。

显然,直接计算公式(2.4)是困难的,一般对该公式左右两边取对数,则有

$$\log G = \frac{1}{n}(\log a_1 + \log a_2 + \cdots + \log a_n)$$

$$= \frac{\sum_{i=1}^{n} \log a_i}{n}$$

上式与均值的公式是相同的,因而可将几何平均数视为均值的一种变形。现在,我们可以应用计算机或者计算器直接求 n 次根,通常不必再求对数了。

让我们看一个例子,一位投资者持有一种股票,2014年、2015年、2016年和2017年收益率分别为4.5%、2.0%、3.5%、5.4%。要计算该投资者在这四年内的平均收益率,我们很容易将上面的4个收益率加起来除以4,但这就错了。因为这4个收益率分别是在前边各年收益率增长的基础上进一步增长的,也就是说每一年变化的分母是不同的。应该用几何平均数的方法,即

$$G = \sqrt[4]{1.045 \times 1.02 \times 1.035 \times 1.054} \cong 1.0384 = 103.84\%$$

再例如,2010—2015年各年我国的国内生产总值如表2.14所示。

表 2.14 2010—2015 年我国的国内生产总值

单位:亿元,按 2010 年价格

年 份	2010	2011	2012	2013	2014	2015
国内生产总值	413 030.3	452 429.9	487 976.2	525 835.4	564 194.4	603 124.9

现要求出这几年间国内生产总值的平均发展速度。按公式(2.4),先分别计算出 2010—2015 年各年的发展速度,如表 2.15 所示。

表 2.15 2010—2015 年我国的国内生产总值的发展速度   单位:%

年 份	2011	2012	2013	2014	2015
国内生产总值的发展速度	109.5	107.9	107.8	107.3	106.9

将表 2.15 中的数据代入公式(2.4),得

$$G=\sqrt[5]{1.095\times1.079\times1.078\times1.073\times1.069}\cong1.079=107.9\%$$

即 2010—2015 年国内生产总值以平均每年 107.9% 的速度增长。由于 a_i 是两年国内生产总值的比值,公式(2.4)还可简化为:

$$G=\sqrt[n]{\frac{x_n}{x_0}}=\sqrt[5]{\frac{603\ 124.9}{413\ 030.3}}\cong1.079=107.9\%$$

2.2.6 切尾均值

切尾均值(trimmed mean)是去掉大小两端的若干数值后计算中间数据的均值。这种新的集中趋势测度方法在电视大奖赛、体育比赛及需要人们进行综合评价的比赛项目中已得到广泛应用。我们在电视中所熟悉的"去掉一个最高分,去掉一个最低分,最后得分是××分",就是利用切尾均值方法得到的结果,该方法的计算公式是

$$\bar{x}_\alpha=\frac{x_{(n\alpha+1)}+x_{(n\alpha+2)}+\cdots+x_{(n-n\alpha)}}{n-2\times n\alpha} \tag{2.5}$$

式中,n 表示观察值的个数;α 表示切尾系数,$0\leq\alpha<\frac{1}{2}$;$x_{(1)},x_{(2)},\cdots,x_{(n)}$ 是数据 $x_1,x_2,\cdots,x_n$ 经过排队后由小到大形成的顺序统计量值。

数据两端切去几个数据,通过切尾系数 α 决定。例如,某次比赛共有 11 名评委,对某位歌手的给分分别是

x_1,	x_2,	x_3,	x_4,	x_5,	x_6,	x_7,	x_8,	x_9,	x_{10},	x_{11}
9.22,	9.25,	9.20,	9.30,	9.65,	9.30,	9.27,	9.20,	9.28,	9.25,	9.24

经整理得到顺序统计量值为

$x_{(1)}$,	$x_{(2)}$,	$x_{(3)}$,	$x_{(4)}$,	$x_{(5)}$,	$x_{(6)}$,	$x_{(7)}$,	$x_{(8)}$,	$x_{(9)}$,	$x_{(10)}$,	$x_{(11)}$
9.20,	9.20,	9.22,	9.24,	9.25,	9.25,	9.27,	9.28,	9.30,	9.30,	9.65

此时如果去掉一个最高分和一个最低分，α 取 $\frac{1}{11}$，则代入公式(2.5)，得

$$\bar{x}_{\frac{1}{11}} = \frac{x_{(11 \times \frac{1}{11} + 1)} + x_{(11 \times \frac{1}{11} + 2)} + \cdots + x_{(11 - 11 \times \frac{1}{11})}}{11 - 2 \times 11 \times \frac{1}{11}}$$

$$= \frac{x_{(2)} + x_{(3)} + \cdots + x_{(10)}}{11 - 2}$$

$$= \frac{9.2 + 9.22 + \cdots + 9.3}{9} = 9.26$$

这个切尾均值避免了 9.65 这个极端高分的影响。如果极端分数不止一个，并且数量较大，可以去掉两个最高分和两个最低分，这时 $\alpha = \frac{2}{11}$。显然，如果去掉三个最高分和三个最低分，则 α 取 $\frac{3}{11}$。如果一个极端分都不去，则 α 取 $\frac{0}{11}$，即 $\alpha = 0$，那么

$$\bar{x}_0 = \frac{x_{(1)} + x_{(2)} + \cdots + x_{(11)}}{11}$$

$$= \frac{9.20 + 9.20 + \cdots + 9.65}{11} = 9.29$$

这里切尾均值就是算术平均数。如果取 $\alpha = \frac{5}{11}$，那么

$$\bar{x}_{\frac{5}{11}} = \frac{x_6}{1} = 9.25$$

这时切尾均值就是数据的中位数。可见，改变 α 的值可以选择集中趋势的测度值。切尾均值是结合了均值利用数据信息充分和中位数不受极端值影响的两个优点而形成的新型统计量。当 α 取 0 或 α 接近 1/2 时，切尾均值公式变成算术平均数和中位数的公式，这是切尾均值的两种特例。

在 Excel 中可以使用 TRIMMEAN(array, percent) 得到所需的切尾均值。其中 array 为需要进行整理并求平均值的数组或数值区域；percent 为计算时所要除去的数据点的比例，例如，如果 percent=0.2，则在 20 个数据点的集合中，就要除去 4 个数据点(20×0.2)：头部除去 2 个，尾部除去 2 个。

2.2.7 众数、中位数和均值的关系

在本节中介绍了众数、中位数、均值、几何平均数和切尾均值 5 种表示一般水平的代表值，其中几何平均数是均值的一种变形，并且平均的不是实际数据，而是一些比率值。切尾均值是中位数和均值的一种折中，因而作为分布集中趋势的测度主要是众数、中位数和均值。

众数和中位数是从数据分布形状及位置角度来考虑的集中趋势代表值，而均值是经过对所有数据计算后得到的集中趋势值。显然，这三个代表值的不同特点决定了实际应用中要根据不同的研究目的和不同的数据特征来选择适当的代表值。在对称的次数分配

和统计分布中,众数、中位数和均值都是同一数值(见图 2.10)。但在偏态分布中,众数、中位数和均值就不再是同一数值了,而具有相对固定的关系。在尾巴拖在右边的右偏(正偏)分布中,众数最小,中位数适中,均值最大(见图 2.11(a));而在尾巴拖在左边的左偏(负偏)分布中,众数最大,中位数适中,均值最小(见图 2.11(b))。

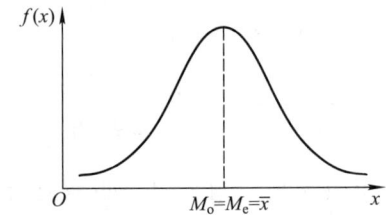

图 2.10　对称分布的众数、中位数和平均数

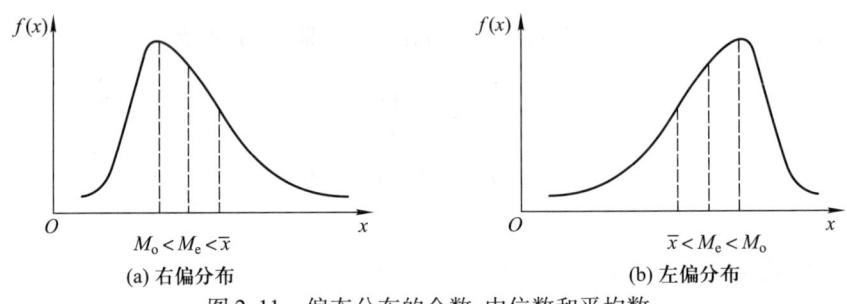

图 2.11　偏态分布的众数、中位数和平均数

以图 2.11(a)为例,众数是分布最高峰所在的位置。中位数从面积上将分布分成两等份。因而中位数应该处在众数的右边。均值由于受极端值的影响,故将均值拉向偏向极端值的右方。那么在实际问题中应选择哪个集中趋势值呢,这要具体情况具体分析。对于服从正态分布或者近似正态分布的数据,其均值(即算术平均数)、中位数和众数相同或者非常接近。此时用均值、中位数或众数作为数据一般水平代表值都一样,或者误差极小,这时比较简单的方法是用均值。但是当数据呈现偏态分布时,均值、中位数和众数就不再相同或近似,偏斜程度越大,三个数值间差别越大。在偏态分布时,一定要根据研究和表示的目的来选择代表数值。这就是我们一定要强调数据分布特征的原因,因为只有了解了数据分布特征,才能够正确选择平均的代表性统计量,同时也是原理部分要介绍"偏态和峰度"测度的目的所在。实际数据分析中,我们可以用统计软件直接计算出数据的均值和中位数。如果这两个数值非常接近,表明近似正态,可以放心地用均值作为一般水平的代表值。但如果均值明显大于中位数,表明数据明显右偏,反之则左偏。这是因为均值受极端值影响的缘故。

对于我们经常分析的工资和收入的数据,它们是否近似服从正态分布呢? 回答显然是否定的。因为多数人收入中等或偏低,高收入和特别高收入的人总是有的,且百万元、千万元、上亿元收入的人也是有的。

图 2.12 是中国人民大学"中国综合社会调查"(Chinese General Social Survey, CGSS)对全国 31 个省、市、自治区随机抽出的 12 000 户居民家庭 2010 年可支配收入的直方图。

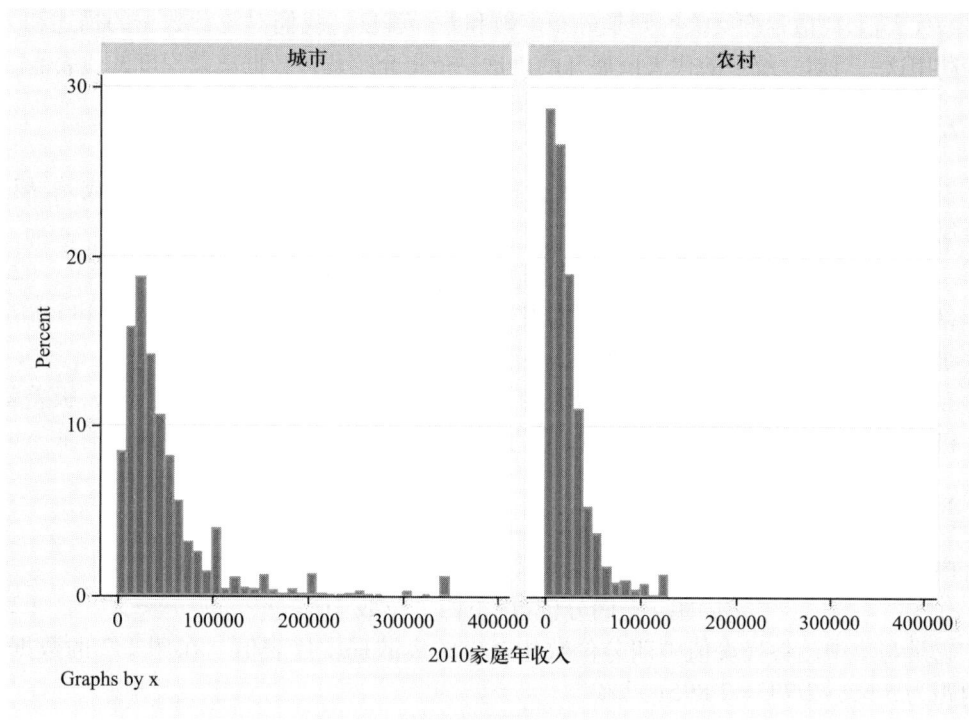

图 2.12　2010 年中国城镇与农村家庭收入分布直方图

资料来源：中国人民大学调查与数据中心。

显然，从图 2.12 中看到中国家庭的收入不论是城镇还是农村明显呈右偏分布，其实世界各国家庭收入分布都是右偏的。这一调查显示，中国 2010 年城镇家庭收入的中位数为 30 000 元，均值为 53 023 元；农村居民家庭收入的中位数为 15 048 元，均值为 22 559 元。从数据中不难看出偏态分布的中位数和均值间巨大的差异。这是由于在偏态的收入分布中，均值受极少数高收入家庭影响导致明显大于中位数。如果样本中出现类似比尔·盖茨那样的富豪，均值可能还要高得多。此时，中位数是最合适的一般水平代表值，因为中位数数值在所有家庭中收入适中，即有 50% 的家庭收入高于中位数，50% 的家庭收入低于中位数。因而，联合国相关组织和发达国家一直都用中位数反映一般收入。

总之，众数、中位数和均值各有其用，要根据研究目的和这三个测度值的特点来灵活运用。可以这样概括：众数最容易计算，但不是永远存在，同时作为集中趋势代表值应用的场合较少；中位数很容易理解、很直观，它不受极端值的影响，特别适用于偏态分布，当然，中位数也有信息利用不够充分的局限；均值是对所有数据平均后计算的一般水平代表值，数据信息提取得最充分，特别是当要用样本信息对总体进行推断时，均值就更显示出它的各种优良特征。均值在整个统计方法中应用最广，对经济、管理和工程等实际工作也是最为重要的一个代表值和统计量。

2.3　分布离散程度的测度

对统计分布或次数分配数据规律性的研究，集中趋势表示的是分布的中心位置或一般水平的代表值,离散程度反映的则是分布离散和差异程度。我们对统计数据的描述和分析正是利用这一对对立统一的代表值展开的。这一节将介绍几种数据离散程度的代表值。

2.3.1 极差

极差(range)也称为全距,是数据最大值减去最小值之差,它是数据离散或差异程度的最简单测度值,即

$$R = \max(x_i) - \min(x_i) \text{ 或 } R = x_{(n)} - x_{(1)} \tag{2.6}$$

式中,R 为全距;$\max(x_i)$ 和 $\min(x_i)$ 分别表示数据 x_i 中的最大值和最小值;$x_{(n)}$ 和 $x_{(1)}$ 是用顺序统计量表示的最大值和最小值。

在例2.1的数据中,极差为128-84=44(件)。显然,数据的分散程度越大,极差就越大。极差的计算很简单,但它易受极端值的影响,因为它只利用了数据两端的信息。

2.3.2 内距

内距(Inter-Quartile Range,IQR)是两个四分位数之差,即

$$\text{内距} = \text{上四分位数} - \text{下四分位数} = Q_3 - Q_1 \tag{2.7}$$

它是与集中趋势代表值中四分位数相对应的离散程度代表值。在例2.2的数据中,其内距为 5 688-2 793 = 2 895(元)。

此外,继续用前面学生年龄数据展示 Excel 求内距的过程,具体步骤如下:

(1) 新建一工作表,输入年龄的数据。

(2) 求 Q_1 值,单击空白单元格(如 B14),在编辑栏输入"= QUARTILE(B2:B13,1)",按回车键。

(3) 求 Q_3(即 75%分位数)值,单击空白单元格(如 B15),在编辑栏输入"= QUARTILE(B2:B13,3)",按回车键。

(4) 计算 $Q_3 - Q_1$ 得到内距。

比较极差和内距,我们看到极差易受极端值的影响,而内距基本不受极端值的影响。而且内距反映的是中间 50%数值大小的差异,显示比极差更多的数据差异信息。

2.3.3 方差和标准差

方差(variance)是离差平方的平均数,即

$$s^2 = \frac{\sum_{i=1}^{n}(x_i - \bar{x})^2}{n-1} \tag{2.8}$$

公式(2.8)是样本方差的计算公式,s^2 表示样本方差,$\bar{x}$ 表示样本均值,n 表示样本容量,$(n-1)$ 称为自由度。

为什么样本方差 s^2 的 n 个离差平方和不除以 n 反而要除以 $(n-1)$ 呢?也就是样本方差的自由度为什么取 $(n-1)$ 呢?这可以从两个方面理解或加以说明。

首先,自由度是反映分布或数据中与均值离差信息的个数,即 $(x_i - \bar{x})$ 误差的个数。例如,当 $n=1$,即只有一个数值时,$x_1 = \bar{x}$,$(x_1 - \bar{x}) = 0$,它说明数据与均值没有差异,即表示差

异的信息个数为 1−1=0。当 $n=2$ 时，$\bar{x}$ 就是 x_1 和 x_2 的中值，则 $(x_1-\bar{x})$ 和 $(x_2-\bar{x})$ 的绝对值相等，只是符号相反。这两个误差只表示一个误差，即差异的个数为 2−1=1。当 $n=3$ 时，假设 $x_1=1,x_2=2,x_3=6$，则 $\bar{x}=3$。这时表面看来，其误差有 3 个，即 1−3=−2,2−3=−1,6−3=3。但实际上，误差只有 2 个，因为数据比均值小的误差绝对值和数据比均值大的误差绝对值是相等的。只要知道其中的两个误差信息就等于知道了第三个误差。如知道一个数据比均值小 2，一个数据比均值小 1，则必知第三个数据比均值大 3。所以当 $n=3$ 时，误差的信息个数只有 3−1=2。当 $n=4,n=5$，等等，其数据与样本均值的误差信息都要少一个，即 $(n-1)$。这也就是要用 $(n-1)$ 作为方差的分母的原因，即分子 $\sum_{i=1}^{n}(x_i-\bar{x})^2$ 只有 $(n-1)$ 个对我们有用的误差信息，所以用 $(n-1)$ 作分母才是真正的平均。

其次，我们还可以将自由度 $(n-1)$ 解释为 n 个数据中在样本均值 $\bar{x}$ 确定后只有 $(n-1)$ 个数据可以自由取值，而第 n 个一定不能自由取值，这也正是自由度(degree of freedom)的字面解释。例如，$x_1=1,x_2=2,x_3=6$，则有 $\bar{x}=3$。当 $\bar{x}=3$ 确定后，在 x_1,x_2 和 x_3 中有两个数据可以随意取值，如 $x_1=-100,x_2=200$，则 x_3 不能随意自由地取值，而只能取

$$x_3 = n\bar{x} - x_1 - x_2 = 3\times 3 - (-100) - 200 = -91$$

当 $n=4,n=5$，等等，其道理都是一样的。

再次，除了以上两种对自由度的直观解释，还要说明的是，计算样本方差 s^2 的目的除了分析样本数据外，还要估计总体方差 σ^2。数学计算证明(请参考相关数理统计教材)，自由度为 $(n-1)$ 计算的方差 s^2 的数学期望就是 σ^2，因而是总体方差的无偏估计。

另外，对自由度的理解还可以从离差平方和上进行判断，即 $\sum_{i=1}^{n}(x_i-\bar{x})^2$ 中的第一项 x_i 的取值有 n 个，而第二项均值 $\bar{x}$ 是 $x_1,x_2,\cdots,x_n$ 的 1 个线性组合，那么就应从自由取值的 n 个数中减去 1 个线性组合。如果后一项是 $x_1,x_2,\cdots,x_n$ 的 2 个线性组合，就从 n 中减去 2，即自由度取 $(n-2)$。例如，在回归方程中计算回归标准误差时有 $\sum_{i=1}^{n}(y_i-\hat{y}_i)^2 = \sum_{i=1}^{n}(y_i-a-bx_i)^2$，第一项 y_i 有 n 个数据时，第二项 $\hat{y}_i = a+bx_i$ 是由 2 个线性回归系数 a 和 b 决定的，则分母应取 $(n-2)$，即自由度为 $(n-2)$。如果 $\hat{y}_i = a+bx_i+cx_i^2$，则 $\sum_{i=1}^{n}(y_i-\hat{y}_i)^2$ 的自由度就应取 $(n-3)$，当理解了这个原理，在各种方差分析中就可以灵活应用了。

对于样本分组数据的方差，与分组数据的均值公式相似，还要考虑各组的次数，即要对其离差平方和加权，则有

$$s^2 \approx \frac{\sum_{i=1}^{k}(x_i-\bar{x})^2 f_i}{\sum_{i=1}^{k} f_i - 1} \tag{2.9}$$

标准差是方差的正平方根，公式(2.8)和(2.9)的标准差分别为

$$s = \sqrt{\frac{\sum_{i=1}^{n}(x_i-\bar{x})^2}{n-1}} \tag{2.10}$$

$$s \approx \sqrt{\frac{\sum_{i=1}^{k}(x_i - \bar{x})^2 f_i}{\sum_{i=1}^{k} f_i - 1}} \qquad (2.11)$$

由以上方差和标准差的公式可以看出,方差是以平方的形式使有正有负的离差变成正的离差平方。由于先对离差平方,改变了离差的单位,就有必要再开平方根而得到与原单位标准差相同的标准差。下面将例 2.1 中表 2.6 和表 2.13 的数据分别代入公式 (2.10) 和 (2.11),得

$$s^2 = \frac{\sum_{i=1}^{30}(x_i - 103.5)^2}{30 - 1} = 109.22$$

则

$$s = \sqrt{109.22} \approx 10.45$$

则

$$s^2 \approx \frac{\sum_{i=1}^{5}(x_i - 103.67)^2 f_i}{\sum_{i=1}^{5} f_i - 1} = 108.51$$

$$s \approx \sqrt{108.51} = 10.42$$

下面以表 2.13 为例说明在 Excel 中如何计算方差和标准差。

具体步骤如下:

(1) 新建一工作表,输入相应的数据,如图 2.13 所示。

(2) 单击 D2 单元格,在编辑栏中输入"=C2*(B2-B7)^2",按回车键。单击 D2 单元格,拖曳鼠标至 D6 单元格,运用自动填充单元格求出其他各组值。

(3) 单击 C7 单元格,单击工具栏求和按钮,按回车键。单击 D7 单元格,单击工具栏求和按钮,按回车键。

(4) 单击 D8 单元格,在编辑栏中输入"=D7/(C7-1)",按回车键,得到方差。

(5) 在 D9 单元格编辑栏中输入"=SQRT(D8)",按回车键,得到标准差。

	A	B	C	D
1	按加工数量分组	组中值x_i	权数f_i	
2	80~90	85	3	1045.7067
3	90~100	95	7	526.1823
4	100~110	105	13	22.9957
5	110~120	115	5	641.8445
6	120~130	125	2	909.9378
7	均值	103.67	30	3146.667
8			方差	108.50576
9			标准差	10.41661

图 2.13 某车间工人周加工零件数量的方差和标准差

2.3.4 离散系数

离散系数(coefficient of variation)是用来对两组数据的差异程度进行相对比较的。因为在比较相关的两组数据的差异程度时,方差和标准差是以均值为中心计算出来的,因而

有时直接比较标准差是不准确的,需要剔除均值大小不等的影响,计算并比较离散系数。离散系数的计算公式为

$$V = \frac{\sigma}{\bar{x}} \quad 或 \quad V = \frac{s}{\bar{x}} \tag{2.12}$$

公式(2.12)的左边是总体离散系数,右边是样本离散系数。例如,某地随机抽取了一群20岁的男青年和女青年,测量了他们的体重,分别得到他们的体重均值和标准差:

男青年:$\bar{x}=55.59$ kg,$s=4.265$ kg

女青年:$\bar{x}=48.52$ kg,$s=3.985$ kg

若要比较男女青年的体重差异,显然,直接从标准差看是男青年的标准差大。但能否说男青年间体重的差异比女青年大呢? 在这个例子中不能这样轻易下结论,因为男青年的体重比女青年重(实际上男青年比女青年个子要高),这时计算和比较两组的离散系数更好:

男青年:$V = \frac{4.265}{55.59} = 7.67\%$

女青年:$V = \frac{3.985}{48.52} = 8.21\%$

从离散系数看,女青年的要大于男青年的,表明在以平均体重作为条件时,女青年间体重的差异要比男青年的大。离散系数是从相对的角度观察差异和离散程度的,在比较相关事物的差异程度时,较之直接比较标准差要好些。

下面介绍在 Excel 中如何计算离散系数。表2.16 是两种股票12个交易日的股价,通过求出两者的离散系数来比较两者的分散程度。

表2.16 两种股票12个交易日的股价

日期	东风汽车	上海机场	日期	东风汽车	上海机场
1	3.17	16.06	7	2.97	16.52
2	3.16	16.55	8	2.94	16.65
3	3.10	17.27	9	2.71	17.17
4	3.10	16.82	10	2.74	16.9
5	3.09	16.6	11	2.76	16.89
6	3.02	16.65	12	2.75	16.79

在 Excel 中的具体操作步骤如下:

(1) 新建一工作表,输入两种股票12个交易日的股价,如图2.14 所示。

(2) 求股价的平均值,单击 B14 单元格,在编辑栏输入"=AVERAGE(B2:B13)",单击 C14 单元格,在编辑栏输入"=AVERAGE(C2:C13)"。

(3) 求股价的标准差,单击 B15 单元格,在编辑栏输入"=STDEV(B2:B13)",单击 C15 单元格,在编辑栏输入"=STDEV(C2:C13)"。

(4) 求离散系数,单击 B16 单元格,在编辑栏输入"=B15/B14",单击 C16 单元格,在编辑栏输入"=C15/C14"。

最终结果如图2.14 所示。

	A	B	C
1	日期	东风汽车	上海机场
2	1	3.17	16.06
3	2	3.16	16.55
4	3	3.1	17.27
5	4	3.1	16.82
6	5	3.09	16.6
7	6	3.02	16.65
8	7	2.97	16.52
9	8	2.94	16.65
10	9	2.71	17.17
11	10	2.74	16.9
12	11	2.76	16.89
13	12	2.75	16.79
14	平均值	2.95916667	16.73916667
15	标准差	0.17562658	0.317016155
16	离散系数	0.05935001	0.018938586

图 2.14　两种股票价格的离散系数

从图 2.14 的计算结果可以看出,从标准差来看,上海机场股价的分散程度要大于东风汽车,但是从离散系数来看,上海机场股价的离散系数仅为 0.018 9,远小于东风汽车股价的 0.059 4。两者存在矛盾是因为上海机场的股价要远远高于东风汽车,因此含有量纲的标准差就会偏高。而采用离散系数考虑了股价的均值,能更好地反映股价的分散程度,因此可以从离散系数作出判断,东风汽车股价的分散程度高于上海机场。

最后来看一个变异系数应用的例子。国际货币基金组织定期公布一些国家国内生产总值(GDP)的数据并进行比较,如表 2.17 所示。

表 2.17　世界部分国家 GDP 增长率均值及变异系数(1996—2007 年)

国家	GDP 增长率均值(%)	国家	GDP 增长率变异系数
中国	9.46	泰国	1.54
印度	6.78	日本	1.11
俄罗斯	4.44	俄罗斯	1.04
泰国	3.13	德国	0.72
美国	3.10	美国	0.37
德国	1.48	印度	0.28
日本	1.31	中国	0.13

资料来源:国际货币基金组织,World Economic Outlook Database.

从以上数据不难看到,1996—2007 年间中国的经济发展不仅快于其他国家,而且最为稳定。

2.4　分布偏态与峰度的测度

集中趋势和离散程度是数据分布的两个重要特征。对于正态分布,只要知道了均值和标准差,就可以确定其分布。但对于未知的分布,就要全面了解数据分布的特点,不仅要掌握数据的集中趋势和离散程度,还需要知道数据分布的形状是否对称、偏斜的程度以及分布的扁平程度等。偏态和峰度就是对分布形状的测度。

2.4.1 偏态及其测度

偏态是对分布偏斜方向及程度的测度。在本章2.2节中曾经讲到,利用众数、中位数和平均数之间的关系,就可以大体上判断数据分布是对称、左偏还是右偏。显然,判别偏态的方向并不困难,但要测度偏斜的程度则需要计算偏态系数(skewness),记为SK。偏态系数的计算方法有很多,这里仅介绍其中比较常用的一种。

$$SK = \frac{\sum_{i=1}^{k}(x_i - \bar{x})^3 f_i}{\sum f_i \cdot s^3} \tag{2.13}$$

式中,s^3是样本标准差的三次方。

从公式(2.13)可以看到,它是离差三次方的平均数再除以标准差的三次方。当分布对称时,离差三次方后正负离差可以相互抵消,因而SK的分子等于0,则$SK=0$;当分布不对称时,正负离差不能抵消,就形成了正或负的偏态系数SK。当SK为正值时,表示正离差数值较大,可以判断为正偏或右偏;反之,当SK为负值时,表示负离差数值较大,可判断为负偏或左偏。在计算SK时,将离差三次方的平均数除以s^3是将偏态系数转化为相对数。SK的数值越大,表示偏斜的程度就越大。

【例2.3】 已知我国1997年农村居民家庭按纯收入分组的有关数据(见表2.18),计算偏态系数。

表2.18 农村居民家庭纯收入数据偏态及峰度计算表

按纯收入分组(百元)	组中值x_i	户数比重f_i(%)	$(x_i-\bar{x})^3 f_i$	$(x_i-\bar{x})^4 f_i$
5以下	2.5	2.28	−154.64	2 927.15
5~10	7.5	12.45	−336.46	4 686.51
10~15	12.5	20.35	−144.87	1 293.53
15~20	17.5	19.52	−11.84	46.52
20~25	22.5	14.93	0.18	0.20
25~30	27.5	10.35	23.16	140.60
30~35	32.5	6.56	89.02	985.49
35~40	37.5	4.13	171.43	2 755.00
40~45	42.5	2.68	250.72	5 282.94
45~50	47.5	1.81	320.74	8 361.98
50以上	52.5	4.94	1 481.81	46 041.33
合计		100	1 689.25	72 521.24

资料来源:中国统计年鉴(1998). 北京:中国统计出版社,1998:344.
说明:本表对原数据进行了重新分组整理。

解: 将计算结果$\bar{x} \approx 21.429$,$s \approx 12.089$代入公式(2.13),得

$$SK = \frac{\sum_{i=1}^{k}(x_i - \bar{x})^3 f_i}{\sum f_i \cdot s^3} = \frac{\sum_{i=1}^{11}(x_i - 21.429)^3 f_i}{100\% \times (12.089)^3}$$

$$= \frac{1\,689.25}{1 \times (12.089)^3} = 0.956$$

由计算结果可以看出,偏态系数为正值,而且数值很大。说明农村居民家庭纯收入的分布为右偏分布,即收入较低的家庭是多数,而收入较高的家庭是少数,而且偏斜程度较大,即特别高收入的家庭还是有的,但越来越少。

2.4.2 峰度及其测度

峰度(kurtosis),记为 K,是对数据分布平峰或尖峰程度的测度。峰度通常是与标准正态分布相比较而言的。如果一组数据服从标准正态分布,则峰度系数的值等于0;若峰度系数的值明显不同于0,表明分布比正态分布更平或更尖,通常称为平峰分布或尖峰分布,如图2.15所示。

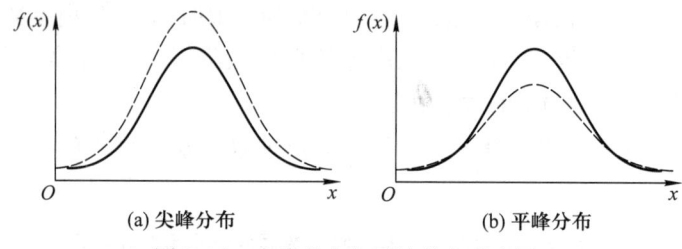

图 2.15 尖峰分布与平峰分布示意图

峰度系数是用离差四次方的平均数再除以样本标准差的四次方,其计算公式为

$$K = \frac{\sum_{i=1}^{k}(x_i - \bar{x})^4 f_i}{\sum f_i \cdot s^4} - 3 \qquad (2.14)$$

式中,s^4 是样本标准差的四次方。

公式中将离差的四次方除以 s^4 是为了将峰度系数转化成相对数。用峰度系数说明分布的尖峰和扁平程度,是通过与标准正态分布的峰度系数进行比较而言的。由于正态分布的峰度系数为0,当 $K>0$ 时为尖峰分布,当 $K<0$ 时为平峰分布。需要注意的是,公式(2.14)中也可以不减3,此时的比较标准是3。当 $K>3$ 时为尖峰分布,当 $K<3$ 时为扁平分布。

【例2.4】 根据表2.18中的数据,计算农村居民家庭纯收入分布的峰度系数。

解:根据表2.18的计算结果,代入公式(2.14),得

$$K = \frac{\sum_{i=1}^{k}(x_i - \bar{x})^4 f_i}{\sum f_i \cdot s^4} - 3 = \frac{72\,521.24}{100\% \times (12.089)^4} - 3 = 3.4 - 3 = 0.4$$

由于 $K = 0.4 > 0$,说明我国农村居民家庭纯收入的分布为尖峰分布。

与前面一样,可以使用 Excel 提供的统计函数计算偏度和峰度,相应的命令为 KURT(峰度系数)、SKEW(偏度系数)。

2.5 统计表、统计图与辛普森悖论

统计表和统计图是显示统计数据的两种方式。在日常生活中,通过阅读报纸杂志,或者看电视、查阅计算机网络,我们都能看到大量的统计表格和统计图形。统计表把杂乱的数据有条理地组织在一张简明的表格内,统计图把数据形象地显示出来。显然,看统计表和统计图要比看那些枯燥的数字更有趣。当我们对某些实际问题进行研究时,也经常要使用统计表和统计图。正确地使用统计表和统计图是做好统计分析的基本技能。

2.5.1 统计表

统计表是显示统计数据的基本工具。在数据的收集、整理、描述和分析过程中,我们都要使用统计表。杂乱的数据,既不便于阅读,也不便于理解和分析,一旦整理在一张统计表内,就会使这些数据变得一目了然、清晰易懂。充分利用和绘制好统计表是做好统计分析的基本要求。

统计表的形式多种多样,根据使用者的要求和统计数据本身的特点,可以绘制形式多样的统计表。例如,表 2.19 就是一种比较常见的统计表。

表 2.19　1999—2000 年城镇居民家庭抽样调查资料

项　目	单位	1999 年	2000 年
调查户数	户	40 044	42 220
平均每户家庭人口	人	3.14	3.13
平均每户就业人口	人	1.77	1.68
平均每户就业面	%	56.43	53.67
平均每一就业者负担人数	人	1.77	1.86
平均每人全部年收入	元	5 888.77	6 316.81
#可支配收入	元	5 854.02	6 279.98
平均每人消费性支出	元	4 615.91	4 998.00

资料来源:中国统计年鉴(2001).北京:中国统计出版社,2001:305.
说明:本表为城镇居民家庭收支抽样调查材料。

从表 2.19 可以看出,统计表一般由四个主要部分组成,即表头、行标题、列标题和数字资料,此外,必要时可以在统计表的下方加上表外附加。表头应放在表的上方,它所说明的是统计表的主要内容;行标题和列标题通常安排在统计表的第一列和第一行,它所表示的主要是所研究问题的类别名称和指标名称,如果是时间序列数据,行标题和列标题也可以是时间,当数据较多时,通常将时间放在行标题的位置。表的其余部分是具体的数字资料;表外附加通常放在统计表的下方,主要包括资料来源、指标的注释和必要的说明等内容。

由于使用者的目的以及统计数据的特点不同,统计表的设计在形式和结构上会有较大差异,但其设计上的基本要求则是一致的。尽管计算机的应用对统计表的形式要求越来越少,但"科学、实用、简练、美观"仍然是设计和使用统计表所要求的。具体来说,设计和使用统计表时要注意以下几点:

首先,要合理安排统计表的结构,例如,行标题、列标题、数字资料的位置应安排合理。当然,由于强调的问题不同,行标题和列标题可以互换,但应使统计表的横竖长度比例适当,避免出现过高或过长的表格形式。

其次,表头一般应包括表号、总标题和表中数据的单位等内容。总标题应简明确切地概括出统计表的内容,一般需要表明统计数据的时间(when)、地点(where)以及何种数据(what),即标题内容应满足3W要求。如果表中的全部数据都是同一计量单位,可放在表的右上角标明,若各指标的计量单位不同,则应放在每个指标后或单列出一列标明。

再次,表中的上下两条横线一般用粗线,中间的其他线要用细线,这样使人看起来清楚、醒目。通常情况下,统计表的左右两边不封口,列标题之间一般用竖线分开,而行标题之间通常不必用横线隔开。总之,表中尽量少用横竖线,切记不要用斜线。表中的数据一般是右对齐,有小数点时应以小数点对齐,而且小数点的位数应统一。对于没有数据的表格单元,一般用"—"表示,一张填好的统计表不应出现空白单元格。

最后,在使用统计表时,必要时可在表的下方加上注释,特别要注意注明资料来源,以表示对他人劳动成果的尊重,以备读者查阅使用。

2.5.2 箱线图、统计图的误用与妙用

统计图是统计数据直观的表现形式,可以将复杂的数据用生动的图形表现出来,因而绘制并使用好统计图就成为统计分析的基本功。在数据分析中用得最多的有折线图、条形图、圆形图、环行图、雷达图等,在 Excel 的"插入"功能中利用"图表"功能键,就可以利用已有数据画出所需图形。下面先介绍箱线图,然后用实例看看统计图的误用与妙用。

1. 箱线图

由一组数据的最大值、最小值、中位数和两个四分位数5个特征值绘制而成的,反映原始数据分布的图形,称为箱线图(box plot)。对于单组数据,可以绘制简单箱线图;对于多组数据,可以绘制批比较箱线图。通过箱线图,不仅可以反映出一组数据分布的特征,还可以进行多组数据分布特征的比较。

箱线图由一个箱子和两条线段组成。其绘制方法是:首先找出一组数据的5个特征值,即数据的最大值、最小值、中位数和两个四分位数(中位数 M_e 是一组数据排序后处于中间位置上的变量值,四分位数是处在数据25%位置和75%位置上的两个值,分别称为下四分位数 Q_L 和上四分位数 Q_U);然后,连接两个四分位数画出箱子;再将两个极值点与箱子相连接。单组数据箱线图的一般形式如图2.16所示。

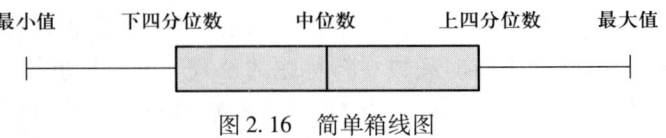

图 2.16　简单箱线图

例如,对表 2.6 中的数据,最大值 = 128;最小值 = 84;中位数 = 105;下四分位数 = 96;上四分位数 = 109。绘制的箱线图如图 2.17 所示。

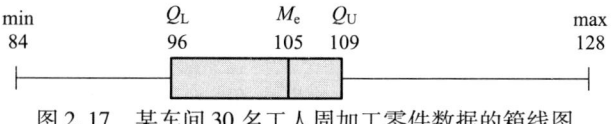

图 2.17　某车间 30 名工人周加工零件数据的箱线图

通过箱线图的形状,可以看出数据分布的特征。图 2.18 就是几种不同分布的箱线图。

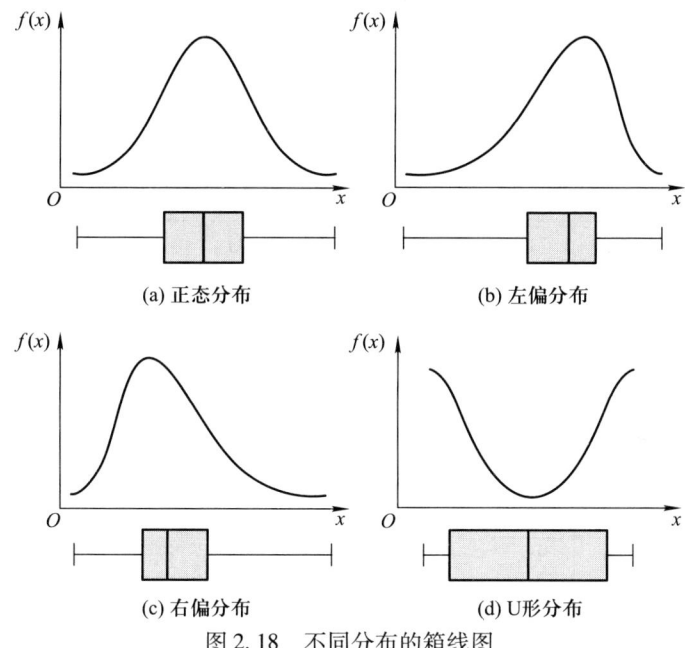

图 2.18　不同分布的箱线图

对于多批数据,可以将各批数据的箱线图并列起来,从而进行分布特征的比较。我们先看下面的例子。

【例 2.5】　从某大学经济管理专业二年级学生中随机抽取 11 人,对 8 门主要课程的考试成绩进行调查,所得结果如表 2.20 所示。试绘制各科考试成绩的批比较箱线图,并分析各科考试成绩的分布特征。

表 2.20　11 名学生各科的考试成绩数据

	B	C	D	E	F	G	H	I	J	K	L	M
1		学生编号与考试成绩										
2	课程名称	1	2	3	4	5	6	7	8	9	10	11
3	英语	76	90	97	71	70	93	86	83	78	85	81
4	经济数学	65	95	51	74	78	63	91	82	75	71	55
5	西方经济学	93	81	76	88	66	79	83	92	78	86	78

续表

	B	C	D	E	F	G	H	I	J	K	L	M
6	市场营销学	74	87	85	69	90	80	77	84	91	74	70
7	财务管理	68	75	70	84	73	60	76	81	88	68	75
8	基础会计学	70	73	92	65	78	87	90	70	66	79	68
9	统计学	55	91	68	73	84	81	70	69	94	62	71
10	计算机应用基础	85	78	81	95	70	67	82	72	80	81	77

解: 首先计算出 11 个学生各科考试成绩的最大值、最小值、中位数和两个四分位数,如表 2.21 所示。

表 2.21 各科考试成绩的特征值

	A	B	C	D	E	F	G	H	I	J	K	L
1	课程名称	最小值		Q_L			M_e			Q_U		最大值
2	英语	**70**	71	**76**	78	81	**83**	85	86	**90**	93	**97**
3	经济数学	**51**	55	**63**	65	71	**74**	75	78	**82**	91	**95**
4	西方经济学	**66**	76	**78**	78	79	**81**	83	86	**88**	92	**93**
5	市场营销学	**69**	70	**74**	74	77	**80**	84	85	**87**	90	**91**
6	财务管理	**60**	68	**68**	70	73	**75**	75	76	**81**	84	**88**
7	基础会计学	**65**	66	**68**	70	70	**73**	78	79	**87**	90	**92**
8	统计学	**55**	62	**68**	69	70	**71**	73	81	**84**	91	**94**
9	计算机应用基础	**67**	70	**72**	77	78	**80**	81	81	**82**	85	**95**

根据表 2.21 的计算结果绘制的 8 门课程考试成绩的箱线图如图 2.19 所示。

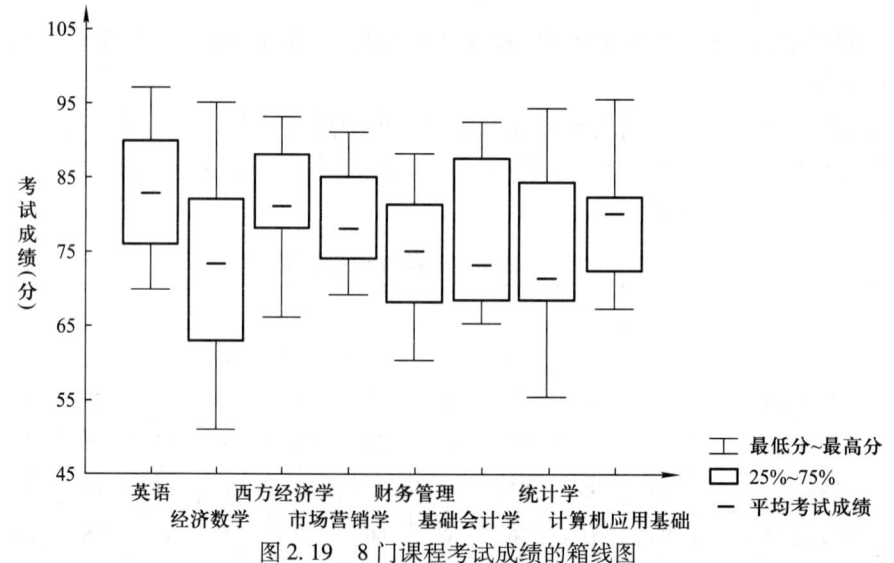

图 2.19 8 门课程考试成绩的箱线图

由图 2.19 可以看出,在 8 门课程中,平均考试成绩较高的是英语和西方经济学,较低的是经济数学和统计学;从考试成绩的离散程度来看,英语和市场营销学的考试成绩比较集中,且大体上为对称分布;而经济数学、基础会计学和统计学课程的考试成绩则比较分散。当我们关心每个学生考试成绩的分布时,可以把每个学生作为所关心的变量来做箱线图。根据表 2.21 中的数据绘制的 11 名学生课程考试成绩的箱线图如图 2.20 所示。

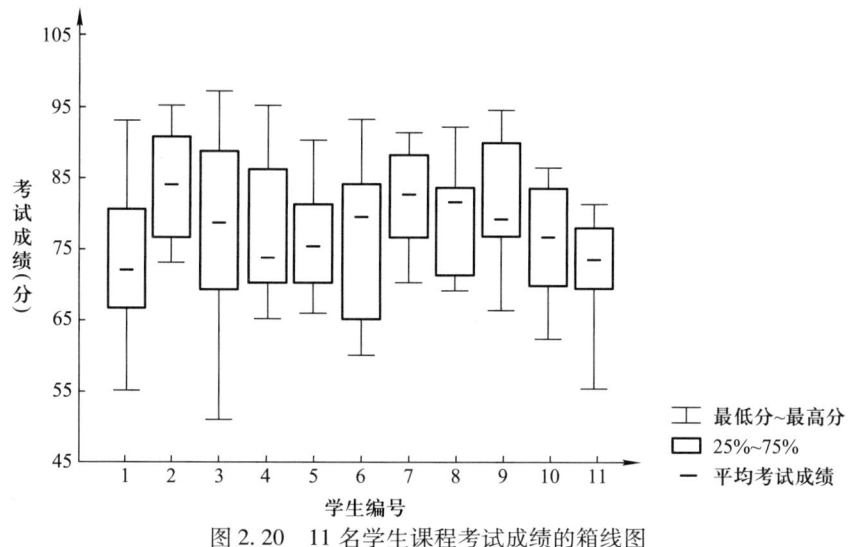

图 2.20 11 名学生课程考试成绩的箱线图

从图 2.20 可以看出,在 11 名学生中,第 2 号学生的平均考试成绩最高,而且各学科成绩之间的离散程度也较小;而第 1 号学生的平均考试成绩最低,而且各科考试成绩的离散程度也较大;各科考试成绩之间离散程度最大的是第 3 号学生。

在图 2.19 和图 2.20 的两个箱线图中,由于考试成绩的离散程度不大,箱线图很容易比较。股票分析中常用的 K 线图与箱线图类似,只不过 K 线图是用开盘价、收盘价、最高价和最低价这四个数据绘制而成的。

箱线图的绘制可以利用计算机来实现,例如,图 2.19 和图 2.20 就是由 Statistica 软件绘制而成的。

统计图虽然生动、形象、简单易懂,在报纸、杂志、图书、电视和网络上经常出现,是我们了解和应用统计最直接的工具,但如果绘制不当,就容易产生错误。

2. 统计图的误用

【例 2.6】 德国《法兰克福汇报》在 1993 年 11 月 23 日刊登了如下一幅统计图(见图 2.21)。

这一幅统计图虽然是摘编自国外的报刊,但编辑却没有认真检查核对,因为原图误用"年人均用于购书的支出"来反映不同国家读书欲的状况。例如,苏联的图书非常便宜,当时卢布与美元的汇率很低,由苏联购书支出低推导出读书欲望低是很不科学的。如果我们要研究和比较读书欲望,可以比较购买图书等支出占收入的百分比或者比较读书的时间等指标。

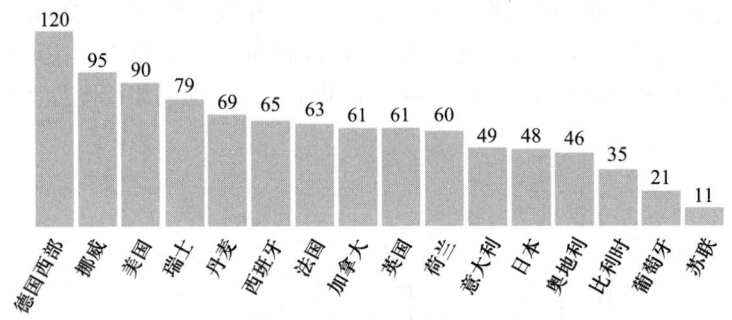

图 2.21　世界 16 个国家和地区读书欲比较的条形图

资料来源:欧洲视屏(伦敦),选自德国《法兰克福汇报》。

【例 2.7】　某行业季度销售额数据如图 2.22 所示。

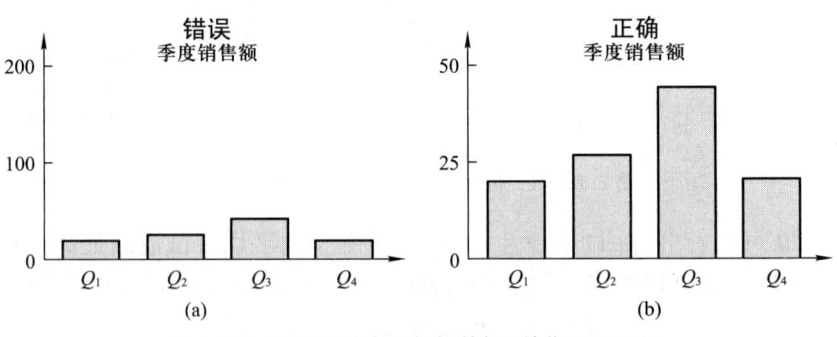

图 2.22　某行业季度销售额数据(单位:百万元)

图 2.22(a)中以 100(百万元)为纵轴单位,看上去四个季度的销售额差不多。实际上,如果以 25(百万元)作为纵轴单位,同样的数据在图 2.22(b)中就不难看出一、二、三季度的销售额不断增加,第四季度锐减。也请读者思考这可能是什么行业?

【例 2.8】　美国《纽约邮报》(New York Post)1981 年 4 月刊登了如图 2.23 所示的统计图,并配上《纽约邮报》发行量在惊人地攀升的标题。

猛一看图 2.23(a),《纽约邮报》和《新闻报》(News)的发行量正在接近,似乎已经没有什么差别。仔细观察的话,你会发现左边图中有两处错误。一是纵轴的发行量是从 500 000 为起点,而不是 0;二是纵轴从 800 000 直接就跳到 1 500 000,数据间断又没有注明,就人为地造成两种报刊发行量接近的错觉。正确的画法如图 2.23(b)所示。

【例 2.9】　美国《时代》杂志(Time)1979 年 4 月 9 日用如图 2.24 所示的象形图描述石油价格的变化。

图 2.24(a)表示的是一桶原油运离沙特阿拉伯时的价格。1973 年是 2.41 美元,1974 年是 10.95 美元……1979 年是 13.34 美元。1979 年的价格与 1973 年相比,大约上涨了 5 倍。我们看到,绘图者为了表示出 6 倍价格的变化,在图 2.24(a)中将 1979 年的油桶画

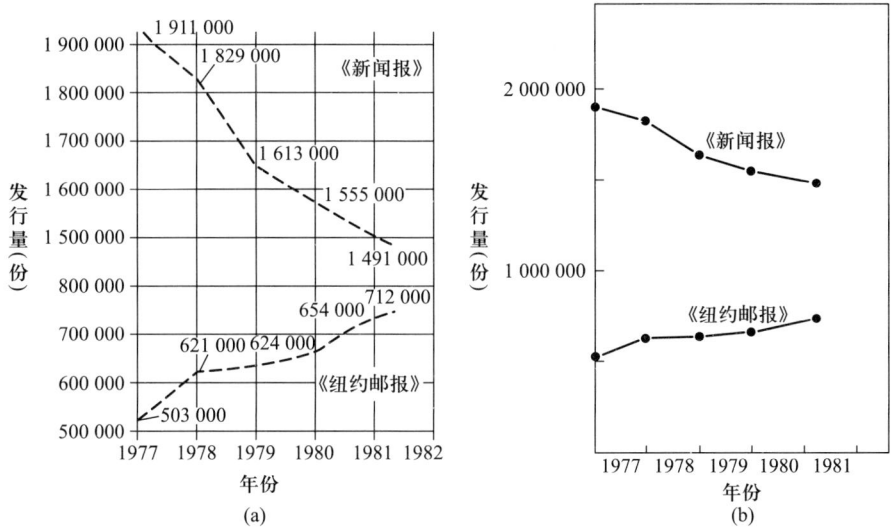

图 2.23 美国《纽约邮报》和《新闻报》的发行量

资料来源：T. H. Wonnacott, R. J. Wonnacott. Introductory Statistics. John Wiley & Sons, 1990.

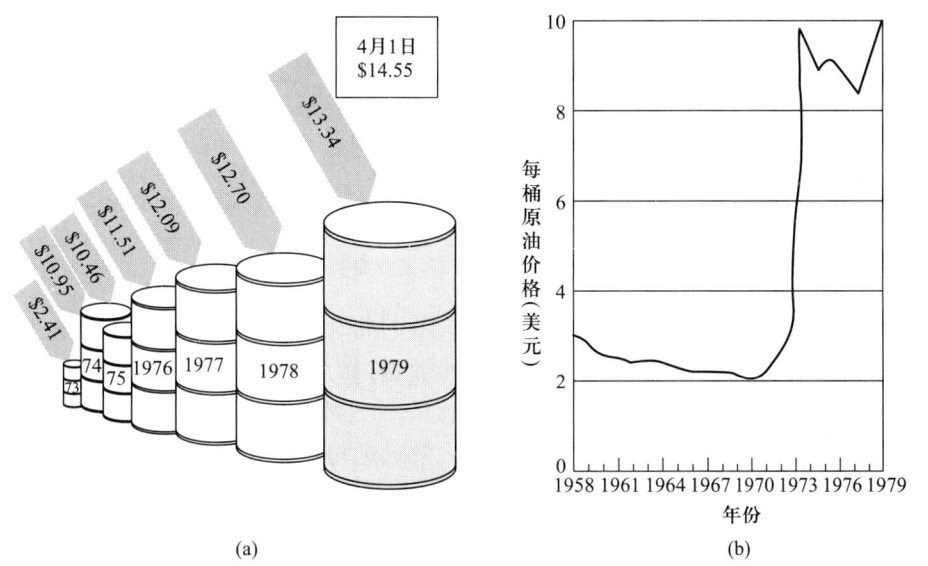

图 2.24 1973—1979 年美国原油价格的变化

资料来源：T. H. Wonnacott, R. J. Wonnacott. Introductory Statistics. John Wiley & Sons, 1990.

成 1973 年油桶的 6 倍高和 6 倍直径长。这样，1979 年大桶的容积就是 1973 年的 $6^3=216$ 倍了。如果 1979 年这么大的一桶油只售 13.34 美元，那么原油价格不但没有上涨，反而下降了很多。同时，在反映原油实际价格变化的时候，还应该考虑物价指数的变化，即应将通货膨胀因素扣除掉。从 1973 年到 1979 年，美国的通货膨胀率上涨了近 1 倍，原油实际价格上涨了约 3.5 倍。图 2.24(b) 真实地反映了 20 世纪 50 年代末到 20 世纪 70 年代末美国实际油价的变化。

以上这四个例子的错误可以分成三类:一类是指标选得不合适(例2.6);第二类是绘图时不够科学规范,特别要注意纵轴刻度的选取(例2.7和2.8);第三类是象形图绘制的问题(例2.9)。这里仅仅举出统计图误用的几个例子,我们在读书、看报时,千万不要被错误的统计图所误导,更不要画出错误的统计图误导别人。

3. 统计图的妙用

在统计历史上,有过许多妙用统计图,生动描绘重大事件的应用案例。

【例2.10】 南丁格尔(Florence Nightingale)玫瑰图。

1854年4月至1855年3月,英国军队士兵的死亡原因

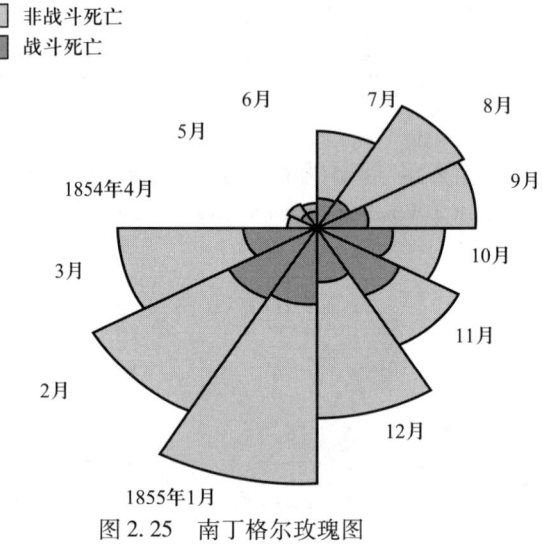

图 2.25 南丁格尔玫瑰图

国际护理事业的开创者南丁格尔1854年10月带领38名护士来到克里米亚野战医院照顾伤病员,与此同时搜集了战争中伤亡的数据,做成如图2.25所示的圆形统计图。其中深色表示英军士兵在克里米亚战斗中直接阵亡人数,浅色表示由于伤后感染及救治不及时等导致的死亡人数,显然,非战斗死亡人数远远超过了战斗直接阵亡人数。该图给人们强烈的对比,导致英国政府批准开始了战地救护和护理。人们也将这张图视为数据可视化最早的成功应用。

【例2.11】 能否用一张简单的统计图描绘一场激烈的战争?能!如图2.26所示的漂亮的统计图给我们描绘了一部《战争与和平》的梗概。

图2.26是一张拿破仑入侵俄国时重要战役人员损失的统计图。图的上半部分是法军士兵进攻莫斯科各战役减员的情况和由莫斯科撤退过程的减员数字,下半部分是法军由莫斯科大撤退后几个战役和寒冬困扰的时间、地点和气温。读过《战争与和平》或有关拿破仑传记的人都很熟悉这场著名的拿破仑东征。1812年6月23日,拿破仑率42万法军越过涅曼河,进入俄国直接控制的立陶宛。这时,俄军主力已经撤离,老百姓也都撤走了,留给拿破仑的是无人的村落和荒凉的原野。法军由于供给不足,又无法得到新的给养,士兵减员严重。大约有1万匹战马,因为疲劳过度并吃杂草生病死在进攻斯摩棱斯克

2.5 统计表、统计图与辛普森悖论

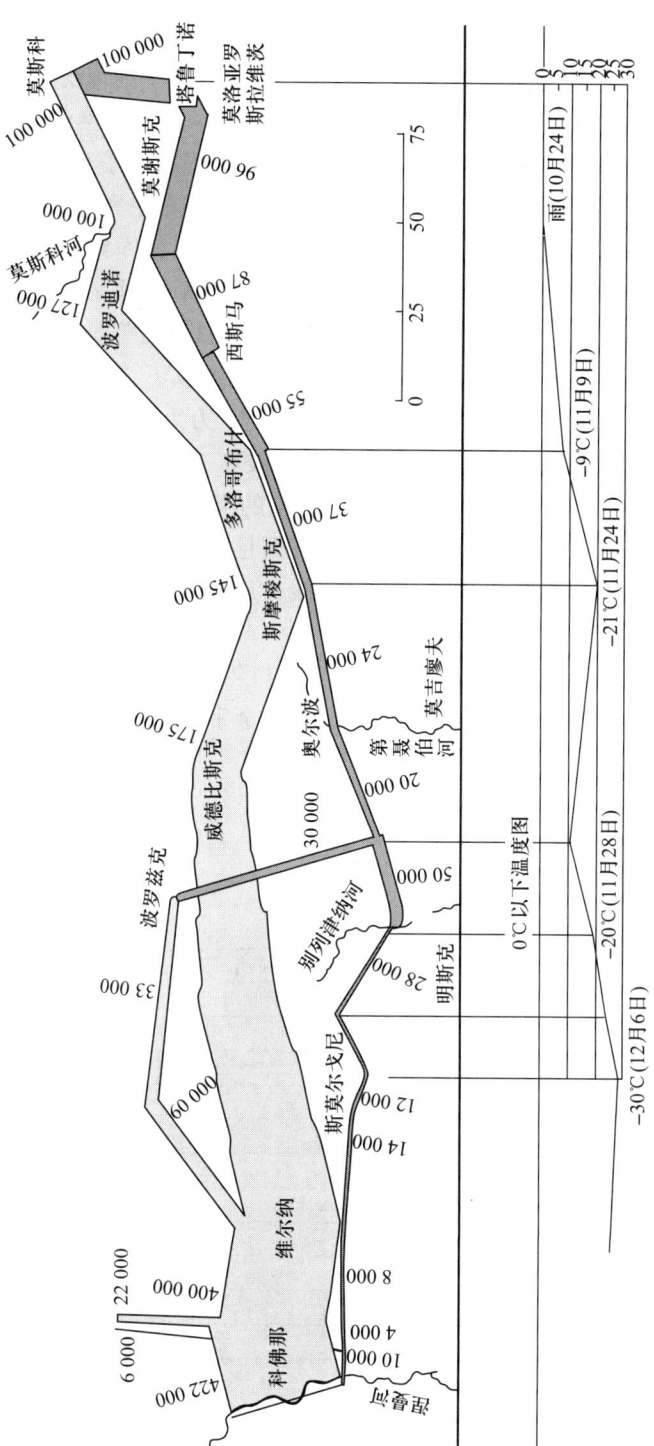

图2.26 拿破仑率法军进攻俄国重要战役的人员损失（1812—1913年）

资料来源：拿破仑撤退时的道路与桥梁监督官M.Minard绘制。转引自：T.H.Wonnacott，R.J.Wonnacott.Introductory Statistics.John Wiley & Sons, 1990

的路上。从图 2.26 中可以看到,进入俄国后,除了在维尔纳及在此之前派出 7 万兵力由乌迪诺统率去抵抗俄军维特枢斯坦军队外,主力部队应有 30 多万人,但在到达威德比斯克时就只剩下 17.5 万人了(也包括留下一些军队驻守占领的城市和村镇),这一段的损失巨大。在斯摩棱斯克战役中,法军又损失 1 万多人。在供应缺乏的情况下,拿破仑孤注一掷,继续东进,希望占领莫斯科后和沙皇讲和,获得一些利益。1812 年 9 月 7 日,在离莫斯科还有 100 多公里的波罗迪诺村展开了 19 世纪第一场大规模的争夺战。拿破仑投入近 600 门大炮和全部兵力争夺这个村庄。巴格拉齐昂将军率领俄军主力与法军决战,双方争夺激烈,多次易手。在法军第九次进攻时,巴格拉齐昂将军负伤,俄军组织了有计划的撤退。在这场拉锯战中,双方损失数万人。当法军 9 月 14 日进入莫斯科时,占领的只是一座空城。这时法军只剩约 10 万人,并且寒冬来临,不得不在 10 月 19 日撤出莫斯科并试图从南路撤回法国。10 月 24 日,法军遇到大雨,接下来温度降到零摄氏度以下,减员不断。这时,原来派出的乌迪诺元帅率领的 3 万人加入主力部队,一时增加到 5 万人。但在 11 月 28 日抢渡别列津纳河时,气温降到零下 20 摄氏度。在俄军的攻击和破坏下,法军士兵有 1 万多人掉到河中淹死。结果,在 12 月中旬离开俄国时,法军由半年前的 42 万锐减到只剩下 1 万多人了。

我们看到,绘图者不仅描绘出一场宏大的战役,而且进攻和撤退的路线分别选用不同的标志,即以浅色表示进攻路线,深色表示撤退路线,以线的粗细反映军队人数的多少,使得一张统计图给人们的印象胜过半部小说。

【例 2.12】 人口统计中常常将人口数据绘成人口年龄金字塔,反映整个人口的数量特征和变化趋势。图 2.27 是 2003 年的中国人口年龄金字塔。

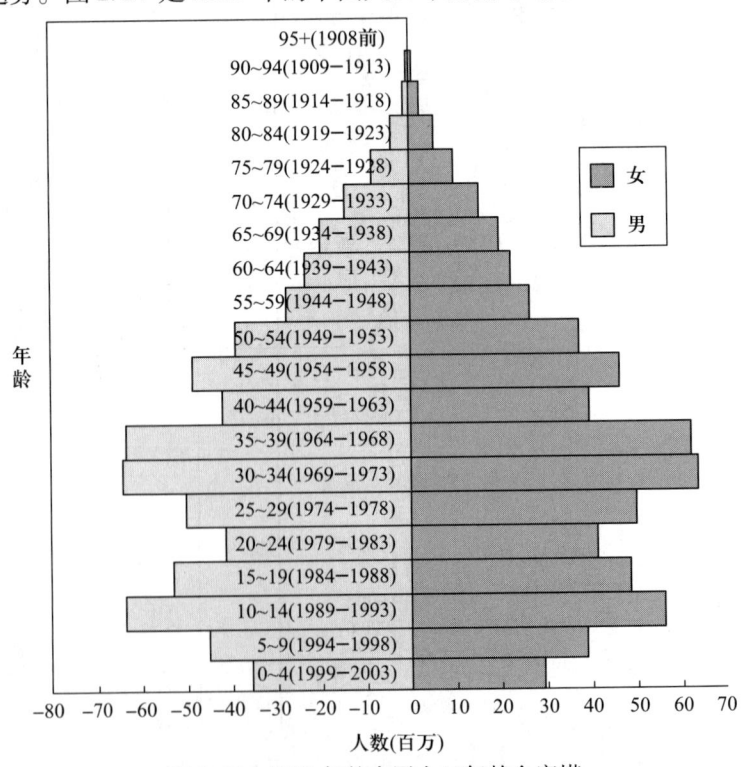

图 2.27 2003 年的中国人口年龄金字塔

图 2.27 中的左边是我国男性人口,右边是女性人口。男性直方图左边数据是 2003 年时的年龄,括号内是该年龄组的出生年份。横轴的单位是百万人口,例如,0～4 岁的女孩数接近 3 000 万,而同年龄组男孩的数量约是 3 600 万,性别比例约为 100∶120,已经产生严重的失调。如果观察 70 岁以上的人口,就会发现女性人口多于男性人口,即女性的平均预期寿命比男性长。金字塔的形状本应该是三角形的,但图 2.27 却参差不齐,有三个突出的年龄段,也有三个人口骤减的年龄组。从上往下,第一个凹进去的年龄组是 1959—1963 年出生的,原因是三年自然灾害。假定没有自然灾害,我们可以连一条斜线。再往下看,我们看到 30～39 岁的年龄组人口数量达到高峰,这一年龄段的人口正是自然灾害以后到"文化大革命"期间出生的。接下来,我们看到第二个人口数量减少的凹陷,即 1979—1983 年出生的 20～24 岁的青年。除了"文化大革命"后已经开始计划生育政策外,这一年龄段人口的父母刚好是自然灾害前后出生的,因而总人口较少应是主要的原因。再往下的凸出部分就是 1989—1993 年出生的 10～14 岁的青少年,之所以这个年龄组人口增加,不是计划生育没有坚持,而是 1969—1973 年出生的人口最多的一代人到了婚育年龄。最下一组的人口数量已经远远少于 20～30 岁父辈的人口,表明计划生育的效果非常明显。如果继续这一趋势,金字塔将变成枣核形或纺锤形,人口老龄化问题、老年人口的社会保障问题等都将越来越严重,应引起政府决策者的高度警惕。人口和社会工作者还可以从图 2.27 分析出更多的信息和问题,显然这一金字塔是很有用的统计图。

例 2.10、例 2.11 和例 2.12 启示我们,好的统计图可以描绘重大历史事件,反映历史进程和社会经济的发展。

2.5.3 辛普森悖论

数据分析中经常会出现局部结论与综合结论不一致、甚至完全矛盾的情况,就是典型的悖论问题,请看以下例子。

【例 2.13】 航班延误问题。

表 2.22 是美国两家航空公司一个月之内在美国西部 5 个机场的航班情况,其整体准时率时常在新闻中予以报道。

表 2.22 美国阿拉斯加和西部航空公司航班情况

机场	阿拉斯加航空公司			西部航空公司		
	准时	延误	延误率	准时	延误	延误率
洛杉矶	497	62	0.11	694	117	0.14
凤凰城	221	12	0.05	4 840	415	0.08
圣迭戈	212	20	0.09	383	65	0.15
旧金山	503	102	0.17	320	129	0.29
西雅图	1 841	305	0.14	201	61	0.23
合计	3 274	501	0.13	6 438	787	0.11

如果分别从 5 个机场看,西部航空公司的延误率都高于阿拉斯加航空,但总延误率却

低于阿拉斯加航空公司。这是一个典型的悖论问题,请读者回答为什么?

辛普森悖论实际上是公式(2.3)——加权均值公式的应用,即加权均值同时受变量数值 x 和权数 f 大小的影响。本章开篇的案例中某城市 2011 年与 2010 年商品房总均价的变动,不仅受市区与郊区商品房均价变化的影响,而且受市区与郊区成交商品房套数变动的影响;同理,在例 2.13 中两家航空公司的总延误率大小不仅受到 5 个机场各自延误率大小的影响,而且受到两家公司各自在 5 个机场航班数量这一权重的影响。

本章小结

描述统计是对数据的直接处理和分析,目的是计算数据的特征值或代表值,探索其数量规律性,进而用样本统计量(即样本数据的特征值)推断未知总体的参数。因而,描述统计在整个统计推断中属于基础性的工作,在第一版中曾用第二章、第三章共两章的篇幅加以介绍。之后我们做了合并,用一章对整个描述统计加以介绍。

本章共有 5 节,第 1 节介绍获得数据后如何进行整理,一般的程序是先分组,计算次数分配,进而形成直方图,就可以粗略地观察到数据分布的特征了。在这一节中,我们在数据整理时特别介绍洛伦茨曲线和基尼系数,因为它是宏观经济分析的一种常用工具。

作为统计推断的基础,本章的重点是第 2 节"分布集中趋势的测度"和第 3 节"分布离散程度的测度",因为在绝大多数情况下,特别是正态分布情况下,掌握了分布的集中趋势和离散程度,就掌握了分布的所有特征。在集中趋势的统计量中,均值是重点,因为它和描述离散程度的重点内容标准差(或方差)一起反映了数据最重要的两个性质、分布的位置和形状。均值和标准差是互相联系的,也是对立统一的。它们在整个统计学中都处于核心的位置,几乎所有的推断都是通过均值和标准差展开的。本章结尾的案例就是均值和标准差在投资组合中的有效应用。

对于非正态总体,有时也要计算偏斜的程度和高耸的程度,第 4 节对分布偏态与峰度进行了简单介绍。

最后,本章对统计表和统计图做了介绍。由于计算机的出现并日益普及,茎叶图和箱线图日益发挥出其简明、生动、有效的特点和优势,特别是箱线图已经在股市技术分析和综合评价中发挥着重要的作用。漂亮的统计图表胜过长篇大论的文字,但如果不慎,也很容易用统计图表欺骗或误导人们。

思考与练习

思考题

1. 描述次数分配表的编制过程。
2. 解释洛伦茨曲线及其用途。
3. 说明基尼系数的含义和用途。
4. 一组数据的分布特征可以从哪几个方面进行测度?
5. 怎样理解均值在统计学中的地位?

6. 对于比率数据的平均,为什么采用几何平均?
7. 简述众数、中位数和均值的特点和应用场合。
8. 标准差和方差反映数据的什么特征?
9. 举出均值和标准差应用的例子。
10. 为什么要计算离散系数?
11. 描述茎叶图和箱线图的画法,并说明它们的用途。

练习题

1. 为评价家电行业售后服务的质量,随机抽取了由100个家庭构成的一个样本。服务质量的等级分别表示为:A. 好;B. 较好;C. 一般;D. 较差;E. 差。调查结果如表2.23所示。

表2.23　家电行业售后服务质量等级的调查结果

服务质量等级	B	E	C	C	A	D	C	B	A	E
	D	A	C	B	C	D	E	C	E	E
	A	D	B	C	C	A	E	D	C	B
	B	A	C	D	E	A	B	D	D	C
	C	B	C	E	D	B	C	C	B	C
	D	A	C	B	C	D	E	C	E	B
	B	E	C	C	A	D	C	B	A	E
	B	A	C	D	E	A	B	D	D	C
	A	D	B	C	C	A	E	D	C	B
	C	B	C	E	D	B	C	C	B	C

(1) 用Excel制作一张频数分布表;
(2) 绘制一张条形图,反映评价等级的分布。

2. 某行业管理局所属40家企业2012年的产品销售收入数据如表2.24所示。

表2.24　40家企业的产品销售收入　　　　　　　　　　单位:万元

销售收入	152	124	129	116	100	103	92	95	127	104
	105	119	114	115	87	103	118	142	135	125
	117	108	105	110	107	137	120	136	117	108
	97	88	123	115	119	138	112	146	113	126

(1) 根据表2.24中的数据进行适当的分组,编制频数分布表,并计算出累积频数和累积频率;
(2) 如果按规定:销售收入在125万元以上为先进企业,115万~125万元为良好企业,105万~115万元为一般企业,105万元以下为落后企业。按先进企业、良好企业、一般企业、落后企业进行分组。

3. 某百货公司连续40天的商品销售额如表2.25所示。

表2.25　某百货公司连续40天的商品销售额　　　　　　　　单位:万元

销售额	41	25	29	47	38	34	30	38	43	40
	46	36	45	37	37	36	45	43	33	44
	35	28	46	34	30	37	44	26	38	44
	42	36	37	37	49	39	42	32	36	35

根据表 2.25 中的数据进行适当的分组,编制频数分布表,并绘制直方图。

4. 表 2.26 列出了 40 个人年龄的信息。

表 2.26　40 个人的年龄信息

77	18	63	84	38	54	50	59	54	56	36	26	50	34	44
41	58	58	53	51	62	43	52	53	63	62	62	65	61	52
60	60	45	66	83	71	63	58	61	71					

(1) 分为 7 组,以 15 作为第 1 组的下限,把上面的数据组织成频数分布。你选择的组距是多少?
(2) 数据趋向于集中到哪里?
(3) 对分布加以描述。
(4) 计算相对频数分布。

5. 为了确定灯泡的使用寿命(小时),在一批灯泡中随机抽取 100 只进行测试,所得结果如表 2.27 所示。

表 2.27　灯泡使用寿命的测试结果　　　　　　　　　　　单位:小时

700	716	728	719	685	709	691	684	705	718
706	715	712	722	691	708	690	692	707	701
708	729	694	681	695	685	706	661	735	665
668	710	693	697	674	658	698	666	696	698
706	692	691	747	699	682	698	700	710	722
694	690	736	689	696	651	673	749	708	727
688	689	683	685	702	741	698	713	676	702
701	671	718	707	683	717	733	712	683	692
693	697	664	681	721	720	677	679	695	691
713	699	725	726	704	729	703	696	717	688

(1) 利用计算机对表 2.27 中的数据进行排序;
(2) 以 10 为组距进行等距分组,整理成频数分布表,并绘制直方图;
(3) 制作茎叶图,并与直方图作比较。

6. 表 2.28 是北方某城市 1—2 月份各天的最低气温记录数据。

表 2.28　某城市 1—2 月份各天的气温记录　　　　　　　　　单位:℃

−3	2	−4	−7	−11	−1	7	8	9	−6	
−14	−18	−15	−9	−6	−1	0	5	−4	−9	
−6	−8	−12	−16	−19	−15	−22	−25	−24	−19	
−8	−6	−15	−11	−12	−19	−25	−24	−18	−17	
−14	−22	−13	−9	−6	0	−1	5	−4	−9	
−3	2	−4	−4	−16	−1	7	5	−6		

(1) 对表 2.28 中的数据进行适当的分组;
(2) 绘制直方图,说明该城市最低气温分布的特点。

7. 表 2.29 是某考试管理中心对 2002 年参加成人自学考试的 12 000 名考生的年龄分组数据:

表 2.29 2002 年参加成人自学考试的考生年龄分组

年　　龄	18~19	20~21	22~24	25~29	30~34	35~39	40~44	45~59
所占比例(%)	1.9	34.7	34.1	17.2	6.4	2.7	1.8	1.2

（1）对这个年龄分布做直方图；

（2）从直方图分析成人自学考试人员年龄分布的特点。

8. 表 2.30 是 A、B 两个班学生的数学考试成绩数据。

表 2.30 A 班和 B 班学生的数学考试成绩

班级	数学考试成绩									
A	44	57	59	60	61	61	62	63	63	65
	66	66	67	69	70	70	71	72	73	73
	73	74	74	74	75	75	75	75	75	76
	76	77	77	77	78	78	79	80	80	82
	85	85	86	86	90	92	92	92	93	96
B	35	39	40	44	44	48	51	52	52	54
	55	56	56	57	57	57	58	59	60	61
	61	62	63	64	66	68	68	70	70	71
	71	73	74	74	79	81	82	83	83	84
	85	90	91	91	94	95	96	100	100	100

（1）将两个班的考试成绩用一个公共的茎制成茎叶图；

（2）比较两个班考试成绩分布的特点。

9. 1997 年我国几个主要城市各月份的平均相对湿度数据如表 2.31 所示，试绘制箱线图，并分析各城市平均相对湿度的分布特征。

表 2.31 1997 年我国几个主要城市各月份的平均相对湿度

月份	北京	长春	南京	郑州	武汉	广州	成都	昆明	兰州	西安
1	49	70	76	57	77	72	79	65	51	67
2	41	68	71	57	75	80	83	65	41	67
3	47	50	77	68	81	80	81	58	49	74
4	50	39	72	67	75	84	79	61	46	70
5	55	56	68	63	71	83	75	58	41	58
6	57	54	73	57	74	87	82	72	43	42
7	69	70	82	74	81	86	84	84	58	62
8	74	79	82	71	73	84	78	74	57	55
9	68	66	71	67	71	81	75	77	55	65
10	47	59	75	53	72	80	78	76	45	65
11	66	59	82	77	78	72	78	71	53	73
12	56	57	82	65	82	75	82	71	52	72

资料来源：中国统计年鉴(1998).北京：中国统计出版社,1998:10.

10. 某百货公司6月份各天的销售额数据如表2.32所示。

表2.32　某百货公司6月份的销售额　　　　　　　　　　单位:万元

销售额									
257	276	297	252	238	310	240	236	265	278
271	292	261	281	301	274	267	280	291	258
272	284	268	303	273	263	322	249	269	295

(1) 计算该百货公司日销售额的均值、中位数和四分位数;
(2) 计算日销售额的标准差。

11. 甲、乙两个企业生产三种产品的单位成本和总成本资料如表2.33所示。

表2.33　甲、乙企业产品的单位成本与总成本

产品名称	单位成本(元)	总成本(元)	
		甲企业	乙企业
A	15	2 100	3 255
B	20	3 000	1 500
C	30	1 500	1 500

比较哪个企业的总平均成本高,并分析其原因。

12. 在某地区抽取的120家企业按利润额进行分组,结果如表2.34所示。计算120家企业利润额的均值和标准差。

表2.34　某地区120家企业的利润额分组

按利润额分组(万元)	企业数(个)
200~300	19
300~400	30
400~500	42
500~600	18
600以上	11
合计	120

13. 一项关于大学生体重状况的研究发现,男生的平均体重为60 kg,标准差为5 kg;女生的平均体重为50 kg,标准差为5 kg。请回答下面的问题:

(1) 是男生的体重差异大,还是女生的体重差异大? 为什么?
(2) 以磅为单位(1 kg=2.2磅),求体重的平均数和标准差。
(3) 粗略地估计一下,男生中有百分之几的人体重在55~65 kg之间?
(4) 粗略地估计一下,女生中有百分之几的人体重在40~60 kg之间?

14. 对10名成年人和10名幼儿的身高(cm)进行抽样调查,结果如表2.35所示。

表2.35　对成年组和幼儿组的身高调查结果　　　　　　　　单位:cm

成年组	166	169	172	177	180	170	172	174	168	173
幼儿组	68	69	68	70	71	73	72	73	74	75

（1）要比较成年组和幼儿组的身高差异，你会采用什么样的指标测度值？为什么？

（2）比较分析哪一组的身高差异大。

15. 一种产品需要人工组装，现有三种可供选择的组装方法。为检验哪种方法更好，随机抽取 15 名工人，让他们分别用三种方法组装。表 2.36 是 15 名工人分别用三种方法在相同的时间内组装的产品数量（单位：个）。

表 2.36　用三种组装方法在同一时间内组装的产品数量

方法 A	方法 B	方法 C
164	129	125
167	130	126
168	129	126
165	130	127
170	131	126
165	130	128
164	129	127
168	127	126
164	128	127
162	128	127
163	127	125
166	128	126
167	128	116
166	125	126
165	132	125

（1）你准备采用什么方法来评价组装方法的优劣？

（2）如果让你选择一种方法，你会做出怎样的选择？试说明理由。

16. 一家公司在招聘职员时，首先要通过两项能力测试。在 A 项测试中，其平均分数是 100 分，标准差是 15 分；在 B 项测试中，其平均分数是 400 分，标准差是 50 分。一位应试者在 A 项测试中得了 115 分，在 B 项测试中得了 425 分。与平均分数相比，该位应试者哪一项测试更为理想？

17. 航空公司正在对每名乘客所携带的行李的重量进行研究。对于一组国内乘客，行李重量的均值为 21 kg，标准差为 4.5 kg。对于一组海外乘客，均值为 35 kg，标准差为 6.8 kg。计算各组的相对离散程度，并对相对离散程度的差异给以评论。

18. 某金融公司想要对一组普通股市盈率的离散程度及其投资收益率的离散程度进行比较。对于市盈率，均值为 10.9，标准差为 1.8；对于投资收益率，均值为 25%，标准差为 5.2%。

（1）为什么在比较离散程度时要使用变异系数？

（2）对市盈率和投资收益率的相对离散程度进行比较。

19. 在金融证券领域，一项投资的预期收益率的变化通常用该项投资的风险来衡量。预期收益率的变化越小，投资风险就越低；预期收益率的变化越大，投资风险就越高。图 2.28 中的两个直方图，分别反映了 200 种商业类股票和 200 种高科技类股票的收益率分布。在股票市场上，高收益率往往伴随高风险。但投资于哪类股票，往往与投资者的类型有一定关系。

（1）你认为该用什么样的统计测度值来反映投资的风险？

(2) 如果选择风险小的股票进行投资,应该选择商业类股票还是高科技类股票?

(3) 如果你进行股票投资,你会选择商业类股票还是高科技类股票?

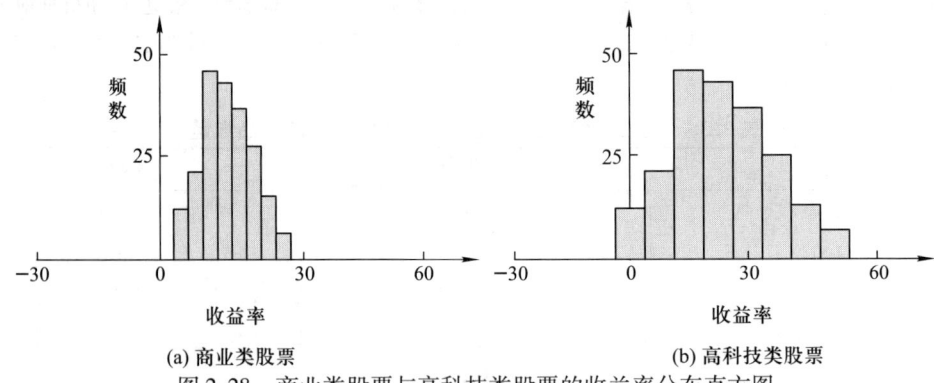

图 2.28　商业类股票与高科技类股票的收益率分布直方图

20. 图 2.29 给出了 2000 年美国人口年龄的金字塔,其绘制方法及其数字说明与例 2.12 相同,试对该图反映的人口、政治、社会、经济状况进行分析。

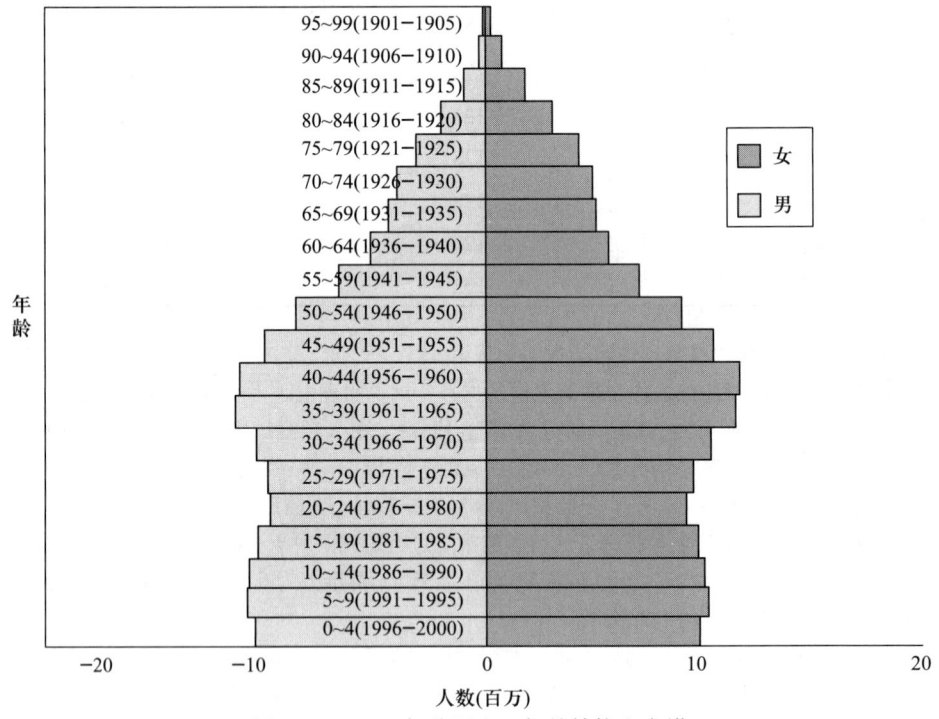

图 2.29　2000 年美国人口年龄结构金字塔

案例分析

投资组合选择

投资者——如大公司、银行、养老基金、共同基金或个人等,很少持有单一的金融资产,而是以资产组合的方式持有金融资产。因此,他们就不那么关注资产组合中某一只特定股票的收益率,而更多的是关注整个投资组合的回报率。由于投资组合的未来回报率是不确定的,就可以用概率分布来描述一个投资组合的未来回报率。

另一种做法是,我们可以用概率分布的均值和标准差来描述未来的回报率。如组合 A 的参数:$\mu=0.050$,$\sigma=0.053$;组合 B 的参数:$\mu=0.050$,$\sigma=0.033$。注意组合 A 和 B 有相同的均值,但 A 的标准差较大。因此,A 的投资回报率为负的概率就比较高(你能说明理由吗?)。这样,我们对经常用投资组合回报率分布的标准差作为衡量相关风险的做法也就不足为奇了——因为标准差越大,表示投资组合的风险就越大(即投资组合回报率的不确定性就越大);反之则越小。

特别是,投资者可从许多不同的资产中进行选择来形成一个组合。或者换一种说法,有许多不同的投资组合可供投资者选择,但是投资者应选择哪个组合呢?这个问题最初是由 Harry M. Markowitz(1952 年)发表在《财经》杂志上的一篇著名文章提出的。为了利用回报率的均值和方差来描述投资组合,Markowitz 提出了一种从组合中进行选择的两步骤法。第一步,把所有可能的组合(可行组合)缩减成一个有效的组合集。有效的组合集就是对给定的风险要求(即任何给定的标准差)能提供最大可能回报率的均值,或者在给定回报率均值的条件下使风险最小。第二步,从有效的组合集中选择最适合他(或她)需要的投资组合。图 2.30 给出了各种组合下回报率的均值和标准差。

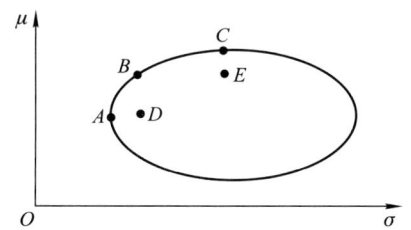

图 2.30 投资组合的回报率均值和标准差

在图 2.30 中,根据均值 μ 和标准差 σ 找出落在椭圆中代表某个特定投资者的有效组合集。有效组合集用节点线 ABC 表示,有时也称为有效边界。ABC 左边的组合是不可能达到的,因为它们落在有效边界之外。ABC 右边的组合是无效的,因为在有效边界上总存在一种组合,使得:对给定回报率的标准差(比较点 B 和点 D)B 具有较高的回报率均值;或者对给定的回报率均值(比较点 B 和点 E)B 具有较低的标准差(较低的风险水平)。

讨论题

X,Y,Z 股票组合的未来回报率可以用如表 2.37 所示的概率分布进行描述。

表 2.37 X,Y,Z 股票组合的回报率与概率分布

股票组合 X		股票组合 Y		股票组合 Z	
回报率(%)	概率(%)	回报率(%)	概率(%)	回报率(%)	概率(%)
0.20	0.05	0.15	0.10	0.25	0.05
0.15	0.15	0.10	0.20	0.20	0.10

续表

股票组合 X		股票组合 Y		股票组合 Z	
回报率(%)	概率(%)	回报率(%)	概率(%)	回报率(%)	概率(%)
0.10	0.26	0.05	0.30	0.15	0.25
0.05	0.20	0.00	0.20	0.10	0.20
0.00	0.15	-0.05	0.10	0.05	0.15
-0.05	0.10	-0.10	0.07	0.00	0.10
-0.10	0.05	-0.15	0.03	-0.05	0.07
-0.15	0.03			-0.10	0.05
-0.20	0.01			-0.15	0.03

1. 哪种组合最有可能使投资者遭受负的投资回报率？证实你的结论。
2. 计算每一种组合的 μ 和 σ。在一张图上表示出每一种组合的均值和标准差。
3. 你选择哪一种组合？并说明理由。

附录

1. 使用 Excel 描述数据

可以使用 Excel 提供的统计函数来获得常用统计量。例如 AVERAGE(平均值)、STDEV(样本标准差)、VAR(样本方差)、KURT(峰度系数)、SKEW(偏度系数)、MEDIAN(中位数)、MODE(众数)等。但最方便快捷的方法是利用 Excel 提供的"描述统计"工具，它可以给出一组数据的许多常用统计量。

为了获得一个定量变量的数字描述测度(如均值、标准差等)，在主菜单栏上点击"工具"，然后点击"数据分析"，出现"数据分析"对话框，从"分析工具"的列表框中选择"描述统计"，如图 2.31 所示。

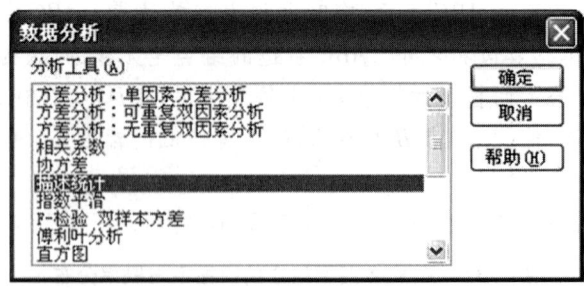

图 2.31 "数据分析"菜单

出现图 2.32 所示的对话框后，在单元格中输入要分析变量的范围，并选择"汇总统计"。然后点击"确定"以查看描述统计输出的数据。

总的来说，在 Excel 中进行描述统计是比较容易的，根据选项和对话框进行点击即可。可以采用两种办法：工具—数据分析—描述统计—汇总统计；或者使用公式：

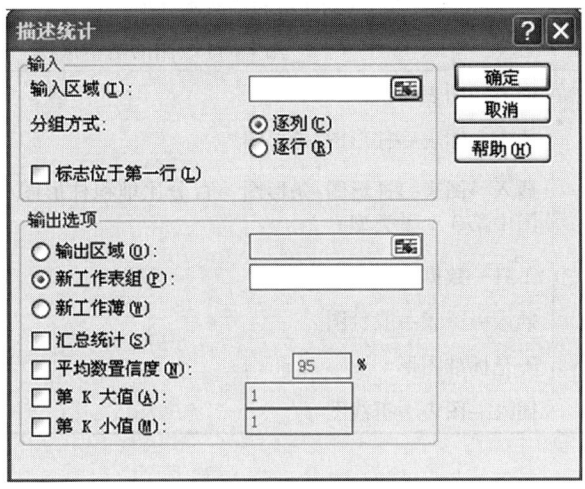

图 2.32 描述统计

AVERAGE,MEDIAN,MODE,PERCENTILE,STDEV,VAR 等。

2. 使用 Excel 作图

为使用 Excel 数据表作图,首先选定要作图的数据区域(若开始没有选定数据区域,可以在选择合适的图形之后再根据引导选择合适的数据范围),在 Excel 主菜单上点击 ▦ 或者在"插入"里面选择" ▦ 图表(H)"。为了得到一个定性变量的饼图、条形图或柱形图,在如图 2.33 所示的对话框里选择合适的图表类型(条形图、饼图等)。

图 2.33 "图表向导"对话框

然后选择"下一步",按照引导完成过程,点击"完成"查看图形。

总的来说,在 Excel 中作图也比较容易,根据选项和对话框进行点击即可。Excel 中绘图的几种基本选项如表 2.38 所示。

表 2.38　Excel 绘图的基本选项

图形	用 Excel 绘图的基本选项
饼图	插入→图表→饼图
柱形图/条形图	插入→图表→柱形图/条形图
百分条图	插入→图表→柱形图/条形图→百分比堆积柱形图/条形图（柱形图/条形图中第 3 个子类型）
直方图	工具→数据分析→直方图
箱线图	插入→图表→股价图
茎叶图	不是标准图形
折线图	插入→图表→折线图

即测即评

第 3 章
概率、概率分布与抽样分布

欧洲和美国的轮盘游戏

欧洲的轮盘游戏是博彩业中最受欢迎的游戏,玩轮盘游戏下的注约占全部赌注的一半以上。欧洲的轮盘上有 37 个等面积的小扇形,0 是绿色的,1~36 的单数是红色的,双数是黑色的。游戏者转动轮盘,轮盘会停在 0~36 的某一个数字上。下注的方法很多,可以下在某一号码上(直接法);可以下在连续两个号码当中的线上(分散法);可以下在 0,1,2 或 0,2,3,三个数字的交点上(三重奏);可以下在任何一横排号码的尾端上,压住三个号码(街道法);可以下在 4 个号码相交的角落(角落法);可以下在单数上或双数上(红/黑或单/双);等等。当然,不同玩法赔率也是不同的,如表 3.1 所示。

表 3.1 欧洲轮盘游戏的玩法与赔率

下注方法	庄家赔率
直接法(1 个号码)	35 对 1
分散法(2 个号码)	17 对 1
三重奏、街道法(3 个号码)	11 对 1
角落法(4 个号码)	8 对 1
直线法(6 个号码)	5 对 1
一打、行列法(12 个号码)	2 对 1
单/双数、高/低法(18 个号码)	1 对 1

从概率角度分析,如果玩的次数足够多,哪种下法有利?庄家的平均收益率是多少?

美国博彩业的轮盘器由 38 个等面积的扇形组成,号码分别是 0,00,1~36。0 和 00 是绿色的,其他号码是红黑色的。美国轮盘游戏下注的方法和游戏的赔率与欧洲相同,由于美国游戏多了一个 00 号码,仅多了一种组合,即 5 数,分别是 0,00,1,2,3,其赔率是 6 对 1。美国博彩业的轮盘器如图 3.1 所示。

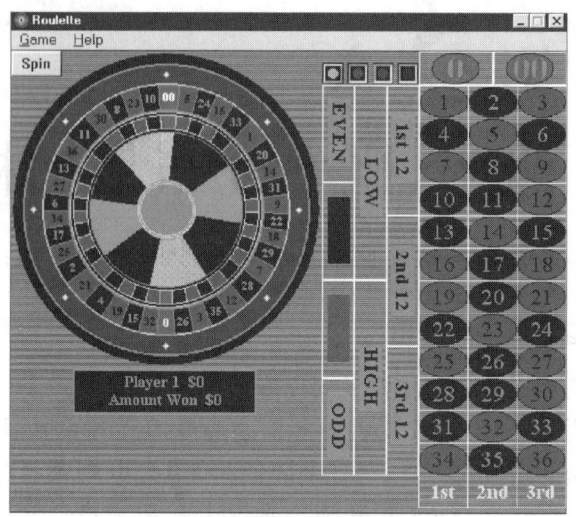

图 3.1 美国博彩业的轮盘器

美国庄家的平均收益率是多少？如果在网上玩游戏，对欧洲和美国的轮盘器游戏可以选择，你应该选择哪一种？博彩业中其他游戏和彩票等都有概率的问题，本章将讨论概率和概率分布、抽样和抽样分布等问题。

在人们的现实生活中充满了不确定性。例如，当你去购买彩票时，希望自己中大奖，但你一定知道，中大奖的可能性是很小的；当你去买股票时，希望得到比银行存款利率高的收益率，但你应该清楚买股票有风险。又如，一项新投资成功的可能性有多大？一项工程按期完成的可能性有多大？一个城市未来一天降雨的概率有多大？等等。概率论为解决这种不确定性问题提供了有效的方法。在本章中，将学习如何用概率来度量不确定性，并介绍概率分布的有关知识。为了后边几章推断统计的需要，本章还将讨论抽样和抽样分布的基本问题，并导出对推断统计非常重要的中心极限定理。

3.1 事件及其概率

概率是对某一特定事件出现可能性大小的一种数值度量。为理解概率的含义，首先需要介绍概率中的一些基本概念，并在此基础上讨论一些简单的概率计算问题。

3.1.1 试验、事件和样本空间

在概率术语中，所谓一次试验（experiment）是指对试验单元（一个或多个试验对象）进行一次观察或测量的过程。例如，从一副扑克牌中抽取一张，并观察其结果（纸牌的数字或花色），这一过程便视作一次试验。类似地，记录下某公司的年销售额也是一种试验，观察股票价格指数也是一种试验，等等。

下面就是试验的几个例子：

- 掷一枚均匀硬币,观察其出现正面或反面的情况;
- 掷一颗骰子,观察其出现的点数;
- 从一批次品率为 p 的产品中随机抽出一个,观察其是正品还是次品;
- 进行一场足球比赛,观察某队是获胜、失利还是平局。

上面的例子有一些共同的特点,那就是在试验之前我们无法确切知道它的结果。比如,在抛出硬币之前,不知道它会出现哪一面,但知道它只有两个可能结果,即要么出现正面,要么出现反面,这样的试验在相同条件下可以重复进行。在一场足球比赛之前,并不知道某个球队是获胜、失利还是打成平局,但知道比赛结果只有三个:获胜、失利或平局,这样的比赛在相同条件下也可以重复进行。总结上面的试验,可以看出它们具有三个共同的特点:

(1) 试验可以在相同条件下重复进行;
(2) 每次试验的可能结果不止一个,但试验的所有可能结果在试验之前是确切知道的;
(3) 在试验结束之前,不能确定该次试验的确切结果。

具有上面特点的试验称为随机试验,而随机试验的结果则称为事件。

试验的结果称为事件(event)。事件是试验中可能出现也可能不出现的结果,因此也称为随机事件。比如,从一副扑克牌中随机抽取一张,这就是一次试验,此项试验中可能出现一些事先无法确切知道的结果,如"抽得一张黑桃A""抽得一张红桃5""抽得一张方块10""抽得一张梅花3",等等,这些结果则称为事件。在概率中,随机事件通常用大写英文字母 A,B,C 等来表示。

有些事件可以看成是一些事件组合而成的,而有些事件则不能被分解成其他事件的组合。不能被分解成其他事件组合的最简单的事件称为基本事件。基本事件是一项试验最基本的结果。例如,抛一枚均匀硬币,"出现正面"和"出现反面"都是基本事件。掷一枚骰子"出现点数3"也是一个基本事件,但事件"出现的点数小于3"则不是基本事件,因为它可以分解成"出现点数1"和"出现点数2"两个事件的组合。

在一定条件下,肯定发生的事件称为必然事件,用符号 Ω 表示;在一定条件下,肯定不发生的事件称为不可能事件,用符号 $\emptyset$ 表示。例如,在抛一颗骰子的试验中,"点数小于7"就是一个必然事件,而"点数大于7"则是一个不可能事件。

在一项试验中,可以罗列出试验的所有可能结果(即基本事件)。一项试验中所有可能结果的集合,称为样本空间(sample space),用符号 Ω 表示;样本空间是试验中所有可能结果的集合,它显然是一个必然事件。而样本空间中每一个特定的试验结果,称为样本点(sample point),用符号 ω 表示,它们是样本空间的组成元素。

结合前面给出的一些例子,给出几个相应试验的样本空间和样本点,如表3.2所示。

表 3.2　试验与样本空间

试验	样本空间 $\Omega=\{\omega\}$
抛一枚硬币	{正面朝上,反面朝上}
投掷一颗骰子	{1点,2点,3点,4点,5点,6点}
抽出一件产品检测	{合格,不合格}
一场足球比赛	{获胜,失利,平局}

3.1.2 事件的概率

对于随机事件,对其发生的可能性大小的度量值称为概率。

事件 A 发生的概率(probability)是一个介于 0~1 之间的值,用以度量试验完成时事件 A 发生的可能性大小,记作 $P(A)$。

自从 16 世纪掷骰子游戏中出现概率概念至今,人们从不同的角度对事件发生可能性的大小进行度量,因而就形成了三种主要的概率解释或概率定义,分别是古典概率、统计概率和主观概率。

1. 古典概率

概率论最早源于 16 世纪的掷骰子、掷硬币、摸球等机会游戏和赌博问题的研究。例如,掷一颗质地均匀的骰子,共有 6 种可能结果,即 1~6 点。如果骰子是均匀的,1~6 点每一点出现的机会是均等的,即都是 1/6。从一副 52 张牌的扑克中随机地抽出一张,这张牌是红牌的可能性是 1/2,这张牌是黑 K 的机会是 2/52 或 1/26,而这张牌的点数大于等于 10 点的机会是 4/13(将牌 A 视为 1 点)。可以看到上边这两个例子具有如下特征:

(1) 试验的基本事件总数是有限的,即试验的样本空间包含有限多个样本点;

(2) 每个基本事件(样本点)出现的可能性相同。

具有上述两个特征事件的概率称为古典概率。在古典概率中,事件 A 所包含的基本事件个数(m)与其样本空间中基本事件总数(n)的比值称为事件 A 的概率,记为

$$P(A) = \frac{\text{事件 } A \text{ 中包含的基本事件数}}{\text{样本空间中基本事件总数}} = \frac{m}{n} \tag{3.1}$$

这就是概率的古典定义。根据公式(3.1)来计算的概率称为古典概率。

【例 3.1】 设有 100 件产品,其中有 5 件次品。现从这 100 件中任取 2 件,求抽到的两件均为合格品的概率是多少?抽到的两件均为次品的概率是多少?

解:由于这 100 件产品中任一件被抽到的机会是均等的,而且从 100 件产品中抽出 2 件相当于从 100 个样本点中取 2 个的组合,共有 C_{100}^2 种可能。用 A 表示"抽到的两件均为合格品",B 表示"抽到的两件均为次品",根据公式(3.1)可计算出这两个事件的概率:

$$P(A) = \frac{C_{95}^2 C_5^0}{C_{100}^2} = 0.9020; \quad P(B) = \frac{C_{95}^0 C_5^2}{C_{100}^2} = 0.0020$$

古典概率的应用要求样本空间,即出现的结果是有限的并且是已知的。例如,已知一颗骰子掷出的点数是 1~6 点,两个骰子同时掷,出现的点数是 2~12 点,等等。机会游戏的很多问题可以满足这些条件。但现实生活中实际问题的样本空间或者出现的结果无限或者未知,因而古典概率的应用具有较强的局限性。

2. 统计概率

在第 1 章例 1.1 中谈到如果观察大量新生婴儿的性别,其稳定的性别比为 105∶100 左右,古今中外皆有与此相近的数据规律。统计概率就是历史上同类事物发生的稳定的频率。

若在相同条件下重复进行的 n 次试验中,事件 A 发生了 m 次,当试验次数 n 很大时,事件 A 发生的频率 m/n 稳定地在某一常数 p 上下波动,而且这种波动的幅度一般会随着试验次数的增加而缩小,则定义 p 为事件 A 发生的概率,记为

$$P(A) = p \approx \frac{m}{n} \tag{3.2}$$

【例 3.2】 姚明自从 2002 年加入 NBA 后,每个赛季投篮的数据如表 3.3 所示。看看

姚明投篮命中的概率是多少?

表 3.3 姚明 2002—2008 赛季(常规赛)投篮的统计数据

赛季	投篮数	命中数	命中率
2002—2003	805	401	0.498
2003—2004	1 025	535	0.522
2004—2005	975	538	0.552
2005—2006	900	467	0.519
2006—2007	819	423	0.516
2007—2008	852	432	0.507
合计	5 376	2 796	—

资料来源:NBA 官方网站。

解:表 3.3 的数据表明,从姚明 2002—2008 赛季的数据看,姚明常规赛投篮命中概率大约为 2 796/5 376 = 0.520。

统计概率的特点通常是利用过去历史的稳定数据或频率作为该事物发生概率的判断。例如,卖出商品 5 000 件,返修 40 件,则可近似地认为,该商品返修的概率为 0.8%。卖出一件商品,就是一次试验。卖出的商品越多,这个比率就越接近真实的返修概率。在日常工作与生活中,统计概率的应用较为普遍。

统计概率通常是计算大量重复试验中该事件出现次数的比率。但有些试验是不能重复的。比如,你投资开一家餐馆,如果要预测这家餐馆生存 5 年的概率,就不可能重复地将这家饭馆开很多家。不过,通常可以用已经生存了 5 年的类似餐馆所占的比率,作为所求概率的一个近似值,这也是用过去相关的历史数据对未来进行判断。

3. 主观概率

古典概率和统计概率都属于客观概率,它们的确定完全取决于对客观条件的理论分析或是大量重复试验的事实,不以个人的意志为转移。而有些事件,特别是未来的某一事件,既不能通过等可能事件个数来计算,也不能根据大量重复试验的频率来估计,但决策者又必须对其进行估计从而作出相应的决策,那就需要应用主观概率。比如,每年年底,一些经济学家都会对来年国内生产总值(GDP)作出个人的判断和预测,有人对未来乐观,认为可以增长 10% 以上;也有人比较悲观,预测增长 9% 以下,等等。又如,股票的成交通常就是因为有人预计股票价格很可能上升而买进,同时又有人预计股票价格很可能下跌而卖出。当然,主观概率也并非是由个人随意猜想或胡乱编造的,人们的经验、专业知识、对事件发生的众多条件或对影响因素的分析等,都是确定主观概率的依据。

应该加以说明的是,实际问题中概率的应用是复杂的,有时是两种概率的综合。例如,银行对某位客户未来能否按时归还贷款这一不确定性的判断,如果银行掌握该客户过去归还贷款的信用记录,那么用历史数据对未来进行推断,就属于统计概率。而如果没有任何历史数据和相关记录,就属于主观概率。相当多的情况是只有部分相关记录,那么就需要作出主观判断,此时就是统计概率和主观概率的结合。一种新产品研发后进入市场是否成功,一家新饭馆开张后能否"火"起来等的判断都需要决策者综合运用统计概率和主观概率。

3.1.3 概率的性质和运算法则

概率有许多性质,这里只给出几种主要事件的概率运算,并且只给出结论,而对其具体的推导过程不作过多介绍。

1. 互斥事件及其概率

抛掷一枚硬币,要么出现正面,要么出现反面,这就是说,在一次抛掷中,出现正面时,反面就不可能出现。在一项试验中,若两个事件中有一个发生时,另一个就不可能发生,称这两个事件为互斥事件(mutually exclusive events)。

用集合的语言来说,互斥事件也就是指"没有公共样本点的两个事件"。为了直观描述互斥事件在样本空间中的位置关系,使用一种名为文氏图(Venn diagram)的工具。互斥事件的文氏图如图3.2所示。

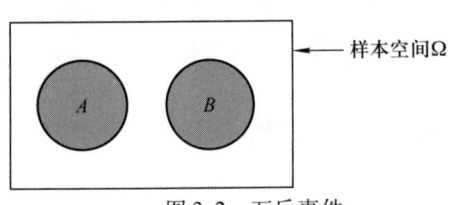

图 3.2　互斥事件

两个事件互斥的概念也可以推广到多个事件的情形。

若事件 $A_1, A_2, \cdots, A_n$ 中任意两个事件互斥,则称这 n 个事件为互斥事件。

【例3.3】　在一座城市中随机抽取600个家庭,用以确定拥有个人计算机的家庭所占的比例。定义如下事件:

A:600个家庭中恰好有265个家庭拥有计算机。

B:恰好有100个家庭拥有计算机。

C:特定户主张三家拥有计算机。

说明下列各对事件是否为互斥事件,并说明你的理由。

(1) A 与 B;(2) A 与 C;(3) B 与 C。

解:(1)事件 A 与 B 是互斥事件。因为你观察到恰好有265个家庭拥有计算机,就不可能恰好有100个家庭拥有计算机。

(2)事件 A 与 C 不是互斥事件。因为张三也许正是这265个家庭之一,因而事件 A 与 C 有可能同时发生。

(3)事件 B 与 C 不是互斥事件。理由同(2)。

【例3.4】　同时掷两枚硬币,并观察其结果。恰好有一枚硬币正面朝上的概率是多少?

解:用 H 表示正面,T 表示反面,而用下标1和2分别表示硬币1和硬币2。该项试验会有四个互斥事件之一发生:

(1) 两枚硬币都正面朝上,记这一事件为 H_1H_2;

(2) 1号硬币正面朝上而2号硬币反面朝上,记这一事件为 H_1T_2;

(3) 1号硬币反面朝上而2号硬币正面朝上,记这一事件为 T_1H_2;

(4) 两枚硬币都是反面朝上,记这一事件为 T_1T_2。

由于每一枚硬币出现正面或出现反面的概率都是1/2,当掷的次数逐渐增大时,上面四个基本事件中每一事件发生的相对频数(概率)将近似等于1/4。因为仅当H_1T_2或T_1H_2发生时,才会恰好有一枚硬币朝上的事件发生,而事件H_1T_2与T_1H_2又为互斥事件,两个事件中一个事件发生或者另一个事件发生的概率便是1/2(1/4+1/4)。因此,抛掷两枚硬币,恰好有一枚出现正面的概率等于H_1T_2或T_1H_2发生的概率,也就是两种事件中每个事件发生的概率之和。

从上面的例子中,可以得出互斥事件的概率加法规则,也称为互斥事件的概率加法公式。

互斥事件的加法规则(addition law):若两个事件 A 与 B 互斥,则事件 A 发生或事件 B 发生的概率等于这两个事件各自的概率之和,即

$$P(A \text{ 或 } B) = P(A) + P(B) \tag{3.3}$$

对于例3.4,恰好有一枚正面朝上的概率可表示为

$$P(A \text{ 或 } B) = P(A) + P(B) = \frac{1}{4} + \frac{1}{4} = \frac{1}{2}$$

【例3.5】 抛掷一颗骰子,并考察其结果。求出其点数为1点、2点、3点、4点、5点或6点的概率。

解:抛掷一枚骰子,出现的点数(1点、2点、3点、4点、5点、6点)共有6个互斥事件,而且每个事件出现的概率都为1/6。根据互斥事件的加法规则,得

$$P(1\text{点、}2\text{点、}3\text{点、}4\text{点、}5\text{点、}6\text{点}) = P(1\text{点}) + P(2\text{点}) + P(3\text{点}) + P(4\text{点}) + P(5\text{点}) + P(6\text{点})$$

$$= \frac{1}{6} + \frac{1}{6} + \frac{1}{6} + \frac{1}{6} + \frac{1}{6} + \frac{1}{6} = 1$$

从例3.5中可以看出,事件(1点、2点、3点、4点、5点、6点)是一个必然事件,也就是说,抛掷一颗骰子,肯定会有其中之一结果发生,其概率必然等于1。这实际上也是概率的性质之一。相反,不可能事件的概率则等于0。

通过上面的几个例子,可以将概率的性质总结如下:

概率的性质

(1) 非负性:对于任意事件 A,$P(A) \geq 0$。

(2) 规范性:一个事件的概率是一个介于0与1之间的值,即对于任意事件 A,$0 \leq P(A) \leq 1$。

(3) 必然事件的概率等于1,不可能事件的概率等于0,即 $P(\Omega) = 1$,$P(\emptyset) = 0$。

(4) 若两个事件 A 与 B 互斥,A 发生或者 B 发生的概率等于两个事件各自的概率之和,即 $P(A \text{ 或 } B) = P(A) + P(B)$。

---

2. 事件的补及其概率

考察掷两颗骰子的试验。两颗骰子的点数之和等于9是一个事件,记为 A。而两颗骰子的点数之和不等于9是另一个事件,记为 $\bar{A}$。可以看出,事件 $\bar{A}$ 是事件 A 不发生的事件,称事件 $\bar{A}$ 是事件 A 的补(complement),或称为补事件。

为了直观描述事件与事件的补在样本空间中的位置关系,仍然使用文氏图来表示,如

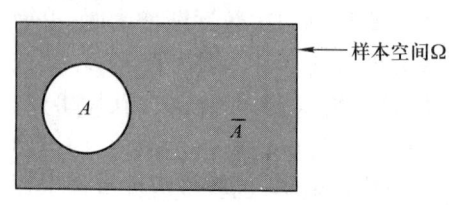

图 3.3　互补事件

图 3.3 所示。

图 3.3 中的整个矩形区域代表特定试验的样本空间 Ω，它涵盖所有的样本点。圆形区域用于表示某一事件 A，那么样本空间中"挖去"区域 A 之后剩下的阴影区域就是事件 A 的补事件 $\bar{A}$，它所包含的样本点不属于事件 A，反之亦然。显然，事件 A 与其补事件 $\bar{A}$ 是两个互斥事件（也称为不相容事件）。因此，在特定试验过程中，事件 A 和它的补事件 $\bar{A}$ 必然会有一个发生。二者之间的概率关系可以表示为

$$P(\bar{A}) = 1 - P(A) \tag{3.4}$$

当把某一试验的结果划分为感兴趣的两大类时，只要已知其中一个事件的发生概率，就能利用公式（3.4）获得另一事件的概率。当考察的事件 A 相对复杂，而它的补事件相对简单时，可以先计算事件 $\bar{A}$ 的概率，然后再寻求事件 A 的概率。

3. 广义加法公式

上面的公式（3.3）仅适用于 A 与 B 为互斥事件的场合。对于任意两个事件 A 和 B，广义加法公式可表示为

$$P(A \cup B) = P(A) + P(B) - P(A \cap B) \tag{3.5}$$

等式左边一项称为两个事件的并，其定义是：A 发生或者 B 发生的事件，称为 A 与 B 的并（union），记为 $A \cup B$。

事件的并的文氏图如图 3.4 中的阴影区域所示。

从图 3.4 可以看出，两个圆形区域覆盖的所有阴影部分构成了它们的并，它是所有属于 A 或属于 B 或同时属于二者的样本点构成的事件。稍做细分会发现，事件 A 和事件 B 的并由三部分组成：属于事件 A 的所有样本点；属于事件 B 的所有样本点；两个圆相互重叠的部分，它是指有一些样本点同时包含在 A 和 B 中。A 与 B 的并的实际含义是：只要 A 和 B 中的任何一个事件发生，事件 A 和 B 的并也就发生了。所以，通俗地说，加法公式是用于计算事件"A 发生或 B 发生或 A、B 同时发生"的概率。

等式右边最后一项称为两个事件的交，其定义是：事件 A 与事件 B 同时发生的事件，称为 A 与 B 的交（intersection），记为 $A \cap B$，或简记为 AB。

事件的交用文氏图来表示如图 3.5 中的阴影区域所示。

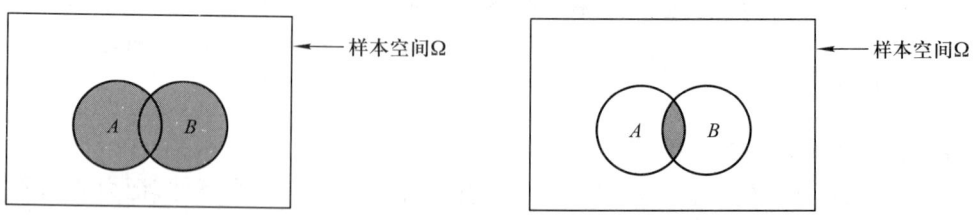

图 3.4　事件的并　　　　　　　　图 3.5　事件的交

从图 3.5 可以看出，事件 A 与事件 B 的交是事件 A 和事件 B 的交叉部分，也就是图中的重叠阴影区域，它是由所有同时属于事件 A 和事件 B 的样本点构成的事件。

有了上述的直观了解,对于加法公式(3.5)的逻辑含义就可以更好地理解了。$P(A\cup B)$计算的是事件 A 和事件 B 包含的所有样本点的发生概率,而等式右边的前两项之和 $P(A)+P(B)$ 不但涉及了 $A\cup B$ 中的所有样本点,并且由于事件 A 与事件 B 交叉部分的存在,使得 A 和 B 的交的发生概率被重复计算了两次,因此应该把 AB 部分予以扣除。

【例 3.6】 一家计算机软件开发公司的人事部门最近做了一项调查,发现在最近两年内离职的公司员工中有 40% 是因为对工资不满意,有 30% 是因为对工作不满意,有 15% 是因为他们对工资和工作都不满意。求两年内离职的员工中,离职原因是因为对工资不满意或者对工作不满意或者二者皆有的概率。

解: A = 员工离职是因为对工资不满意
B = 员工离职是因为对工作不满意
依题意有
$$P(A)=0.40, P(B)=0.30, P(AB)=0.15$$
根据概率的加法公式得
$$P(A\cup B)=P(A)+P(B)-P(AB)=0.40+0.30-0.15=0.55$$
即员工离职是因为对工资不满意或对工作不满意或二者皆有的概率是 0.55。

互斥事件的加法公式实际上是广义加法公式的一个特例。因为对于互斥事件,其交的概率 $P(AB)=0$,这一点容易理解。因为对于互斥事件,若其中一个事件发生,另一事件就必然不会发生,换句话说,两个互斥事件同时发生的可能性为零。

3.1.4 条件概率与事件的独立性

1. 条件概率

前面讨论的概率问题是在多次重复试验中事件发生的相对频数。由于在定义试验时没有附加任何特殊条件,所以这种概率称为无条件概率。

但有时人们已经知道某个事件已经发生了,在这种情况下,来求与之相关的另一个事件发生的概率。例如,一家饮料公司准备推出一种新的饮料,为估计新饮料的市场销售前景,公司先在几个超市试销,结果销售效果良好。那么该公司有理由认为新饮料在市场上将有良好的销售效果。设 A = 新饮料在整个市场上销售良好,B = 新饮料的试销情况良好。现在想要回答的是:已知事件 B 发生的条件下,事件 A 发生的概率有多大? 也就是在已知新饮料试销良好的情况下,它在整个市场上销售良好的概率是多大? 这就是条件概率问题。

已知事件 B 发生的条件下事件 A 发生的概率,称为已知 B 时 A 的条件概率(conditional probability),或称为给定 B 下 A 的概率,记为 $P(A|B)$。

利用文氏图可以直观地体会条件概率的内涵,如图 3.6 所示。

条件概率的计算公式为
$$P(A|B)=\frac{P(AB)}{P(B)} \tag{3.6}$$

关于公式(3.6)的严格证明很多概率论教程中都有介绍,这里仅结合文氏图从逻辑上给予说明。通过图 3.6 可以看到,如果事件 B 已经发生,它所涵盖的圆形区域中只有左

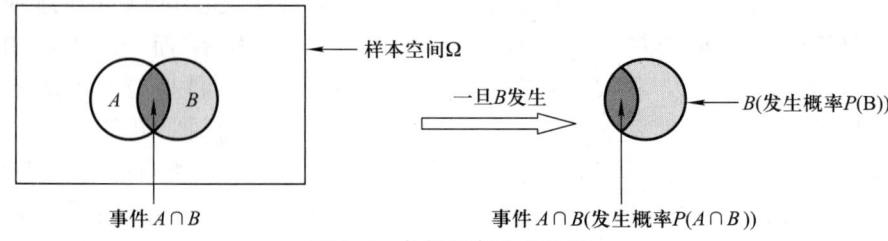

图 3.6　条件概率的文氏图

边与事件 A 的圆形区域相交的那部分(即 AB)才是能够观测到事件 A 发生的区域,因此后者与前者的比值理论上表征了在事件 B 发生的条件下事件 A 的发生概率,即 $P(A|B) = \dfrac{P(AB)}{P(B)}$。

在讨论条件概率时,通常把两个事件的交的概率 $P(AB)$ 称为联合概率,而单个事件的发生概率 $P(A)$、$P(B)$ 均称为边际概率。它们与前文所定义过的概念并无本质区别,只是为了强调条件概率问题考虑的事件相关性。

【例 3.7】 一家超市所做的一项调查表明,有 80% 的顾客到超市是来购买食品,60% 的人是来购买其他商品,40% 的人既购买食品也购买其他商品。求:

(1) 已知某顾客来超市购买食品的条件下,也购买其他商品的概率。

(2) 已知某顾客来超市购买其他商品的条件下,也购买食品的概率。

解:设 A = 顾客购买食品,B = 顾客购买其他商品。依题意有

$$P(A) = 0.80, P(B) = 0.60, P(AB) = 0.40$$

(1) 在已知某顾客购买食品的条件下,也购买其他商品的概率为

$$P(B|A) = \frac{P(AB)}{P(A)} = \frac{0.40}{0.80} = 0.50$$

(2) 在已知某顾客购买其他商品的条件下,也购买食品的概率为

$$P(A|B) = \frac{P(AB)}{P(B)} = \frac{0.40}{0.60} \approx 0.67$$

【例 3.8】 一家计算机公司从两个供应商处购买了同一种计算机配件,质量状况如表 3.4 所示。

表 3.4　甲乙两个供应商提供的配件

	正品数	次品数	合计
供应商甲	84	6	90
供应商乙	102	8	110
合计	186	14	200

从这 200 个配件中任取一个进行检查,求:

(1) 取出的一个为正品的概率。

(2) 取出的一个为供应商甲供应的配件的概率。

(3) 取出的一个为供应商甲供应的正品的概率。
(4) 已知取出的一个为供应商甲供应的配件,它是正品的概率。

解:设 $A=$ 取出的一个为正品,$B=$ 取出的一个为供应商甲供应的配件。所求的概率分别为

(1) $P(A) = \dfrac{186}{200} = 0.93$

(2) $P(B) = \dfrac{90}{200} = 0.45$

(3) "取出的一个为供应商甲供应的正品"等价于事件 A 与事件 B 同时发生,即 AB。因此所求的概率为

$$P(AB) = \dfrac{84}{200} = 0.42$$

(4) 求的是在已知事件 B 发生的条件下事件 A 发生的概率,因此有

$$P(A|B) = \dfrac{P(AB)}{P(B)} = \dfrac{0.42}{0.45} = 0.9333$$

2. 乘法公式(multiplication law)

回顾关于两个事件的广义加法公式(3.5),实践中往往比较容易获得事件 A 和事件 B 的概率 $P(A)$、$P(B)$,那么要计算事件 A 或事件 B 的概率 $P(A \cup B)$,关键是求出两个事件的交的概率 $P(AB)$。根据条件概率公式(3.6)可以得到

$$\begin{aligned}P(AB) &= P(B) \cdot P(A|B) \\ &= P(A) \cdot P(B|A)\end{aligned} \quad (3.7)$$

公式(3.7)就是概率的乘法公式。

【**例 3.9**】 一家报纸的发行部已知在某社区有 75% 的住户订阅了该报纸的日报,而且还知道某个订阅日报的住户订阅其晚报的概率为 50%。求某住户既订阅日报又订阅晚报的概率。

解:设 $A=$ 某住户订阅了日报,$B=$ 某个订阅了日报的住户订阅了晚报,则所求的概率为 $P(AB)$。依题意有

$$P(A) = 0.75, P(B|A) = 0.50$$

则住户既订阅日报又订阅晚报的概率为

$$P(AB) = P(A) \cdot P(B|A) = 0.75 \times 0.50 = 0.375$$

【**例 3.10**】 从一个装有 3 个红球 2 个白球的盒子里摸球(摸出后球不放回),求连续两次摸中红球的概率。

解:设事件 $A=$ 第二次摸到红球,$B=$ 第一次摸到红球。则第一次摸中红球的概率 $P(B) = 3/5$,摸出一个红球后不放回再次摸中红球的概率 $P(A|B) = 2/4$。因此,连续两次摸中红球的概率为

$$P(AB) = P(B) \cdot P(A|B) = \dfrac{3}{5} \times \dfrac{2}{4} = 0.3$$

3. 独立事件

从条件概率可以知道,已经发生的事件 B 应与考察的事件 A 存在相关性,正因为如

此,条件概率才得以与一般概率相区别。但现实中的确有这样的两两事件,在特定试验中它们互不影响,事件 A 的概率不会因为事件 B 的发生而有所改变,具有如此特征的事件 A 和事件 B 称为独立事件。

若 $P(A|B)=P(A)$ 或 $P(B|A)=P(B)$,则称事件 A 与事件 B 独立,或称独立事件(independent events)。

独立性意味着事件 A 的发生与否不会影响事件 B 的发生。当想求两个事件同时发生的概率时,独立性的概念十分重要。若两个事件相互独立①,则这两个事件同时发生的概率等于它们各自发生的概率之积,即

$$P(AB) = P(A) \cdot P(B) \tag{3.8}$$

公式(3.8)就是两个独立事件的概率乘法公式。

两个独立事件的乘法公式可以推广到 n 个独立的事件。若事件 $A_1, A_2, \cdots, A_n$ 相互独立,则有

$$P(A_1, A_2, \cdots, A_n) = P(A_1)P(A_2)\cdots P(A_n) \tag{3.9}$$

【例 3.11】 一个旅游景点的管理员根据以往的经验得知,有 80% 的游客在古建筑前照相留念。求接下来的两个游客都照相留念的概率。

解: 设事件 A = 第一个游客照相留念,B = 第二个游客照相留念。

两个游客都照相留念是两个事件的交 AB。在没有其他信息的情况下,可以假定事件 A 和事件 B 是相互独立的,即两个人互不相识。因此,两个游客都照相留念的概率为

$$P(AB) = P(A) \cdot P(B) = 0.80 \times 0.80 = 0.64$$

【例 3.12】 将例 3.10 稍作修改。假定是从两个同样装有 3 个红球、2 个白球的盒子摸球。每个盒子里摸一个。求连续两次摸中红球的概率。

解: 设事件 A = 从第一个盒子里摸到红球,B = 从第二个盒子里摸到红球。

显然从第一个盒子里摸出红球并不影响从第二个盒子里摸出红球的可能性大小,因此二者是相互独立的。根据公式(3.8)求得连续摸出红球的概率为

$$P(AB) = P(A) \cdot P(B) = \frac{3}{5} \times \frac{3}{5} = 0.36$$

3.1.5 全概率公式与逆概率公式

1. 全概率公式

条件概率和乘法公式对于概率理论及其应用的真正意义在于,它们能将一个相对复杂的事件分解成多个相对简单的便于计算概率的事件,而全概率公式正是这一思路的一般实现。全概率公式如下:

$$P(A) = \sum_{i=1}^{n} P(AB_i) = \sum_{i=1}^{n} P(B_i) P(A|B_i) \tag{3.10}$$

其中 $B_1, B_2, \cdots, B_n$ 是互不相容的事件,且 $B_1 \cup B_2 \cup \cdots \cup B_n = \Omega, P(B_i) > 0, i = 1, 2, \cdots, n$。

---

① 独立事件与互斥事件不同:互斥事件的含义是,某一事件 B 如果发生了,那么它的互斥事件 A 必然不会发生,因此存在互斥关系的两个事件肯定是相关的,而不是独立事件。

概率论中把满足上述条件的一组事件 $B_1, B_2, \cdots, B_n$ 称为完备事件组,由于它们的并恰好等于样本空间,相互之间又无交叉,所以它们实质上是对样本空间的一个分割,如图 3.7 所示。

文氏图 3.7 中的阴影区域代表事件 A,可见通过样本空间完备事件组的划分,事件 A 也被分解成多个事件,它们分别是事件 A 与各个完备事件的交 $A \cap B_i (i = 1, \cdots, n)$。运用全概率公式计算某一复杂事件 A 的概率,关键就在于构造合适的完备事件组,使得这些事件的概率和给定这些事件下 A 的条件概率较易于确定。

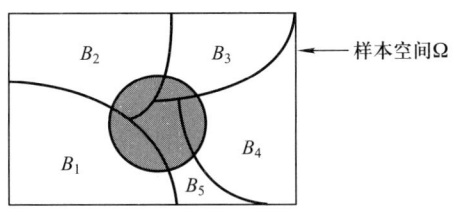

图 3.7 完备事件组

【例 3.13】 假设在 n 张彩票中只有一张中奖奖券,那么第二个人摸到奖券的概率是多少?

解: 定义事件 $A =$ 第二个人摸到奖券。

要直接计算 $P(A)$ 是比较困难的,因此要尝试寻找一个完备事件组。回顾事件与事件的补,它们是互斥事件的特例,"特殊"就在于它们不但不相容,而且恰好将样本空间划分为两部分,显然它们是符合作为完备事件组的要求的。定义事件 $B =$ 第一个人摸到奖券,$\bar{B}$ 是事件 B 的补事件,根据古典方法可以十分方便地计算 $P(B)$、$P(A|B)$、$P(\bar{B})$、$P(A|\bar{B})$ 的数值如下(奖券是不放回抽取的):

$$P(B) = \frac{1}{n}; P(\bar{B}) = 1 - P(B) = \frac{n-1}{n}$$

$$P(A|B) = 0; P(A|\bar{B}) = \frac{1}{n-1}$$

这样,利用全概率公式(3.10)就能得到第二个人摸到奖券的概率为

$$P(A) = P(B)P(A|B) + P(\bar{B})P(A|\bar{B}) = \frac{1}{n} \times 0 + \frac{n-1}{n} \times \frac{1}{n-1} = \frac{1}{n}$$

注意到这个结果与 $P(B)$ 是完全一致的,实际上,用类似的方法还可以计算第三个人、第四个人……摸到奖券的概率,结果都是 $1/n$,这就是经典的"摸彩不论先后,中奖机会均等"的概率问题。在很多场合下,选择事件与事件的补作为完备事件组常常是一个简便而有效的途径,当然,还有很多场合需要构造数量更多的完备事件才能达到计算复杂事件概率的目的。

2. 逆概率公式

概率论证明,由全概率公式可以推得另一个著名公式即逆概率公式,也称贝叶斯公式,即

$$P(B_i|A) = \frac{P(B_i)P(A|B_i)}{\sum_{i=1}^{n} P(B_i)P(A|B_i)} \tag{3.11}$$

式中,$B_1, B_2, \cdots, B_n$ 表示完备事件组。

公式(3.11)涉及三组概率:$P(B_i)$、$P(A|B_i)$ 与 $P(B_i|A)$,目的在于计算条件概率

$P(B_i|A)$。条件概率是结合某一事件已经发生的信息来"修正"相关事件的发生概率,所以逆概率公式就是要在事件 A 已经发生的条件下来重新计算完备事件组 $B_1,B_2,\cdots,B_n$ 中每个事件的发生概率。为了便于区分,$P(B_i)$ 称为事件 B_i 的先验概率(prior probability),因为它是初始的、没有其他信息的概率;$P(A|B_i)$ 称为样本信息,是事件 B_i 发生的条件下事件 A 发生的概率;而 $P(B_i|A)$ 称为事件 B_i 的后验概率(posterior probability),它是获得有关事件 A 已经发生的信息之后修正得到的概率。

【例 3.14】 某考生回答一道四选一的考题,假设他知道正确答案的概率为 1/2,而他不知道正确答案时猜对的概率应该为 1/4。那么他答对题的概率是多大呢?

解:分别定义事件 A=该考生答对了,B=该考生知道正确答案。根据已知条件,有

$$P(B)=\frac{1}{2}; P(\bar{B})=1-\frac{1}{2}=\frac{1}{2}; P(A|\bar{B})=\frac{1}{4}; P(A|B)=1$$

利用公式(3.11)计算得到

$$P(B|A)=\frac{P(B)P(A|B)}{P(B)P(A|B)+P(\bar{B})P(A|\bar{B})}=\frac{\frac{1}{2}\times 1}{\frac{1}{2}\times 1+\frac{1}{2}\times \frac{1}{4}}=0.8$$

说明这个考生答对考题的可能性达 80%。

贝叶斯公式的应用领域非常广泛,因为它有利于人们通过先验概率和样本信息综合起来推断更为精确的后验概率。因而,贝叶斯公式已经成为统计决策的基础,并由此形成贝叶斯学派。在这一公式的运用中,先验概率的确定是非常关键的,也是历史上人们争论较多的。通常情况下,如果可以找到相关的历史数据或其他信息,就用统计概率或者古典概率代入;如果没有任何可以借鉴参考的信息,只好用主观概率或主观概率与统计概率等的结合。贝叶斯公式还可以不断重复使用,即第一次计算出的后验概率可以代入公式作为先验概率,进行第二次后验概率的计算。这就有了"认识"(先验概率)、"实践"(样本信息)、"再认识"(后验概率)、"再实践"(后验概率作为先验概率代入后新的调查、新的样本信息)的不断深入的认识过程。这也是贝叶斯公式可以作为现代统计决策根据的原因,相关内容大家可以参考有关统计决策或贝叶斯方法的著作及教材。

3.2 随机变量及其概率分布

现实生活中,人们需要研究一项试验结果的某些取值。比如,抽查 50 个产品,观察其中的次品数 X;国庆长假一个旅游景点的游客人数 X,等等。这里,X 取哪些值以及 X 取某些值的概率又是多少,事先都是不知道的。为回答这些问题,需要研究随机变量的取值及其概率分布。本节将在 3.1 节介绍的概率知识基础上,学习随机变量的概率分布,这些概率分布为研究的许多数据提供了很好的模型。一旦知道了一个随机变量的概率分布模型,就很容易确定一系列事件的概率。

3.2.1 随机变量

在商业及管理领域,研究主要是依赖于某个样本数据,而这些样本数据通常是由某个

变量的一个或多个观察值所组成的。比如,也许会调查 100 个消费者,考察他们对饮料的偏好,并记录下喜欢某一特定品牌饮料的人数 X;调查一座写字楼,记录下每平方米的出租价格 X;等等。这样的一些观察也就是前面所说的试验。由于记录某次试验结果时,事先并不知道 X 取哪一个值,因此称 X 为随机变量①。

某次试验结果的数值性描述,称为随机变量(random variable)。

随机变量用数值来描述特定试验一切可能出现的结果,它的取值事先不能确定,即具有随机性。例如,抛一枚硬币,其结果就是一个随机变量 X,因为在抛掷之前并不知道出现的是正面还是反面。若用数值 1 表示正面朝上,0 表示反面朝上,则 X 可能取 0,也可能取 1。

根据随机变量取值的不同,可以将其分为离散型随机变量和连续型随机变量两种②。

只能取有限个或可数个数数值的随机变量,称为离散型随机变量(discrete random variable)。

可以取一个或多个区间中任何值的随机变量,称为连续型随机变量(continuous random variable)。

为便于理解,将随机变量的取值设想为数轴上的点,每一个试验结果对应一个点。如果一个随机变量仅限于取数轴上有限或可列个孤立的点,那么它就是离散型的;如果一个随机变量是在数轴上的一个或多个区间内取任何值,那么它就是连续型的。在上面的例子中,在 100 个消费者组成的样本中,喜欢某一特定品牌饮料的人数 X 只能取 $0,1,2,\cdots,100$ 这些数值之一,所以称 X 为离散型随机变量;相反,每平方米写字楼的出租价格 X 在理论上可以取大于 0 的无穷多个数值中的任何一个,因此称之为连续型随变量。多数情况下,试验结果是可以直接用数值来描述的,但也有一些试验结果本身体现为某种非数值的属性。比如,观察一辆汽车买主的性别,结果有两个,即男或女,这时可以用数字代码来表示,如用 1 表示男性,用 0 表示女性,但这样定义的数值没有实质性的大小含义,数值与试验结果的对应也是随意的。下面的表 3.5 给出了随机变量的几个例子。

表 3.5 随机变量的几个例子

试验	随机变量(X)	随机变量的取值 x(试验结果)
检查 50 件产品	合格品数	$0,1,2,3,\cdots,50$
一家餐馆营业一天	顾客人数	$0,1,2,3,\cdots,n$
检测某产品的使用寿命	产品使用的时间长度,以分钟计	$X \geqslant 0$
某班级终考及格率	终考及格的学生比率,以百分数计	$0 \leqslant X \leqslant 100\%$
某电话用户每次通话时间长度	每次通话时长,以分钟计	$X > 0$

---

① 在本章中,用大写字母 X,Y,Z 等表示随机变量,用相应的小写字母表示随机变量的取值。比如,随机变量 X 的取值表示为 x_1, x_2, x_3 等。

② 严格地说,随机变量应分为离散型随机变量和非离散型随机变量,但后者范围太广,其中最重要也最常见的是连续型随机变量。

3.2.2 离散型随机变量的概率分布

离散型随机变量 X 只取有限个可能的值 $x_1, x_2, \cdots$,而且是以确定的概率取这些值,即 $P(X=x_i) = p_i (i=1,2,\cdots)$。因此,可以列出 X 的所有可能取值 $x_1, x_2, \cdots$,以及取每个值的概率 $p_1, p_2, \cdots$,将它们用表格的形式表现出来,就是离散型随机变量的概率分布(probability distribution),如表3.6所示。

表3.6 离散型随机变量的概率分布

$X = x_i$	x_1	x_2	$\cdots$
$P(X=x_i) = p_i$	p_1	p_2	$\cdots$

$P(X=x_i) = p_i (i=1,2,\cdots)$ 也称为概率函数。将 X 取某个值的概率记作 p_i,离散型概率分布具有以下性质:

(1) $p_i \geq 0$;
(2) $\sum_i p_i = 1, i = 1, 2, \cdots$。

【例3.15】 投掷一颗骰子后出现的点数 X 是一个离散型随机变量。写出掷一颗骰子出现点数的概率分布。

解: 掷一颗骰子出现的可能点数为1,2,3,4,5,6共6个数值,而且出现每个点数的概率相等。相应的概率分布用表格的形式来表现,如表3.7所示。

表3.7 掷一颗骰子出现点数的概率分布

$X = x_i$	1	2	3	4	5	6
$P(X=x_i) = p_i$	$\frac{1}{6}$	$\frac{1}{6}$	$\frac{1}{6}$	$\frac{1}{6}$	$\frac{1}{6}$	$\frac{1}{6}$

【例3.16】 一部电梯在一周内发生故障的次数 X 及相应的概率如表3.8所示。

表3.8 一部电梯一周内发生故障的次数及概率分布

故障次数($X=x_i$)	0	1	2	3
概率($P(X=x_i) = p_i$)	0.10	0.25	0.35	α

(1) 确定 α 的值。
(2) 求正好发生两次故障的概率。
(3) 求最多发生两次故障的概率。
(4) 求故障次数多于一次的概率。

解: (1) 由于 $0.10 + 0.25 + 0.35 + \alpha = 1$,所以,$\alpha = 0.30$
(2) $P(X=2) = 0.35$
(3) $P(X \leq 2) = 0.10 + 0.25 + 0.35 = 0.70$
(4) $P(X>1) = 0.35 + 0.30 = 0.65$

3.2.3 离散型随机变量的数学期望和方差

虽然概率分布全面刻画了随机变量所有可能取值的概率分布情况,但还需要知道以概率分布为模型的随机变量 X 取值的数学期望和方差,以便更全面地掌握随机变量分布的特征。

与第 2 章介绍的均值类似,随机变量的数学期望是对随机变量概率分布的一个概括性度量。

离散型随机变量 X 的数学期望(expected value)是 X 所有可能取值 $x_i(i=1,2,\cdots)$ 与其相应的概率 $p_i(i=1,2,\cdots)$ 乘积之和,用 μ 或 $E(X)$ 表示,即

$$\mu = E(X) = \sum_i x_i p_i \tag{3.12}$$

数学期望又称均值,它实质上是随机变量所有可能取值的一个加权平均,其权数就是取值的概率。

离散型随机变量 X 的方差等于 $(x_i-\mu)^2$ 与其相应的概率 p_i 的乘积之和,用 σ^2 或 $D(X)$ 表示,即

$$\sigma^2 = D(X) = \sum_i (x_i-\mu)^2 p_i \tag{3.13}$$

随机变量 X 的标准差等于其方差的算术平方根,用 σ 或 $\sqrt{D(X)}$ 表示。

方差(或标准差)反映了随机变量 X 取值的离散程度。由于标准差的单位与随机变量的单位相同,相对于方差更易于解释,所以常使用标准差对实际问题进行分析。

【例 3.17】 一家计算机配件供应商声称,他所提供的 100 个配件中拥有次品的个数 X 及概率如表 3.9 所示。

表 3.9 每 100 个配件中的次品数及概率分布

次品数($X=x_i$)	0	1	2	3
概率(p_i)	0.75	0.12	0.08	0.05

求该供应商次品数的数学期望和标准差。

解: 根据表 3.9 中的数据得

$$\mu = E(X) = \sum_i x_i p_i = 0\times0.75+1\times0.12+2\times0.08+3\times0.05 = 0.43$$

$$\sigma^2 = D(X) = \sum_i (x_i-\mu)^2 p_i$$
$$= (0-0.43)^2\times0.75+(1-0.43)^2\times0.12+(2-0.43)^2\times0.08+(3-0.43)^2\times0.05$$
$$= 0.705\ 1$$

$\sigma = 0.839\ 7$

3.2.4 几种常用的离散型概率分布

掌握随机变量概率分布的好处是:只要确知一个随机变量的概率分布,并用一定的公式表达出来,就能根据这一分布计算出随机变量的任意一个取值的概率。下面介绍几种

常用的离散型概率分布,其中包括二点分布、二项分布、泊松分布以及超几何分布。

1. 二点分布

最简单的随机试验是只有两种可能结果的试验,称之为伯努利(Bernoulli)试验。如常说的抛一枚硬币(要么正面朝上,要么反面朝上)、检查一个产品质量(要么合格,要么不合格)等。一般地,把两个试验结果分别看成"成功"与"失败",用数值"1"和"0"表示,若定义一次伯努利试验成功的次数为离散型随机变量 X,它的概率分布就是最简单的一个分布类型,即二点分布,亦称伯努利分布。

如果随机变量 X 只可能取 0 和 1 两个值,它们的概率分布为

$$P(X=1)=p, P(X=0)=1-p=q$$

或

$$P(X=x)=p^x q^{1-x} \quad (0<p<1)$$

则称 X 服从参数为 p 的二点分布,也称 0—1 分布。

参数 p 的含义是指一次伯努利试验中成功的可能性大小。对于抛一枚硬币的试验,用"1"表示正面朝上(成功),随机变量 X 的分布就是 $P(X=1)=p=1/2, P(X=0)=1-p=1/2$。很多现象都可以用二点分布来进行描述,只要它们满足仅有两种可能结果这一条件。二点分布虽然简单,但它却是另一个十分重要的离散型概率分布的基础,即下面将要介绍的二项分布。

2. 二项分布

在线模拟二项分布、卡方分布和在线统计计算

若将伯努利试验独立地重复 n 次,n 是一固定数值,该试验则称为 n 重伯努利试验。具体说,n 重伯努利试验满足下列条件:

(1) 一次试验只有两个可能结果,即"成功"和"失败"。这里的"成功"是指人们感兴趣的某种特征。比如,产品分为"合格品"与"不合格品",如果人们对"合格品"感兴趣,则"成功"就表示"合格品"。

(2) 一次试验"成功"的概率为 p,"失败"的概率为 $q=1-p$,而且概率 p 对每次试验都是相同的。

(3) 试验是相互独立的。

(4) 试验可以重复进行 n 次。

(5) 在 n 次试验中,"成功"的次数对应一个离散型随机变量,用 X 表示。

这样,在 n 次试验中,出现"成功"的次数的概率分布就是二项分布。

在 n 次试验中,出现"成功"的次数的概率为

$$P(X=x)=C_n^x p^x q^{n-x}, \quad x=0,1,2,\cdots,n \tag{3.14}$$

由于 $C_n^x p^x q^{n-x}$ 是 $(p+q)^n$ 二项展开式中包含 $p^x q^{n-x}$ 的项,所以称随机变量 X 服从参数为 (n,p) 的二项分布(binomial distribution),记作 $X \sim B(n,p)$。

显然,当 $n=1$ 时,二项分布就等同于二点分布,因为此时只进行了一次伯努利试验。

二项分布的数学期望和方差分别为

$$\mu=E(X)=np, \quad \sigma^2=D(X)=npq \tag{3.15}$$

根据公式(3.15)可以直接计算 n 次伯努利试验中恰好有 x 次成功的概率,x 可以取 $0 \sim n$ 中的任何一个数。如果将所有成功的次数及相应的概率都列出来,就是二项分布。

【例3.18】 已知一批产品的次品率为4%,从中有放回地抽取5个。求5个产品中:
(1) 没有次品的概率是多少?
(2) 恰好有1个次品的概率是多少?
(3) 有3个以下次品的概率是多少?

解:抽取一个产品相当于一次试验,因此$n=5$。由于是有放回地抽取,所以每次试验是独立的,每次抽取的次品率都是4%。

设X为抽取的次品数,显然$X \sim B(n,p)$,则有

(1) $P(X=0) = C_5^0 (0.04)^0 (1-0.04)^{5-0} = 0.815\ 372\ 698$

(2) $P(X=1) = C_5^1 (0.04)^1 (1-0.04)^{5-1} = 0.169\ 869\ 312$

(3) $P(X<3) = P(X=0) + P(X=1) + P(X=2)$
$= C_5^0 (0.04)^0 (1-0.04)^{5-0} + C_5^1 (0.04)^1 (1-0.04)^{5-1} + C_5^2 (0.04)^2 (1-0.04)^{5-2}$
$= 0.815\ 372\ 698 + 0.169\ 869\ 312 + 0.014\ 155\ 776$
$= 0.999\ 397\ 786$

当试验次数n偏大时,随机变量取不同值的概率计算则会显得烦琐。幸运的是,人们已经研究总结出n重伯努利试验的概率表格,一旦确定了参数n,p的数值就可以使用这些表格查询试验过程中出现不同成功次数所对应的概率值。但在这里建议利用统计软件来计算二项分布的概率值。下面以本例中的问题(2)为例,说明用Excel计算二项分布概率值的操作步骤。

第1步:进入Excel表格界面,将鼠标停留在某一空白单元格(作为概率值计算结果的输出单元)。

第2步:在Excel表格界面中,直接点击"$f(x)$"(插入函数)命令。

第3步:在复选框"函数分类"中点击"统计"选项,并在"函数名"中点击"BINOMDIST"选项,然后点击"确定"。

第4步:在"Number_s"后填入试验成功次数(本例为"1");在"Trials"后填入总试验次数(本例为"5");在"Probability_s"后填入每次试验的成功概率(本例为"0.04");在"Cumulative"后填入"0"(或"FALSE"),表示计算成功次数恰好等于指定数值的概率,即不累积(填入"1"或"TRUE"表示计算成功次数小于或等于指定数值的累积概率值)。此时出现的界面如图3.8所示。

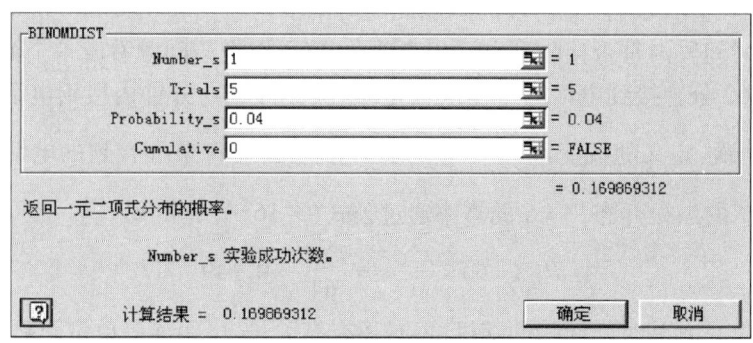

图3.8 二项分布的概率计算过程

得到的计算结果与手工计算的一致。

对于本例的问题(3)，计算步骤与上述一致，只需在"Number_s"后填入试验成功次数"2"，在"Cumulative"后填入"2"即可，计算结果为 0.999 397 786。

3. 泊松分布

1837 年，法国数学家泊松(D. Poisson)首次提出了"泊松概率分布"。它最初是作为二项分布的一个近似而被发现的，但随着概率理论的发展和实践的检验，证实泊松分布对某一类随机现象有很贴切的描述，这类现象称作"泊松试验"。通俗地说，它具有两个重要特征：

（1）所考察的事件在任意两个长度相等的区间里发生一次的机会均等；

（2）所考察的事件在任何一个区间里发生与否和在其他区间里发生与否没有相互影响，即独立。

针对任何符合以上条件的泊松试验，人们可以定义一个只取非负整数的随机变量 X，它表示"一定时间段或一定空间区域或其他特定单位内某一事件出现的次数"，这往往是人们希望估计的，例如：

- 一定时间段内，某航空公司接到的订票电话数；
- 一定时间段内，到车站等候公共汽车的人数；
- 一定路段内，路面出现大损坏的次数；
- 一定时间段内，放射性物质放射的粒子数；
- 一匹布上发现的疵点个数；
- 一定页数的书刊上出现的错别字个数。

诸如这样的只取非负整数的随机变量服从的概率分布均为泊松分布。

如果随机变量 X 的概率分布的一般表达式为

$$P(X=x) = \frac{\lambda^x e^{-\lambda}}{x!}, x=0,1,2,\cdots; \lambda>0 \tag{3.16}$$

则称 X 服从参数为 λ 的泊松分布(Poisson distribution)，记作 $X \sim P(\lambda)$。

在这里，λ 是一定区间单位内随机变量 X 的数学期望或均值，$e = 2.718\ 28$。

【例 3.19】 假定某航空公司订票处平均每小时接到 42 次订票电话，那么 10 分钟内恰好接到 6 次电话的概率是多少？

解：如果有理由认为任意两段间隔相同的时间段内航空公司接到一次电话的概率相等，并且不同时间段内是否接收到电话相互独立，就可以把该问题看成一个泊松试验。由题意知道，每 60 分钟接到电话的平均次数是 42 次，所以 10 分钟内接到电话的平均次数应为 $\frac{10}{60} \times 42 = 7$ 次，定义随机变量 $X = $"10 分钟内航空公司订票处接到的电话次数"，它服从参数为 $\lambda = 7$ 的泊松分布，$X = 6$ 的概率通过公式(3.16)计算得到

$$P(X=6) = \frac{\lambda^x e^{-\lambda}}{x!} = \frac{7^6 e^{-7}}{6!} = 0.149$$

其实，不仅是有关时间间隔的随机试验，还有有关长度、距离等单位间隔的随机试验，只要它们具备泊松试验的特征，就可以应用泊松分布来刻画一定单位间隔内不同事件发

生次数的概率。

对于泊松分布,也可以由 Excel 提供的统计函数直接计算其概率值。具体步骤为:

第1步:进入 Excel 表格界面,将鼠标停留在某一空白单元格(作为概率值计算结果的输出单元)。

第2步:在 Excel 表格界面中,直接点击"$f(x)$"(插入函数)命令。

第3步:在复选框"函数分类"中点击"统计"选项,并在"函数名"中点击"POISSON"选项,然后点击"确定"。

第4步:在"X"后填入事件出现的次数(本例为"6");在"Mean"后填入泊松分布的均值 λ(本例为"7");在"Cumulative"后填入"0"(或"FALSE")表示计算事件出现次数恰好等于指定数值的概率值(填入"1"或"TRUE"表示计算事件出现次数小于或等于指定数值的累积概率值),此时出现的界面如图 3.9 所示。

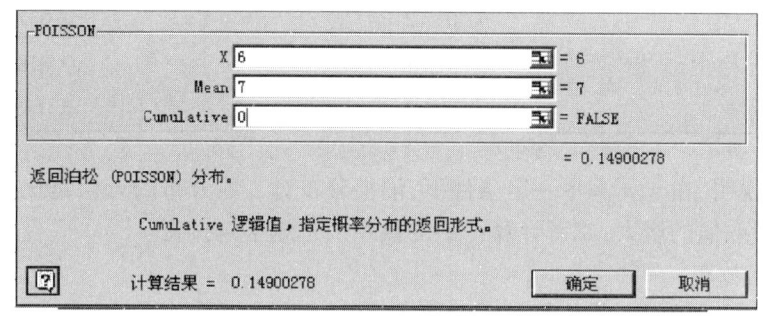

图 3.9 泊松分布的概率计算过程

图 3.9 显示的计算结果与前面计算得到的结果一致。

泊松分布的另一重要用途是作为二项概率分布的近似。对一个 n 重伯努利试验,p 代表每次伯努利试验中成功的概率,当试验次数 n 相对很大,成功概率 p 相对很小,而乘积 np 大小适中时,泊松分布的一般表达式与二项分布的一般表达式近似相等,即有

$$C_n^x p^x (1-p)^{n-x} \approx \frac{\lambda^x}{x!} e^{-\lambda} \tag{3.17}$$

其中 $\lambda = np$。也就是说,服从二项分布的随机变量 X 取某一特定值 x 的概率可以用服从泊松分布的随机变量 X 取相同数值的概率来近似,并且可以证明,当 $p \leq 0.05$ 而 $n \geq 20$ 时这一近似效果很好。下面用一个例子来演示泊松分布对二项分布的近似情况。

【例 3.20】 一个由 500 人组成的团体,其中恰好有 x 个人在元旦过生日的可能性有多大?

解:把某个人在元旦过生日看做是一次"成功",该例题探讨的是 $n = 500$ 重伯努利试验,由于团体中每个人的生日恰好在元旦的概率都是 $p = 1/365$ 且互不影响,所以随机变量 $X =$ "该团体中在元旦过生日的人数"服从参数为 $(500, 1/365)$ 的二项分布,据公式 (3.14)有

$$P(X=x) = C_{500}^x \left(\frac{1}{365}\right)^x \left(1 - \frac{1}{365}\right)^{500-x}, x = 0, 1, 2, \cdots, 500$$

显然,这样的概率计算是相当复杂的,注意到 n 相对偏大,p 相对偏小,$np = \frac{500}{365} =$

1.369 9比较适中,所以可以考虑运用参数为 $\lambda = np = 1.369\ 9$ 的泊松分布来近似计算。为更直观地体现二者的差异,表 3.10 罗列出若干不同 X 取值下的两个概率值,以供比较。

表 3.10　二项分布与泊松分布近似的对比

x	二项分布: $C_{500}^{x}\left(\dfrac{1}{365}\right)^{x}\left(1-\dfrac{1}{365}\right)^{500-x}$	泊松分布: $\dfrac{(1.369\ 9)^{x}}{x!}e^{-1.369\ 9}$
0	0.253 7	0.254 1
1	0.348 4	0.348 1
2	0.238 8	0.238 5
3	0.108 9	0.108 9
4	0.037 2	0.037 3
5	0.010 1	0.010 2
6	0.002 3	0.002 3

表 3.10 说明,在 n,p 满足一定条件下,泊松分布对二项分布的近似是比较理想的,且随着随机变量取值的增大,二者计算得到的概率值也越来越接近。

4. 超几何分布

二项分布所适用的 n 重伯努利试验要求 n 次试验之间是独立的,每次伯努利试验中成功的概率相等。因此,从理论上讲,二项分布只适合于重复抽样(即从总体中抽出一个个体观察完后放回总体,然后再抽下一个个体)。但在实际抽样中,很少采用重复抽样。不过,当总体的元素数目 N 很大而样本量 n 相对于 N 来说很小时,二项分布仍然适用。

但如果是采用不重复抽样,各次试验并不独立,成功的概率也互不相等,而且总体元素的数目很小或样本量 n 相对于 N 来说较大时,二项分布就不再适用,这时,样本中"成功"的次数则服从超几何概率分布。

如果随机变量 X 的概率分布为

$$P(X=x)=\frac{C_M^x C_{N-M}^{n-x}}{C_N^n}, x=0,1,\cdots,l \tag{3.18}$$

式中,$l = \min(M,n)$;n 表示试验次数;N 表示总体中元素个数;M 表示总体中代表成功的元素的个数。则称 X 服从参数为 n,N,M 的超几何分布(hypergeometric distribution),记作 $X \sim H(n,N,M)$。

为帮助理解超几何分布中各个参数的含义,考虑从一个有限总体中进行不放回抽样的问题,因为这一过程常会用到超几何分布。

设有一批包含 N 个同类产品组成的总体,已知其中 M 个为不合格品(次品),现从中随机不放回地取出 n 个,定义随机变量 $X=$"抽取的产品中含有的次品数",这是一个离散型随机变量,当 $n \leq M$ 时,X 可以取 $0,1,\cdots,n$ 中的任一个数;当 $n > M$ 时,X 只能取 $0,1,\cdots,M$ 中的任意数。可以证明 X 的概率分布服从超几何分布,如公式(3.18)所示,n,N,M 为参数。实际上,如果产品的抽取是可放回的,随机变量 X 则服从二项分布,因为此时每次试验抽中次品(代表成功)的概率都是 $p = M/N$。

【例 3.21】 假定有 10 只股票,其中有 3 只购买后可以获利,另外 7 只购买后将会亏损。如果你打算从 10 只股票中选择 4 只购买,但你并不知道哪 3 只是获利的,哪 7 只是亏损的。求:

(1) 所有 3 只能获利的股票都被你选中的概率有多大?

(2) 3 只可获利的股票中有 2 只被你选中的概率有多大?

解:本例中,总体元素数 $N = 10$,其中成功的次数 $M = 3$,样本量 $n = 4$。

(1) 根据公式(3.18)得

$$P(X=3) = \frac{C_3^3 C_{10-3}^{4-3}}{C_{10}^4} = \frac{1 \times 7}{210} = \frac{1}{30}$$

(2) $P(X \geq 2) = P(X=2) + P(X=3) = \frac{C_3^2 C_{10-3}^{4-2}}{C_{10}^4} + \frac{C_3^3 C_{10-3}^{4-3}}{C_{10}^4} = \frac{3}{30} + \frac{1}{10} = \frac{1}{3}$

超几何分布概率也可以利用 Excel 来计算,以本例的问题(1)为例说明具体操作步骤。

第 1 步:进入 Excel 表格界面,将鼠标停留在某一空白单元格(作为概率值计算结果的输出单元)。

第 2 步:在 Excel 表格界面中,直接点击"$f(x)$"(插入函数)命令。

第 3 步:在复选框"函数分类"中点击"统计"选项,并在"函数名"中点击"HYPGEOMDIST"选项,然后点击"确定"。

第 4 步:在"Sample_s"后填入样本中成功的次数 x(本例为"3");在"Number_sample"后填入样本量 n(本例为"4");在"Population_s"后填入总体中成功的次数 M(本例为"3");在"Number_pop"后填入总体中的个体总数 N(本例为"10");最后,点击"确定"后出现的界面如图 3.10 所示。

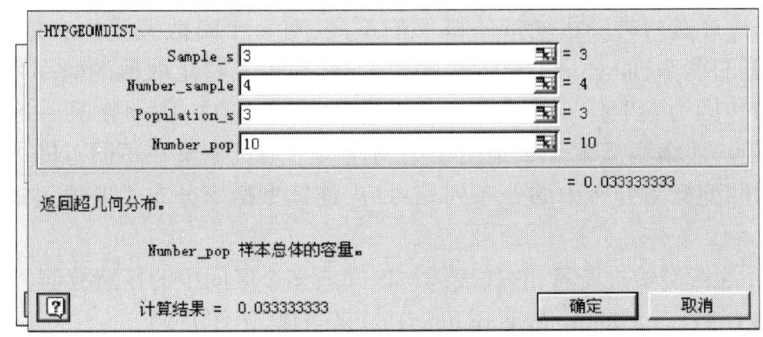

图 3.10 超几何分布的概率计算过程

图 3.10 显示的计算结果与前面计算得到的结果完全一致。

由于超几何分布所描述的试验与 n 重伯努利试验相似,超几何分布与二项分布之间也存在着十分特殊而有意义的联系。从直观上来看,如果总体中的元素个数 N 很大($N \to \infty$),使得 M 的有限变化相对于 N 而言比较微小,那么超几何分布趋向于二项分布,即

$$\frac{C_M^x C_{N-M}^{n-x}}{C_N^n} \xrightarrow{N \to \infty} C_n^x p^x q^{n-x} \tag{3.19}$$

式中，$p = M/N$。这是因为在 N 趋于无穷时，每次抽取的样品即使不放回，对其后代表成功的事件发生的概率也不会有太大影响，可以近似认为不变，而这恰好满足了二项分布的前提。

至此，关于离散型随机变量常见的几种概率分布类型都给予了简要的介绍。除此之外，还有很多可用于描述不同性质随机变量的概率分布，如几何分布、负二项分布等，在此没有一一罗列。下一部分将进入有关连续型概率分布的讨论，它是与离散型概率分布同样应用广泛的内容，只是研究的对象不同。在结束这部分的讨论之前，把四种主要离散型概率分布的数学期望与方差的计算公式进行总结，如表 3.11 所示。

表 3.11 几种离散型概率分布的数学期望与方差

概率分布	数学期望 μ	方差 σ^2
二点分布	p	pq
二项分布 $B(n, p)$	np	npq
泊松分布 $P(\lambda)$	λ	λ
超几何分布 $H(n, N, M)$	$n\dfrac{M}{N}$	$n\dfrac{M}{N}\left(1-\dfrac{M}{N}\right)\dfrac{N-n}{N-1}$

3.2.5 概率密度函数与连续型随机变量

回顾上一部分有关"随机变量与概率分布"的定义，连续型随机变量被直观地理解为"可以取某一个或若干个区间内任意数值的随机变量"，在数轴上它的所有取值充满一个甚至多个区间，从而是不可数的，这是连续型随机变量与离散型随机变量的本质区别，也决定了计算这两类随机变量的概率的不同：对一个离散型随机变量，可以计算其某一特定取值的概率；而对一个连续型随机变量，讨论其特定取值的概率是没有意义的也是不可能的（因为它取任何一个特定值的概率都等于 0），必须在某一区间内考虑相应的概率问题。连续型概率分布是用于刻画连续型随机变量在不同范围内取值的概率大小的，与离散型概率分布中的分布列相对应，连续型概率分布主要通过概率密度函数进行描述。

设 X 是一连续型随机变量，它代表某一区间或多个区间中的任意数值，它的概率分布通过概率密度函数（probability density function）来表述，记作 $f(x)$。

概率密度函数只是给出了连续型随机变量某一特定值的函数值，这一函数值不是真正意义上的取值概率，连续型随机变量在给定区间内取值的概率对应的是概率密度函数 $f(x)$ 曲线（或直线）在该区间上围成的面积[①]，这一特征恰恰意味着连续型随机变量在某一点的概率值为 0，因为它对应的面积为 0。所以对任一区间端点的取舍并不影响该区间

---

① 该面积是由积分来计算的，由于比较复杂，这里不多作说明。

的概率,即 $P(x_1<X<x_2)=P(x_1\leqslant X<x_2)=P(x_1<X\leqslant x_2)=P(x_1\leqslant X\leqslant x_2)$。因此,只要知道 $P(X\leqslant x_1)$ 和 $P(X\leqslant x_2)$,就可以求出 $P(x_1\leqslant X\leqslant x_2)$。

对于随机变量 X,设 x 为任意实数,则函数 $F(x)=P(X\leqslant x)$ 称为随机变量 X 的分布函数。

从上述定义可以看出,分布函数 F 在 x 处的取值,就是随机变量 X 的取值落在区间 $(-\infty,x)$ 的概率。

3.2.6 常见的连续型随机变量的概率分布

下面主要介绍三种常见的连续型概率分布:正态分布、均匀分布和指数分布,尤其是正态分布,它在整个概率理论中具有十分重要的地位,在统计推断中也具有非常广泛的应用,因此下面将重点介绍。

1. 正态分布

正态分布最初是由 C. F. 高斯(Carl Friedrich Gauss)作为描述误差相对频数分布的模型而提出来的。令人惊讶的是,这条曲线竟然为许多不同领域的数据的相对频数提供了一个恰当的模型,因而得到十分广泛的应用,并且在概率论和数理统计中具有十分重要的地位。在现实生活中,有许多现象都可以由正态分布来描述,其他一些分布(如二项分布)也可以利用正态分布作近似计算,而且由正态分布还可以导出其他一些重要的分布,如 χ^2 分布、t 分布、F 分布等。

(1) 正态分布的定义。正态分布的一般定义如下:

如果随机变量 X 的概率密度函数为

$$f(x)=\frac{1}{\sqrt{2\pi\sigma^2}}e^{-\frac{1}{2\sigma^2}(x-\mu)^2},-\infty<x<\infty \tag{3.20}$$

式中,μ 是正态随机变量 X 的均值,它可为任意实数,σ^2 是正态随机变量 X 的方差,且 $\sigma>0$,$\pi=3.1415926$,$e=2.71828$,则称 X 为正态随机变量,或称 X 服从参数为 μ、σ^2 的正态分布(normal distribution),记作 $X\sim N(\mu,\sigma^2)$。

由上述定义可以看出,不同的 μ 值和不同的 σ 值,对应于不同的正态分布。正态分布概率密度函数的图形如图 3.11 所示。

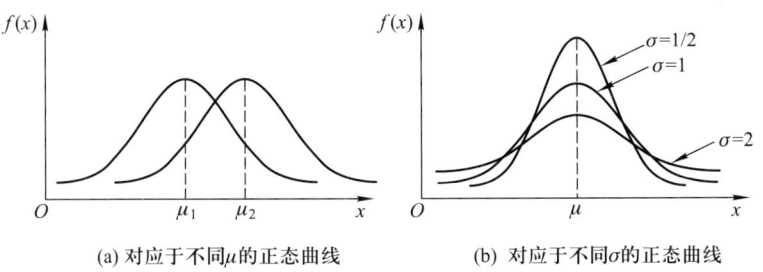

(a) 对应于不同 μ 的正态曲线 (b) 对应于不同 σ 的正态曲线

图 3.11　不同 μ 和 σ 对正态曲线的影响

从图 3.11 可以看出,正态曲线具有如下性质:

① 正态曲线的图形是关于 $x=\mu$ 对称的钟形曲线,且峰值在 $x=\mu$ 处。

② 正态分布的两个参数均值 μ 和标准差 σ 一旦确定,正态分布的具体形式也就唯一

确定,不同参数取值的正态分布构成一个完整的"正态分布族"。

③ 正态分布的均值 μ 可以是实数轴上的任意数值,它决定正态曲线的具体位置,标准差 σ 相同而均值不同的正态曲线在坐标轴上体现为水平位移。

④ 正态分布的标准差 σ 为大于零的实数,它决定正态曲线的"陡峭"或"扁平"程度。σ 越大,正态曲线越扁平;σ 越小,正态曲线越陡峭。

⑤ 当 X 的取值向横轴左右两个方向无限延伸时,正态曲线的左右两个尾端也无限渐近横轴,但理论上永远不会与之相交。

⑥ 与其他连续型随机变量相同,正态随机变量在特定区间上的取值概率由正态曲线下的面积给出,而且其曲线下的总面积等于1。

经验法则总结了正态分布在一些常用区间上的概率值,其图形如图 3.12 所示。正态随机变量落入其均值左右各 1 个标准差内的概率是 68.27%;正态随机变量落入其均值左右各 2 个标准差内的概率是 95.45%;正态随机变量落入其均值左右各 3 个标准差内的概率是 99.73%。

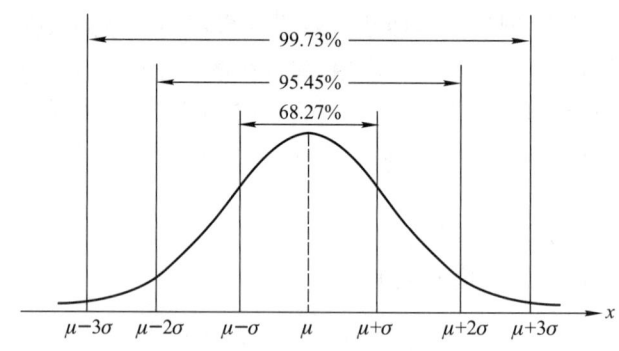

图 3.12　常用区间的正态概率值

(2) 标准正态分布。由于正态分布是一个分布族,对于每一个服从正态分布的随机变量,要通过其分布函数计算其概率都是十分烦琐的。如果能通过一定的变量代换处理将一般的正态分布都转变成一种分布,将会大大简化概率的计算。这就是下面将要介绍的标准正态分布。

如果正态分布的随机变量 X 具有均值为 0,标准差为 1,则称该随机变量服从标准正态分布(standard normal distribution),记为 $X \sim N(0,1)$。

标准正态分布的概率密度函数用 $\varphi(x)$ 表示,有

$$\varphi(x) = \frac{1}{\sqrt{2\pi}} e^{-\frac{1}{2}x^2}, -\infty < x < \infty \tag{3.21}$$

对于服从标准正态分布的随机变量在某一区间上的取值概率可以通过书后所附的标准正态分布表(附表1)查得。

有了标准正态分布后,就可以将任何一个服从一般正态分布的随机变量 $X \sim N(\mu, \sigma^2)$ 转换成标准正态分布 $N(0,1)$,转换公式为

$$z = \frac{X - \mu}{\sigma} \tag{3.22}$$

式中,分子 $X-\mu$ 表示将一般正态分布随机变量 X 与其均值 μ 之差平移到标准正态分布

中,再除以其标准差 σ 表示变形,即将一般正态分布的形状转换为均值为0,标准差为1的钟形的标准正态分布。z 就变为服从标准正态分布的随机变量,即 $z \sim N(0,1)$。

一般地,对于服从标准正态分布的随机变量 z,设其分布函数为 $\Phi(z)$,则标准正态变量在任何一个区间 $[a,b]$ 上的概率可表示为

$$P(a \leqslant z \leqslant b) = \Phi(b) - \Phi(a) \qquad (3.23)$$

$$P(|z| \leqslant a) = 2\Phi(a) - 1 \qquad (3.24)$$

对于负的 z,可以由下式得到

$$\Phi(-z) = 1 - \Phi(z) \qquad (3.25)$$

同样,对于服从一般正态分布的随机变量 X,取值在某一区间上的概率都可以通过标准正态分布求得:

$$P(a \leqslant X \leqslant b) = \Phi\left(\frac{b-\mu}{\sigma}\right) - \Phi\left(\frac{a-\mu}{\sigma}\right) \qquad (3.26)$$

$$P(X \leqslant x) = \Phi\left(\frac{x-\mu}{\sigma}\right) \qquad (3.27)$$

下面将通过举例来简单介绍一下如何使用标准正态分布表计算各种标准正态分布概率值以及如何根据已知的标准正态分布概率值查找相应的区间点。

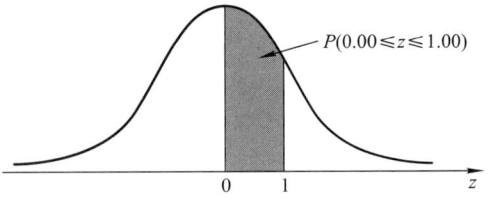

图 3.13 概率 $P(0.00 \leqslant z \leqslant 1.00)$

【例 3.22】 计算 $P(0.00 \leqslant z \leqslant 1.00)$。

解:这一概率对应的是图 3.13 中阴影部分的面积。

一般地,正态分布表中最左一列对应的是 z 值的整数位数值与第一位小数值,第一行对应的是 z 值第二位小数值,行列交汇处给出的概率值就是标准正态随机变量在其均值为 0 与 z 的某一正值之间的曲线下面积。所以要计算 $P(0.00 \leqslant z \leqslant 1.00)$,首先在表 3.12 的最左列中找到 1.0,然后在表 3.12 的最第一行找到 0.00,二者相交处对应的数值便是:$P(0.00 \leqslant z \leqslant 1.00) = 0.3413$,如表 3.12 所示。

表 3.12 标准正态分布表(部分)

z	0.00	0.01	0.02
0.9	0.3159	0.3186	0.3212
1.0	0.3413	0.3438	0.3461
1.1	0.3643	0.3665	0.3686
1.2	0.3849	0.3869	0.3888
	$P(0.00 \leqslant z \leqslant 1.00)$		

【例 3.23】 计算 $P(-1.10 \leqslant z \leqslant 1.10)$。

解:正态分布的对称性决定了 $P(-1.10 \leqslant z \leqslant 0.00) = P(0.00 \leqslant z \leqslant 1.10)$,所以只需按照例 3.22 中计算 $P(0.00 \leqslant z \leqslant 1.00)$ 的步骤,即能查找到 $P(0.00 \leqslant z \leqslant 1.10) = 0.3643$,则 $P(-1.10 \leqslant z \leqslant 1.10) = 2P(0.00 \leqslant z \leqslant 1.10) = 2 \times 0.3643 = 0.7286$,如图 3.14 所示。

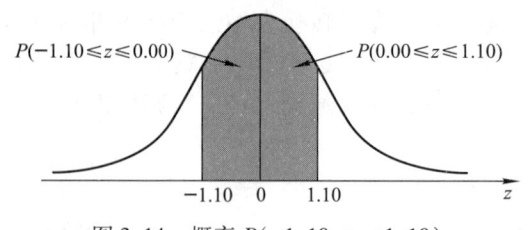
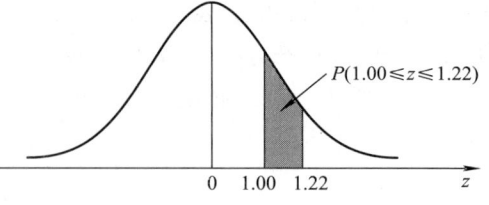

图 3.14　概率 $P(-1.10 \leqslant z \leqslant 1.10)$　　　　图 3.15　概率 $P(1.00 \leqslant z \leqslant 1.22)$

【例 3.24】 计算 $P(1.00 \leqslant z \leqslant 1.22)$。

解：由图 3.15 可以看到，概率 $P(1.00 \leqslant z \leqslant 1.22)$ 对应的阴影部分面积等于概率 $P(0.00 \leqslant z \leqslant 1.22)$ 和 $P(0.00 \leqslant z \leqslant 1.00)$ 分别对应的阴影部分面积之差，所以 $P(1.00 \leqslant z \leqslant 1.22) = P(0.00 \leqslant z \leqslant 1.22) - P(0.00 \leqslant z \leqslant 1.00) = 0.3888 - 0.3413 = 0.0475$。

【例 3.25】 计算 $P(z \geqslant 1.10)$。

解：我们已经知道，正态曲线下的总面积为 1 且左右对称，所以正态曲线下正态变量大于零对应的右侧面积恰好为 0.5，即 $P(z \geqslant 0.00) = 0.5$（正态变量小于零对应的左侧面积亦为 0.5）。根据概率 $P(z \geqslant 1.10)$ 对应的阴影部分，得出 $P(z \geqslant 1.10) = P(z \geqslant 0.00) - P(0.00 \leqslant z \leqslant 1.10) = 0.5 - 0.3643 = 0.1357$，如图 3.16 所示。

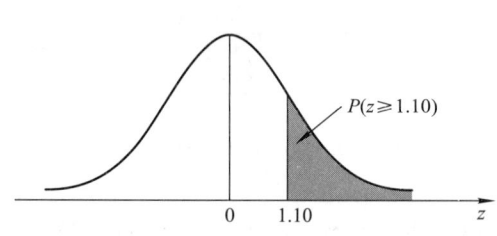
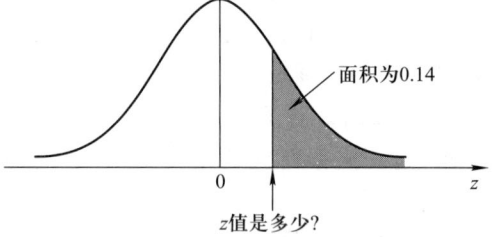

图 3.16　概率 $P(z \geqslant 1.10)$　　　　图 3.17　对应于某一概率值的正态变量的取值

【例 3.26】 计算概率值等于 0.14 对应的标准正态变量 z 的下限取值。

解：这是与前面所有例题计算方向相反的一个问题，但也是常见的关于正态分布的另一类问题。已知的是正态曲线下某一区间的阴影面积，需要寻找的是该区间对应的左侧区间点，如图 3.17 所示。

可以简单地计算得到 z 在 0 到该区间点之间取值的概率等于 0.5-0.14，即 0.36，查标准正态分布表发现，最为接近该值的是左列 1.0 和第一行 0.08 相交处的 0.3599，所以标准正态变量 z 大于或等于 1.08 的概率大约为 0.14。

下面的这个例子则是一般正态分布的概率计算问题。

【例 3.27】 假定某公司职员每周的加班津贴服从均值为 50 元，标准差为 10 元的正态分布，那么全公司中有多少比例的职员每周的加班津贴会超过 70 元，又有多少比例的职员每周的加班津贴在 40 元到 60 元之间呢？

解：定义 X ="该公司职员每周的加班津贴"，由已知条件有 $X \sim N(50, 10^2)$，查标准正态分布表（见附表 1），利用公式 (3.27) 计算得

$$P(X > 70) = 1 - P(X \leqslant 70)$$
$$= 1 - \Phi\left(\frac{70-50}{10}\right) = 1 - \Phi(2)$$

$$= 1 - 0.97725 = 0.02275$$

利用公式(3.26)计算得

$$P(40 \leq X \leq 60) = \Phi\left(\frac{60-50}{10}\right) - \Phi\left(\frac{40-50}{10}\right)$$
$$= \Phi(1) - \Phi(-1) = 2\Phi(1) - 1$$
$$= 2 \times 0.841345 - 1 = 0.68269$$

所以,该公司中只有2.275%的职员每周有超过70元的加班津贴,而68.269%的职员每周的加班津贴在40元到60元之间。凑巧的是,40元与60元恰好是均值50元加减一倍标准差10元后的上下限,经验法则的结果68.27%与68.269%的概率结果完全吻合。

在实际应用中,可以直接利用Excel计算正态分布的概率值,下面结合例3.27说明其具体操作步骤。

第1步:进入Excel表格界面,将鼠标停留在某一空白单元格(作为概率值计算结果的输出单元)。

第2步:在Excel表格界面中,直接点击"$f(x)$"(插入函数)命令。

第3步:在复选框"函数分类"中点击"统计"选项,并在"函数名"中点击"NORMDIST"选项,然后点击"确定"。

第4步:在"X"后填入正态分布函数计算的区间点(即x)(本例为"70");在"Mean"后填入正态分布的均值μ(本例为"50");在"Standard_dev"后填入正态分布的标准差σ(本例为"10");在"Cumulative"后填入"1"(或"TRUE"),表示计算事件出现次数小于或等于指定数值的累积概率值,点击"确定"后出现的界面如图3.18所示。

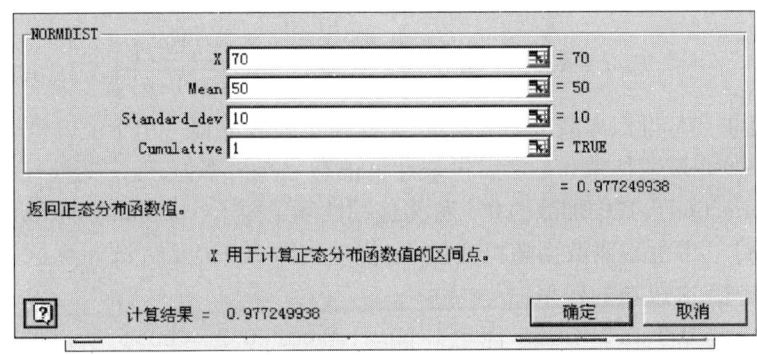

图3.18 正态分布的概率计算过程

图3.18输入的这些数值计算得到的是事件$P(X \leq 70)$的概率,用1减去计算结果即得到$P(X > 70)$的值,即$1 - 0.977249938 = 0.022750062$,与前面计算的结果一致。

前面的例3.22至例3.25标准正态分布概率的计算与上述步骤类似,只需要使用"NORMDIST"命令即可。一般正态分布的区间点的计算则使用"NORMINV"命令,标准正态分布的区间点的计算则使用"NORMSINV"命令。

(3)数据正态性的评估方法。在后面的几章中,将学习如何利用样本信息对总体进行推断。其中多数推断都是以总体近似服从正态分布这一假定为前提的。因此,在进行推断之前,确定样本数据是否来自正态分布的总体是很重要的。

用来检验数据是否服从正态分布的描述性方法有很多,这里介绍以下三种方法。

① 对数据画出频数分布的直方图或茎叶图。若数据近似服从正态分布,则图形的形状与前面给出的正态曲线应该相似。

② 求出样本数据的四分位差 Q_d 和标准差 s,然后计算比值 Q_d/s。若数据近似服从正态分布,则有 $Q_d/s \approx 1.3$。

③ 对数据作正态概率图。若数据近似服从正态分布,则数据点将落在近似一条直线上。①

(4) 二项分布的正态近似。可以证明,当样本量 n 越来越大时,二项分布越来越近似服从正态分布。这时,二项随机变量的直方图的形状接近正态分布的图形形状。

即使对于小样本,当 $p=0.5$ 时,二项分布的正态近似仍然相当好,此时随机变量 X 的分布是相对于其平均值 $\mu=np$ 对称的。当 p 趋于 0 或 1 时,二项分布将呈现出偏态,但当 n 变大时,这种偏斜就会消失。一般来说,只要当 n 大到使 np 和 $n(1-p)$ 都大于或等于 5 时,近似的效果就相当好。

设随机变量服从二项分布,即 $X \sim B(n,p)$,当 n 很大时可以用正态随机变量 X^* 对 X 进行近似,且有均值 $\mu=np$,标准差 $\sigma=\sqrt{np(1-p)}$,即 $X^* \sim N(np,np(1-p))$,X 取某一特定值 x 的概率为

$$P(X=x) \approx P(x-0.5 \leq X^* \leq x+0.5)$$
$$= \Phi\left(\frac{x+0.5-np}{\sqrt{np(1-p)}}\right) - \Phi\left(\frac{x-0.5-np}{\sqrt{np(1-p)}}\right) \quad (3.28)$$

X 落入区间 $[a,b]$ 的概率为

$$P(a \leq X \leq b) \approx \Phi\left(\frac{b+0.5-np}{\sqrt{np(1-p)}}\right) - \Phi\left(\frac{a-0.5-np}{\sqrt{np(1-p)}}\right) \quad (3.29)$$

使用连续型随机变量近似离散型随机变量,关键在于前者取任一单个值的概率为 0,因此需要通过对某一特定取值加减 0.5 之后再来计算正态分布概率值,这一变换称为连续性修正(continuity correction),其中加减的 0.5 称为连续性修正因子(continuity correction factor)。

【例 3.28】 考虑某离散型随机变量 X,若 $X \sim B(100,0.2)$,试计算这 100 次伯努利试验中恰好有 15 次成功的概率。

解:由于 $np=100 \times 0.2=20>5$ 且 $n(1-p)=100 \times (1-0.2)=80>5$,所以可以利用正态分布进行近似计算,根据公式(3.29),有

$$P(X=15) \approx P(14.5 \leq X^* \leq 15.5)$$
$$= \Phi\left(\frac{15.5-20}{\sqrt{100 \times 0.2 \times (1-0.2)}}\right) - \Phi\left(\frac{14.5-20}{\sqrt{100 \times 0.2 \times (1-0.2)}}\right)$$
$$= \Phi(-1.125) - \Phi(-1.375)$$
$$= \Phi(1.375) - \Phi(1.125)$$
$$\approx 0.9154 - 0.8697$$

---

① 统计软件中都有正态概率图的绘制方法,请读者参考有关的统计软件,这里不再讲述其绘制方法。

$$= 0.045\ 7$$

对于试验次数 n 偏大的二项分布,正态分布的近似大大减轻了其概率计算的烦琐。实际上,概率论的相关定理①还证明了正态分布对其他概率分布更一般意义下的近似,二项分布只是其中一个特例。但无论怎样,它们都有正态分布不可替代的作用,当然,在应用正态分布的过程中必须确保相关条件的满足,绝不可处处滥用。

2. 均匀分布

对于随机变量只在区间 $[a,b]$ 内取值,其概率分布常用均匀分布来描述。

如果随机变量 X 具有如下的概率密度函数:

$$f(x) = \begin{cases} \dfrac{1}{b-a}, & a \leqslant x \leqslant b\ (a<b) \\ 0, & \text{其他} \end{cases} \tag{3.30}$$

则称 X 服从区间 $[a,b]$ 上的均匀分布(uniform distribution),记作 $X \sim U[a,b]$。

可见,服从均匀分布的随机变量在其取值范围 $[a,b]$ 内的概率密度函数是个常量。也就是说,均匀随机变量在区间内取任何一个值的概率都相同,因此,在所有可能取值的范围内分布是均匀的。

均匀分布的直观概率意义是:将区间 $[a,b]$ 划分为任意个小区间,随机变量 X 在任何小区间上取值的概率大小与该小区间的长度成正比,而与该小区间的具体位置(区间的上下限)无关。理论上已经证明,服从均匀分布的随机变量 X 在某取值范围 $[a,b]$ 的任一子区间 $[c,d]$ 上取值的概率可以利用下面的一般公式直接计算:

$$P(c \leqslant X \leqslant d) = \dfrac{d-c}{b-a} \tag{3.31}$$

同样有

$$P(X<c) = \dfrac{c-a}{b-a} \tag{3.32}$$

$$P(X>c) = \dfrac{b-c}{b-a} \tag{3.33}$$

图 3.19 是服从均匀分布 $U[a,b]$ 的随机变量 X 的概率密度函数图。由于图中矩形的高度是个常数,等于 $1/(b-a)$,这样就保证了矩形的总面积等于 1。图中阴影部分的面积代表了该随机变量在子区间 $[c,d]$ 上的概率,它恰好等于公式(3.31)给出的结果。

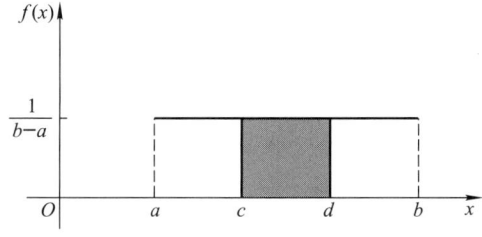

图 3.19 均匀分布的概率密度函数

① 中心极限定理。

现实生活中有很多随机变量可以认为是服从均匀分布的,下面举一个简单的例子。

【例 3.29】 某公共汽车站从早上 6 点起每隔 15 分钟开出一趟班车。假定某乘客在 6 点以后到达车站的时刻是随机的,所以有理由认为他等候乘车的时间长度 X 服从参数为 $a=0, b=15$ 的均匀分布。试求该乘客等候乘车的时间长度少于 5 分钟的概率。

解:由题意可知,随机变量 X 的概率密度函数为:

$$f(x) = \begin{cases} \dfrac{1}{15}, & 0 \leq x \leq 15 \\ 0, & \text{其他} \end{cases}$$

X 落入区间 $[0,15]$ 的任一子区间 $[0,d]$ 的概率是 $P(0 \leq X \leq d) = \dfrac{d}{15}$,等候乘车的时间长度少于 5 分钟即有 $d=5$,因此该事件发生的概率等于 $5/15 = 1/3$。

3. 指数分布

指数分布是用于描述等待某一特定事件发生所需时间的一种连续型概率分布。例如,某些产品的寿命,两辆汽车先后到达某加油站的间隔时间,某人接到一次拨错号码的电话所等待的时间,等等。这些随机变量通常可以认为只取非负值,因而常用近似服从指数分布来描述。

如果随机变量 X 具有如下的概率密度函数:

$$f(x) = \begin{cases} \lambda e^{-\lambda x}, & x \geq 0 \, (\lambda > 0) \\ 0, & \text{其他} \end{cases} \quad (3.34)$$

则称 X 服从参数为 λ 的指数分布(exponential distribution),记作 $X \sim E(\lambda)$。

图 3.20 是指数分布概率密度函数的一般形式。

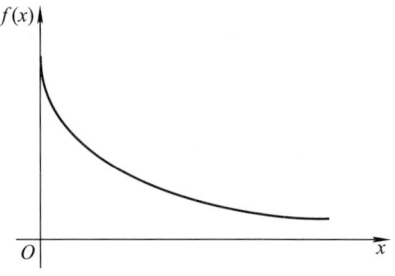

图 3.20 指数分布的概率密度函数

与其他任何连续型随机变量一样,服从指数分布的随机变量在某一区间取值的概率等于如图 3.20 所示的概率密度函数曲线与该区间围成的面积。概率论证明,该类随机变量取小于或等于某一特定值 x 的概率是

$$P(X \leq x) = 1 - e^{-\lambda x} \quad (3.35)$$

服从指数分布的随机变量 X 落入任一区间 (a,b) $(0 \leq a < b)$ 的概率是

$$P(a < X \leq b) = P(X \leq b) - P(X \leq a) = e^{-\lambda a} - e^{-\lambda b} \quad (3.36)$$

有了上述结果,就能够十分方便地计算出各种情形下指数分布的概率值。

【例 3.30】 假定某加油站在一辆汽车到达之后等待下一辆汽车到达所需要的时间 X(单位:分钟)服从参数为 $1/5$ 的指数分布,如果现在正好有一辆汽车刚刚到站加油,试分别求以下几个事件发生的概率:

(1)下一辆汽车到站前需要等待 5 分钟以上。

(2)下一辆汽车到站前需要等待 5~10 分钟。

解:既然随机变量 X 服从参数为 $1/5$ 的指数分布,它的概率密度函数为

$$f(x) = \begin{cases} \dfrac{1}{5}e^{-\frac{1}{5}x}, & x \geq 0 \\ 0, & 其他 \end{cases}$$

（1）由公式（3.35）可以直接计算事件 $\{X \leq 5\}$ 的概率：
$$P(X \leq 5) = 1 - e^{-\frac{1}{5} \times 5} = 1 - e^{-1} \approx 0.632$$

显然，事件 $\{X>5\}$ 是 $\{X \leq 5\}$ 的互补事件，所以
$$P(X>5) = 1 - P(X \leq 5) = 1 - 0.632 = 0.368$$

即等待下一辆汽车到站加油的时间超过 5 分钟的概率是 0.368。

（2）由公式（3.36）直接计算等待时间在 5 ~ 10 分钟之间的概率：
$$P(5 < X \leq 10) = e^{-\frac{1}{5} \times 5} - e^{-\frac{1}{5} \times 10} = e^{-1} - e^{-2} \approx 0.233$$

Excel 提供了计算服从指数分布的随机变量小于或等于某一数值的概率值的函数，下面以例 3.30 中的问题（1）为例，说明用 Excel 计算指数分布概率的具体步骤。

第 1 步：进入 Excel 表格界面，将鼠标停留在某一空白单元格（作为概率值计算结果的输出单元）。

第 2 步：在 Excel 表格界面中，直接点击"$f(x)$"（插入函数）命令。

第 3 步：在复选框"函数分类"中点击"统计"选项，并在"函数名"中点击"EXPONDIST"选项，然后点击"确定"。

第 4 步：在"X"后填入指数分布函数计算的区间点（即 x）（本例为"5"）；在"Lambda"后填入参数 λ（本例为"0.2"）；

在"Cumulative"后填入"1"（或"TRUE"）表示计算事件出现次数小于或等于指定数值的累积概率值（填入"0"或"FALSE"则表示计算事件出现次数大于指定数值的累积概率值），点击"确定"后出现的界面如图 3.21 所示。

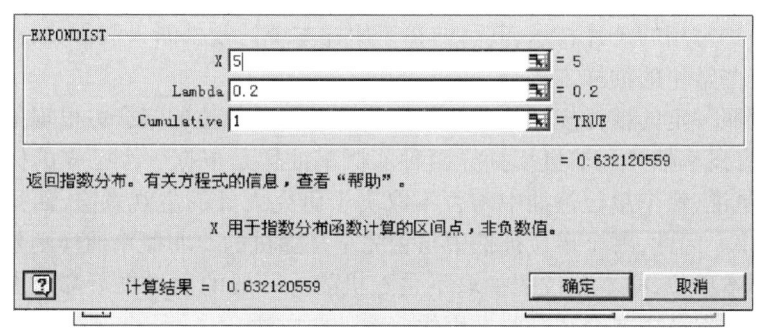

图 3.21　指数分布的概率计算过程

图 3.21 输入的这些数值计算得到的是事件 $P(X \leq 5)$ 的概率，用 1 减去该计算结果即得到 $P(X>5)$ 的值，即 $1 - 0.632\,120\,559 = 0.367\,879\,441$，与上面计算的结果一致。

考虑与时间间隔有关的概率分布，自然会联想到泊松分布。与指数分布不同的是，泊松分布的目的在于确定特定时间（也可以是空间等）间隔内某一事件的发生次数，概率密度函数中的 λ 是特定时间间隔内某一事件发生的平均次数。

那么，连续型的指数分布与离散型的泊松分布之间是否存在某种有利的关系呢？研究发现，二者的确有着十分紧密且重要的关联。实际上，如果某一事件在特定时间间隔内

发生的次数服从泊松分布,则该事件先后两次发生之间的时间间隔服从指数分布。

在本部分结束之前需将上面讨论过的三种常用连续型概率分布的数学期望和方差进行总结。由于其间涉及较复杂的积分运算,所以表 3.13 直接给出各类概率分布均值与方差的计算结果,具体步骤可参看相关统计教程。

表 3.13　几种连续型概率分布的数学期望与方差

概率分布	数学期望 μ	方差 σ^2
正态分布	μ	σ^2
均匀分布	$\dfrac{a+b}{2}$	$\dfrac{1}{12}(b-a)^2$
指数分布	$\dfrac{1}{\lambda}$	$\dfrac{1}{\lambda^2}$

3.3　常用的抽样方法

在第 2 章讨论了样本均值 $\bar{x}$、样本方差 s^2 和样本标准差 s 等,它们是对样本数据特征值的数量描述,称为样本统计量(statistic)。在第 3 章的前半部分假设已知一个随机变量的概率分布,这样就可以利用有关概率分布的知识计算均值和方差,以及该随机变量相应的概率。然而,在大多数的实际应用中,这种信息是得不到的,真实的均值 μ 和标准差 σ 是未知的,需要去估计。描述总体或概率分布的数量值称为参数。例如,二项分布中成功的概率 p,以及正态分布的均值 μ 和标准差 σ,都是参数(parameter)。参数是对总体特征的数量描述。由于它是根据总体全部观察值计算的结果,所以参数值几乎总是未知的。抽样调查是一种常用的统计技术,其目的在于用样本统计量推断人们所关心的总体参数。本节将介绍一些常用的抽样方法。

样本是按照一定的抽样规则从总体中抽取的一部分单位的集合。根据抽取的原则不同,抽样方法有概率抽样和非概率抽样两种。概率抽样是根据一个已知的概率来抽取样本单位,也就是说,哪个单位被抽中与否不取决于研究人员的主观意愿,而是取决于客观的机会,即概率。因此,哪个单位被抽中与否完全是随机的。非概率抽样则是研究人员有意识地选取样本单位,样本单位的抽取不是随机的。一般的抽样推断都建立在概率抽样的基础上。因此本节主要介绍一些常用的概率抽样方法。

3.3.1　简单随机抽样

在从总体中抽取 n 个单位作为样本时,使得每一个总体单位都有相同的机会(概率)被抽中,这样的抽样方式称为简单随机抽样(simple random sampling),也称纯随机抽样。它是抽样调查中应用最多的方法之一,也是最基本的抽样方法之一。

简单随机抽样有两种抽取单位的具体方法,即重复抽样和不重复抽样。当从总体中抽取一个单位并加以计量后,把这个单位放回到总体中再抽取第二个单位,直至抽取 n 个单位为止,这样的抽样方法可能会使某一个单位被重复抽中,所以称为重复抽样(sampling with replacement)。例如,扑克牌游戏从 52 张牌中随机地抽出 4 张牌,观察其花色和数字。在随机抽出一张牌并记录其花色与数字后,将这张牌插入全部牌中,洗匀后再抽出第二张牌。由于第一次被抽中的牌在第二次仍有同样被抽中的机会,因而是重复抽样。

如果一个单位被抽中后不再放回总体,然后再从所剩下的单位中抽取第二个单位,直到抽出 n 个单位为止,这样的抽样方法不可能使一个总体单位被重复抽中,所以称为不重复抽样(sampling without replacement)。例如,体育彩票或福利彩票抽奖时,用一个装有若干乒乓球的透明摇号机搅拌均匀后,随机地一个一个地抽出几个乒乓球。某号乒乓球一旦抽出后就不再返回摇号机,因而是不重复抽样。

3.3.2 分层抽样

在抽样之前先将总体的单位划分为若干层(类),然后从各个层中抽取一定数量的单位组成一个样本,这样的抽样方式称为分层抽样,也称分类抽样(stratified sampling)。

在分层或分类时,应使层内各单位的差异尽可能小,而使层与层之间的差异尽可能大。各层的划分可根据研究者的判断或研究的需要进行。例如,研究的对象为人时,可按性别、年龄等分层;研究收入的差异时,可按城镇、农村分层;等等。

分层抽样是一种常用的抽样方式。它具有以下优点:第一,分层抽样除了可以对总体进行估计外,还可以对各层的子总体进行估计;第二,分层抽样可以按自然区域或行政区域进行分层,使抽样的组织和实施都比较方便;第三,分层抽样的样本分布在各个层内,从而使样本在总体中的分布比较均匀;第四,如果分层抽样做得好,便可以提高估计的精度。

例如,假定某大学的商学院想对今年的毕业生进行一次调查,以便了解他们的就业倾向。该学院有 5 个专业:会计、金融、市场营销、经营管理、信息系统。今年共有 1 500 名毕业生,其中会计专业 500 名,金融专业 300 名,市场营销专业 300 名,经营管理专业 250 名,信息系统专业 150 名。假定要选取 180 人作为样本,各专业按比例应抽取的人数分别为:会计专业 60 人,金融专业 36 人,市场营销专业 36 人,经营管理专业 30 人,信息系统专业 18 人。

3.3.3 系统抽样

在抽样中先将总体各单位按某种顺序排列,并按某种规则确定一个随机起点,然后,每隔一定的间隔抽取一个单位,直至抽取 n 个单位形成一个样本。这样的抽样方式称为系统抽样(systematic sampling),也称等距抽样或机械抽样。

系统抽样具有以下优点。第一,简便易行。当样本量很大时,简单随机抽样要逐个使用随机数字表抽选也是相当麻烦的,而系统抽样有了总体单位的排序,只要确定出抽样的随机起点和间隔后,样本单位也就随之确定,而且可以利用现有的排列顺序,以方便操作。例如,抽选学生时利用学校的花名册,抽选居民时可利用居委会的户口本,等等。因此系统抽样常用来代替简单随机抽样。第二,系统抽样的样本在总体中的分布一般也比较均匀,其抽样误差通常要小于简单随机抽样。如果掌握了总体的有关信息,将总体各单位按有关标志排列,就可以提高估计的精度。例如,我国农产量调查就是先对一个地区按照过去三年的平均粮食产量从高到低排队,然后从高产量地块随机地找到一个起点,按照一定的距离由高到低抽取地块作为样本。这种方法能够保证抽出的地块产量由高到低均匀分布,因而对总体估计与推断的代表性较高。

3.3.4 整群抽样

调查时先将总体划分成若干群,然后再以群作为调查单位从中抽取部分群,进而对抽中的各个群中所包含的所有个体单位进行调查或观察,这样的抽样方式称为整群抽样(cluster sampling)。

整群抽样时,群的划分可以是按自然的或行政的区域进行,也可以是人为地组成群。例如,在抽选地区时,可以将一个地区作为一群,然后对该地区全部单位进行调查。在抽取居民进行调查时,可以将一个居民户作为一群,然后对户中每位居民都进行调查。整群抽样的优点是:不需要有总体单位的具体名单,而只要有群的名单就可以进行抽样,而群的名单比较容易得到。此外,整群抽样时,群内各单位比较集中,对样本进行调查比较方便,节约费用。当群内的各单位存在差异时,整群抽样可以得到较好的结果,理想的情况是每一群都是整个总体的一个缩影。在这种情况下,抽取很少的群就可以提供有关总体特征的信息。如果实际情况不是这样,整群抽样的误差会较大,效果也就较差。

3.4 抽样分布

3.4.1 抽样分布的概念

假设想估计总体的一个参数,如总体均值 μ,可以用一个样本统计量进行估计,例如,用样本均值 $\bar{x}$ 或是样本中位数 m。你认为对于 μ 的估计,哪一个是较好的?在回答这个问题之前,先来考虑下面的例子:掷一颗均匀的骰子,并且令 X 为掷出的点数。假设骰子被掷 3 次,产生了样本观察值 2,2,6。此样本的均值是 $\bar{x}=3.33$,样本的中位数是 $m=2$。因为 X 的总体均值是 $\mu=3.5$,你能够看到对于这个样本的 3 个观察值,样本均值 $\bar{x}$ 比样本中位数更接近于 μ 的估计。现在假设再掷骰子 3 次并且得到样本观察值 3,4,6。这个样本的均值和中位数分别是 $\bar{x}=4.33$ 和 $m=4$。此次中位数 m 更接近于 μ。

这个简单例子说明:样本均值和样本中位数并不总是落在离总体均值很近的位置。因此,不能仅仅根据一个样本去比较这两个样本统计量以及任意两个样本统计量。相反,需要认识到样本统计量本身是随机变量,因为不同的样本会导致样本统计量取不同的值。作为随机变量,判断和比较样本统计量必须要在其概率分布的基础上进行,即在大量重复抽样试验的基础上得到统计量取值的集合以及相应的概率,进而作出判断和比较。那么什么是样本统计量的抽样分布呢?抽样分布(sampling distribution)就是由样本 n 个观察值计算的统计量的概率分布。

在实际应用中,统计量的抽样分布是通过数学推导或在计算机上利用程序进行模拟而得到的。

【例 3.31】 设一个总体只有 4 个个体,即总体单位个数 $N=4$,取值分别为:$x_1=1$,$x_2=2, x_3=3, x_4=4$。具体的可以视为一个黑布袋中有 4 个球,分别标明 1,2,3,4 号球。先看总体的分布状况,如图 3.22 所示。

可以看到,总体的分布为均匀分布,即 x_i 取每一个值的概率都相同,$P(x)=0.25$。这样,可以按下面的公式计算总体的均值和方差。

$$总体均值:\mu = \frac{\sum_{i=1}^{4} x_i}{N} = \frac{10}{4} = 2.5$$

$$总体方差:\sigma^2 = \frac{\sum_{i=1}^{4}(x_i - \mu)^2}{4} = \frac{5}{4} = 1.25$$

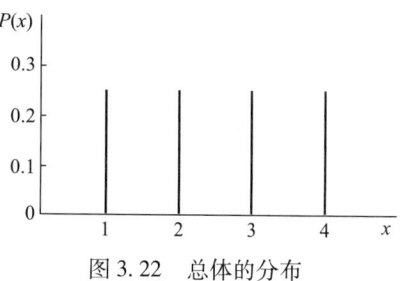

图 3.22 总体的分布

若从该总体中采取重复抽样方法抽取容量为 $n=2$ 的随机样本,即先摸出一个球,记下号码后放回袋中再摸第二个球。我们来看看样本均值 $\bar{x}$ 的抽样分布。

从总体中采取重复抽样方法抽取容量为 $n=2$ 的随机样本,共有 $4^2=16$ 个可能的样本。然后计算出每一个样本的均值 $\bar{x}_i$,结果如表 3.14 所示。

表 3.14 16 个可能的样本及其均值 $\bar{x}_i$ 和方差 s^2

样本编号	样本中的单位	样本均值 $\bar{x}$	样本方差 s^2
1	1,1	1.0	0
2	1,2	1.5	0.5
3	1,3	2.0	2
4	1,4	2.5	4.5
5	2,1	1.5	0.5
6	2,2	2.0	0
7	2,3	2.5	0.5
8	2,4	3.0	2
9	3,1	2.0	2
10	3,2	2.5	0.5
11	3,3	3.0	0
12	3,4	3.5	0.5
13	4,1	2.5	4.5
14	4,2	3.0	2
15	4,3	3.5	0.5
16	4,4	4.0	0

每个样本被抽中的概率相同,均为 1/16。样本均值经整理后如表 3.15 所示。

表 3.15　样本均值 $\bar{x}$ 的分布

$\bar{x}$ 的取值	$\bar{x}$ 的个数	$\bar{x}$ 取值的概率 $P(\bar{x})$
1.0	1	1/16
1.5	2	2/16
2.0	3	3/16
2.5	4	4/16
3.0	3	3/16
3.5	2	2/16
4.0	1	1/16

把 $\bar{x}$ 的抽样分布绘成图,如图 3.23 所示。通过比较总体分布和样本均值的抽样分布,不难看出它们的区别。尽管总体为均匀分布,但样本均值的抽样分布在形状上却是对称的。

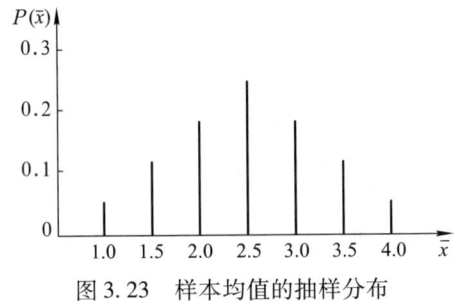

图 3.23　样本均值的抽样分布

样本均值抽样分布的形成过程可以概括成图 3.24。

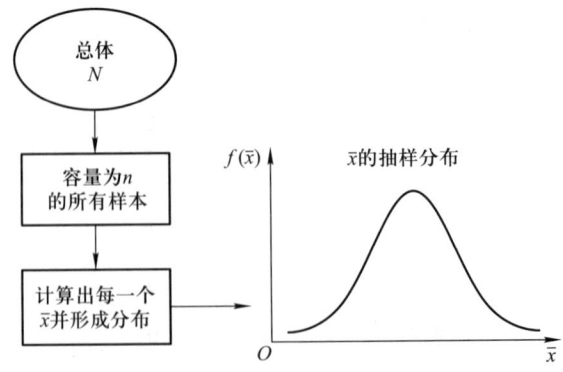

图 3.24　样本均值抽样分布的形成过程

我们不仅关心样本均值 $\bar{x}$ 的抽样分布,还需要知道 $\bar{x}$ 抽样分布的性质,包括 $\bar{x}$ 的均值、标准差、$\bar{x}$ 抽样分布本身的形状等。

3.4.2 $\bar{x}$ 抽样分布的形式

$\bar{x}$ 抽样分布的形式与原有总体的分布和样本量 n 的大小有关。

如果原有总体是正态分布,那么,无论样本量的大小,样本均值的抽样分布都服从正态分布。

如果原有总体的分布是非正态分布,就要看样本量的大小了。随着样本量 n 的增大(通常要求 $n \geq 30$),不论原来的总体是否服从正态分布,样本均值的抽样分布都将趋于正态分布,其分布的数学期望为总体均值 μ,方差为总体方差的 $1/n$。这就是统计上著名的中心极限定理(central limit theorem)。这一定理可以表述为:从均值为 μ、方差为 σ^2 的总体中,抽取容量为 n 的随机样本,当 n 充分大时(通常要求 $n \geq 30$),样本均值 $\bar{x}$ 的抽样分布近似服从均值为 μ、方差为 σ^2/n 的正态分布。该定理可用图 3.25 来说明。

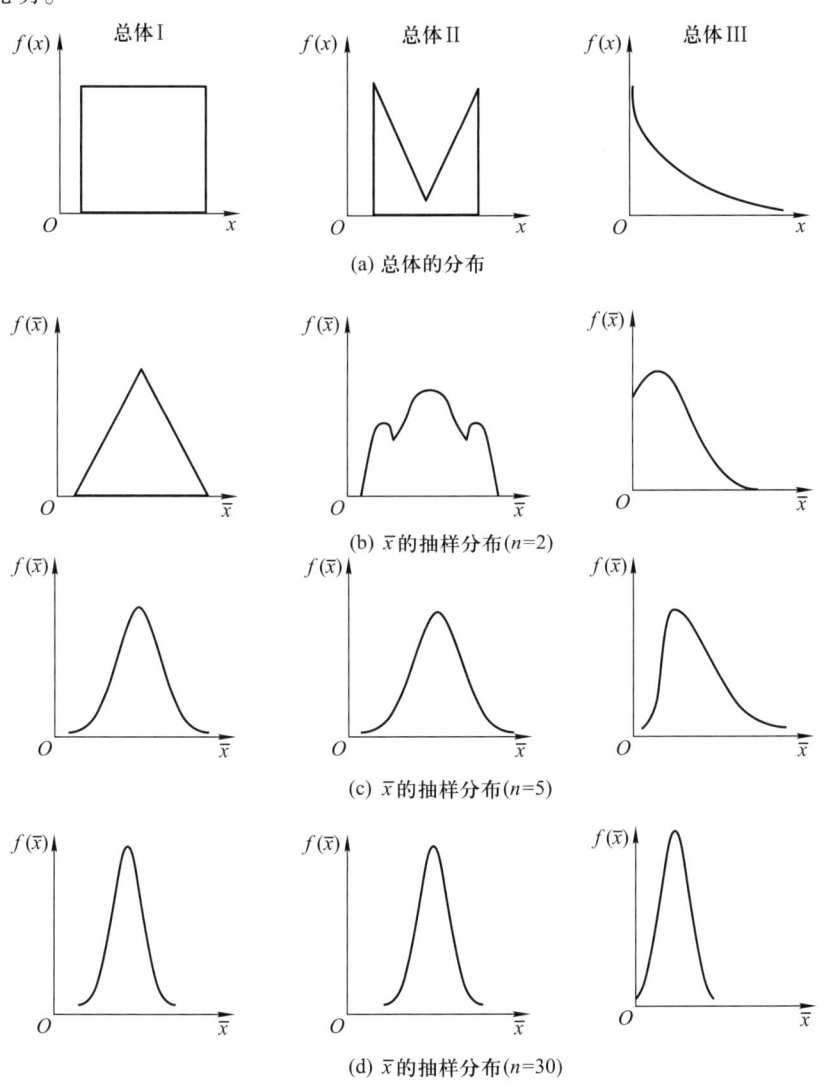

图 3.25 $\bar{x}$ 的抽样分布趋于正态分布的过程

由例 3.31 可以看到,在从均匀分布的总体中(见图 3.22)抽取样本量 $n=2$ 的样本,其样本均值 $\bar{x}$ 的分布已经转换成对称的分布(见图 3.23)。又由图 3.25 不难看出,不论总体是什么形状的分布(总体 I 为均匀分布,总体 II 为 V 形分布,总体 III 为偏态分布)。当样本量 $n=2$ 时,样本均值 $\bar{x}$ 的抽样分布已经明显改变形状;当 $n=5$ 时,样本均值 $\bar{x}$ 的抽样分布形状开始趋于正态;当 $n=30$ 时,样本均值 $\bar{x}$ 的抽样分布形状基本上没有差别,形成正态分布。

当 n 为小样本时(通常 $n<30$),其分布则不是正态分布,这时就不能按正态分布进行推断。样本均值的抽样分布与总体分布的关系可以用图 3.26 来描述。

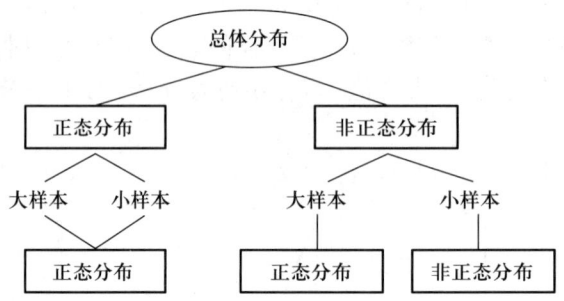

图 3.26　样本均值的抽样分布与总体分布的关系

3.4.3　$\bar{x}$ 抽样分布的特征

从统计推断的角度看,我们所关心的抽样分布的特征主要是均值和方差。这两个特征一方面与总体分布的均值和方差有关,另一方面也与抽样的方法是重复抽样还是不重复抽样有关。

设总体共有 N 个单位,其均值为 μ,方差为 σ^2,从中抽取容量为 n 的样本,样本均值的数学期望(即样本均值的均值)记为 $E(\bar{x})$,样本均值的方差记为 $\sigma_{\bar{x}}^2$,则无论是重复抽样还是不重复抽样,样本均值的数学期望始终等于总体均值,即

$$E(\bar{x})=\mu \tag{3.37}$$

而样本均值的方差则与抽样方法有关。在重复抽样条件下,样本均值的方差为总体方差的 $1/n$,即

$$\sigma_{\bar{x}}^2=\frac{\sigma^2}{n} \tag{3.38}$$

即 $\bar{x} \sim N\left(\mu, \frac{\sigma^2}{n}\right)$,等价地有 $\frac{\bar{x}-\mu}{\sigma/\sqrt{n}} \sim N(0,1)$。

在不重复抽样条件下,样本均值的方差则需要用修正系数 $\left(\frac{N-n}{N-1}\right)$ 去修正重复抽样时样本均值的方差,即

$$\sigma_{\bar{x}}^2=\frac{\sigma^2}{n}\left(\frac{N-n}{N-1}\right) \tag{3.39}$$

即 $\bar{x} \sim N\left(\mu, \frac{\sigma^2}{n}\left(\frac{N-n}{N-1}\right)\right)$。

这些结论可以通过前面的例 3.31 进行验证。计算所有 16 个样本均值的均值得：

$$样本均值的均值 = \frac{1.0+1.5+\cdots+3.5+4.0}{16} = \frac{40}{16} = 2.5 = \mu$$

样本均值的方差为

$$\sigma_{\bar{x}}^2 = \frac{\sum_{i=1}^{16}(\bar{x}_i - \mu)^2}{16} = \frac{10}{16} = 0.625 = \frac{1.25}{2} = \frac{\sigma^2}{n}$$

对于无限总体进行不重复抽样时，可以按重复抽样来处理，因为其修正系数 $\left(\frac{N-n}{N-1}\right)$ 趋向于 1。此时样本均值的方差仍可按公式(3.38)计算。对于有限总体，当 N 很大而 n 很小时，其修正系数 $\left(\frac{N-n}{N-1}\right)$ 也趋向于 1，这时样本均值的方差也可以按公式(3.38)来计算。

【例 3.32】 考虑一个由观察值 0、3 和 12 所组成的总体，其概率分布如表 3.16 所示。从这个总体中选择 $n=3$ 个观察值的随机样本。

（1）求样本均值 $\bar{x}$ 的抽样分布。
（2）求样本中位数 m 的抽样分布。

表 3.16 观察值的概率分布

x	0	3	12
$P(x)$	$\frac{1}{3}$	$\frac{1}{3}$	$\frac{1}{3}$

解：$n=3$ 个观察值所有可能的样本及其样本均值和中位数如表 3.17 所示。此外，由于任何一个样本被抽到的可能性是相同的，则抽到任何一个样本的概率都是 $\frac{1}{27}$。这些概率也被列在了表 3.17 中。

表 3.17 $n=3$ 的所有可能样本

可能的样本	$\bar{x}$	m	概率
0,0,0	0	0	1/27
0,0,3	1	0	1/27
0,0,12	4	0	1/27
0,3,0	1	0	1/27
0,3,3	2	3	1/27
0,3,12	5	3	1/27
0,12,0	4	0	1/27
0,12,3	5	3	1/27
0,12,12	8	12	1/27

续表

可能的样本	$\bar{x}$	m	概率
3,0,0	1	0	1/27
3,0,3	2	3	1/27
3,0,12	5	3	1/27
3,3,0	2	3	1/27
3,3,3	3	3	1/27
3,3,12	6	3	1/27
3,12,0	5	3	1/27
3,12,3	6	3	1/27
3,12,12	9	12	1/27
12,0,0	4	0	1/27
12,0,3	5	3	1/27
12,0,12	8	12	1/27
12,3,0	5	3	1/27
12,3,3	6	3	1/27
12,3,12	9	12	1/27
12,12,0	8	12	1/27
12,12,3	9	12	1/27
12,12,12	12	12	1/27

(1) 从表 3.17 中看到 $\bar{x}$ 能够取值 0,1,2,3,4,5,6,8,9,12。因为 $\bar{x}=0$ 仅发生在一个样本中,所以 $P(\bar{x}=0)=\dfrac{1}{27}$。同样,$\bar{x}=1$ 发生在三个样本 $(0,0,3)$、$(0,3,0)$ 和 $(3,0,0)$ 中,因此,$P(\bar{x}=1)=\dfrac{3}{27}=\dfrac{1}{9}$。将其余的 $\bar{x}$ 的取值概率都列在一个表中,其概率分布(抽样分布)如表 3.18 所示。

表 3.18 $\bar{x}$ 的概率分布

$\bar{x}$	0	1	2	3	4	5	6	8	9	12
$P(\bar{x})$	$\dfrac{1}{27}$	$\dfrac{3}{27}$	$\dfrac{3}{27}$	$\dfrac{1}{27}$	$\dfrac{3}{27}$	$\dfrac{6}{27}$	$\dfrac{3}{27}$	$\dfrac{3}{27}$	$\dfrac{3}{27}$	$\dfrac{1}{27}$

表 3.18 是关于 $\bar{x}$ 的抽样分布,因为它详细地说明了与 $\bar{x}$ 的每一个可能值相对应的概率。

(2) 在表 3.17 中能够看到中位数 m 可以取 3 个数值:0,3,12。$m=0$ 发生在 7 个不同的样本中。因此,$P(m=0)=\frac{7}{27}$。同样,$m=3$ 发生在 13 个样本中,而 $m=12$ 发生在 7 个样本中。所以,中位数 m 的概率分布(抽样分布)如表 3.19 所示。

表 3.19　中位数 m 的概率分布

m	0	3	12
$P(m)$	$\frac{7}{27}$	$\frac{13}{27}$	$\frac{7}{27}$

例 3.32 阐述了当从总体中所选取的所有可能样本数相对较小时,求出一个统计量准确的抽样分布的过程。在实际问题中,总体单位数相当大,有时甚至是无穷的,因此,所有可能的样本数难以一一列举。这时,可以通过反复进行抽样模拟,并且记录下统计量取不同数值时的次数百分比,以得到一个统计量近似的抽样分布。

在样本均值 $\bar{x}$ 的抽样分布中,如果总体标准差 σ 未知,则只好用样本标准差 s 代替,这时样本均值 $\bar{x}$ 的抽样分布则服从于自由度为 $(n-1)$ 的 t 分布。

$$\frac{\bar{x}-\mu}{s/\sqrt{n}} \sim t(n-1)$$

t 分布也称为学生氏分布,是高塞特(W. S. Gosset)于 1908 年在一篇以"Student"(学生)为笔名的论文中首次提出的。t 分布的密度函数是一偶函数,其图形如图 3.27 所示。

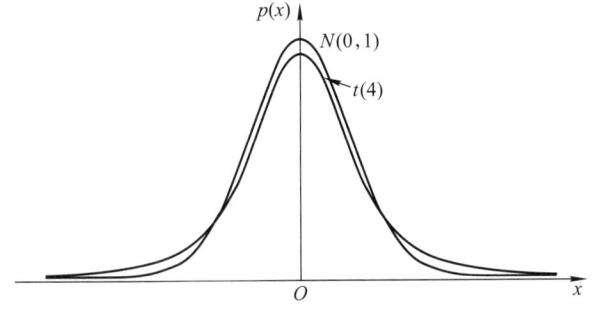

图 3.27　t 分布的分布曲线示意图

t 分布的数学期望 $E(t)=0$,当 $n\geqslant 2$ 时;

t 分布的方差 $D(t)=\frac{n}{n-2}$,当 $n\geqslant 3$ 时。

由图 3.27 可以看出,t 分布的密度函数与标准正态分布 $N(0,1)$ 的密度函数非常相似,都是单峰偶函数。$t(n)$ 的密度函数的两侧都按 $t^{-(n+1)}$ 速度趋向于零,这比负指数函数趋向于零的速度要慢一些。因此,$t(n)$ 的密度函数在两侧尾部都要比 $N(0,1)$ 的两侧尾部粗一些。$t(n)$ 的方差比 $N(0,1)$ 的方差大一些。

自由度为 1 的分布称为柯西分布,随着自由度 n 的增加,t 分布的密度函数越来越接近标准正态分布的密度函数。在实际应用中,一般当 $n\geqslant 30$ 时,t 分布与标准正态分布就非常接近。t 分布的诞生对于统计学中的小样本理论和应用有着重要的促进作用。高塞特最初提出 t 分布时并不被人重视和接受,后来费希尔在他的农业实验中也遇到小样本问题,这才发现了 t 分布有实用价值。到了 1923 年,费希尔对 t 分布给出了严格而简单的证明,1925 年编制出 t 分布表之后,高塞特的小样本方法才被统计界广泛认可。

3.4.4 样本比率的抽样分布

在商务与经济管理中,许多情况下要用到比率估计,也就是用样本比率 p 去推断总体的比率 π。所谓比率是指总体(或样本)中具有某种属性的单位与全部单位总数之比。例如,一个班级的学生按性别分为男、女两类,男生人数与全班人数之比就是比率,女生人数与全班人数之比也是一个比率。又如,产品可分为合格品与不合格品,合格品(或不合格品)与全部产品总数之比就是比率。

比率问题适用于研究分类或定型的变量。就一个具有 N 个单位的总体而言,具有某种属性的单位个数为 N_0,具有另一种属性的单位个数为 N_1。将具有某种属性的单位与全部单位总数之比称为总体比率,用 π 表示,则有 $\pi = \dfrac{N_0}{N}$,而具有另一种属性的单位数与全部单位数之比则为 $\dfrac{N_1}{N} = 1 - \pi$。相应的样本比率用 p 表示,同样有 $p = \dfrac{n_0}{n}, \dfrac{n_1}{n} = 1 - p$。

在重复选取容量为 n 的样本时,由样本比率的所有可能取值形成的相对频数分布,称为样本比率的抽样分布。

p 的抽样分布是样本比率 p 的所有可能取值的概率分布。当样本量很大时,样本比率 p 的抽样分布可用正态分布近似。对于一个具体的样本比率 p,若 $np \geq 5$ 和 $n(1-p) \geq 5$,就可以认为样本量足够大。

同样,对于 p 的分布,也需要知道 p 的数学期望(p 的所有可能值的均值)和方差。可以证明,p 的数学期望 $E(p)$ 等于总体的比率 π,即

$$E(p) = \pi$$

而 p 的方差则与抽样方法有关。设 p 的抽样方差为 σ_p^2,在重复抽样条件下,有

$$\sigma_p^2 = \frac{\pi(1-\pi)}{n} \tag{3.40}$$

即 $p \sim N\left(\pi, \dfrac{\pi(1-\pi)}{n}\right)$。

在不重复抽样条件下,则用修正系数加以修正,即

$$\sigma_p^2 = \frac{\pi(1-\pi)}{n}\left(\frac{N-n}{N-1}\right) \tag{3.41}$$

即 $p \sim N\left(\pi, \dfrac{\pi(1-\pi)}{n}\left(\dfrac{N-n}{N-1}\right)\right)$。

与样本均值分布的方差一样,对于无限总体进行不重复抽样时,可以按重复抽样来处理。此时样本比率的方差仍可按公式(3.40)计算。对于有限总体,当 N 很大,而抽样比 $\dfrac{n}{N} \leq 5\%$ 时,其修正系数 $\left(\dfrac{N-n}{N-1}\right)$ 趋于 1,这时样本比率的方差也可以按公式(3.40)来计算。

3.4.5 样本方差的抽样分布

要用样本方差 s^2 去推断总体的方差 σ^2，也必须知道样本方差的抽样分布。

在重复选取容量为 n 的样本时，由样本方差的所有可能取值形成的相对频数分布，称为样本方差的抽样分布。

作为估计量的样本方差是如何分布的呢？统计证明，对于来自正态总体的简单随机样本，则比值 $\dfrac{(n-1)s^2}{\sigma^2}$ 的抽样分布服从自由度为 $(n-1)$ 的 χ^2 分布，即

$$\chi^2 = \frac{(n-1)s^2}{\sigma^2} \sim \chi^2(n-1) \tag{3.42}$$

χ^2 分布是由阿贝（Abbe）于 1863 年首先提出，后来由海尔墨特（Hermert）和卡·皮尔逊（K. Pearson）分别于 1875 年和 1900 年推导出来的。

设 $x \sim N(\mu, \sigma^2)$，则 $Z = \dfrac{x-\mu}{\sigma} \sim N(0,1)$。

令 $Y = Z^2$，则 Y 服从自由度为 1 的 χ^2 分布，即 $Y \sim \chi^2(1)$。

进一步可推导出：当总体 $X \sim N(\mu, \sigma^2)$，从中抽取容量为 n 的样本，则

$$\frac{\sum_{i=1}^{n}(x_i-\bar{x})^2}{\sigma^2} \sim \chi^2(n-1) \tag{3.43}$$

χ^2 分布具有如下性质和特点：

(1) χ^2 分布的变量值始终为正。

(2) $\chi^2(n)$ 分布的形状取决于其自由度 n 的大小，通常为不对称的右偏分布，但随着自由度的增大逐渐趋于对称，如图 3.28 所示。

(3) χ^2 分布的期望为 $E(\chi^2) = n$，方差为 $D(\chi^2) = 2n$（n 为自由度）。

(4) χ^2 分布具有可加性。若 U 和 V 为两个独立的 χ^2 分布随机变量，$U \sim \chi^2(n_1)$，$V \sim \chi^2(n_2)$，则 $U+V$ 这一随机变量服从自由度为 (n_1+n_2) 的 χ^2 分布。

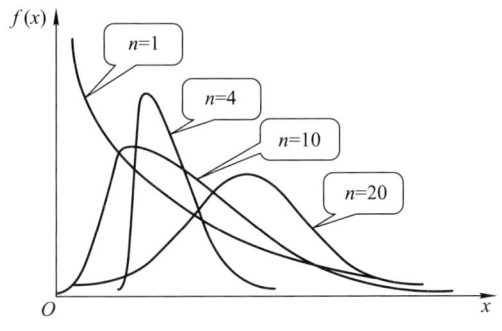

图 3.28 不同自由度的 χ^2 分布

χ^2 分布通常可用于总体方差的估计和非参数检验等。用 Excel 函数 f_x 功能中的 χ^2 分布很容易得到给定显著性水平 α 的临界值。这样可以利用 χ^2 分布来推断总体方差的区间。

单总体参数推断时样本统计量的抽样分布形式如图 3.29 所示。

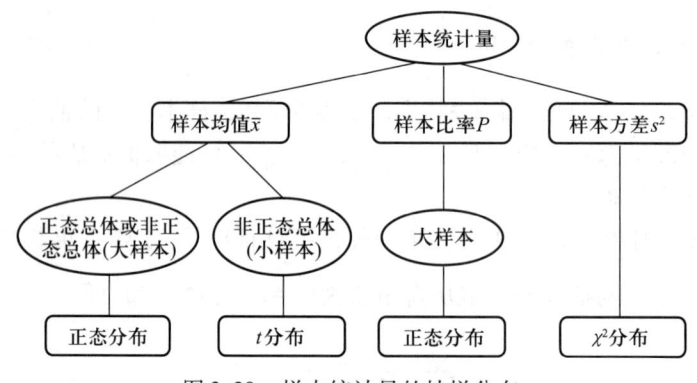

图 3.29 样本统计量的抽样分布

3.4.6 两个样本统计量的抽样分布

在实际问题中,有时我们所研究的是两个总体,即总体1和总体2,所关心的总体参数主要是两个总体均值之差($\mu_1-\mu_2$)、两个总体比率之差($\pi_1-\pi_2$)、两个总体的方差之比 σ_1^2/σ_2^2,相应地,用于推断这些参数的统计量分别是两个样本均值之差($\bar{x}_1-\bar{x}_2$)、两个样本比率之差(p_1-p_2)、两个样本的方差之比 s_1^2/s_2^2 等。因此,需要分别研究两个总体参数推断时样本统计量的抽样分布,包括两个样本均值之差的抽样分布、比率之差的抽样分布、方差比的抽样分布等。

1. 两个样本均值之差的抽样分布

从两个总体中分别独立地抽取容量为 n_1 和 n_2 的样本,在重复选取容量为 n_1 和 n_2 的样本时,由两个样本均值之差的所有可能取值形成的相对频数分布,称为两个样本均值之差的抽样分布。

为推断两个总体的均值之差,需要独立地从两个总体中分别抽取样本。假定从总体1中取容量为 n_1 的样本,其样本均值为 $\bar{x}_1$,从总体2中抽取容量为 n_2 的样本,样本均值为 $\bar{x}_2$。当两个总体都为正态分布时,即 $x_1 \sim N(\mu_1, \sigma_1^2)$,$x_2 \sim N(\mu_2, \sigma_2^2)$,两个样本均值之差 ($\bar{x}_1-\bar{x}_2$) 的抽样分布服从正态分布,其分布的均值为两个总体均值之差,即

$$E(\bar{x}_1-\bar{x}_2)=\mu_1-\mu_2 \qquad (3.44)$$

分布的方差 $\sigma_{\bar{x}_1-\bar{x}_2}^2$ 为各自的方差之和,即

$$\sigma_{\bar{x}_1-\bar{x}_2}^2=\frac{\sigma_1^2}{n_1}+\frac{\sigma_2^2}{n_2} \qquad (3.45)$$

即

$$(\bar{x}_1-\bar{x}_2) \sim N\left(\mu_1-\mu_2, \frac{\sigma_1^2}{n_1}+\frac{\sigma_2^2}{n_2}\right) \qquad (3.46)$$

两个样本均值之差的抽样分布可用图 3.30 来表示。

两个总体为非正态分布,当 n_1 和 n_2 比较大时,一般要求 $n_1 \geqslant 30$,$n_2 \geqslant 30$,两个样本均值之差的抽样分布仍然可以用正态分布来近似。

2. 两个样本比率之差的抽样分布

从两个服从二项分布的总体中,分别独立地抽取容量为 n_1 和 n_2 的样本,在重复选取

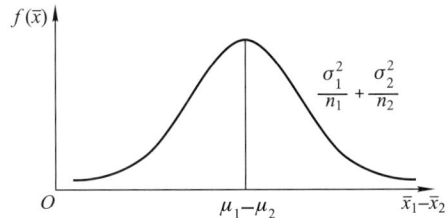

图 3.30　两个样本均值之差 $(\bar{x}_1-\bar{x}_2)$ 的抽样分布

容量为 n_1 和 n_2 的样本时,由两个样本比率之差的所有可能取值形成的相对频数分布,称为两个样本比率之差的抽样分布。

设两个总体都服从二项分布,分别从两个总体中抽取容量为 n_1 和 n_2 的独立样本,当两个样本都为大样本时,则两个样本比率之差的抽样分布可用正态分布来近似,其分布的均值和方差分别为

$$E(p_1-p_2)=\pi_1-\pi_2 \tag{3.47}$$

$$\sigma^2_{p_1-p_2}=\frac{\pi_1(1-\pi_1)}{n_1}+\frac{\pi_2(1-\pi_2)}{n_2} \tag{3.48}$$

即 $(p_1-p_2) \sim N\left(\pi_1-\pi_2, \frac{\pi_1(1-\pi_1)}{n_1}+\frac{\pi_2(1-\pi_2)}{n_2}\right)$。

3. 两个样本方差比的抽样分布

从两个正态总体中分别独立地抽取容量为 n_1 和 n_2 的样本,在重复选取容量为 n_1 和 n_2 的样本时,由两个样本方差比的所有可能取值形成的相对频数分布,称为两个样本方差比的抽样分布。

设两个总体都为正态分布,即 $x_1 \sim N(\mu_1, \sigma_1^2)$,$x_2 \sim N(\mu_2, \sigma_2^2)$,分别从两个总体中抽取容量为 n_1 和 n_2 的独立样本,两个样本方差比 s_1^2/s_2^2 的抽样分布,服从 F 分布,即

$$\frac{s_1^2}{s_2^2} \sim F(n_1-1, n_2-1) \tag{3.49}$$

下面介绍一下有关 F 分布的知识。

F 分布是由统计学家费希尔提出的,所以以其姓氏的第一个字母来命名。

设 U 是服从自由度为 n_1 的 χ^2 分布的随机变量,即 $U \sim \chi^2(n_1)$,V 是服从自由度为 n_2 的 χ^2 分布的随机变量,即 $V \sim \chi^2(n_2)$,且 U 和 V 相互独立,则

$$F=\frac{U/n_1}{V/n_2} \tag{3.50}$$

称 F 为服从自由度 n_1 和 n_2 的 F 分布,记为 $F \sim F(n_1, n_2)$。

由前面介绍的样本方差的抽样分布可知,样本方差的抽样分布服从 $\chi^2(n-1)$ 分布,即

$$\frac{(n_1-1)s_1^2}{\sigma_1^2} \sim \chi^2(n_1-1) \tag{3.51}$$

$$\frac{(n_2-1)s_2^2}{\sigma_2^2} \sim \chi^2(n_2-1) \tag{3.52}$$

两个独立的 χ^2 分布除以自由度后相比即得到 F 分布,即

$$\frac{(n_1-1)s_1^2}{\sigma_1^2(n_1-1)} \bigg/ \frac{(n_2-1)s_2^2}{\sigma_2^2(n_2-1)} = \frac{s_1^2/\sigma_1^2}{s_2^2/\sigma_2^2} \sim F(n_1-1, n_2-1)$$

F 分布的图形如图 3.31 所示。

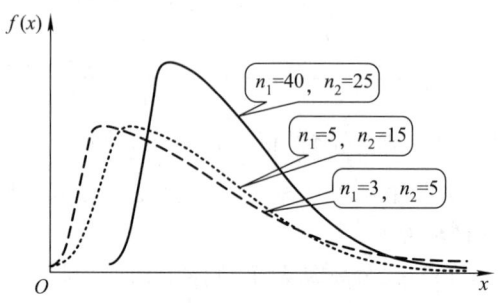

图 3.31　不同自由度的 F 分布

从图 3.31 可以看出,F 分布的图形是右偏的。F 分布除了用于两个总体方差比的估计外,还广泛用于方差分析和回归分析等。

3.5　中心极限定理的应用

在 3.4.2 节中介绍了中心极限定理,该定理是说对于一个抽自任意总体(均值为 μ,标准差为 σ)样本量为 n 的随机样本,当 n 充分大时,样本均值 $\bar{x}$ 的抽样分布将近似于一个具有均值 $\mu_{\bar{x}}=\mu$ 和标准差 $\sigma_{\bar{x}}=\dfrac{\sigma}{\sqrt{n}}$ 的正态分布。样本量越大,$\bar{x}$ 的抽样分布越近似于正态分布。①

在实际调查与推断中,总体是什么分布通常都是未知的。有了中心极限定理,只要能够得到足够大(通常 $n \geqslant 30$)的随机样本,就可以放心地利用正态分布的性质进行各种统计推断。下面用例子介绍中心极限定理的广泛应用。

【例 3.33】　一个汽车电池的制造商声称其最好的电池寿命的分布均值为 54 个月,标准差为 6 个月。假设某一消费者组织决定购买 50 个这种电池作为样本来检验电池的寿命,以核实这一声明。

(1) 假设这个制造商所言是真实的,试描述这 50 个电池样本的平均寿命的抽样分布。

(2) 假设这个制造商所言是真实的,则消费者组织的样本寿命均值小于或等于 52 个月的概率是多少?

解:(1) 尽管没有关于电池寿命的总体分布形状的信息,但我们仍能够运用中心极限定理推断:对于这 50 个电池的样本来说,平均寿命的抽样分布是近似正态分布的。因此,

---

① 根据中心极限定理,对于大样本来说,随机样本中 n 个观察值的和 $\sum\limits_{i} x_i$,将拥有一个近似正态的抽样分布,这个分布的均值等于 $n\mu$,方差等于 $n\sigma^2$。中心极限定理的证明超出了本书的范围,但是能够在许多关于数理统计的教科书中找到。

这个抽样分布的均值与抽样总体均值是相同的。根据制造商的声称,均值为 $\mu=54$ 个月。最后,抽样分布的标准差由下式给出:

$$\sigma_{\bar{x}} = \frac{\sigma}{\sqrt{n}} = \frac{6}{\sqrt{50}} = 0.85(个月)$$

这一计算公式中利用了制造商所声称的总体标准差 $\sigma=6$ 个月。这样,如果假设此声明是真实的,则这 50 个电池平均寿命的抽样分布如图 3.32 所示。

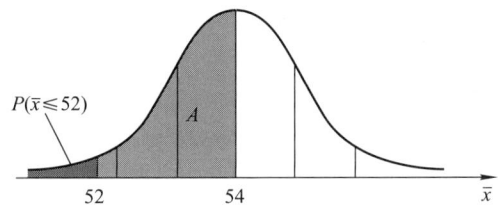

图 3.32 在例 3.33 中 $n=50$ 的 $\bar{x}$ 的抽样分布

(2)假设制造商所声称的是真实的,则对于其 50 个电池的样本来说,消费者组织观察到电池的平均寿命小于或等于 52 个月的概率 $P(\bar{x}\leqslant 52)$,等于图 3.32 中深灰的阴影面积。因为抽样分布是近似正态的,则通过计算标准正态的 z 值就能够求出这个面积:

$$z = \frac{\bar{x}-\mu_{\bar{x}}}{\sigma_{\bar{x}}} = \frac{x-\mu}{\sigma_{\bar{x}}} = \frac{52-54}{0.85} = -2.35$$

这里,$\bar{x}$ 抽样分布的均值 $\mu_{\bar{x}}$ 等于抽样总体的寿命均值 μ,并且 $\sigma_{\bar{x}}$ 是 $\bar{x}$ 抽样分布的标准差。由于 $\bar{x}$ 是近似的正态分布,可应用标准正态转换公式计算。由 Excel 函数功能中"正态分布"或统计数表可以查出,图 3.32 中 $\bar{x}=52$ 和 $\bar{x}=54$ 之间的面积 A 是 0.490 6(对应于 $z=-2.35$)。因此,$\bar{x}=52$ 左端的面积是:

$$P(\bar{x}\leqslant 52) = 0.5 - A = 0.5 - 0.490\ 6 = 0.009\ 4$$

因此,假设制造商的声明是真实的,则消费者组织观察到的样本均值(即电池平均寿命)小于或等于 52 个月的概率仅为 0.009 4。如果 50 个试验电池平均寿命的确小于或等于 52 个月,则消费者组织将具有强有力的证据说明此制造商的声明是不真实的。因为倘若其声明是真实的,则其 50 个试验电池平均寿命的确小于或等于 52 个月的发生概率小到了几乎不可能发生的地步。在第 5 章中还将不断应用小概率事件的理论。

【例 3.34】 某酒店电梯中质量标志注明最大载重为 18 人,1 350 kg。假定已知该酒店游客及其携带行李的平均重量为 70 kg,标准差为 6 kg。试问随机进入电梯 18 人,总重量超重的概率是多少?

解:根据条件已知:$\mu=70$,$\sigma=6$,$n=18$,电梯载重的最大平均重量为 $\frac{1\ 350}{18}=75(\text{kg})$。按照题意,要计算的是随机的任意 18 人平均重量超过 75 kg 的概率。用数学公式表达,即计算 $P(\bar{x}\geqslant 75)$ 的概率。要计算这一概率,又已知人的体重服从正态分布,就可以根据中心极限定理将均值 $\bar{x}$ 抽样分布概率的计算转换成标准正态变量 z 值概率的计算,即

$$z = \frac{\bar{x}-\mu_{\bar{x}}}{\sigma_{\bar{x}}} = \frac{\bar{x}-\mu}{\sigma/\sqrt{n}} = \frac{75-70}{6/\sqrt{18}} \approx 3.535\ 5$$

就有

$$P(\bar{x} \geq 75) = P\left(\frac{\bar{x}-\mu}{\sigma_{\bar{x}}} \geq \frac{75-70}{6/\sqrt{18}}\right) = P(z \geq 3.5355) \approx 0.0002$$

如果电梯的载重量真能达到标明的质量标准,则这个电梯的质量是相当不错的。如果随机进入18人,则超重的概率只有0.0002。

最后,对$\bar{x}$的抽样分布再强调以下两点:

第一,由公式$\sigma_{\bar{x}} = \frac{\sigma}{\sqrt{n}}$可以看到,$\bar{x}$的抽样分布的标准差会随着样本量$n$的增大而变小。例如,在例3.33中,计算出当$n=50$时,$\sigma_{\bar{x}}=0.85$。然而,当$n=100$时,可得到$\sigma_{\bar{x}} = \frac{\sigma}{\sqrt{n}} = \frac{6}{\sqrt{100}} = 0.60$。这样的关系对于大多数教科书中所遇到的抽样统计量都是适用的。当样本量增加时,抽样分布的标准差将缩小。因此,样本量越大,样本统计量(如$\bar{x}$)在估计总体参数(如μ)时越准确。在第4章中将利用这个结论来决定为得到特定的估计精度所需要的样本量。

第二,中心极限定理提供了一个非常有用的样本均值的近似抽样分布,即不论总体分布形状如何,只要样本量足够大,就可以进行科学准确的推断;此外,中心极限定理还对许多数据的相对频率成为峰形对称分布这一事实提供了一个解释。在工商管理实践中所取得的许多数值,实际上就是大量现象的平均数或者总和。例如,某公司一年的总销售量是公司一年间许多单个销售量的总和。类似地,可以将某建筑公司建设一栋房子的时间看成完成众多不同的工作所需的时间总和,也可以认为某医院每月对于血液的需求是许多个病人的需求总和等。

本章小结

1. 随机现象是指在一定条件下可能出现这种结果、也可能出现那种结果的现象。对随机现象进行观察或试验,每一个可能结果称为一个随机事件。最简单的、不能再分解的事件称为基本事件(也称为样本点)。由两个或多个基本事件构成的事件称为复合事件。所有样本点构成样本空间Ω。在每次试验中都必定发生的事件称为必然事件。在每次试验中都必定不发生的事件称为不可能事件。

2. 用来度量随机事件发生的可能性大小的数值称为该随机事件发生的概率。概率的定义有三种:古典概率、统计概率和主观概率。确定概率的方法也有相应的三种:利用等可能事件的比值、利用大量观察的频率以及主观估计,实际问题中有可能是几种概率的综合运用。概率必须具备三条最基本的性质:非负性、规范性和可加性。

3. 概率运算最基本的法则是概率的加法公式和乘法公式。

求任意两事件A与B"至少有一个发生"的概率要用到加法公式,需注意A与B两个事件是否互斥。计算两事件A与B同时发生的概率通常要应用乘法公式,此时需注意A与B是否独立,如果不独立,则要涉及条件概率。

全概率公式和贝叶斯公式是加法公式和乘法公式的综合运用。前者描述事件B发生的概率是其各个"原因"A_i引发的概率的总和,后者用于计算事件A_i在给定条件B之下的条件概率(后验概率)。

4. 随机变量是对随机现象试验结果的数量化描述。随机变量分为离散型随机变量和连续型随机变量两类。随机变量的一个可能取值就是一个随机事件。为了从整体上把握随机现象的本质特征和变化规律性,就要了解随机变量的概率分布,关注随机变量的主要数字特征。数学期望(均值)是对随机变量集中趋势的度量,方差和标准差反映随机变量可能取值的离散程度。

5. 离散型随机变量的概率分布可以用表格、函数或图形等形式来表现。最常见的离散型随机变量的概率分布是二项分布,此外还有泊松分布、超几何分布等。

6. 连续型随机变量概率分布可以用概率密度和分布函数以及对应的曲线图来表示。常见的连续型随机变量的概率分布有正态分布、均匀分布等。

所有正态分布都可以通过线性变换转变为标准正态分布。许多常见的随机现象服从或近似服从正态分布。由于正态分布特有的数学性质,它在很多统计理论中都占有十分重要的地位。

7. 在抽样调查中,简单随机抽样是最基本的原则和方法。分层抽样、系统抽样、整群抽样等是在简单随机抽样的基础上,根据所研究问题及其数据的要求和特点设计的特殊抽样方法。如果所处理的问题及其数据符合特殊抽样方法的要求,同时又能够保证随机的原则,通常情况下特殊抽样方法会更简便易行,且有较好的精度。在本章3.3节中,对以上几种常用的抽样方法做了简单的介绍,如果要从事实际调查,则应阅读关于抽样的专门书籍并接受相应的培训。

8. 抽样分布的概念和性质是本章的重点之一。因为只有理解并掌握了抽样分布,才能学好参数估计、假设检验等内容。在3.4节中,从一个假定的小总体中进行抽样,并观察所有可能的样本均值形成的抽样分布。特别是发现随着样本量n的增加,不论总体分布如何,样本均值形成的分布越来越趋向于正态,并且样本均值的均值就等于总体均值,样本均值的方差等于总体方差除以样本量n。抽样分布的这一性质为统计推断建立了理论基础,即中心极限定理。

在统计推断中,不仅关注总体均值,在不同问题中也关注总体比率和总体方差。了解了总体均值、总体比率和总体方差,就把握了总体的主要特征。因而在样本均值抽样分布的基础上,进一步介绍了样本比率、样本方差的抽样分布,以及两个样本均值、两个样本比率、两个样本方差的抽样分布。

9. 在本章的3.5节中,用两个实例进一步理解抽样分布和中心极限定理,为学习后续各章打好基础。

思考与练习

思考题

1. 怎样理解频率与概率的关系?频率的极限是概率吗?
2. 概率的三种定义各有什么应用场合和局限性?

3. 概率密度函数和分布函数的联系与区别表现在哪些方面？

4. 全概率公式与逆概率公式分别用于什么场合？

5. 离散型随机变量和连续型随机变量的概率分布的描述有哪些不同？连续型随机变量的概率密度与分布函数之间是什么关系？

6. 随机变量的数学期望和方差与第 2 章所讲的均值和方差有何区别、联系？

7. 二项分布与超几何分布的适用场合有什么不同？它们的均值和方差有什么区别？

8. 正态分布所描述的随机现象有什么特点？为什么许多随机现象服从或近似服从正态分布？

9. 均匀分布和指数分布所描述的现象各有什么特点？

10. 在什么条件下用正态分布近似计算二项分布的概率效果比较好？

11. 对于同一险种，为什么投保人越多，保险公司的相对风险会越小？

12. 解释总体分布、样本分布和抽样分布的含义。

13. 重复抽样和不重复抽样相比，样本均值抽样分布的标准差有什么不同？

14. 解释中心极限定理的含义。

练习题

1. 写出下列随机事件的基本空间：

（1）抛三枚硬币；

（2）把两个不同颜色的球分别放入两个格子；

（3）把两个相同颜色的球分别放入两个格子；

（4）灯泡的寿命（单位：小时）；

（5）某产品的不合格率（%）。

2. 某技术小组有 12 人，他们的性别和职称如表 3.20 所示，现要产生一名幸运者。试求这位幸运者分别是以下几种可能的概率：①女性；②工程师；③女工程师；④女性或工程师。并说明几个计算结果之间有何关系。

表 3.20　某技术小组成员的性别和职称

序号	1	2	3	4	5	6
性别	男	男	男	女	男	男
职称	工程师	技术员	技术员	技术员	技术员	工程师
序号	7	8	9	10	11	12
性别	女	男	女	女	男	男
职称	工程师	技术员	技术员	工程师	技术员	技术员

3. 向两个相邻的军火库发射一枚导弹，如果命中第一个和第二个军火库的概率分别是 0.06,0.09，而且只要命中其中任何一个军火库都会引起另一个军火库的爆炸。试求炸毁这两个军火库的概率有多大。

4. 某项飞碟射击比赛规定一个碟靶有两次命中机会（即允许在第一次脱靶后进行第二次射击）。某射击选手第一发命中的可能性是 80%，第二发命中的可能性为 50%。求该选手两发都脱靶的概率。

5. 已知某产品的合格率是 98%，现有一检查系统，它能以 0.98 的概率正确地判断出合格品，而对不合格品进行检查时，有 0.05 的可能性判断错误（错判为合格品）。该检查系统产生错判的概率是多少？

6. 有一男女比例为 51∶49 的人群，已知男人中 5% 是色盲，女人中 0.25% 是色盲，现随机抽中了一个色盲者，求这个人恰好是男性的概率。

7. 消费者协会经过调查发现,某品牌空调器有重要缺陷的产品数出现的概率分布如表 3.21 所示。

表 3.21 某品牌空调器出现重要缺陷的产品数与概率

X	0	1	2	3	4	5	6	7	8	9	10
P	0.041	0.130	0.209	0.223	0.178	0.114	0.061	0.028	0.011	0.004	0.001

根据这些数值,分别计算:

(1) 有 2 个到 5 个(包括 2 个与 5 个在内)空调器出现重要缺陷的可能性;

(2) 只有不到 2 个空调器出现重要缺陷的可能性;

(3) 有超过 5 个空调器出现重要缺陷的可能性。

8. 已知某地区男子寿命超过 55 岁的概率为 84%,超过 70 岁的概率为 63%。试求任一位刚过 55 岁生日的男子将会活到 70 岁以上的概率为多少。

9. 某企业决策人考虑是否采用一种新的生产管理流程。据对同行的调查得知,采用新生产管理流程后产品优质率达 95% 的占 40%,优质率维持在原来水平(即 80%)的占 60%。该企业利用新的生产管理流程进行一次试验,所生产的 5 件产品全部达到优质品标准。问该企业决策者会倾向于如何决策?

10. 某公司从甲、乙、丙三个企业采购了同一种产品,采购数量分别占总采购量的 25%、30% 和 45%。这三个企业产品的次品率分别为 4%、5%、3%。如果从这些产品中随机抽出一件,试问:

(1) 抽出次品的概率是多少?

(2) 若发现抽出的产品是次品,则该产品来自丙企业的概率是多少?

11. 某人在每天上班途中要经过 3 个设有红绿灯的十字路口。设每个路口遇到红灯的事件是相互独立的,且红灯持续 24 秒而绿灯持续 36 秒。试求他途中遇到红灯的次数的概率分布及其期望值、方差和标准差。

12. 一家人寿保险公司某险种的投保人数有 20 000 人,据测算,投保人一年中的死亡率为 0.05%。保险费每人 50 元。若投保人一年中死亡,则保险公司赔付保险金额 50 000 元。试求未来一年该保险公司将在该项保险中(这里不考虑保险公司的其他费用):

(1) 至少获利 50 万元的概率;

(2) 亏本的概率;

(3) 支付保险金额的均值和标准差。

13. 根据第 12 题的资料,试问:

(1) 可否利用泊松分布来近似计算?

(2) 可否利用正态分布来近似计算?

(3) 假如投保人只有 5 000 人,可利用哪种分布来近似计算?

14. 一条食品生产线每 8 小时一班中出现故障的次数服从平均值为 1.5 的泊松分布。求:

(1) 晚班期间恰好发生两次事故的概率。

(2) 下午班期间发生少于两次事故的概率。

(3) 连续三班无故障的概率。

15. 假定 X 服从 $N=12, n=7, M=5$ 的超几何分布。求:

(1) $P(X=3)$;

(2) $P(X\leq 2)$;

(3) $P(X>3)$。

16. 某企业生产的某种电池寿命近似服从正态分布,且均值为 200 小时,标准差为 30 小时。若规定寿命低于 150 小时为不合格品。试求：

(1) 该企业生产的电池的合格率是多少？

(2) 该企业生产的电池的寿命在 200 小时左右的多大范围内的概率不小于 0.9？

17. 某公司决定对职员增发"销售代表"奖，计划根据过去一段时期内的销售状况对月销售额最高的 5% 的职员发放该奖金。已知这段时期每人每个月的平均销售额（单位：元）服从均值为 40 000 元、方差为 360 000 元的正态分布，那么公司应该把"销售代表"奖的最低发放标准定为多少元？

18. 一个具有 $n = 64$ 个观察值的随机样本抽自于均值等于 20、标准差等于 16 的总体。

(1) 给出 $\bar{x}$ 的抽样分布（重复抽样）的均值和标准差。

(2) 描述 $\bar{x}$ 的抽样分布的形状。你的回答依赖于样本量吗？

(3) 计算标准正态 z 统计量对应于 $\bar{x} = 15.5$ 的值。

(4) 计算标准正态 z 统计量对应于 $\bar{x} = 23$ 的值。

19. 根据第 18 题的条件，求下列情况的概率：

(1) $\bar{x} < 16$；

(2) $\bar{x} > 23$；

(3) $\bar{x} > 25$；

(4) $\bar{x}$ 落在 16 和 22 之间；

(5) $\bar{x} < 14$。

20. 一个具有 $n = 100$ 个观察值的随机样本选自于 $\mu = 30, \sigma = 16$ 的总体。试求下列概率的近似值：

(1) $P(\bar{x} \geq 28)$；

(2) $P(22.1 \leq \bar{x} \leq 26.8)$；

(3) $P(\bar{x} \leq 28.2)$；

(4) $P(\bar{x} \geq 27.0)$。

21. 一个具有 $n = 900$ 个观察值的随机样本选自于 $\mu = 100, \sigma = 10$ 的总体。

(1) 你预计 $\bar{x}$ 的最大值和最小值是多少？

(2) 你认为 $\bar{x}$ 至多偏离 μ 有多远？

(3) 为了回答(2)，你必须要知道 μ 吗？请解释。

22. 考虑一个包含 x 的值等于 $0,1,2,\cdots,97,98,99$ 的总体。假设 x 取值的可能性是相同的，则运用计算机对下面的每一个 n 值产生 500 个随机样本，并对于每一个样本计算 $\bar{x}$。对于每一个样本量，构造 $\bar{x}$ 的 500 个值的相对频率直方图。当 n 值增加时，在直方图上会发生什么变化？存在什么相似性？这里，$n = 2, n = 5, n = 10, n = 30$ 和 $n = 50$。

23. 美国汽车联合会（AAA）是一个拥有 90 个俱乐部的非营利联盟，它对其成员提供旅行、金融、保险以及与汽车相关的各项服务。1999 年 5 月，AAA 通过对会员调查得知一个 4 口之家出游中平均每日餐饮和住宿费用大约是 213 美元（《旅行新闻》(Travel News)，1999 年 5 月 11 日）。假设这个花费的标准差是 15 美元，并且 AAA 所报道的平均每日消费是总体均值。又假设选取 49 个 4 口之家，并对其在 1999 年 6 月期间的旅行费用进行记录。

(1) 描述 $\bar{x}$（样本家庭平均每日餐饮和住宿的消费）的抽样分布。特别说明 $\bar{x}$ 服从怎样的分布以及 $\bar{x}$ 的均值和方差是什么？证明你的回答。

(2) 对于样本家庭来说，平均每日消费大于 213 美元的概率是多少？大于 217 美元的概率呢？在 209 美元和 217 美元之间的概率呢？

24. 技术人员对奶粉装袋过程进行了质量检验。每袋的平均重量标准为 $\mu = 406$ g、标准差为 $\sigma = 10.1$ g。监控这一过程的技术人员每天随机地抽取 36 袋，并对每袋重量进行测量。现考虑这 36 袋奶粉所组成样本的平均重量 $\bar{x}$。

(1) 描述 $\bar{x}$ 的抽样分布，并给出 $\mu_{\bar{x}}$ 和 $\sigma_{\bar{x}}$ 的值，以及概率分布的形状。

(2) 求 $P(\bar{x} \leq 400.8)$。

(3) 假设某一天技术人员观察到 $\bar{x} = 400.8$，这是否意味着装袋过程出现问题了呢？为什么？

25. 某制造商为击剑运动员生产安全夹克，这些夹克是以剑锋刺入其中时所需的最小力量（单位：N）来定级的。如果生产工艺操作正确，则他生产的夹克级别均值应为 840 N，标准差为 15 N。国际击剑管理组织（FIE）希望这些夹克的最低级别不小于 800 N。为了检查其生产过程是否正常，某检验人员从生产过程中抽取了 50 件夹克作为一个随机样本进行定级，并计算 $\bar{x}$，即该样本中夹克级别的均值。检验人员假设这个过程的标准差是固定的，但是担心级别均值可能已经发生变化。

(1) 如果该生产过程仍旧正常，则 $\bar{x}$ 的抽样分布是什么？

(2) 假设这个检验人员所抽取样本的级别均值为 830 N，则如果生产过程正常，样本均值 $\bar{x} \leq 830$ N 的概率是多少？

(3) 在检验人员假定生产过程的标准差固定不变时，你对上述（2）中有关当前生产过程的现状有何看法（即夹克级别均值是否仍为 840 N）？

(4) 现在假设该生产过程的均值没有变化，但是过程的标准差从 15 N 增加到了 45 N。在这种情况下 $\bar{x}$ 的抽样分布是什么？当 $\bar{x}$ 具有这种分布时，则 $\bar{x} \leq 830$ N 的概率是多少？

26. 在任何生产过程中，产品质量的波动都是不可避免的。产品质量的变化可分成两类：由于特殊原因所引起的变化（例如，某一特定的机器），以及由于共同的原因所引起的变化（例如，产品的设计很差）。一个去除了质量变化的所有特殊原因的生产过程称为稳定的或者是在统计控制中的生产过程。剩余的变化只是简单的随机变化。假如随机变化太大，则管理部门不能接受，但只要消除变化的共同原因，便可减少变化（Deming, 1982, 1986; De Vor, Chang, Sutherland, 1992）。

通常的做法是将产品质量的特征绘制到控制图上，然后观察这些数值随时间如何变动。例如，为了控制肥皂中碱的数量，可以每小时从生产线中随机地抽选 $n = 5$ 块试验肥皂作为样本，并测量其碱的数量，不同时间的样本含碱量的均值 $\bar{x}$ 描绘在图 3.33 中。假设这个过程是在统计控制中的，则 $\bar{x}$ 的分布将具有过程的均值 μ，标准差具有过程的标准差除以样本量的平方根，$\sigma_{\bar{x}} = \dfrac{\sigma}{\sqrt{n}}$。图 3.33 中的水平线表示过程均值，两条线称为控制极限，位于 μ 的上下 $3\sigma_{\bar{x}}$ 的位置。假如 $\bar{x}$ 落在界限的外面，则有充分的理由说明目前存在变化的特殊原因，这个过程一定是失控的。

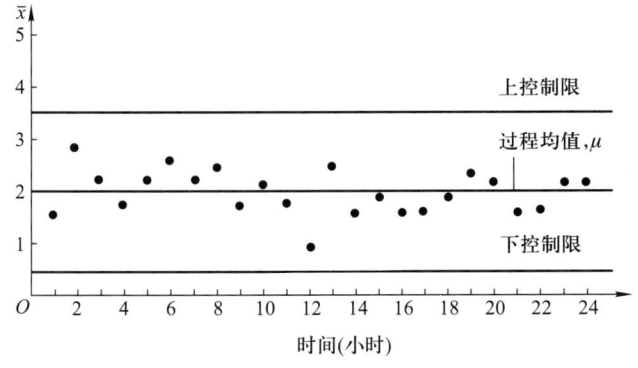

图 3.33　不同时间的样本含碱量控制图

当生产过程在统计控制中时，肥皂试验样本中碱的百分比将服从 $\mu = 2\%$ 和 $\sigma = 1\%$ 的近似的正态分布。

(1) 假设 $n = 4$，则上下控制极限应距离 μ 多远？

(2) 假如这个过程在控制中,则 $\bar{x}$ 落在控制极限之外的概率是多少?

(3) 假设抽取样本之前,过程均值移动到 $\mu=3\%$,则由样本得出这个过程失控的(正确的)结论的概率是多少?

27. 参考第 26 题。肥皂公司决定设置比第 26 题中所述的 $3\sigma_{\bar{x}}$ 这一限度更为严格的控制极限。当加工过程在控制中时,公司愿意接受 $\bar{x}$ 落在控制极限外面的概率是 0.10。

(1) 若公司仍想将控制极限设在与均值的上下距离相等之处,并且仍计划在每小时的样本中使用 $n=4$ 个观察值,则控制极限应该设定在哪里?

(2) 假设(1)中的控制极限已付诸实施,但是公司不知道,μ 现在是 3%(而不是 2%)。若 $n=4$,则 $\bar{x}$ 落在控制极限外面的概率是多少?若 $n=9$ 呢?

案例分析

通过多样化减少投资风险

我们注意到,某种证券的月收益率的方差被许多投资者作为证券投资的风险或者不确定性的一个指标。因此我们可以研究投资者投资一种以上的证券时,即当投资者的证券投资多样化时,他或她所面临的风险。

金融分析家所做的大量研究表明,可将股票收益率的方差作为一种股票的总风险(总变差)的度量。它由两部分组成:系统风险和非系统风险。其中,系统风险(系统变量)是总风险的一部分,它是由同时影响所有股票价格的那些因素所引起的。国家经济政策的变化和国家政治气候的变化都属这种因素的例子。这些因素解释了为什么全部股票的价格会随着时间一起变动(例如,普遍上升或普遍下降)。而非系统风险(非系统变异)是某种特定股票总风险的一部分,它是由特定企业的相关因素引起的,但是它一般不影响其他企业。例如,工人罢工、管理失误和诉讼等都属于这种风险。尽管不同企业所面临的系统风险和非系统风险的比例是不同的,但对于纽约证券交易所的多种股票来说,这个比例基本上是确定的。系统风险大约占股票总风险的 25%,而非系统风险大约占股票总风险的 75%(Blume,1971)。下面,将研究投资多样化对投资者所面临的总投资风险中的非系统风险的影响。

如果一个投资者欲将 5 000 美元投资于 5 种不同股票中的其中一种或者多种。用符号 r_1, r_2, r_3, r_4, r_5 分别表示这些股票的月收益率。为了简单起见,我们假设这些股票的月收益率是独立同分布的随机变量,且均值 $\mu=10\%$,标准差 $\sigma=4\%$。假设这个投资者只有两种选择:① 将全部 5 000 美元投资于股票 1;② 对 5 种股票的每一种都投资 1 000 美元。

在第一种选择下,投资者的每月收益率是 r_1。在第二种选择下,由于对每一种股票的投入金额是相等的,则投资者的每月收益率是

$$\bar{r} = \frac{\sum_{i=1}^{5} r_i}{5}$$

讨论题

1. 假设投资者进行了第一种选择,则每月期望收益率是多少?每月收益率的方差(即这个投资者面对的风险)又是多少?

2. r_1 是 μ 的一个无偏估计量吗?请解释。

3. 可以证明 $\bar{r}$ 是 μ 的一个无偏估计量,利用这条信息去求在第二种选择下每月的预期收益率。

4. 因为 $\bar{r}$ 是 $n=5$ 个独立同分布的随机变量的和,每个随机变量具有均值 μ 和方差 σ^2,所以 $\bar{r}$ 的方差是

$$\sigma_{\bar{r}}^2 = \frac{\sigma^2}{n}$$

利用这一事实求出与第二种选择相对应的风险。

5. 将第一种选择和第二种选择的情形作比较,并且讨论分散投资与"将所有的鸡蛋放在一个篮子里"对投资者的影响。

即测即评

第 4 章 参数估计

估计大学生平均每月的生活费支出

为了解大学生日常生活费支出及生活费来源状况,某高校对在校本科生的月生活费支出问题进行了抽样调查。本次问卷调查对在校本科生男、女学生中共发放问卷 300 份,回收问卷 291 份,其中有效问卷共 265 份。调查数据经整理后,得到全部 265 名学生的生活费支出数据如表 4.1 所示。

表 4.1　265 名学生的生活费支出数据

按支出分组(元)	学生数
1 000 以下	4
1 000 ~ 1 200	36
1 200 ~ 1 400	48
1 400 ~ 1 600	65
1 600 ~ 1 800	35
1 800 ~ 2 000	30
2 000 ~ 2 200	25
2 200 ~ 2 400	14
2 400 以上	8
合计	265

根据抽样结果,使用 95% 的置信水平得到的估计结论是:全校本科生的月生活费平均水平在 1 589.44 ~ 1 612.82 元之间。

这些估计结果是怎样得出的?它们的含义是什么?本章将介绍参数估计的基本原理和方法。你将学习到如何对一个总体的均值、比率、方差作出区间估计,如何对两个总体的均值之差、比率之差、方差比作出区间估计,以及在估计总体均值和总体比率时样本量的确定问题。

4.1 参数估计的基本原理

4.1.1 估计量与估计值

如果掌握了所研究的总体的全部数据,那么只需要做一些简单的统计描述,就可以得到有关总体的数量特征,比如,总体均值、方差、比率等。但现实情况比较复杂,有些现象的范围比较广,不可能对总体中的每个单位都进行测定。或者有些总体的单位数很多,不可能也没有必要进行一一测定。这就需要从总体中抽取一部分单位进行调查,进而利用样本提供的信息来推断总体的数量特征。

所谓参数估计(parameter estimation),就是用样本统计量去估计总体的参数。比如,用样本均值 $\bar{x}$ 估计总体均值 μ,用样本方差 s^2 估计总体方差 σ^2,用样本比率 p 估计总体比率 π,等等。如果将总体参数笼统地用一个符号 θ 来表示,参数估计也就是如何用样本统计量来估计总体参数 θ。

在参数估计中,用来估计总体参数的统计量,称为估计量(estimator),用符号 $\hat{\theta}$ 表示。比如,样本均值、样本比率、样本方差等都可以是一个估计量。用来估计总体参数时计算出来的估计量的具体数值,称为估计值(estimate)。比如,要估计一个班学生考试的平均分数,从中抽取一个随机样本,全班的平均分数是不知道的,称为参数,用 θ 表示,根据样本计算的平均分数 $\bar{x}$ 就是一个估计量,用 $\hat{\theta}$ 表示,假定计算出来的样本平均分数为 80 分,这个 80 分就是估计量的具体数值,称为估计值。

4.1.2 点估计与区间估计

参数估计的方法有点估计和区间估计两种。

1. 点估计

点估计(point estimate)就是用样本估计量 $\hat{\theta}$ 的值直接作为总体参数 θ 的估计值。比如,用样本均值 $\bar{x}$ 直接作为总体均值 μ 的估计值,用样本比率 p 直接作为总体比率 π 的估计值,用样本方差 s^2 直接作为总体方差 σ^2 的估计值,等等。假定要估计一个班学生考试成绩的平均分数,根据一个抽出的随机样本计算的平均分数为 80 分,就用 80 分作为全班考试成绩的平均分数的一个估计值,这就是点估计。又如,要估计一批产品的合格率,根据抽样结果合格率为 96%,将 96% 直接作为这批产品合格率的估计值,这也是一个点估计。

2. 区间估计

在用点估计值代表总体参数值的同时,还必须给出一个用于衡量点估计值可靠性的度量,也就是说,必须能说出点估计值与总体参数的真实值接近的程度。但遗憾的是,点估计难以做到这一点。因此需要作区间估计(interval estimate)。它是在点估计的基础上,给出总体参数估计的一个范围。

总体参数的估计区间通常是由样本统计量加减抽样误差而得到的。与点估计不同,进行区间估计时,根据样本统计量的抽样分布能够对样本统计量与总体参数的接近程度给出一个概率度量。下面以总体均值的区间估计为例来说明区间估计的基本原理。

由样本均值的抽样分布可知,在重复抽样或无限总体抽样的情况下,样本均值的期望值等于总体均值,即 $E(\bar{x})=\mu$,样本均值的标准误差为 $\sigma_{\bar{x}}=\sigma/\sqrt{n}$。由此可知,样本均值 $\bar{x}$ 落在总体均值 μ 的两侧各为一个标准误差范围内的概率为 0.682 7;落在两个标准误差范围内的概率为 0.954 5;落在三个标准误差范围内的概率为 0.997 3。实际上,可以求出样本均值 $\bar{x}$ 落在总体均值 μ 的两侧任何倍数的标准误差范围内的概率。比如,样本均值 $\bar{x}$ 落在总体均值 μ 的两侧 1.65 倍的标准误差、1.96 倍的标准误差和 2.58 倍的标准误差范围内的概率分别为 90%、95% 和 99%。这意味着,约有 90%、95% 和 99% 的样本均值会落在 μ 的 1.65 个标准误差、1.96 个标准误差和 2.58 个标准误差的范围之内。

但实际估计时,情况恰好相反。$\bar{x}$ 是已知的,而 μ 是未知的,也正是将要估计的。由于 $\bar{x}$ 与 μ 的距离是对称的,如果某个 $\bar{x}$ 落在 μ 的 1.96 个标准误差范围之内,反过来,μ 也被包括在以 $\bar{x}$ 为中心、两侧 1.96 个标准误差的范围之内。这意味着,约有 95% 的样本均值所构造的 1.96 个标准误差的区间会包括 μ。举例来说,如果抽取 100 个样本来估计总体的均值,由 100 个样本均值所构造的 100 个区间中,约有 95 个区间包含总体均值,而另外 5 个区间则不包含总体均值。区间估计的示意图如图 4.1 所示。

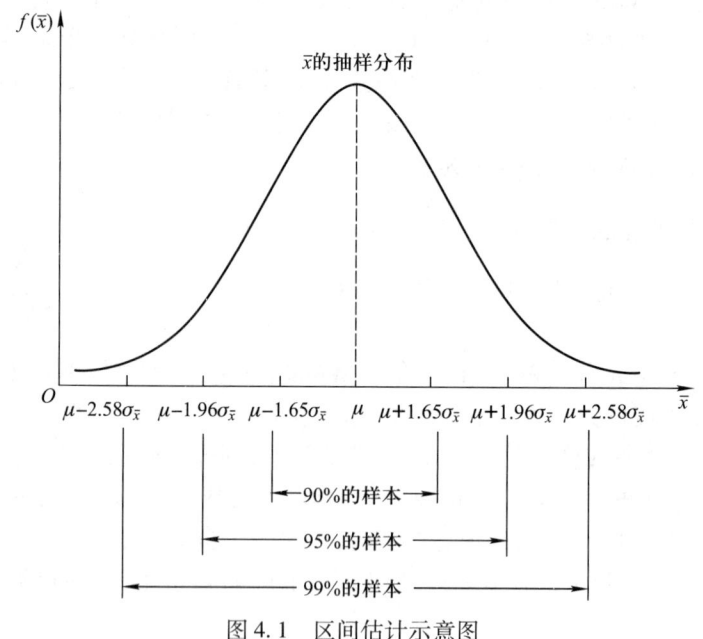

图 4.1 区间估计示意图

在区间估计中,由样本统计量所构造的总体参数的估计区间,称为置信区间(confidence interval),其中区间的最小值称为置信下限,最大值称为置信上限。

由于统计学家在某种程度上确信这个区间会包含真正的总体参数,所以给它取名为置信区间。原因是:如果抽取了许多不同的样本,比如抽取 100 个样本,根据每一个样本构造一个置信区间,这样,由 100 个样本

统计学家
Jerzy Neyman

构造的总体参数的 100 个置信区间中,有 95% 的区间包含了总体参数的真值,而 5% 没包含,则 95% 这个值称为置信水平(confidence level)。确切地说,如果将构造置信区间的步骤重复多次,置信区间中包含总体参数真值的次数所占的比率称为置信水平,或称为置信系数(confidence coefficient)。

在构造置信区间时,可以用所希望的值作为置信水平。比较常用的置信水平及正态分布曲线下右侧面积为 $\alpha/2$ 时的 z 值($z_{\alpha/2}$)如表 4.2 所示。

表 4.2 常用置信水平的 $z_{\alpha/2}$ 值

置信水平	α	$\alpha/2$	$z_{\alpha/2}$
90%	0.10	0.05	1.645
95%	0.05	0.025	1.96
99%	0.01	0.005	2.58

有关置信区间的概念可用图 4.2 来表示。

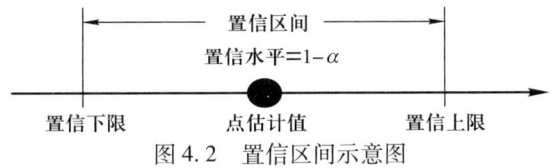

图 4.2 置信区间示意图

从图 4.1 和图 4.2 不难看出,当样本量给定时,置信区间的宽度随着置信系数的增大而增大。从直觉上说,区间比较宽时,才会使这一区间有更大的可能性包含参数的真值;当置信水平固定时,置信区间的宽度随样本量的增大而减小。换言之,较大的样本所提供的有关总体的信息要比较小的样本多。

对置信区间的理解,有以下几点需要注意:

如果用某种方法构造的所有区间中有 95% 的区间包含总体参数的真值,5% 的区间不包含总体参数的真值,那么,用该方法构造的区间称为置信水平为 95% 的置信区间。同样,其他置信水平的区间也可以用类似的方式进行表述。但在实际问题中,人们进行估计时往往只抽取一个样本,所构造的是与该样本相联系的 95% 的置信区间。由于用该样本所构造的区间是一个特定的区间,无法知道这个样本所产生的区间是否包含总体参数的真值。所以,只能希望这个区间是大量包含总体参数真值的区间中的一个,但它也可能是少数几个不包含参数真值的区间中的一个。

之所以这样表述置信区间,原因是总体参数的真值是固定的、未知的,而用样本构造的区间则是不固定的。抽取不同的样本时,用该方法可以得到不同的区间。从这个意义上说,置信区间是一个随机区间,它会因样本的不同而不同,而且不是所有的区间都包含总体参数的真值。

比如,用 95% 的置信水平得到某班学生考试成绩的置信区间为(60,80),需要特别注意的是:不能说(60,80)这个区间以 95% 的概率包含全班学生平均考试成绩的真值,只是知道在多次抽样中有 95% 的样本得到的区间包含全班学生平均考试成绩的真值。它的真正意义是如果做了100次抽样,大概有95次找到的区间包含真值,有5次找到的区间不包含真值。假定全班考试成绩平均数的真值为70,那么(60,80)这个区间一定包含真值;如果全班考试成绩平均数的真值为50,那么区间(60,80)就绝对不包含真值。无论做多少次试验,结论都是一样的。因此,这个概率不是用来描述某个特定的区间包含总体参数真值可能性的,一个特定的区间"总是包含"或"绝对不包含"参数的真值,不存在"可能包含"或"可能不包含"的问题。但是,用概率可以知道在多次抽样得到的区间中大概有多少个区间包含了参数的真值。比如,95%的置信区间可以告诉我们,按照同样的方法构造的置信区间涵盖总体参数的概率大约为95%。

4.1.3 评价估计量的标准

在参数估计中,用样本估计量$\hat{\theta}$作为总体参数θ的估计。实际上,用于估计θ的估计量有很多,比如,可以用样本均值作为总体均值的估计量,也可以用样本中位数作为总体均值的估计量,等等。那么,究竟用样本的哪种估计量作为总体参数的估计呢?我们自然要用估计效果最好的那种估计量。什么样的估计量才算是一个好的估计量呢?这就需要有一定的评价标准。统计学家给出了评价估计量的一些标准,主要有以下几个:

1. 无偏性(unbiasedness)

无偏性是指估计量抽样分布的数学期望等于被估计的总体参数。设总体参数为θ,所选择的估计量为$\hat{\theta}$,如果$E(\hat{\theta})=\theta$,称$\hat{\theta}$为θ的无偏估计量。

点估计量无偏和有偏的情形如图4.3所示。

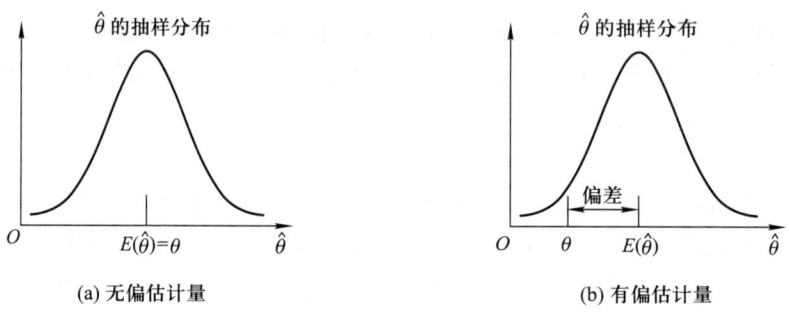

(a) 无偏估计量   (b) 有偏估计量

图4.3 无偏和有偏估计量的情形

在讨论抽样分布时,曾经提到$E(\bar{x})=\mu$和$E(p)=\pi$,同样可以证明,$E(s^2)=\sigma^2$。因此$\bar{x}, p, s^2$分别是总体均值μ、总体比率π、总体方差σ^2的无偏估计量。

2. 有效性(efficiency)

一个无偏的估计量并不意味着它就非常接近被估计的参数,它还必须与总体参数的离散程度比较小。对同一总体参数的两个无偏点估计量,有更小标准差的估计量更有效。假定有两个用于估计总体参数的无偏估计量,分别用$\hat{\theta}_1$和$\hat{\theta}_2$表示,它们的抽样分布的方差分别用$D(\hat{\theta}_1)$和$D(\hat{\theta}_2)$表示,如果$\hat{\theta}_1$的方差小于$\hat{\theta}_2$的方差,即$D(\hat{\theta}_1)<D(\hat{\theta}_2)$,就称$\hat{\theta}_1$是比$\hat{\theta}_2$更有效的一个估计量。在无偏估计的条件下,估计量的方差越小,估计也就越有效。

图4.4说明了两个无偏估计量$\hat{\theta}_1$和$\hat{\theta}_2$的抽样分布。可以看到,$\hat{\theta}_1$的方差比$\hat{\theta}_2$的方差小,因此$\hat{\theta}_1$的值比$\hat{\theta}_2$的值更接近总体的参数。因此说$\hat{\theta}_1$比$\hat{\theta}_2$更有效,是一个更好的估计量。

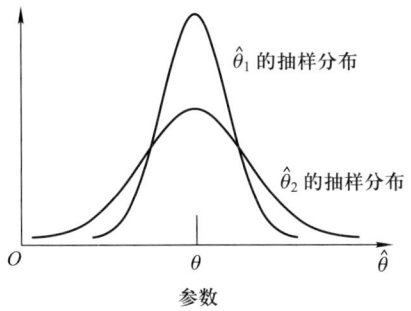

图 4.4 两个无偏估计量的抽样分布

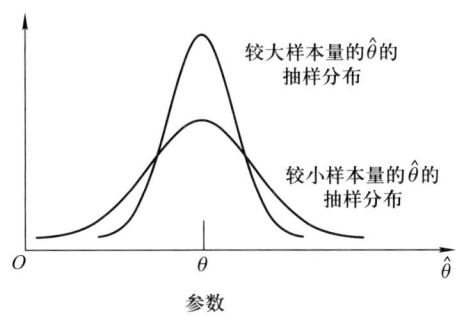

图 4.5 两个不同样本量的样本统计量的抽样分布

3. 一致性(consistency)

一致性是指随着样本量的增大,点估计量的值越来越接近被估总体的参数。换言之,一个大样本给出的估计量要比一个小样本给出的估计量更接近总体的参数。在介绍抽样分布时,曾给出样本均值抽样分布的标准差为 $\sigma_{\bar{x}} = \sigma/\sqrt{n}$。由于 $\sigma_{\bar{x}}$ 与样本量大小有关,样本量越大,$\sigma_{\bar{x}}$ 的值就越小。因此可以说,大样本量给出的估计量更接近于总体均值 μ。从这个意义上说,样本均值是总体均值的一个一致估计量。对于一致性,我们也可以用图 4.5 直观地说明它的意义。

4.2 一个总体参数的区间估计

当人们研究一个总体时,所关心的参数主要有总体均值 μ、总体比率 π 和总体方差 σ^2 等。这一节将介绍如何用样本统计量来构造总体参数的置信区间。

4.2.1 总体均值的区间估计

在对总体均值进行区间估计时,需要考虑总体是否为正态分布、总体方差是否已知、用于构造估计量的样本是大样本还是小样本等几种情况。

1. 大样本的估计方法

当总体服从正态分布且 σ^2 已知时,或者总体不是正态分布但为大样本时,样本均值 $\bar{x}$ 的抽样分布均为正态分布,其数学期望为总体均值 μ,方差为 σ^2/n。而样本均值经过标准化以后的随机变量则服从标准正态分布,即

$$z = \frac{\bar{x} - \mu}{\sigma/\sqrt{n}} \sim N(0,1) \tag{4.1}$$

根据公式(4.1)和正态分布的性质可以构造出总体均值 μ 在 $(1-\alpha)$ 置信水平下的区间为

$$\bar{x} \pm z_{\alpha/2} \frac{\sigma}{\sqrt{n}} \tag{4.2}$$

式中,$\bar{x} - z_{\alpha/2} \frac{\sigma}{\sqrt{n}}$ 称为置信下限,$\bar{x} + z_{\alpha/2} \frac{\sigma}{\sqrt{n}}$ 称为置信上限;α 是事先所确定的一个概率值,也

称为风险值,它是总体均值不包括在置信区间的概率;$1-\alpha$ 称为置信水平;$z_{\alpha/2}$ 是标准正态分布上侧面积为 $\alpha/2$ 时的 z 值;$z_{\alpha/2}\dfrac{\sigma}{\sqrt{n}}$ 是估计总体均值时的允许误差,也称为估计误差或误差范围。

这就是说,总体均值的置信区间由两部分组成:点估计值和描述估计量精度的±值,这个±值称为允许误差。

如果总体方差 σ^2 未知,在大样本条件下,公式(4.1)中的总体方差 σ^2 可以用样本方差 s^2 代替,这时总体均值 μ 在 $(1-\alpha)$ 置信水平下的置信区间可以写为

$$\bar{x} \pm z_{\alpha/2}\frac{s}{\sqrt{n}} \tag{4.3}$$

【例 4.1】 一家食品生产企业以生产袋装食品为主,每天的产量为 8 000 袋左右。按规定每袋的重量应为 100 g。为对产品质量进行监测,企业质检部门经常要进行抽检,以分析每袋重量是否符合要求。现从某天生产的一批食品中随机抽取了 25 袋,测得每袋重量(单位:g)如下:

112.5	101.0	103.0	102.0	100.5
102.6	107.5	095.0	108.8	115.6
100.0	123.5	102.0	101.6	102.2
116.6	095.4	097.8	108.6	105.0
136.8	102.8	101.5	098.4	093.3

已知产品重量的分布服从正态分布,且总体标准差为 10 g。试估计该批产品平均重量的置信区间,置信水平为 95%。

解: 已知 $\sigma=10$,$n=25$,置信水平为 $1-\alpha=95\%$,查标准正态分布表得 $z_{\alpha/2}=1.96$。根据样本数据计算的样本均值为

$$\bar{x}=\frac{\sum_{i=1}^{n} x_i}{n}=\frac{2\,634}{25}=105.36$$

根据公式(4.2)得

$$\bar{x} \pm z_{\alpha/2}\frac{\sigma}{\sqrt{n}}=105.36 \pm 1.96 \times \frac{10}{\sqrt{25}}=105.36 \pm 3.92$$

即(101.44,109.28),该批食品平均重量 95% 的置信区间为 101.44 ~ 109.28 g。

【例 4.2】 一家保险公司收集到由 36 个投保人组成的随机样本,得到每个投保人的年龄(周岁)数据如下:

23	35	39	27	36	44
36	42	46	43	31	33
42	53	45	54	47	24
34	28	39	36	44	40
39	49	38	34	48	50
34	39	45	48	45	32

试建立投保人年龄90%的置信区间。

解：已知 $n=36$，$1-\alpha=90\%$，$z_{\alpha/2}=1.645$。由于总体方差未知，但为大样本，可用样本方差来代替总体方差。

根据样本数据计算的样本均值和标准差如下：

$$\bar{x}=\frac{\sum_{i=1}^{n}x_i}{n}=39.5 \quad s=\sqrt{\frac{\sum_{i=1}^{n}(x_i-\bar{x})^2}{n-1}}=7.77$$

根据公式(4.3)得

$$\bar{x}\pm z_{\alpha/2}\frac{s}{\sqrt{n}}=39.5\pm1.645\times\frac{7.77}{\sqrt{36}}=39.5\pm2.13$$

即(37.37,41.63)，投保人平均年龄90%的置信区间为37.37~41.63岁。

2. 小样本的估计方法

如果总体服从正态分布，则无论样本量如何，样本均值 $\bar{x}$ 的抽样分布都服从正态分布。这时，只要总体方差 σ^2 已知，即使是在小样本的情况下，也可以按公式(4.1)建立总体均值的置信区间。但是，如果总体方差 σ^2 未知，而且是在小样本的情况下，则需要用样本方差 s^2 代替 σ^2，样本均值经过标准化以后的随机变量则服从自由度为 $(n-1)$ 的 t 分布，即

$$t=\frac{\bar{x}-\mu}{s/\sqrt{n}}\sim t(n-1) \tag{4.4}$$

这时则应采用 t 分布来建立总体均值 μ 的置信区间。

t 分布是类似正态分布的一种对称分布，它通常要比正态分布平坦和分散。一个特定的 t 分布依赖于称之为自由度的参数。随着自由度的增大，t 分布也逐渐趋于正态分布，如图4.6所示。

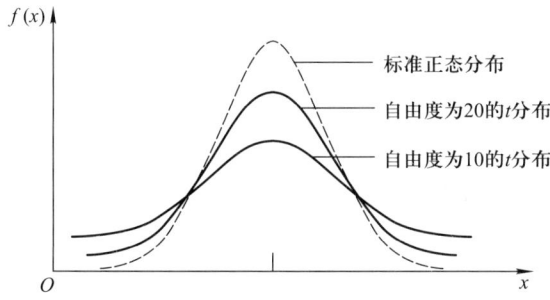

图4.6 不同自由度的 t 分布与标准正态分布的比较

根据 t 分布建立的总体均值 μ 在 $(1-\alpha)$ 置信水平下的置信区间为

$$\bar{x}\pm t_{\alpha/2}\frac{s}{\sqrt{n}} \tag{4.5}$$

式中，$t_{\alpha/2}$ 是自由度为 $(n-1)$ 时，t 分布中上侧面积为 $\alpha/2$ 时的 t 值，该值可通过 t 分布表查得。

【例4.3】 已知某种灯泡的寿命服从正态分布，现从一批灯泡中随机抽取16只，测得其使用寿命(小时)如下：

| 1 510 | 1 450 | 1 480 | 1 460 | 1 520 | 1 480 | 1 490 | 1 460 |
| 1 480 | 1 510 | 1 530 | 1 470 | 1 500 | 1 520 | 1 510 | 1 470 |

建立该批灯泡平均使用寿命95%的置信区间。

解：根据抽样结果计算得

$$\bar{x} = \frac{\sum_{i=1}^{n} x_i}{n} = \frac{23\,840}{16} = 1\,490 (小时)$$

$$s = \sqrt{\frac{\sum_{i=1}^{n}(x_i - \bar{x})^2}{n-1}} = \sqrt{\frac{9\,200}{16-1}} = 24.77 (小时)$$

根据 $\alpha = 0.05$ 查 t 分布表得 $t_{\alpha/2}(n-1) = t_{0.025}(15) = 2.132$，由公式(4.5)得平均使用寿命的置信区间为

$$\bar{x} \pm t_{\alpha/2} \frac{s}{\sqrt{n}} = 1\,490 \pm 2.132 \times \frac{24.77}{\sqrt{16}} = 1\,490 \pm 13.2$$

即(1 476.8,1 503.2)，该种灯泡平均使用寿命95%的置信区间为1 476.8 ~ 1 503.2 小时。

4.2.2 总体比率的区间估计

这里只讨论大样本情况下总体比率的估计问题①。根据样本比率的抽样分布可知，当样本量足够大时，样本比率 p 的抽样分布可用正态分布近似。p 的数学期望等于总体的比率 π，即 $E(p) = \pi$；p 的方差为 $\sigma_p^2 = \frac{\pi(1-\pi)}{n}$。而样本比率经标准化后的随机变量则服从标准正态分布，即

$$z = \frac{p - \pi}{\sqrt{\frac{\pi(1-\pi)}{n}}} \sim N(0,1) \tag{4.6}$$

与总体均值的区间估计类似，在样本比率 p 的基础上加减允许误差 $z_{\alpha/2}\sigma_p$，即得总体比率 p 在 $(1-\alpha)$ 置信水平下的置信区间：

$$p \pm z_{\alpha/2} \sqrt{\frac{p(1-p)}{n}} \tag{4.7}$$

式中，$1-\alpha$ 称为置信水平；$z_{\alpha/2}$ 是标准正态分布上侧面积为 $\frac{\alpha}{2}$ 时的 z 值；$z_{\alpha/2}\sqrt{\frac{p(1-p)}{n}}$ 是估计总体比率时的允许误差。

这就是说，总体比率的置信区间由两部分组成：点估计值和描述估计量精度的±值，这个±值称为允许误差。

---

① 对于总体比率的估计，确定样本量是否"足够大"的一般经验规则是：区间 $p \pm 2\sqrt{p(1-p)/2}$ 中不包含 0 或 1，或者要求 $np \geq 5$ 和 $n(1-p) \geq 5$。

【例 4.4】 某城市想要估计下岗职工中女性所占的比率,随机抽取了 100 个下岗职工,其中 65 人为女性职工。试以 95% 的置信水平估计该城市下岗职工中女性比率的置信区间。

解: 已知 $n=100$,$z_{\alpha/2}=1.96$。根据抽样结果计算的样本比率为 $p=\dfrac{65}{100}=65\%$。

根据公式(4.7)得

$$p \pm z_{\alpha/2}\sqrt{\dfrac{p(1-p)}{n}} = 65\% \pm 1.96 \times \sqrt{\dfrac{65\% \times (1-65\%)}{100}} = 65\% \pm 9.35\%$$

即(55.65%, 74.35%),该城市下岗职工中女性比率 95% 的置信区间为 55.65% ~ 74.35%。

4.3 两个总体参数的区间估计

对于两个总体,我们所关心的参数主要有两个总体的均值之差($\mu_1-\mu_2$)、两个总体的比率之差($\pi_1-\pi_2$)等。

4.3.1 两个总体均值之差的区间估计

设两个总体的均值分别为 μ_1 和 μ_2,从两个总体中分别抽取容量为 n_1 和 n_2 的两个随机样本,其样本均值分别为 $\bar{x}_1$ 和 $\bar{x}_2$。估计两个总体均值之差($\mu_1-\mu_2$)的估计量显然是两个样本的均值之差($\bar{x}_1-\bar{x}_2$)。对于两个总体均值之差的估计,需要考虑两个样本是独立样本还是匹配样本,以及样本量是大样本还是小样本等几种情况。

1. 两个总体均值之差的估计:独立样本

(1)大样本的估计方法。如果两个样本是从两个总体中独立地抽取的,即一个样本中的元素与另一个样本中的元素相互独立,则称为独立样本(independent sample)。如果两个总体都为正态分布,或两个总体不服从正态分布但两个样本都为大样本($n_1 \geq 30$ 和 $n_2 \geq 30$)时,根据抽样分布的知识可知,两个样本均值之差($\bar{x}_1-\bar{x}_2$)的抽样分布服从期望值为($\mu_1-\mu_2$)、方差为 $\dfrac{\sigma_1^2}{n_1}+\dfrac{\sigma_2^2}{n_2}$ 的正态分布。而两个样本均值之差经标准化后则服从标准正态分布,即

$$z=\dfrac{(\bar{x}_1-\bar{x}_2)-(\mu_1-\mu_2)}{\sqrt{\dfrac{\sigma_1^2}{n_1}+\dfrac{\sigma_2^2}{n_2}}} \sim N(0,1) \tag{4.8}$$

当两个总体的方差 σ_1^2 和 σ_2^2 都已知时,两个总体均值之差($\mu_1-\mu_2$)在($1-\alpha$)置信水平下的置信区间为

$$(\bar{x}_1-\bar{x}_2) \pm z_{\alpha/2}\sqrt{\dfrac{\sigma_1^2}{n_1}+\dfrac{\sigma_2^2}{n_2}} \tag{4.9}$$

当两个总体的方差 σ_1^2 和 σ_2^2 未知时,可用两个样本方差 s_1^2 和 s_2^2 来代替。这时两个总体均值之差($\mu_1-\mu_2$)在($1-\alpha$)置信水平下的置信区间为

$$(\bar{x}_1-\bar{x}_2) \pm z_{\alpha/2}\sqrt{\dfrac{s_1^2}{n_1}+\dfrac{s_2^2}{n_2}} \tag{4.10}$$

【例4.5】 某地区教育委员会想估计两所中学的学生高考时的英语平均分数之差,为此在两所中学独立地抽取两个随机样本,有关数据如表4.3所示。

表4.3 两个样本的有关数据

中学 1	中学 2
$n_1 = 46$	$n_2 = 33$
$\bar{x}_1 = 86$	$\bar{x}_2 = 78$
$s_1 = 5.8$	$s_2 = 7.2$

建立两所中学高考英语平均分数之差95%的置信区间。

解:根据公式(4.9)得

$$(\bar{x}_1 - \bar{x}_2) \pm z_{\alpha/2}\sqrt{\frac{s_1^2}{n_1} + \frac{s_2^2}{n_2}} = (86-78) \pm 1.96 \times \sqrt{\frac{5.8^2}{46} + \frac{7.2^2}{33}} = 8 \pm 2.97$$

即(5.03, 10.97),两所中学高考英语平均分数之差95%的置信区间为5.03~10.97分。

(2) 小样本的估计方法。当两个样本都为小样本的情况下,为估计两个总体的均值之差,需要假定:两个总体都服从正态分布;两个随机样本独立地分别抽自两个总体。

在上述假定下,无论样本量的大小,两个样本均值之差都服从正态分布。当两个总体方差σ_1^2和σ_2^2已知时,可用公式(4.9)建立两个总体均值之差的置信区间。

① 当两个总体的方差σ_1^2和σ_2^2未知但相等时,即$\sigma_1^2 = \sigma_2^2$,则需要用两个样本的方差s_1^2和s_2^2来估计,这时需要将两个样本的数据组合在一起,以给出总体方差的合并估计量,用s_p^2表示,计算公式为

$$s_p^2 = \frac{(n_1-1)s_1^2 + (n_2-1)s_2^2}{n_1 + n_2 - 2} \tag{4.11}$$

这时,两个样本均值之差经标准化后服从自由度为(n_1+n_2-2)的t分布,即

$$t = \frac{(\bar{x}_1 - \bar{x}_2) - (\mu_1 - \mu_2)}{s_p\sqrt{\frac{1}{n_1} + \frac{1}{n_2}}} \sim t(n_1 + n_2 - 2) \tag{4.12}$$

因此,两个总体均值之差$(\mu_1 - \mu_2)$在$(1-\alpha)$置信水平下的置信区间为

$$(\bar{x}_1 - \bar{x}_2) \pm t_{\alpha/2}(n_1+n_2-2)\sqrt{s_p^2\left(\frac{1}{n_1} + \frac{1}{n_2}\right)} \tag{4.13}$$

【例4.6】 为估计两种方法组装产品所需时间的差异,分别对两种不同的组装方法各随机安排12个工人,每个工人组装一件产品所需的时间(分钟)如表4.4所示。

表4.4 两个方法组装产品所需的时间 单位:分钟

方法 1	方法 2
28.3	27.6
30.1	22.2
29.0	31.0

续表

方法1	方法2
37.6	33.8
32.1	20.0
28.8	30.2
36.0	31.7
37.2	26.5
38.5	32.0
34.4	31.2
28.0	33.4
30.0	26.5

假定两种方法组装产品的时间服从正态分布,且方差相等。试以95%的置信水平建立两种方法组装产品所需平均时间差值的置信区间。

解:根据样本数据计算如下。

方法1:$\bar{x}_1 = 32.5$ $s_1^2 = 15.996$

方法2:$\bar{x}_2 = 28.8$ $s_2^2 = 19.358$

总体方差的合并估计量为

$$s_p^2 = \frac{(n_1-1)s_1^2 + (n_2-1)s_2^2}{n_1+n_2-2} = \frac{(12-1) \times 15.996 + (12-1) \times 19.358}{12+12-2} = 17.677$$

根据 $\alpha = 0.05$ 和自由度 $(12+12-2) = 22$,查 t 分布表得 $t_{0.05/2}(22) = 2.074$。两个总体均值之差 $(\mu_1 - \mu_2)$ 在95%置信水平下的置信区间为

$$(\bar{x}_1 - \bar{x}_2) \pm t_{\alpha/2}(n_1+n_2-2)\sqrt{s_p^2\left(\frac{1}{n_1}+\frac{1}{n_2}\right)}$$

$$= (32.5 - 28.8) \pm 2.074 \times \sqrt{17.677 \times \left(\frac{1}{12}+\frac{1}{12}\right)}$$

$$= 3.7 \pm 3.56$$

即 $(0.14, 7.26)$,两种方法组装产品所需平均时间之差95%的置信区间为 $0.14 \sim 7.26$ 分钟。

② 当两个总体的方差 σ_1^2 和 σ_2^2 未知且不相等时,两个样本均值之差经标准化后近似服从自由度为 v 的 t 分布。自由度 v 的计算公式为

$$v = \frac{\left(\dfrac{s_1^2}{n_1}+\dfrac{s_2^2}{n_2}\right)^2}{\dfrac{(s_1^2/n_1)^2}{n_1-1}+\dfrac{(s_2^2/n_2)^2}{n_2-1}} \tag{4.14}$$

两个总体均值之差在 $(1-\alpha)$ 置信水平下的置信区间为

$$(\bar{x}_1 - \bar{x}_2) \pm t_{\alpha/2}(v)\sqrt{\frac{s_1^2}{n_1}+\frac{s_2^2}{n_2}} \tag{4.15}$$

【**例4.7**】 根据例4.6的数据。假定第一种方法随机安排12个工人,第二种方法随机安排8个工人,即 $n_1 = 12, n_2 = 8$,所得的有关数据如表4.5所示。

表 4.5　两个方法组装产品所需的时间

方法 1	方法 2
28.3	27.6
30.1	22.2
29.0	31.0
37.6	33.8
32.1	20.0
28.8	30.2
36.0	31.7
37.2	26.5
38.5	
34.4	
28.0	
30.0	

同时假定两个总体的方差不相等,试以95%的置信水平建立两种方法组装产品所需平均时间之差的置信区间。

解:根据表4.5的数据计算如下。

方法 1: $\bar{x}_1 = 32.5$　　$s_1^2 = 15.996$

方法 2: $\bar{x}_2 = 27.875$　　$s_2^2 = 23.014$

计算的自由度为

$$v = \frac{\left(\frac{15.996}{12} + \frac{23.014}{8}\right)^2}{\frac{(15.996/12)^2}{12-1} + \frac{(23.014/8)^2}{8-1}} = 13.188 \approx 13$$

查 t 分布表得 $t_{0.05/2}(13) = 2.160$。两个总体均值之差 $(\mu_1 - \mu_2)$ 在 $(1-\alpha)$ 置信水平下的置信区间为

$$(\bar{x}_1 - \bar{x}_2) \pm t_{\alpha/2}(v)\sqrt{\frac{s_1^2}{n_1} + \frac{s_2^2}{n_2}}$$

$$= (32.5 - 27.875) \pm 2.160 \times \sqrt{\frac{15.996}{12} + \frac{23.014}{8}}$$

$$= 4.625 \pm 4.433$$

即 $(0.192, 9.058)$,两种方法组装产品所需平均时间之差95%的置信区间为 0.192～9.058 分钟。

2. 两个总体均值之差的估计:匹配样本

在例4.6中,使用的是两个独立的样本。但使用独立样本来估计两个总体均值之差时存在着潜在的弊端。比如,在对每种方法随机指派12个工人时,偶尔可能会使技术比较差的12个工人指定给方法1,而技术较好的12个工人指定给方法2。这种不公平的指派,可能会掩盖两种方法组装产品所需时间的真正差异。

为解决这一问题,可以使用匹配样本(matched sample),即一个样本中的数据与另一个样本中的数据相对应。比如,先指定 12 个工人用第一种方法组装产品,然后再让这 12 个工人用第二种方法组装产品,这样得到的两组组装产品的数据就是匹配数据。匹配样本可以消除由于样本指定的不公平造成的两个方法组装时间上的差异。

使用匹配样本进行估计时,在大样本条件下,两个总体均值之差 $\mu_d = \mu_1 - \mu_2$ 在 $(1-\alpha)$ 置信水平下的置信区间为

$$\bar{d} \pm z_{\alpha/2} \frac{\sigma_d}{\sqrt{n}} \tag{4.16}$$

式中,d 表示两个匹配样本对应数据的差值;$\bar{d}$ 表示各差值的均值;σ_d 表示各差值的标准差。当总体的 σ_d 未知时,可用样本差值的标准差 s_d 来代替。

在小样本情况下,假定两个总体各观测值的配对差服从正态分布。两个总体均值之差 $\mu_d = \mu_1 - \mu_2$ 在 $(1-\alpha)$ 置信水平下的置信区间为

$$\bar{d} \pm t_{\alpha/2}(n-1) \frac{s_d}{\sqrt{n}} \tag{4.17}$$

【例 4.8】 由 10 名学生组成一个随机样本,让他们分别采用 A 和 B 两套试卷进行测试,结果如表 4.6 所示。

表 4.6 10 名学生两套试卷的得分

学生编号	试卷 A	试卷 B	差值 d
1	78	71	7
2	63	44	19
3	72	61	11
4	89	84	5
5	91	74	17
6	49	51	-2
7	68	55	13
8	76	60	16
9	85	77	8
10	55	39	16

试建立两种试卷平均分数之差 $\mu_d = \mu_1 - \mu_2$ 95% 的置信区间。

解:根据表 4.6 中的数据计算得

$$\bar{d} = \frac{\sum_{i=1}^{n} d_i}{n_d} = \frac{110}{10} = 11, \quad s_d = \sqrt{\frac{\sum_{i=1}^{n}(d_i - \bar{d})^2}{n_d - 1}} = 6.53$$

自由度为 $(10-1) = 9$,查 t 分布表得 $t_{0.05/2}(9) = 2.262$。根据公式(4.17),得两种试卷分数之差 $\mu_d = \mu_1 - \mu_2$ 95% 的置信区间为

$$\bar{d} \pm t_{\alpha/2}(n-1) \frac{s_d}{\sqrt{n}} = 11 \pm 2.262 \times \frac{6.53}{\sqrt{10}} = 11 \pm 4.67$$

即(6.33,15.67),两种试卷所产生的分数之差95%的置信区间为6.33~15.67分。

4.3.2 两个总体比率之差的区间估计

根据抽样分布的知识可知,从两个二项总体中抽出两个独立的样本,则两个样本比率之差的抽样分布服从正态分布。同样,将两个样本的比率之差标准化后则服从标准正态分布,即

$$z = \frac{(p_1-p_2)-(\pi_1-\pi_2)}{\sqrt{\frac{\pi_1(1-\pi_1)}{n_1}+\frac{\pi_2(1-\pi_2)}{n_2}}} \sim N(0,1) \tag{4.18}$$

由于两个总体比率π_1和π_2通常是未知时,可用样本比率p_1和p_2来代替。因此,根据正态分布建立的两个总体比率之差$(\pi_1-\pi_2)$在$(1-\alpha)$置信水平下的置信区间为

$$(p_1-p_2) \pm z_{\alpha/2} \sqrt{\frac{p_1(1-p_1)}{n_1}+\frac{p_2(1-p_2)}{n_2}} \tag{4.19}$$

【例4.9】 在某个电视节目的收视率调查中,在农村随机调查了400人,有32%的人收看了该节目;在城市随机调查了500人,有45%的人收看了该节目。试以95%的置信水平估计城市与农村收视率差别的置信区间。

解:设城市收视率为$p_1=45\%$,农村收视率为$p_2=32\%$。当$\alpha=0.05$时,$z_{\alpha/2}=1.96$。因此,置信区间为

$$(p_1-p_2) \pm z_{\alpha/2} \sqrt{\frac{p_1(1-p_1)}{n_1}+\frac{p_2(1-p_2)}{n_2}}$$

$$=(45\%-32\%) \pm 1.96 \times \sqrt{\frac{45\%(1-45\%)}{500}+\frac{32\%(1-32\%)}{400}}$$

$$=13\% \pm 6.32\%$$

即(6.68%,19.32%),城市与农村收视率差值95%的置信区间为6.68%~19.32%。

下面将前两节介绍的参数估计方法小结如表4.7和表4.8所示。

表4.7 一个总体参数的区间估计

参数	点估计量(值)	标准误差	$(1-\alpha)$的置信区间	假定条件
μ 总体均值	$\bar{x}$	$\frac{\sigma}{\sqrt{n}}$	$\bar{x} \pm z_{\alpha/2} \frac{\sigma}{\sqrt{n}}$	(1)σ已知 (2)大样本($n \geq 30$)
			$\bar{x} \pm z_{\alpha/2} \frac{s}{\sqrt{n}}$	(1)σ未知 (2)大样本($n \geq 30$)
			$\bar{x} \pm t_{\alpha/2} \frac{s}{\sqrt{n}}$	(1)正态总体 (2)σ未知 (3)小样本($n<30$)
π 总体比率	p	$\sqrt{\frac{\pi(1-\pi)}{n}}$	$p \pm z_{\alpha/2} \sqrt{\frac{p(1-p)}{n}}$	(1)二项总体 (2)大样本($n \geq 30$)

表 4.8　两个总体参数的区间估计

参数	点估计量（值）	标准误差	$(1-\alpha)$ 的置信区间	假定条件
$\mu_1-\mu_2$ 两个总体均值之差	$\bar{x}_1-\bar{x}_2$	$\sqrt{\dfrac{\sigma_1^2}{n_1}+\dfrac{\sigma_2^2}{n_2}}$	$(\bar{x}_1-\bar{x}_2)\pm z_{\alpha/2}\sqrt{\dfrac{\sigma_1^2}{n_1}+\dfrac{\sigma_2^2}{n_2}}$	(1)独立大样本 $(n_1\geqslant 30, n_2\geqslant 30)$ (2)σ_1、σ_2 已知
			$(\bar{x}_1-\bar{x}_2)\pm z_{\alpha/2}\sqrt{\dfrac{s_1^2}{n_1}+\dfrac{s_2^2}{n_2}}$	(1)独立大样本 $(n_1\geqslant 30, n_2\geqslant 30)$ (2)σ_1、σ_2 未知
		$\sqrt{\dfrac{s_1^2}{n_1}+\dfrac{s_2^2}{n_2}}$	$(\bar{x}_1-\bar{x}_2)\pm t_{\alpha/2}(n_1+n_2-2)\sqrt{s_p^2\left(\dfrac{1}{n_1}+\dfrac{1}{n_2}\right)}$	(1)两个正态总体 (2)独立小样本 $(n_1<30, n_2<30)$ (3)σ_1、σ_2 未知但相等
			$(\bar{x}_1-\bar{x}_2)\pm t_{\alpha/2}(v)\sqrt{\dfrac{s_1^2}{n_1}+\dfrac{s_2^2}{n_2}}$	(1)两个正态总体 (2)独立小样本 $(n_1<30, n_2<30)$ (3)σ_1、σ_2 未知且不相等
$\mu_d=\mu_1-\mu_2$ 两个总体均值之差	$\bar{d}$	$\dfrac{\sigma_d}{\sqrt{n}}$	$\bar{d}\pm z_{\alpha/2}\dfrac{\sigma_d}{\sqrt{n}}$	匹配大样本 $(n_1\geqslant 30, n_2\geqslant 30)$
			$\bar{d}\pm t_{\alpha/2}(n-1)\dfrac{s_d}{\sqrt{n}}$	匹配小样本 $(n_1<30, n_2<30)$
$\pi_1-\pi_2$ 两个总体比率之差	p_1-p_2	$\sqrt{\dfrac{\pi_1(1-\pi_1)}{n_1}+\dfrac{\pi_2(1-\pi_2)}{n_2}}$	$(p_1-p_2)\pm z_{\alpha/2}\sqrt{\dfrac{p_1(1-p_1)}{n_1}+\dfrac{p_2(1-p_2)}{n_2}}$	(1)两个二项总体 (2)大样本 $(n_1\geqslant 30, n_2\geqslant 30)$

4.4　样本量的确定

在进行参数估计之前，首先应该确定一个适当的样本量，也就是应该抽取一个多大的样本来估计总体参数。在进行估计时，人们总是希望提高估计的可靠程度。但在一定的样本量下，要提高估计的可靠程度（置信水平），就应扩大置信区间，而过宽的置信区间在实际估计中往往是没有意义的。比如，要说出某一天会下雨，置信区间并不宽，但可靠性相对较低,如果说第三季度会下一场雨,尽管很可靠,但准确性又太差,也就是置信区间太宽了,这样的估计是没有意义的。如果想要缩小置信区间,又不降低置信程度,就需要增加样本量。但样本量的增加也会受到许多限制。比如,会增加调查的费用和工作量。通常,样本量的确定与人们愿意容忍的置信区间的宽度以及对此区间设置的置信水平有一定关系。因此,如何确定一个适当的样本量,也是抽样估计中需要考虑的一个问题。

4.4.1 估计总体均值时样本量的确定

前面已经讲到,总体均值的置信区间是由样本均值$\bar{x}$和允许误差两部分组成的。在重复抽样或无限总体抽样条件下,允许误差为$z_{\alpha/2}\dfrac{\sigma}{\sqrt{n}}$。$z_{\alpha/2}$的值和样本量$n$共同确定了允许误差的大小。一旦确定了置信水平为$(1-\alpha)$,$z_{\alpha/2}$的值就确定了。对于给定的$z_{\alpha/2}$的值和总体标准差$\sigma$,就可以确定任意希望的允许误差所需要的样本量。令$E$代表所希望达到的允许误差,即

$$E = z_{\alpha/2}\frac{\sigma}{\sqrt{n}} \tag{4.20}$$

由此可以推导出确定样本量的公式为

$$n = \frac{(z_{\alpha/2})^2 \sigma^2}{E^2} \tag{4.21}$$

式中,E值是使用者在给定的置信水平下可以接受的允许误差;$z_{\alpha/2}$的值可直接由区间估计中所用到的置信水平确定。如果能够求出σ的具体值,就可以用公式(4.21)计算所需的样本量。在实际应用中,如果σ的值不知道,可以用以前相同或类似的样本的标准差来代替;也可以用试验调查的办法,选择一个初始样本,以该样本的样本标准差作为σ的估计值。

从公式(4.21)可以看出,样本量与置信水平成正比,在其他条件不变的情况下,置信水平越大,所需的样本量也就越大;样本量与总体方差成正比,总体的差异越大,所要求的样本量也越大;样本量与允许误差成反比,可以接受的允许误差越大,所需的样本量就越小。

需要说明的是:根据公式(4.21)计算出的样本量不一定是整数,通常是将样本量取成较大的整数,也就是将小数点后面的数值一律进位成整数。比如,24.68取25,24.32也取25,等等。

【例4.10】 拥有工商管理学士学位的大学毕业生年薪的标准差大约为2 000元,假定想要估计年薪95%的置信区间,希望允许误差为400元,应抽取多大的样本量?

解:已知$\sigma = 2\,000$,$E = 400$,$z_{\alpha/2} = 1.96$。
根据公式(4.21)得

$$n = \frac{(z_{\alpha/2})^2 \sigma^2}{E^2} = \frac{1.96^2 \times 2\,000^2}{400^2} = 96.04 \approx 97$$

即应抽取97人作为样本。

4.4.2 估计总体比率时样本量的确定

与估计总体均值时样本量的确定方法类似,在重复抽样或无限总体抽样条件下,估计总体比率置信区间的允许误差为 $z_{\alpha/2}\sqrt{\dfrac{\pi(1-\pi)}{n}}$,$z_{\alpha/2}$ 的值、总体比率 π 和样本量 n 共同确定了允许误差的大小。一旦确定了置信水平 $(1-\alpha)$,$z_{\alpha/2}$ 的值就确定了。由于总体比率的值是固定的,所以允许误差由样本量来确定,样本量越大,允许误差就越小,估计的精度就越好。因此,对于给定的 $z_{\alpha/2}$ 的值,就可以确定任意希望的允许误差所需要的样本量。令 E 代表所希望达到的允许误差,即

$$E = z_{\alpha/2}\sqrt{\dfrac{\pi(1-\pi)}{n}} \tag{4.22}$$

由此可以推导出重复抽样或无限总体抽样条件下确定样本量的公式如下:

$$n = \dfrac{(z_{\alpha/2})^2 \cdot \pi(1-\pi)}{E^2} \tag{4.23}$$

式中,允许误差 E 必须是使用者事先确定的,大多数情况下,一般取 E 的值小于 0.10。$z_{\alpha/2}$ 的值可直接由区间估计中所用到的置信水平确定。如果能够求出 π 的具体值,就可以用公式(4.23)计算所需的样本量。在实际应用中,如果 π 的值不知道,可以用类似的样本比率来代替;也可以用试验调查的办法,选择一个初始样本,以该样本的比率作为 π 的估计值。当 π 的值无法知道时,通常取使 $\pi(1-\pi)$ 最大的值 0.5。

【例 4.11】 根据以往的生产统计,某种产品的合格率约为 90%,现要求允许误差为 5%,在求 95% 的置信区间时,应抽取多少个产品作为样本?

解:已知 $\pi = 90\%$,$E = 5\%$,$z_{\alpha/2} = 1.96$。

根据公式(4.23)得

$$n = \dfrac{(z_{\alpha/2})^2 \cdot \pi(1-\pi)}{E^2} = \dfrac{1.96^2 \times 0.9 \times (1-0.9)}{0.05^2} = 138.3 \approx 139$$

即应抽取 139 个产品作为样本。

本章小结

本章介绍了总体参数的区间估计方法以及样本量的确定问题。参数估计的方法有点估计和区间估计。点估计是指用样本估计量直接作为总体参数的估计值,评价一个点估计量好与坏的标准主要有无偏性、有效性和一致性。区间估计则是在点估计的基础上,给出总体参数的一个置信区间。

对于一个总体,其参数主要有总体均值和总体比率,对于两个总体,其参数则主要是两个总体均值之差和两个总体比率之差。

总体参数的估计区间是由样本统计量和允许误差两部分组成的。

估计一个总体均值的置信区间时,需要考虑两种情况:一是正态总体、方差已知,或非正态总体、大样本,在这种情况下,可用正态分布构造总体均值的置信区间;二是正态总

体、方差未知、小样本,在这种情况下,则需要用 t 分布构造总体均值的置信区间。估计一个总体比率的置信区间时,通常是在大样本条件下,由正态分布给出的。

估计两个总体均值之差的置信区间时,需要考虑两种情况:一是独立样本,在大样本条件下,由正态分布构造其区间,在小样本条件下则由 t 分布构造其区间;二是匹配样本,在大样本条件下,由正态分布构造其区间,在小样本条件下则由 t 分布构造其区间。估计两个总体比率之差的置信区间时,通常也是在大样本条件下,由正态分布给出的。

思考与练习

思考题

1. 简述评价估计量好坏的标准。
2. $z_{\alpha/2}\dfrac{\sigma}{\sqrt{n}}$ 的含义是什么?
3. 说明区间估计的基本原理。
4. 解释置信水平的含义。
5. 解释置信水平为 95% 的置信区间。
6. 简述样本量与置信水平、总体方差、允许误差的关系。

练习题

1. 从一个标准差为 5 的总体中抽出一个容量为 40 的样本,样本均值为 25。
   (1) 样本均值的抽样标准差 $\sigma_{\bar{x}}$ 等于多少?
   (2) 在 95% 的置信水平下,允许误差是多少?

2. 某快餐店想要估计每位顾客午餐的平均花费金额,在为期 3 周的时间里选取 49 名顾客组成了一个简单随机样本。
   (1) 假定总体标准差为 15 元,求样本均值的抽样标准误差;
   (2) 在 95% 的置信水平下,求允许误差;
   (3) 如果样本均值为 120 元,求总体均值 95% 的置信区间。

3. 某大学为了解学生每天上网的时间,在全校 7 500 名学生中采取不重复抽样方法随机抽取 36 人,调查他们每天上网的时间,得到下面的数据(单位:小时):

3.3	3.1	6.2	5.8	2.3	4.1	5.4	4.5	3.2
4.4	2.0	5.4	2.6	6.4	1.8	3.5	5.7	2.3
2.1	1.9	1.2	5.1	4.3	4.2	3.6	0.8	1.5
4.7	1.4	1.2	2.9	3.5	2.4	0.5	3.6	2.5

求该校大学生平均上网时间的置信区间,置信水平分别为 90%、95% 和 99%。

4. 从一个正态总体中随机抽取容量为 8 的样本,各样本值分别为:10,8,12,15,6,13,5,11。求总体均值 95% 的置信区间。

5. 某居民小区为研究职工上班从家里到单位的距离,抽取了由 16 个人组成的一个随机样本,他们到单位的距离(单位:km)分别是:
   10 3 14 8 6 9 12 11 7 5 10 15 9 16 13 2
求职工上班从家里到单位平均距离 95% 的置信区间。

6. 在一项家电市场调查中,随机抽取了 200 个居民户,调查他们是否拥有某一品牌的电视机。其中拥有该品牌电视机的家庭占 23%。求总体比率的置信区间,置信水平分别为 90% 和 95%。

7. 某居民小区共有居民 500 户,小区管理者准备采取一项新的供水设施,想了解居民是否赞成。采取重复抽样方法随机抽取了 50 户,其中有 32 户赞成,18 户反对。

(1) 求总体中赞成该项改革的户数比率的置信区间,置信水平为 95%。

(2) 如果小区管理者预计赞成的比率能达到 80%,要求估计误差不超过 10%,应抽取多少户进行调查?

8. 从两个正态总体中分别抽取两个独立的随机样本,它们的均值和标准差如表 4.9 所示。

表 4.9　两个样本的均值和标准差(n 已知)

来自总体 1 的样本	来自总体 2 的样本
$n_1 = 14$	$n_2 = 7$
$\bar{x}_1 = 53.2$	$\bar{x}_2 = 43.4$
$s_1^2 = 96.8$	$s_2^2 = 102.0$

(1) 求 $(\mu_1 - \mu_2)$ 90% 的置信区间。

(2) 求 $(\mu_1 - \mu_2)$ 95% 的置信区间。

9. 从两个正态总体中分别抽取两个独立的随机样本,它们的均值和标准差如表 4.10 所示。

表 4.10　两个样本的均值和标准差(n 未知)

来自总体 1 的样本	来自总体 2 的样本
$\bar{x}_1 = 25$	$\bar{x}_2 = 23$
$s_1^2 = 16$	$s_2^2 = 20$

(1) 设 $n_1 = n_2 = 100$,求 $(\mu_1 - \mu_2)$ 95% 的置信区间。

(2) 设 $n_1 = n_2 = 10, \sigma_1^2 = \sigma_2^2$,求 $(\mu_1 - \mu_2)$ 95% 的置信区间。

(3) 设 $n_1 = n_2 = 10, \sigma_1^2 \neq \sigma_2^2$,求 $(\mu_1 - \mu_2)$ 95% 的置信区间。

(4) 设 $n_1 = 10, n_2 = 20, \sigma_1^2 = \sigma_2^2$,求 $(\mu_1 - \mu_2)$ 95% 的置信区间。

(5) 设 $n_1 = 10, n_2 = 20, \sigma_1^2 \neq \sigma_2^2$,求 $(\mu_1 - \mu_2)$ 95% 的置信区间。

10. 表 4.11 是由 4 对观测值组成的随机样本。

表 4.11　由 4 对观测值组成的随机样本

配对号	来自总体 A 的样本	来自总体 B 的样本
1	2	0
2	5	7
3	10	6
4	8	5

(1) 计算 A 与 B 各对观测值之差,再利用得出的差值计算 $\bar{d}$ 和 s_d。

(2) 设 μ_1 和 μ_2 分别为总体 A 和总体 B 的均值,构造 $\mu_d(\mu_1 - \mu_2)$ 95% 的置信区间。

11. 从两个总体中各抽取一个 $n_1 = n_2 = 250$ 的独立随机样本,来自总体 1 的样本比率为 $p_1 = 40\%$,来自总体 2 的样本比率为 $p_2 = 30\%$。

(1) 构造$(\pi_1-\pi_2)$90%的置信区间。
(2) 构造$(\pi_1-\pi_2)$95%的置信区间。

12. 根据以往的生产数据,某种产品的废品率为2%。如果要求95%的置信区间,若允许误差不超过4%,应抽取多大的样本?

13. 某超市想要估计每个顾客平均每次购物花费的金额。根据过去的经验,标准差大约为120元,现要求以95%的置信水平估计每个购物金额的置信区间,并且允许误差不超过20元,应抽取多少个顾客作为样本?

14. 假定两个总体的标准差分别为:$\sigma_1=12, \sigma_2=15$,若要求误差范围不超过5,相应的置信水平为95%,假定$n_1=n_2$,估计两个总体均值之差$(\mu_1-\mu_2)$时所需的样本量为多大?

15. 假定$n_1=n_2$,允许误差$E=0.05$,相应的置信水平为95%,估计两个总体比率之差$(\pi_1-\pi_2)$时所需的样本量为多大?

案例分析

估计灯泡使用寿命

全国仅有几家试验室进行消费品测试。其中标准试验室最为有名。金印试验室也是这样一所检测机构。张先生是该试验室的主要检测工程师,他负责检查其他7位工程师的工作。每位工程师又分别有4~6个检测技术员向他汇报工作。如果一家公司想在其产品上刻印作为品质保证的"金印",就必须允许试验室的技术人员亲临工厂,从其生产线上随机抽取产品带回试验室进行检测。检测包括各项测试,以观其产品是否达到设计要求以及国家或地方的安全标准。

例如,检测一台电磁钟的计时是否达到要求的精确度,闹铃是否按其设定响铃,钟体是否防震,电路是否按电路图正确连接。许多检测项目并非百分之百可靠,也就是说,只有将一个电磁器具连接使用数小时,或直到它损坏才能确定其真实使用寿命。

王女士最近从星光公司购买了一种新型室外装饰弧形灯。这种灯适合于地处街道照明差的街区的住户在前院的立柱上安装。也正因为如此,星光公司的这种灯泡比一般的灯泡昂贵得多,不过它的照明范围更大,而且星光公司认为它的使用寿命也更长。可惜公司没有有利数据证明这一点。这种灯泡的销售缓慢,因其竞争对手成功地使零售商们相信该灯泡不但非常昂贵而且寿命短。

大约两年前,金印试验室应邀参加了星光公司弧形灯泡测试的投标。为了使零售商们对灯泡的使用寿命有所认识,星光公司认为有必要请独立的检测机构承担这一任务。

竞标中,金印试验室获得了这份检测合同。他的一位技术人员随后参观了星光公司在一个地区的工厂,随机抽取了20只灯泡用于检测。这些灯泡被连接在一个特殊的控制板上,该控制板能调节灯泡的照明时间长短,能同时打开所有灯,并使这些灯泡在随机确定的一个时间段里保持开的状态。该时段控制在12小时之内。关灯后,控制板检测灯泡温度。当灯泡温度达到室温,它们便被重新打开,并又持续一个随机时间段。

一只灯泡烧坏,警铃就会响起,技术人员根据控制板上的计时器记录下该灯泡的总工作时间。20只灯泡持续工作直至烧坏。这些时间数据如表4.12所示。

表 4.12　20 只灯泡的总工作时间　　　　　　　　　　　　单位:小时

编号	总工作时间	编号	总工作时间
1	13 140	11	14 990
2	17 550	12	7 901
3	9 490	13	13 893
4	8 090	14	15 737
5	12 234	15	12 459
6	13 876	16	13 952
7	14 570	17	9 333
8	18 442	18	10 873
9	11 109	19	11 537
10	14 007	20	10 755

剩下的工作将由王女士完成,她要完成一份关于弧形灯预期使用寿命的报告。报告完成后将交给星光公司。在王女士的报告中,特别提到在另一项独立的研究中 40 个灯泡有 8 个在烧坏时会爆裂、炸开甚至爆炸。考虑到这种事件会对灯泡使用者造成危险,王女士拟对这类事件在全部新弧形灯中发生的概率作出估计。

讨论题

1. 给出灯泡平均工作时间 95% 的置信区间,并讨论这一置信区间的含义。
2. 在计算上面的置信区间时使用了统计中的哪一个重要定理? 简要表述这一定理的意义。
3. 求灯泡出现爆裂、炸开、爆炸的比率 95% 的置信区间。

即测即评

第 5 章
假设检验

检验男女学生阅读报刊的比率是否有差异

随着智能手机的普及,人们免费获取信息的渠道越来越多,需要付费的传统平面媒体对大学生是否还有吸引力?针对这一问题,某高校对财政金融学院在校本科生进行了一次调查,一共发放 120 份问卷,回收有效问卷 119 份。调查数据经整理后如表 5.1 所示。

表 5.1 调 查 数 据

是否阅读报刊	男生	女生
是	51	57
否	9	2
合计	60	59

在所调查的 60 名男生中,阅读时事类报刊的学生为 28 人,在 59 名女生中,阅读时事类报刊的学生为 23 人。通过上面的数据,检验男、女生阅读报刊的比率是否相同,能否认为男生中阅读时事类报刊的人数比率显著地高于女生。这就是假设检验问题。

假设检验是推断统计的另一项重要内容,它与参数估计类似,但角度不同。参数估计是利用样本信息推断未知的总体参数,而假设检验则是先对总体参数提出一个假设值,然后利用样本信息判断这一假设是否成立。假设检验方法在许多领域都有应用。本章首先介绍有关假设检验的一些基本问题,然后介绍一个总体参数和两个总体参数的检验方法。

5.1 假设检验的基本原理

5.1.1 假设的陈述

现实生活中,人们经常要对某个"假设"作出判断,确定它是真的还是假的。在研究领域,研究者在检验一种新的理论时,首先要提出一种自己认为是正确的看法,即假设。用统计语言来说,"假设"(hypothesis)就是对总体参数的具体数值所作的陈述。

统计学家
Egon S. Pearson

一个假设的提出总是以一定的理由为基础的,但这些理由通常又是不完全充分的,因而产生了"检验"的需求,也就是要进行判断。比如,在某种新药的开发研究中,研究人员需要判断新药是否比原有药物更有效;在对某一品牌洗衣粉的抽检中,抽检人员需要判断其净含量是否达到了说明书中所声明的重量;公司在收到一批货物时,质检人员需要判断该批货物的属性是否与合同中规定的一致;等等。假设检验(hypothesis test)也就是利用样本信息判断假设是否成立的过程,它是先对总体参数提出某种假设,然后利用样本信息判断假设是否成立的过程。

在假设检验中,首先需要提出两种假设,即原假设和备择假设。

原假设(null hypothesis)通常是研究者想收集证据予以反对的假设,也称零假设,用 H_0 表示。

备择假设(alternative hypothesis)通常是研究者想收集证据予以支持的假设,也称研究假设,用 H_1 或 H_a 表示。备择假设通常是用于支持你自己的看法。比如,你正在作一项研究,并想使用假设检验来支持你的说法,就应该把你认为正确的看法作为备择假设。假如你开发了一种新药以提高疗效,如果你想要提供这种药物疗效有显著提高的证据(这是你自然想要支持的),就应该把你想要支持的说法作为备择假设。

确定原假设和备择假设在假设检验中十分重要,它直接关系到检验的结论。下面通过几个例子来说明原假设和备择假设的建立方法。

【例 5.1】 一种零件的生产标准是直径应为 10 cm,为对生产过程进行控制,质量监测人员定期对一台加工机床检查,确定这台机床生产的零件是否符合标准要求。如果零件的平均直径大于或小于 10 cm,则表明生产过程不正常,必须进行调整。试陈述用来检验生产过程是否正常的原假设和备择假设。

解:设这台机床生产的所有零件平均直径的真值为 μ。如果 $\mu=10$,表明生产过程正常。如果 $\mu>10$ 或 $\mu<10$,则表明机床的生产过程不正常,研究者要检测这两种可能情况中的任何一种。根据原假设和备择假设的定义,研究者想收集证据予以证明的假设应该是"生产过程不正常",因为如果研究者事先认为生产过程正常,他也就没有必要去进行检

验了。所以建立的原假设和备择假设应为

$$H_0: \mu = 10 \quad (\text{生产过程正常})$$

$$H_1: \mu \neq 10 \quad (\text{生产过程不正常})$$

【例5.2】 某品牌洗涤剂在它的产品说明书中声称:平均净含量不少于500 g。从消费者的利益出发,有关研究人员要通过抽检其中的一批产品来验证该产品制造商的说明是否属实。试陈述用于检验的原假设与备择假设。

解:设该品牌洗涤剂平均净含量的真值为μ。如果抽检的结果发现$\mu < 500$,则表明该产品说明书中关于其净含量的内容是不真实的,有关部门应对其采取相应的措施。一般来说,研究者抽检的意图是倾向于证实这种洗涤剂的平均净含量并不符合说明书中的陈述,因为这会损害消费者的利益,如果研究者对产品说明丝毫没有质疑,也就没有抽检的必要了。所以$\mu < 500$是研究者想要收集证据支持的观点。建立的原假设与备择假设应为

$$H_0: \mu \geq 500 \quad (\text{净含量符合说明书})$$

$$H_1: \mu < 500 \quad (\text{净含量不符合说明书})$$

【例5.3】 一家研究机构估计,某城市中家庭拥有汽车的比率超过30%。为验证这一估计是否正确,该研究机构随机抽取了一个样本进行检验。试陈述用于检验的原假设与备择假设。

解:设该城市中家庭拥有汽车的比率真值为π。显然,研究者想收集证据予以支持的假设是"该城市中家庭拥有汽车的比率超过30%"。因此建立的原假设与备择假设应为

$$H_0: \pi \leq 30\% \quad (\text{家庭拥有汽车的比率不超过30\%})$$

$$H_1: \pi > 30\% \quad (\text{家庭拥有汽车的比率超过30\%})$$

通过上面几个例子,可以得到如下几点关于建立假设的认识:

第一,原假设和备择假设是一个完备事件组,而且相互对立。这意味着,在一项假设检验中,原假设和备择假设必有一个成立,而且只有一个成立。

第二,在建立假设时,通常是先确定备择假设,然后再确定原假设。这样做的原因是备择假设是人们所关心的,是想予以支持或证实的,因而比较清楚,容易确定。由于原假设和备择假设是对立的,只要确定了备择假设,原假设就很容易确定出来。

第三,在假设检验中,等号"="总是放在原假设上。比如,设假设的总体真值为μ_0,原假设总是$H_0:\mu=\mu_0$、$H_0:\mu\geq\mu_0$或$H_0:\mu\leq\mu_0$。而相应的备择假设则为$H_1:\mu\neq\mu_0$、$H_1:\mu<\mu_0$或$H_1:\mu>\mu_0$。将"="放在原假设上是因为研究者想涵盖备择假设H_1不出现的所有情况。假设检验的惯例是在原假设H_0中只写"=",所以也可以将上面的例5.3写成$H_0:\pi=30\%$,因为研究者感兴趣的备择假设是$H_1:\pi>30\%$。如果你拒绝原假设$H_0:\pi=30\%$而倾向于备择假设$H_1:\pi>30\%$的决策,同样也就意味着你拒绝了$H_0:\pi<30\%$。换句话说,如果事实上备择假设不正确,$H_0:\pi=30\%$就代表了可能有的最坏情况。这样,为数学表述上的方便,这里就将与H_1对立的所有可能情况放进只含一个等号的原假设之中。

第四,尽管前面已经给出了原假设与备择假设的定义,依据这样的定义通常就能确定两个假设的内容,但它们本质上是带有一定的主观色彩的,因为所谓的"研究者想收集证据予以支持的假设"和"研究者想要收集证据予以反对的假设"显然最终仍都取决于研究

者本人的意志。所以,在面对某一实际问题时,由于不同的研究者有不同的研究目的,即使对同一问题也可能提出截然相反的原假设和备择假设,这是十分正常的,也并不违背关于原假设与备择假设的最初定义。无论怎样确定假设的形式,只要它们符合研究者的最终目的,便是合理的。

第五,假设检验的目的主要是收集证据拒绝原假设。原假设最初被假设是成立的,之后就是要根据样本数据,确定是否有足够的不符合原假设的证据以拒绝原假设。这与法庭上对被告的定罪类似:先要假定被告是无罪的,直到有证据证明他是有罪的。被告人在审判前被认为是无罪的(原假设被认为是真),审判中需要提供证据。如果有足够的证据与原假设(被告无罪)不符,则拒绝原假设(被告被认为有罪)。如果没有足够的证据证明被告有罪,就不能认定被告有罪。但这里也没有证明被告就是无辜的。假设检验得出的统计结论都是根据原假设进行阐述的。要么拒绝原假设,要么不拒绝原假设。当不能拒绝原假设时,我们从来不说"接受原假设",因为没有证明原假设是真的(如果采用"接受"原假设的说法,则意味着证明了原假设是正确的)。原假设在开始进行检验时被认定是真的,没有足够的证据拒绝原假设时,并不等于"证明"了原假设是真的。它仅仅意味着:没有足够的证据拒绝原假设,因此不能拒绝原假设。当拒绝原假设时,得出的结论是清楚的,比如,在例 5.2 中,如果拒绝原假设,就可以说该品牌洗涤剂的净含量与说明书所标识的不相符。但如果不拒绝原假设,只能说样本提供的证据还不足以推翻原假设,这并不等于承认原假设是对的,因而不能说该品牌洗涤剂的净含量 ≥ 500。因此,当不拒绝原假设时,实际上并未给出明确的结论。也就是说,不拒绝原假设,并未说净含量 ≥ 500,也未说净含量 < 500。

在假设检验中,研究者感兴趣的备择假设的内容,可以是原假设 H_0 在某一特定方向的变化,也可以是一种没有特定方向的变化。比如,在例 5.2 中,研究者感兴趣的是洗涤剂的净含量是否低于 500 g,同样,在例 5.3 中,研究者感兴趣的是家庭拥有汽车的比例是否高于 30%。如果备择假设具有特定的方向性,并含有符号">"或"<"的假设检验,称为单侧检验或单尾检验(one-tailed test)。相反,在例 5.1 中,研究者感兴趣的备择假设没有特定的方向,只是关心备择假设 H_1 是否不同于原假设 H_0,并不关心是大于还是小于,如果备择假设没有特定的方向性,并含有符号"$\neq$"的假设检验,称为双侧检验或称双尾检验(two-tailed test)。

在单侧检验中,由于研究者感兴趣的方向不同,又可分为左侧检验和右侧检验。如果研究者感兴趣的备择假设的方向为"<",称为左侧检验;如果研究者感兴趣的备择假设的方向为">",称为右侧检验。比如,前面的例 5.2 属于左侧检验,而例 5.3 则属于右侧检验。

设 μ 为总体参数(这里代表总体均值),μ_0 为假设的参数的具体数值,可将假设检验的基本形式总结如表 5.2 所示。

表 5.2 假设检验的基本形式

假设	双侧检验	单侧检验	
		左侧检验	右侧检验
原假设	$H_0: \mu = \mu_0$	$H_0: \mu \geq \mu_0$	$H_0: \mu \leq \mu_0$
备择假设	$H_1: \mu \neq \mu_0$	$H_1: \mu < \mu_0$	$H_1: \mu > \mu_0$

5.1.2 两类错误与显著性水平

假设检验的目的是要根据样本信息作出决策。显然,研究者总是希望能作出正确的决策,也就是当原假设 H_0 正确时没有拒绝它,当原假设 H_0 不正确时拒绝它。但由于决策是建立在样本信息的基础之上,而样本又是随机的,因而就有可能犯错误。假设检验过程中可能发生以下两类错误:

当原假设为真时拒绝原假设,所犯的错误称为第Ⅰ类错误(type Ⅰ error),又称弃真错误。犯第Ⅰ类错误的概率通常记为 α。

当原假设为假时没有拒绝原假设,所犯的错误称为第Ⅱ类错误(type Ⅱ error),又称取伪错误。犯第Ⅱ类错误的概率通常记为 β。

从直觉上说,这两类错误的概率之间存在这样的关系:当 α 增大时,β 减小;当 β 增大时,α 减小,两类错误就像一个跷跷板。人们自然希望犯两类错误的概率都尽可能小,但实际上难以做到,要使 α 和 β 同时减小的唯一办法是增加样本量。但样本量的增加又会受许多因素的限制,所以人们只能在两类错误的发生概率之间进行平衡,以使 α 与 β 控制在能够接受的范围内。一般来说,发生哪一类错误的后果更为严重,就应该首要控制哪类错误发生的概率,但由于犯第Ⅰ类错误的概率是可以由研究者控制的,因此在假设检验中,人们往往先控制第Ⅰ类错误的发生概率。

发生第Ⅰ类错误概率也常被用于检验结论的可靠性度量,假设检验中犯的第Ⅰ类错误的概率称为显著性水平(level of significance),记为 α。

显著性水平是指当原假设实际上正确时,检验统计量落在拒绝域的概率。它是人们事先指定的犯第Ⅰ类错误概率 α 的最大允许值。显著性水平 α 越小,犯第Ⅰ类错误的可能性自然就越小,但犯第Ⅱ类错误的可能则随之增大。实际应用中,显著性水平是人们事先给出的一个值,但究竟确定一个多大的显著性水平值合适?一般情况下,人们认为犯第Ⅰ类错误的后果更严重一些,因此通常会取一个较小的 α 值。人们通常选择显著性水平为 0.05 或比 0.05 更小的概率。常用的显著性水平有 $\alpha=0.01$,$\alpha=0.05$,$\alpha=0.1$ 等,当然也可以取其他值。

确定了显著性水平 α 就等于控制了第Ⅰ类错误的概率,但犯第Ⅱ类错误的概率 β 却是不确定的。在拒绝原假设 H_0 时,人们犯错误的概率不超过给定的显著性水平 α,但当样本观测显示没有充分的理由拒绝原假设时,便难以确切知道第Ⅱ类错误发生的概率。因此,在假设检验中采用"不拒绝 H_0"而不采用"接受 H_0"的表述方法,这种说法实质上并未作出明确结论,在多数场合下便避免了第Ⅱ类错误发生的风险,因为"接受 H_0"所得结论可靠性将由第Ⅱ类错误的概率 β 来测量,而 β 的控制又相对复杂。

5.1.3 检验统计量与拒绝域

在提出具体的假设之后,研究者需要提供可靠的证据来支持他所提出的备择假设。实际操作过程中,提出证据的信息主要来自所抽取的样本,假设检验也就是要凭借可能获得的样本观测结果帮助研究者作出最后的判断和决策。一个很自然的想法是,如果样本提供的证据能够证明原假设是不真实的,研究者就有理由拒绝它,而倾向于选择备择假设。

在一般的假设检验过程中,研究者都倾向于通过样本信息提供对备择假设的支持,而倾向于作出"拒绝原假设"的结论。通常,样本能够提供的信息十分丰富和繁杂,针对特定的研究问题,往往需要对这些信息进行压缩和提炼,检验统计量便是对样本信息进行压缩和概括的结果。

根据样本观测结果计算得到的,并据以对原假设和备择假设作出决策的某个样本统计量,称为检验统计量(test statistic)。

检验统计量实际上是总体参数的点估计量(比如,样本均值$\bar{x}$就是总体均值μ的一个点估计量),但点估计量并不能直接作为检验的统计量。只有将其标准化后,才能用于度量它与原假设的参数值之间的差异程度。而对点估计量标准化的依据则是:① 原假设H_0为真;② 点估计量的抽样分布。实际上,假设检验中所用的检验统计量都是标准化检验统计量,它反映了点估计量(比如,样本均值)与假设的总体参数(比如,假设的总体均值)相比相差多少个标准差。为叙述方便,通常将标准化检验统计量简称为检验统计量。对于总体均值和总体比率的检验,标准化的检验统计量可表示为

$$\text{标准化检验统计量} = \frac{\text{点估计量} - \text{假设值}}{\text{点估计量的抽样标准差}} \tag{5.1}$$

检验统计量是一个随机变量,随着样本观测结果的不同,它的具体数值也是不同的,但只要已知一组特定的样本观测结果,检验统计量的值也就唯一确定了。假设检验的基本原理就是根据检验统计量建立一个准则,依据这个准则和计算得到的检验统计量值,研究者就可以决定是否拒绝原假设。但统计量的哪些值将导致人们拒绝原假设而倾向于备择假设?这就需要找出能够拒绝原假设的统计量的所有可能取值,这些取值的集合则称为拒绝域(rejection region)。

拒绝域就是由显著性水平α所围成的区域。如果利用样本观测结果计算出来的检验统计量的具体数值落在了拒绝域内,就拒绝原假设,否则就不拒绝原假设。

拒绝域的大小与人们事先选定的显著性水平有一定关系。在确定了显著性水平α之后,就可以根据α值的大小确定出拒绝域的具体边界值。根据给定的显著性水平确定的拒绝域的边界值,称为临界值(critical value)。

在给定显著性水平α后,查附录的统计表就可以得到具体的临界值(也可以直接由Excel中的函数命令计算得到)。将检验统计量的值与临界值进行比较,就可作出拒绝或不拒绝原假设的决策。

当样本量固定时,拒绝域的面积随α的减小而减小。α值越小,为拒绝原假设所需要的检验统计量的临界值与原假设的参数值相距就越远。拒绝域的位置则取决于检验是单侧检验还是双侧检验。双侧检验的拒绝域在抽样分布的两侧(所以称为双侧检验)。而单侧检验中,如果备择假设具有符号"<",拒绝域位于抽样分布的左侧,故称为左侧检验;如果备择假设具有符号">",拒绝域位于抽样分布的右侧,故称为右侧检验。在给定显著性水平α条件下,拒绝域和临界值如图5.1来表示。

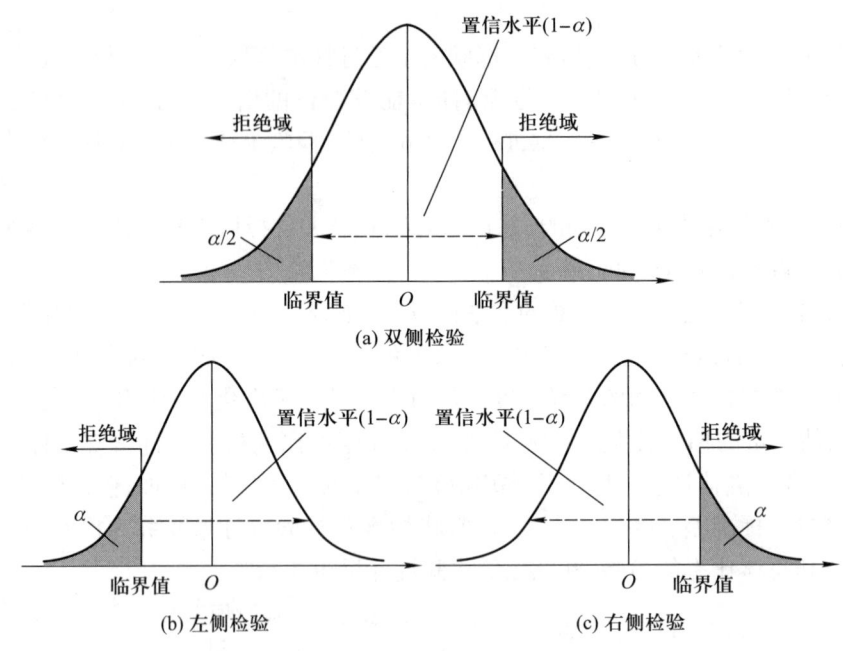

图 5.1　显著性水平、拒绝域和临界值

5.1.4　利用 P 值进行决策

显著性水平 α 是在检验之前确定的,这也就意味着事先确定了拒绝域。这样,不论检验统计量的值是大还是小,只要它的值落入拒绝域就拒绝原假设 H_0,否则就不拒绝原假设 H_0。这种固定的显著性水平 α 对检验结果的可靠性起一种度量作用。但不足的是,α 是犯第Ⅰ类错误的上限控制值,它只能提供检验结论可靠性的一个大致范围,而对于一个特定的假设检验问题,却无法给出观测数据与原假设之间不一致程度的精确度量。也就是说,仅从显著性水平来比较,如果选择的 α 值相同,所有检验结论的可靠性都一样。要测量出样本观测数据与原假设中假设的值 μ_0 的偏离程度,则需要计算 P 值。

如果原假设 H_0 为真,所得到的样本结果会像实际观测结果那么极端或更极端的概率,称为 P 值(P-value),也称为观察到的显著性水平(observed significance level)。

P 值与原假设对或错的概率无关,它是关于数据的概率。P 值表明在某个总体的许多样本中,某一类数据出现的经常程度。也就是说,P 值是当原假设正确时,得到所观测的数据的概率。如果原假设是正确的,P 值告诉我们这样的观测数据会有多么的不可能得到。相当不可能得到的数据,就是原假设不对的合理证据。我们永远也不会知道,对总体来说,原假设是否正确。如果取显著性水平为 5%,我们只能说:如果原假设为真,这样的数据只有 5% 的可能性会发生。P 值是反映实际观测到的数据与原假设 H_0 之间不一致程度的一个概率值。P 值越小,说明实际观测到的数据与 H_0 之间不一致的程度就越大,检验的结果也就越显著。

P 值也是用于确定是否拒绝原假设的另一个重要工具,它有效地补充了 α 提供的关于检验可靠性的有限信息。对于不同检验的 P 值,可以用下面的图 5.2 来表示。

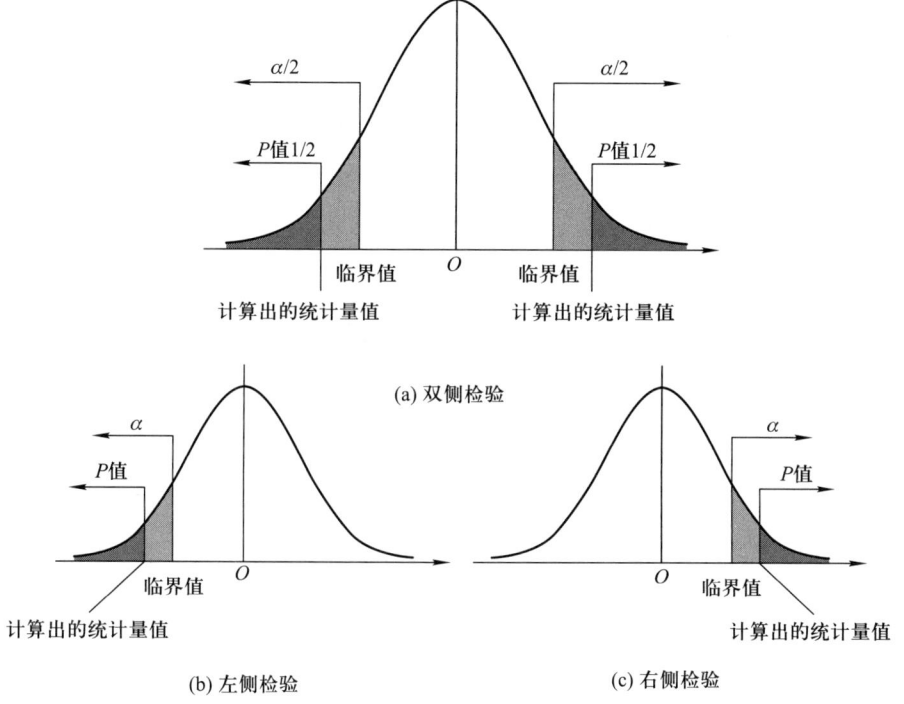

图 5.2　P 值示意图

利用 P 值进行决策的规则十分简单。在已知 P 值的条件下,将其与给定的显著性水平 α 值进行比较,就可以确定是否应该拒绝原假设。从图 5.2 可以看出:单侧检验中,P 值位于抽样分布的一侧,而双侧检验中,P 值则位于分布的两侧,每一侧的 P 值为 1/2。通常,将两侧面积的总和定义为 P 值,这样定义的好处是可以将 P 值直接与给定的显著性水平 α 进行比较。① 因此,不论是单侧检验还是双侧检验,用 P 值进行决策的准则都是:

如果 P 值 $<\alpha$,拒绝 H_0;如果 P 值 $>\alpha$,不拒绝 H_0

P 值计算可以通过查表来求得,但毕竟很麻烦,幸运的是,计算机的应用使 P 值的计算十分容易,多数统计软件都能够输出有关假设检验的主要计算结果,其中就包括 P 值。可以说,P 值的应用几乎取代了传统的统计量检验方法,它不仅能得到与统计量检验相同的结论,而且给出了统计量检验不能给出的信息。利用统计量根据显著性水平作出决策,如果拒绝原假设,也仅仅是知道犯错误的可能性是 α 那么大,但究竟是多少却不知道。而 P 值则是犯错误的实际概率。

有关 P 值的具体计算,本书中将使用 Excel 进行计算,具体的计算方法及其应用将在下面进行介绍。

---

① 在双侧检验中,如果将一侧的面积定义为 P 值,则需要将 P 值与 $\alpha/2$ 进行比较,若 P 值 $<\alpha/2$,则拒绝原假设。

5.2 一个总体参数的检验

与参数估计类似,当研究一个总体时,要检验的参数主要是总体均值 μ 和总体比率 π。

5.2.1 总体均值的检验

在对总体均值进行假设检验时,采用什么检验步骤和检验统计量取决于所抽取的样本是大样本($n \geq 30$)还是小样本($n<30$),此外还需要区分总体是否服从正态分布、总体方差 σ^2 是否已知等几种情况。

1. 大样本的检验方法

假设检验中重要的一步是确定适当的检验统计量。根据抽样分布的知识,在大样本情况下,样本均值的抽样分布近似服从正态分布,其抽样标准差为 $\sigma/\sqrt{n}$。将样本均值 $\bar{x}$ 经过标准化后即可得到检验的统计量。可以证明,样本均值经标准化后服从标准正态分布,因而采用正态分布的检验统计量。设假设的总体均值为 μ_0,当总体方差 σ^2 已知时,总体均值检验的统计量为

$$z = \frac{\bar{x} - \mu_0}{\sigma/\sqrt{n}} \tag{5.2}$$

当总体方差 σ^2 未知时,可以用样本方差 s^2 来近似代替总体方差,此时总体均值检验的统计量为

$$z = \frac{\bar{x} - \mu_0}{s/\sqrt{n}} \tag{5.3}$$

【例5.4】 一种罐装饮料采用自动生产线生产,每罐的容量是 255 ml,标准差为 5 ml。为检验每罐容量是否符合要求,质检人员在某天生产的饮料中随机抽取了 40 罐进行检验,测得每罐平均容量为 255.8 ml。取显著性水平 $\alpha = 0.05$,检验该天生产的饮料容量是否符合标准要求。

解:这里所关心的是饮料容量是否符合要求,也就是 μ 是否为 255 ml。大于或小于 255 ml 都不符合要求,因而属于双侧检验问题。提出的原假设和备择假设为

$$H_0 : \mu = 255, H_1 : \mu \neq 255$$

计算检验统计量的具体数值,即

$$z = \frac{\bar{x} - \mu_0}{s/\sqrt{n}} = \frac{255.8 - 255}{5/\sqrt{40}} = 1.01$$

检验统计量数值的含义是:样本均值与检验的总体均值相比,相差 1.01 个抽样标准差。

根据给定的显著性水平 $\alpha = 0.05$,查标准正态分布表得 $z_{\alpha/2} = z_{0.025} = 1.96$。由于 $|z| = 1.01 < z_{\alpha/2} = 1.96$,所以,不拒绝原假设。检验结果表明:样本提供的证据还不足以推翻原假设,因此不能证明该天生产的饮料不符合标准要求。上面的决策过程如图 5.3 所示。

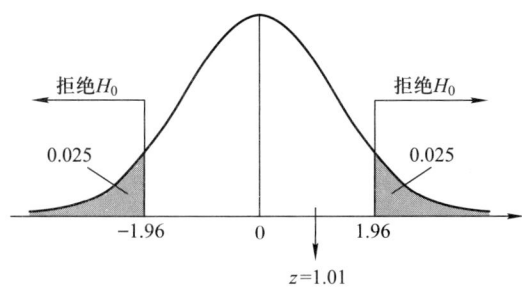

图 5.3 例 5.4 中的拒绝域

此题中的检验也可以利用 P 值进行。P 值可以利用 Excel 中的统计函数功能计算,具体操作的步骤如下:

第 1 步:进入 Excel 表格界面,直接点击"f_x"(插入函数)命令。

第 2 步:在函数分类中点击"统计",并在函数名菜单下选择"NORMSDIST",然后点击"确定"。

第 3 步:将 z 的绝对值 1.01 录入,得到的函数值为 0.843 752 345,如图 5.4 所示。该值表示的是在标准正态分布条件下 z 值 1.01 左边的面积,如图 5.5 所示。

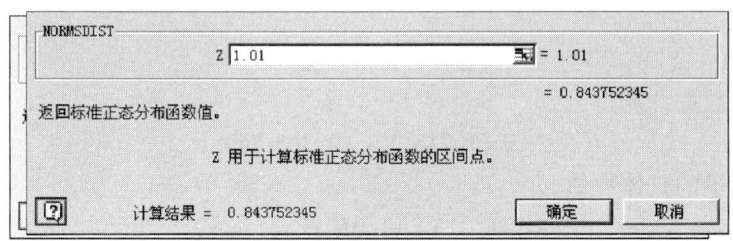

图 5.4 统计量的 P 值计算过程

$z=1.01$ 右边和 $z=-1.01$ 左边的面积是一样的。上面的例子中是双侧检验,所以最后的 P 值为 $P=2\times(1-0.843\,752\,345)=0.312\,495$。由于 $P=0.312\,495$ 远远大于 $\alpha=0.05$,所以不拒绝 H_0,得到的结论与前面相同。

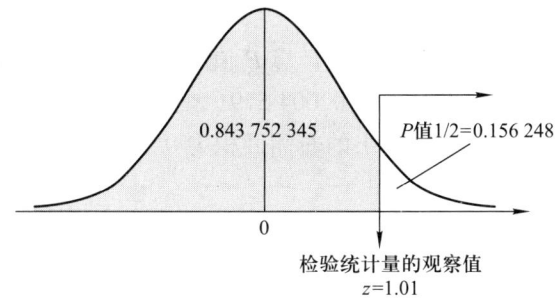

图 5.5 标准正态分布 z 值示意图

【例 5.5】 一种机床加工的零件尺寸绝对平均误差为 1.35 mm。生产厂家现采用一种新的机床进行加工以期进一步降低误差。为检验新机床加工的零件平均误差与旧机床

相比是否有显著降低,从某天生产的零件中随机抽取 50 个进行检验。50 个零件尺寸的绝对误差数据(单位:mm)如下:

1.26	1.19	1.31	0.97	1.81
1.13	0.96	1.06	1.00	0.94
0.98	1.10	1.12	1.03	1.16
1.12	1.12	0.95	1.02	1.13
1.23	0.74	1.50	0.50	0.59
0.99	1.45	1.24	1.01	2.03
1.98	1.97	0.91	1.22	1.06
1.11	1.54	1.08	1.10	1.64
1.70	2.37	1.38	1.60	1.26
1.17	1.12	1.23	0.82	0.86

利用这些样本数据,检验新机床加工的零件尺寸的平均误差与旧机床相比是否有显著降低($\alpha=0.01$)。

解:这里研究者所关心的是新机床加工的零件尺寸的平均误差与旧机床相比是否有显著降低,也就是 μ 是否小于 1.35。因此属于单侧检验问题,而且属于左侧检验。提出的假设为

$$H_0:\mu \geq 1.35, H_1:\mu < 1.35$$

根据样本数据计算得

$$\bar{x}=1.2152, s=0.365749$$

计算检验统计量的具体数值,即

$$z=\frac{1.2152-1.35}{0.365749/\sqrt{50}}=-2.6061$$

该检验统计量数值的含义是:样本均值与检验的总体均值相比,相差 -2.6061 个抽样标准差。

根据给定的显著性水平 $\alpha=0.01$,查标准正态分布表得 $z_\alpha=z_{0.01}=-2.33$。由于 $z=-2.6061<z_{0.01}=-2.33$,所以拒绝原假设。检验结果表明:新机床加工的零件尺寸的平均误差与旧机床相比有显著降低。

如果用 P 值进行检验,当使用统计量计算 P 值时,与例 5.4 给出的步骤完全一致。若直接输入"-2.6061",即可得到 P 值为 0.004579(因为该命令给出的是分布的左侧面积,恰好就是 P 值;若输入"2.6061",给出的右侧面积为 0.995421,P 值则为 1-0.995421=0.004579)。

如果直接根据原始数据使用 P 值进行检验,可直接利用原始数据计算 P 值。这时,可按下列步骤操作:

第 1 步:进入 Excel 表格界面,直接点击"f_x"(插入函数)命令。

第 2 步:在函数分类中点击"统计",并在函数名菜单下选择"ZTEST",然后点击"确定"。

第 3 步:在所出现的对话框"Array"框中,输入原始数据所在区域;在"X"后输入参数

的某一假定值(这里为"1.35");在"Sigma"后输入已知的总体标准差(若总体标准差未知则可忽略不填,系统将自动使用样本标准差代替),如图5.6所示。

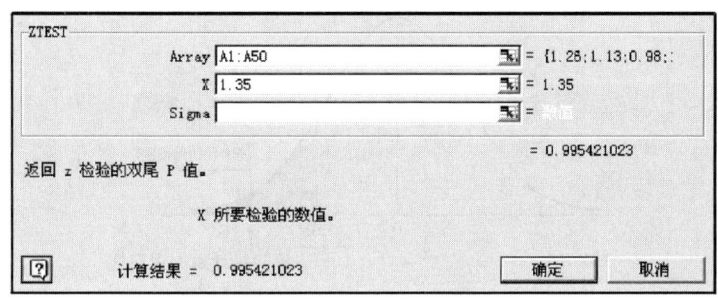

图5.6 原始数据的 P 值计算过程

此时给出的分布右侧面积为 0.995 421 023,用 1 减去该值,即为单侧检验的 P 值,即 P 值 $=1-0.995\ 421\ 023=0.004\ 579$。

由于 P 值小于给定的显著性水平 $\alpha=0.01$,所以拒绝原假设,结论与统计量检验一致。

上述决策过程如图5.7所示。

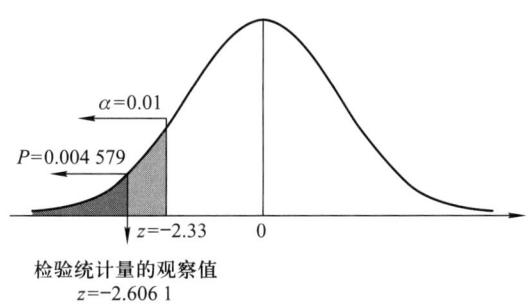

图5.7 例5.5中的拒绝域和 P 值

【例5.6】 某一小麦品种的平均产量为 5 200 kg/公顷。一家研究机构对小麦品种进行了改良以期提高产量。为检验改良后的新品种产量是否有显著提高,随机抽取了 36 个地块进行试种,得到的样本平均产量为 5 275 kg/公顷,标准差为 120 kg/公顷。试检验改良后的新品种产量是否有显著提高。($\alpha=0.05$)

解:研究机构自然希望新品种产量能提高,因而也就想收集证据支持"产量有显著提高"的假设,也就是 μ 是否大于 5 200。因此属于单侧检验问题,而且属于右侧检验。提出的假设为

$$H_0:\mu \leqslant 5\ 200 \quad H_1:\mu > 5\ 200$$

计算检验统计量的具体数值,即

$$z=\frac{5\ 275-5\ 200}{120/\sqrt{36}}=3.75$$

根据给定的显著性水平 $\alpha=0.05$,查标准正态分布表得 $z_\alpha=z_{0.05}=1.65$。由于 $z=3.75>z_{0.05}=1.65$,所以拒绝原假设。检验结果表明:改良后的新品种产量有显著提高。

计算 P 值为 $0.000\,088<\alpha=0.05$,同样拒绝原假设。

上述决策过程如图 5.8 所示。

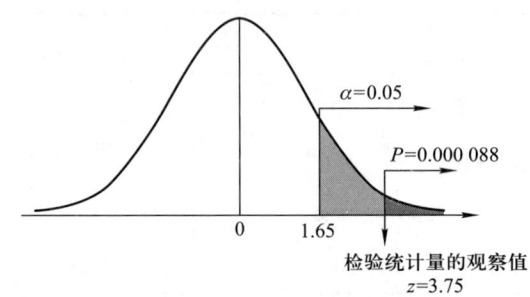

图 5.8　例 5.6 中的拒绝域和 P 值

前面通过三个例子介绍了一个总体均值的检验方法和步骤,这些步骤对以后介绍的其他检验也普遍适用。下面对大样本总体均值的检验问题作一总结(见表 5.3)。

表 5.3　大样本情况下一个总体均值的检验方法

	双侧检验	左侧检验	右侧检验
假设形式	$H_0:\mu=\mu_0, H_1:\mu\neq\mu_0$	$H_0:\mu\geq\mu_0, H_1:\mu<\mu_0$	$H_0:\mu\leq\mu_0, H_1:\mu>\mu_0$
检验统计量	σ 已知:$z=\dfrac{\bar{x}-\mu_0}{\sigma/\sqrt{n}}$;$\sigma$ 未知:$z=\dfrac{\bar{x}-\mu_0}{s/\sqrt{n}}$		
α 与拒绝域	$|z|>z_{\alpha/2}$	$z<-z_\alpha$	$z>z_\alpha$
P 值决策准则	$P<\alpha$,拒绝 H_0		

2. 小样本的检验方法

在小样本($n<30$)情形下,检验统计量的选择与总体是否服从正态分布、总体方差是否已知有着密切联系。本节的内容都是首先以总体服从正态分布为假定前提的,①而后再依照总体方差是否已知来选择合适的检验统计量。

当总体方差 σ^2 已知的时候,即使是在小样本情况下,检验统计量公式(5.2)仍然服从标准正态分布,因而仍可按公式(5.2)给出的检验统计量对总体均值进行检验,检验的程序与大样本时完全相同,不再进行赘述。这里着重介绍小样本情形下总体方差未知时总体均值的检验方法。

对于小样本,当总体方差 σ^2 未知的时候,需要用样本方差 s^2 代替总体方差 σ^2,此时公式(5.2)给出的检验统计量不再服从标准正态分布,而是服从自由度为($n-1$)的 t 分布。因此需要采用 t 分布来检验总体均值,通常称之为"t 检验"。检验的统计量为

$$t=\dfrac{\bar{x}-\mu_0}{s/\sqrt{n}} \tag{5.4}$$

---

① 如果无法确定总体是否服从正态分布,可以考虑将样本量增大到 30 以上,然后按大样本的方法进行检验。当然也可以考虑使用其他检验方法,如非参数符号检验法,有关非参数检验的内容可参考相关书籍。

表5.4 总结了小样本时总体均值的检验方法。

表5.4 小样本情况下一个总体均值的检验方法

	双侧检验	左侧检验	右侧检验
假设形式	$H_0:\mu=\mu_0, H_1:\mu\neq\mu_0$	$H_0:\mu\geq\mu_0, H_1:\mu<\mu_0$	$H_0:\mu\leq\mu_0, H_1:\mu>\mu_0$
检验统计量	\multicolumn{3}{c}{σ 未知: $t=\dfrac{\bar{x}-\mu_0}{s/\sqrt{n}}$; σ 已知: $z=\dfrac{\bar{x}-\mu_0}{\sigma/\sqrt{n}}$}		
α 与拒绝域	$|t|>t_{\alpha/2}(n-1)$	$t<-t_\alpha(n-1)$	$t>t_\alpha(n-1)$
P 值决策准则	\multicolumn{3}{c}{$P<\alpha$,拒绝 H_0}		

【例5.7】 一种汽车配件的平均长度要求为 12 cm,高于或低于该标准均被认为是不合格的。汽车生产企业在购进配件时,通常是经过招标,然后对中标的配件提供商提供的样品进行检验,以决定是否购进。现对一个配件提供商提供的 10 个样本进行检验,结果如下:

12.2 10.8 12.0 11.8 11.9 12.4 11.3 12.2 12.0 12.3

假定该供货商生产的配件长度服从正态分布,在 0.05 的显著性水平下,检验该供货商提供的配件是否符合要求。

解:依题意建立如下原假设与备择假设:
$$H_0:\mu=12, H_1:\mu\neq 12$$

根据样本数据计算得
$$\bar{x}=11.89, s=0.4932$$

由于 $n<30$ 为小样本,采用公式(5.4)计算检验统计量:
$$t=\frac{\bar{x}-\mu_0}{s/\sqrt{n}}=\frac{11.89-12}{0.4932/\sqrt{10}}=-0.7053$$

根据自由度 $n-1=10-1=9$,查 t 分布表得:$t_{\alpha/2}(n-1)=t_{0.025}(9)=2.262$,由于 $|t|=0.7053<t_{0.025}(9)=2.262$,所以不拒绝原假设,样本提供的证据还不足以推翻原假设。

t 检验的 P 值同样可以利用 Excel 计算,具体操作步骤如下:

第 1 步:进入 Excel 表格界面,直接点击"f_x"(插入函数)命令。

第 2 步:在函数分类中点击"统计",并在函数名菜单下选择"TDIST",然后点击"确定"。

第 3 步:在出现对话框的"X"栏中输入计算出的 t 的绝对值"0.7053"。在"Deg_freedom"(自由度)栏中,输入本例中的自由度"9"。在"Tails"栏中,输入"2"(表明是双侧检验,如果是单侧检验则在该栏输入"1")。

Excel 计算的 P 值结果为 0.498469786,如图 5.9 所示。

由于 P 值 $=0.498469786>0.05$,所以不拒绝原假设。

上述决策过程如图 5.10 所示。

前面讨论了一个总体均值的检验问题,在实际应用中,首先需要弄清各种方法的适用场合,比如,是大样本还是小样本,总体是否服从正态分布,总体方差是否已知,等等。对

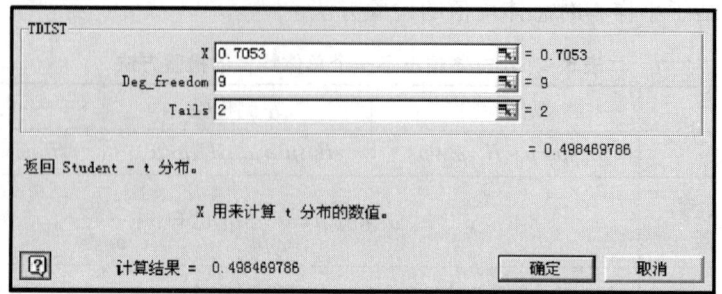

图 5.9　t 分布的 P 值计算过程

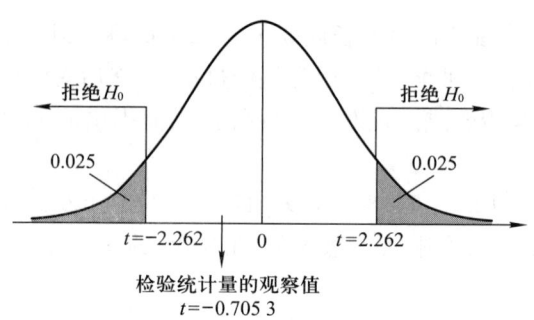

图 5.10　例 5.7 中的 t 分布的拒绝域

于无法确定总体是否服从正态分布的小样本情形,除了考虑选择其他检验方法(如非参数检验)之外,还可以通过增加样本量来达到大样本标准(一般要求超过 30),从而将小样本问题转换为大样本下的假设检验问题,当然这完全取决于实际条件是否允许。

5.2.2　总体比率的检验

在参数估计一章中曾介绍了比率的概念。总体比率是指总体中具有某种相同特征的个体所占的比值,这些特征可以是数值型的(如一定的重量、一定的厚度或一定规格等),也可以是品质型的(如男女性别、学历等级、职称高低等)。通常用字母 π 表示总体比率, π_0 表示对总体比率的某一假设值,p 表示样本比率。总体比率的检验与前面介绍的总体均值检验基本上是相同的,区别只在于参数和检验统计量的形式不同。所以总体均值检验的整个程序都可以作为总体比率检验的参考,甚至有很多内容可以完全"照搬"。因此,这里将尽可能综合介绍总体比率的检验方法,而且只考虑大样本[1]情形下的总体比率检验[2]。

在构造检验统计量时,仍然利用样本比率 p 与总体比率 π 之间的距离等于多少个标准差 σ_p 来衡量,因为在大样本情形下统计量 p 近似服从正态分布,而统计量

---

[1]　总体比率检验时,确定样本量是否"足够大"的方法与总体比率的区间估计一样,参见本书第 4 章的相关内容。

[2]　因为实践中较少对总体比率进行小样本检验,且其检验程序相对复杂。

$$z = \frac{p - \pi_0}{\sqrt{\dfrac{\pi_0(1-\pi_0)}{n}}} \tag{5.5}$$

则近似服从标准正态分布。公式(5.5)就是总体比率检验的统计量。

在给定显著性水平 α 的条件下,总体比率检验的显著性水平、拒绝域和临界值的图示可参考图5.1。表5.5总结了大样本情况下总体比率检验的一般方法。

表5.5 大样本情况下一个总体比率的检验方法

	双侧检验	左侧检验	右侧检验
假设形式	$H_0:\pi=\pi_0, H_1:\pi\neq\pi_0$	$H_0:\pi\geq\pi_0, H_1:\pi<\pi_0$	$H_0:\pi\leq\pi_0, H_1:\pi>\pi_0$
检验统计量	$z=\dfrac{p-\pi_0}{\sqrt{\dfrac{\pi_0(1-\pi_0)}{n}}}$		
α 与拒绝域	$\|z\|>z_{\alpha/2}$	$z<-z_\alpha$	$z>z_\alpha$
P 值决策准则	$P<\alpha$,拒绝 H_0		

【例5.8】 一种以休闲和娱乐为主题的杂志,声称其读者群中80%为女性。为验证这一说法是否属实,某研究部门抽取了由200人组成的一个随机样本,发现有146个女性经常阅读该杂志。分别取显著性水平 $\alpha=0.05$ 和 $\alpha=0.01$,检验该杂志读者群中女性的比率是否为80%,它们的 P 值各是多少。

解:研究机构想证明的是杂志所声称的说法是否属实,也就是读者群中女性比率是否等于80%,因此提出的原假设和备择假设为

$$H_0: \pi=80\%, H_1: \pi\neq 80\%$$

根据抽样结果计算得:$p=\dfrac{146}{200}=73\%$,检验统计量为

$$z=\frac{p-\pi_0}{\sqrt{\dfrac{\pi_0(1-\pi_0)}{n}}}=\frac{0.73-0.8}{\sqrt{\dfrac{0.8(1-0.8)}{200}}}=-2.475$$

根据显著性水平 $\alpha=0.05$ 查标准正态分布表得 $z_{\alpha/2}=z_{0.025}=1.96$。由于 $|z|=2.475>z_{\alpha/2}=1.96$,所以拒绝原假设。在显著性水平为0.05的条件下,样本提供的证据表明该杂志的说法并不属实。

根据显著性水平 $\alpha=0.01$ 查标准正态分布表得 $z_{\alpha/2}=z_{0.005}=2.58$。由于 $|z|=2.475<z_{\alpha/2}=2.58$,所以不拒绝原假设。在显著性水平为0.01的条件下,样本提供的证据表明该杂志的说法是属实的。

图5.11(a)和图5.11(b)分别显示出0.05和0.01显著性水平的拒绝域。

由Excel计算出的 P 值为0.013 328。显著性水平为0.05时,$P<\alpha=0.05$,拒绝 H_0;显著性水平为0.01时,$P>\alpha=0.01$,不拒绝 H_0。结论与统计量检验一致。

从上面的例子可以看出,对于同一个检验,不同的显著性水平将会得出不同的结论。这是自然的,请读者自己领悟其中的道理。

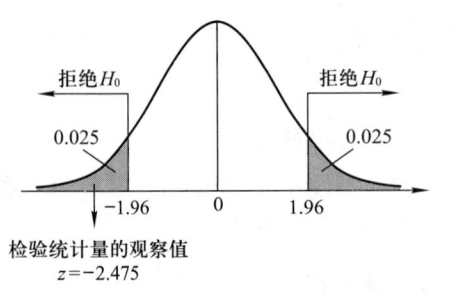 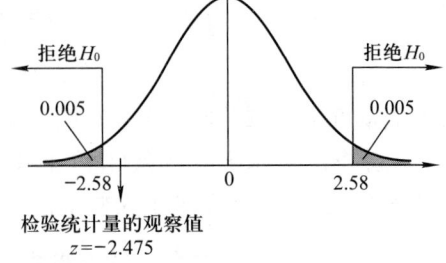

(a) 显著性水平为0.05　　　　　　　　(b) 显著性水平为0.01

图 5.11　例 5.8 中的拒绝域

5.3　两个总体参数的检验

两个总体参数的检验主要包括两个总体均值之差($\mu_1-\mu_2$)的检验和两个总体比率之差($\pi_1-\pi_2$)的检验等,检验的程序可仿照一个总体参数的检验进行。

5.3.1　两个总体均值之差的检验

在实际研究中,人们常常需要比较两个总体的差异。比如,一所学校的重点班和普通班两个班级学生的英语平均成绩是否有显著差异,生产企业在改进生产线后的平均产量与原生产线相比的平均产量是否有显著提高,等等。这些都属于两个总体均值之差($\mu_1-\mu_2$)的检验问题。与参数估计类似,根据样本获得方式的不同,两个总体均值的检验也分为独立样本和匹配样本两种情形,而且也有大样本与小样本之分。

1. 两个总体均值之差的检验:独立样本

两个总体均值之差检验的统计量是以两个样本均值之差($\bar{x}_1-\bar{x}_2$)的抽样分布为基础构造出来的。对于大样本和小样本两种情形,由于两个样本均值之差经标准化后的分布不同,检验的统计量也略有差异。

(1) 大样本的检验方法。在大样本情况下,两个样本均值之差($\bar{x}_1-\bar{x}_2$)的抽样分布近似服从正态分布,而($\bar{x}_1-\bar{x}_2$)经过标准化后则服从标准正态分布。如果两个总体的方差σ_1^2,σ_2^2已知,则采用下面的检验统计量:

$$z=\frac{(\bar{x}_1-\bar{x}_2)-(\mu_1-\mu_2)}{\sqrt{\dfrac{\sigma_1^2}{n_1}+\dfrac{\sigma_2^2}{n_2}}} \tag{5.6}$$

当两个总体方差σ_1^2,σ_2^2未知时,可以分别用样本方差s_1^2,s_2^2替代,此时检验统计量为

$$z=\frac{(\bar{x}_1-\bar{x}_2)-(\mu_1-\mu_2)}{\sqrt{\dfrac{s_1^2}{n_1}+\dfrac{s_2^2}{n_2}}} \tag{5.7}$$

根据前面介绍的假设检验思路,可以将两个总体均值之差的检验方法进行概括,如表5.6 所示。

5.3 两个总体参数的检验

表 5.6 独立大样本情况下两个总体均值之差的检验方法

	双侧检验	左侧检验	右侧检验
假设形式	$H_0: \mu_1 - \mu_2 = 0$ $H_1: \mu_1 - \mu_2 \neq 0$	$H_0: \mu_1 - \mu_2 \geq 0$ $H_1: \mu_1 - \mu_2 < 0$	$H_0: \mu_1 - \mu_2 \leq 0$ $H_1: \mu_1 - \mu_2 > 0$
检验统计量	σ_1^2, σ_2^2 已知: $z = \dfrac{(\bar{x}_1 - \bar{x}_2) - (\mu_1 - \mu_2)}{\sqrt{\dfrac{\sigma_1^2}{n_1} + \dfrac{\sigma_2^2}{n_2}}}$; σ_1^2, σ_2^2 未知: $z = \dfrac{(\bar{x}_1 - \bar{x}_2) - (\mu_1 - \mu_2)}{\sqrt{\dfrac{s_1^2}{n_1} + \dfrac{s_2^2}{n_2}}}$		
α 与拒绝域	$\|z\| > z_{\alpha/2}$	$z < -z_\alpha$	$z > z_\alpha$
P 值决策准则	$P < \alpha$,拒绝 H_0		

【例 5.9】 某公司对男女职员的平均小时工资进行了调查,独立抽取了具有同类工作经验的男女职员的两个随机样本,并记录下两个样本的均值、方差等资料,如表 5.7 所示。

表 5.7 两个独立样本的有关计算结果

男性职员	女性职员
$n_1 = 44$	$n_2 = 32$
$\bar{x}_1 = 75$ 元	$\bar{x}_2 = 70$ 元
$s_1^2 = 64$ 元	$s_2^2 = 42.25$ 元

在显著性水平为 0.05 的条件下,能否认为男性职员与女性职员的平均小时工资存在显著差异[①]?

解:设 μ_1 = 男性职员的平均小时工资;μ_2 = 女性职员的平均小时工资。

这里关心的只是男女职员的平均小时工资是否存在差异,所以提出的原假设和备择假设为

$$H_0: \mu_1 - \mu_2 = 0 \quad H_1: \mu_1 - \mu_2 \neq 0$$

由于两个总体的方差未知,所以采用公式(5.7)给出的统计量,计算结果为

$$z = \frac{(\bar{x}_1 - \bar{x}_2)}{\sqrt{\dfrac{s_1^2}{n_1} + \dfrac{s_2^2}{n_2}}} = \frac{(75 - 70)}{\sqrt{\dfrac{64}{44} + \dfrac{42.25}{32}}} = 3.002$$

与显著性水平 $\alpha = 0.05$ 对应的两个临界值分别为 1.96 和 -1.96,由于 $|z| = 3.002 > z_{0.05} = 1.96$,所以拒绝原假设,而倾向于认为该公司男女职员的平均小时工资之间存在显著差异。

(2)小样本的检验方法。当两个样本都为独立小样本的情况下,检验两个总体的均

[①] 在有原始数据的情况下,当两个总体的方差已知时,可直接利用 Excel "数据分析" 中的 "z 检验:双样本平均差检验" 来完成。

值之差时,需要假定两个总体都服从正态分布。检验时有以下四种情况:

① 总体服从正态分布,当两个总体方差σ_1^2和σ_2^2已知时,无论样本量的大小,两个样本均值之差的抽样分布都服从正态分布。这时可按公式(5.6)计算检验的统计量。①

② 总体服从正态分布,当两个总体的方差σ_1^2和σ_2^2未知但相等时,即$\sigma_1^2 = \sigma_2^2$,则需要用两个样本的方差s_1^2和s_2^2来估计。这时需要将两个样本的数据组合在一起,以给出总体方差的合并估计量,②用s_p^2表示,计算公式为

$$s_p^2 = \frac{(n_1-1)s_1^2 + (n_2-1)s_2^2}{n_1 + n_2 - 2} \tag{5.8}$$

这时,两个样本均值之差经标准化后服从自由度为(n_1+n_2-2)的t分布,因而采用的检验统计量为

$$t = \frac{(\bar{x}_1 - \bar{x}_2) - (\mu_1 - \mu_2)}{s_p \sqrt{\frac{1}{n_1} + \frac{1}{n_2}}} \tag{5.9}$$

③ 总体服从正态分布,当两个总体的方差σ_1^2和σ_2^2未知且不相等时,即$\sigma_1^2 \neq \sigma_2^2$,两个样本均值之差经标准化后近似服从自由度为$v$的$t$分布。这时检验的统计量为

$$t = \frac{(\bar{x}_1 - \bar{x}_2) - (\mu_1 - \mu_2)}{\sqrt{\frac{s_1^2}{n_1} + \frac{s_2^2}{n_2}}} \tag{5.10}$$

该统计量的自由度为v,其计算公式为

$$v = \frac{\left(\frac{s_1^2}{n_1} + \frac{s_2^2}{n_2}\right)^2}{\frac{(s_1^2/n_1)^2}{n_1-1} + \frac{(s_2^2/n_2)^2}{n_2-1}} \tag{5.11}$$

公式(5.11)计算的自由度一般为非整数,需四舍五入后再查t分布表。

表5.8总结了独立小样本情况下两个总体均值之差检验的一般方法。

表5.8 独立小样本情况下两个总体均值之差的检验方法

	双侧检验	左侧检验	右侧检验
假设形式	$H_0: \mu_1 - \mu_2 = 0$ $H_1: \mu_1 - \mu_2 \neq 0$	$H_0: \mu_1 - \mu_2 \geq 0$ $H_1: \mu_1 - \mu_2 < 0$	$H_0: \mu_1 - \mu_2 \leq 0$ $H_1: \mu_1 - \mu_2 > 0$
检验统计量	σ_1^2和σ_2^2已知	$z = \frac{(\bar{x}_1 - \bar{x}_2) - (\mu_1 - \mu_2)}{\sqrt{\frac{\sigma_1^2}{n_1} + \frac{\sigma_2^2}{n_2}}}$ (拒绝域同上)	

---

① 如果两个总体均服从正态分布且方差已知,两个总体均值之差的假设检验无需区分样本量大小。

② 与大样本下两个总体方差未知的处理方式不同,由于事先假定了两个总体方差相等,所以并不是利用两个样本方差s_1^2,s_2^2来分别估计两个总体方差,而是通过将两个样本方差"合并"之后直接给出总体方差σ^2的"合并估计量"。

续表

	双侧检验	左侧检验	右侧检验
检验统计量	①σ_1^2,σ_2^2 未知 ②$\sigma_1^2=\sigma_2^2$	$t=\dfrac{(\bar{x}_1-\bar{x}_2)-(\mu_1-\mu_2)}{s_p\sqrt{\dfrac{1}{n_1}+\dfrac{1}{n_2}}}$ 自由度:n_1+n_2-2	
	①σ_1^2,σ_2^2 未知 ②$\sigma_1^2\ne\sigma_2^2$	$t=\dfrac{(\bar{x}_1-\bar{x}_2)-(\mu_1-\mu_2)}{\sqrt{\dfrac{s_1^2}{n_1}+\dfrac{s_2^2}{n_2}}}$,自由度:$v=\dfrac{\left(\dfrac{s_1^2}{n_1}+\dfrac{s_2^2}{n_2}\right)^2}{\dfrac{(s_1^2/n_1)^2}{n_1-1}+\dfrac{(s_2^2/n_2)^2}{n_2-1}}$	
α 与拒绝域	$\lvert t\rvert>t_{\alpha/2}$	$t<-t_\alpha$	$t>t_\alpha$
P 值决策准则	$P<\alpha$,拒绝 H_0		

【例 5.10】 甲、乙两台机床同时加工某种同类型的零件,已知两台机床加工的零件直径(单位:cm)分别服从正态分布 $N(\mu_1,\sigma_1^2)$,$N(\mu_2,\sigma_2^2)$,并且有 $\sigma_1^2=\sigma_2^2$。为比较两台机床的加工精度有无显著差异,分别独立抽取了甲机床加工的 8 个零件和乙机床加工的 7 个零件,通过测量得到的数据见表 5.9。

表 5.9 两台机床加工零件的样本数据　　　　　　　　　　　　　　　　单位:cm

机床	零件直径							
甲	20.5	19.8	19.7	20.4	20.1	20.0	19.0	19.9
乙	20.7	19.8	19.5	20.8	20.4	19.6	20.2	

在 $\alpha=0.05$ 的显著性水平下,样本数据是否提供证据支持"两台机床加工的零件直径不一致"的看法?

解:提出的原假设和备择假设为

$$H_0:\mu_1-\mu_2=0,H_1:\mu_1-\mu_2\ne0$$

两个独立样本的容量都小于 30,两个总体方差未知但相等。根据样本数据计算得

$$\bar{x}_1=19.925,\bar{x}_2=20.143,s_1^2=0.216\ 4,s_2^2=0.272\ 9$$

总体方差的合并估计量为

$$s_p^2=\frac{(n_1-1)s_1^2+(n_2-1)s_2^2}{n_1+n_2-2}=\frac{(8-1)\times0.216\ 4+(7-1)\times0.272\ 9}{8+7-2}=0.242\ 5$$

计算的检验统计量为

$$t=\frac{(\bar{x}_1-\bar{x}_2)}{s_p\sqrt{1/n_1+1/n_2}}=\frac{(19.925-20.143)}{\sqrt{(1/8+1/7)\times0.242\ 5}}=-0.855$$

根据自由度 $(n_1+n_2-2)=8+7-2=13$,$\alpha=0.05$ 对应的 t 分布临界值分别是 2.16 和 -2.16,检验统计量的值没有落入拒绝域,因而不拒绝原假设。也就是说,在 0.05 的显著性水平下,没有理由认为甲、乙两台机床加工的零件直径不一致。

在有原始数据的情况下,上述检验可直接由 Excel 提供的检验程序进行。具体步

骤为:

第1步:将原始数据输入到 Excel 工作表中。

第2步:选择"数据"下并选择"数据分析"选项。

第3步:在"数据分析"对话框中选择"t-检验:双样本等方差假设"。

第4步:当对话框出现后,在"变量1的区域"方框中输入第一个样本的数据区域;在"变量2的区域"方框中输入第二个样本的数据区域;在"假设平均差"方框中输入两个总体均值之差的假定值(本例为"0");在"α"方框中输入给定的显著性水平(本例为"0.05");在"输出选项"选择计算结果的输出位置;单击"确定"。

上述过程如图 5.12 所示。

Excel 输出的本例检验结果如图 5.13 所示。

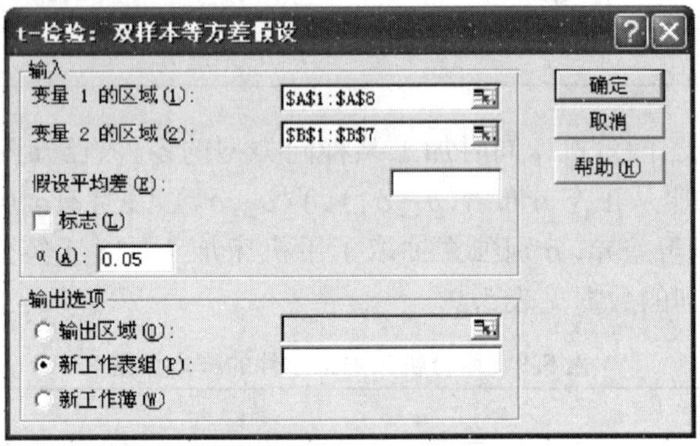

图 5.12 Excel 的检验过程

	A	B	C
1	t-检验: 双样本等方差假设		
2			
3		变量 1	变量 2
4	平均	19.925	20.14285714
5	方差	0.216428571	0.272857143
6	观测值	8	7
7	合并方差	0.242472527	
8	假设平均差	0	
9	df	13	
10	t Stat	-0.854848035	
11	P(T<=t) 单尾	0.204056849	
12	t 单尾临界	1.770931704	
13	P(T<=t) 双尾	0.408113698	
14	t 双尾临界	2.16036824	

图 5.13 例 5.10 中 Excel 输出的检验结果

可以看到,上述输出结果中的样本均值、样本方差、合并估计量、检验统计量的值与在前面计算得到的结果基本一致(仅存在四舍五入的差别),由于例题中提出的是双侧检验,所以只需要将检验统计量的值与输出结果中的"t 双尾临界"值进行比较,或是将"$P(T<=t)$ 双尾"值 0.408113698 与 $\alpha=0.05$ 进行比较,就可以得到完全相同的决策结果。

【例 5.11】 以例 5.10 为背景,假定两台机床加工的零件直径(单位:cm)分别服从正态分布 $N(\mu_1, \sigma_1^2)$, $N(\mu_2, \sigma_2^2)$,并且有 $\sigma_1^2 \neq \sigma_2^2$。在 $\alpha=0.05$ 的显著性水平下,利用 Excel 检

验:样本数据是否提供证据支持"两台机床加工的零件直径不一致"的看法?

解:根据给定的条件,应采用公式(5.11)给出的统计量。在采用 Excel 进行检验时,与例 5.10 给出的步骤一样,只需要将第 3 步中的"t-检验:双样本等方差假设"改选成"t-检验:双样本异方差假设"即可。由 Excel 输出的检验结果如图 5.14 所示。

	A	B	C
1	t-检验:双样本异方差假设		
2			
3		变量 1	变量 2
4	平均	19.925	20.14285714
5	方差	0.216428571	0.272857143
6	观测值	8	7
7	假设平均差	0	
8	df	12	
9	t Stat	-0.847794808	
10	P(T<=t) 单尾	0.206571505	
11	t 单尾临界	1.782286745	
12	P(T<=t) 双尾	0.413143011	
13	t 双尾临界	2.178812792	

图 5.14 例 5.11 中 Excel 输出的检验结果

由于"$P(T<=t)$ 双尾"值 = 0.413 143 011 > α = 0.05,所以不拒绝原假设,没有理由认为甲、乙两台机床加工的零件直径不一致。

2. 两个总体均值之差的检验:匹配样本

独立样本提供的数据值可能因为样本个体在其他因素方面的"不同质"而对它们所提供的有关总体均值的信息产生干扰,为有效地排除样本个体之间这些"额外"差异带来的误差,可以考虑选用匹配样本。为便于介绍匹配样本时两个总体均值之差的假设检验,下面首先定义几个新的符号。

d_i:第 i 个配对样本数据的差值,$i=1,\cdots,n$;

$\bar{d}$:配对样本数据差值的平均值,即 $\bar{d} = \dfrac{\sum_{i=1}^{n} d_i}{n}$;

s_d^2:配对样本数据差值的方差,即 $s_d^2 = \dfrac{\sum_{i=1}^{n}(d_i - \bar{d})^2}{n-1}$。

在检验时,需要假定两个总体配对差值构成的总体服从正态分布[①],而且配对差值是由差值总体中随机抽取的。对于小样本情形,配对差值经标准化后服从自由度为($n-1$)的 t 分布[②]。因此选择的检验统计量为

$$t = \frac{\bar{d}-(\mu_1-\mu_2)}{s_d/\sqrt{n}} \tag{5.12}$$

匹配小样本情形下两个总体均值之差的检验方法如表 5.10 所示。

---

① 当差值总体为非正态分布时,不宜采用小样本配对数据 t 检验方法,这时可考虑用非参数检验中的符号等级检验。有兴趣的读者可参考非参数统计方面的书籍。

② 对于大样本情形,该统计量服从标准正态分布,此时可按正态分布进行检验。

表 5.10 匹配小样本情形下两个总体均值之差的检验方法

	双侧检验	左侧检验	右侧检验
假设形式	$H_0:\mu_1-\mu_2=0$ $H_1:\mu_1-\mu_2\neq 0$	$H_0:\mu_1-\mu_2\geq 0$ $H_1:\mu_1-\mu_2<0$	$H_0:\mu_1-\mu_2\leq 0$ $H_1:\mu_1-\mu_2>0$
检验统计量	$t=\dfrac{\bar{d}}{s_d/\sqrt{n}}$ 自由度:$n-1$		
α 与拒绝域	$\|t\|>t_{\alpha/2}(n-1)$	$t<-t_\alpha(n-1)$	$t>t_\alpha(n-1)$
P 值决策准则	$P<\alpha$,拒绝 H_0		

【例 5.12】 某饮料公司开发研制出一新产品,为比较消费者对新老产品口感的满意程度,该公司随机抽选一组消费者(8 人),每个消费者先品尝一种饮料,然后再品尝另一种饮料,两种饮料的品尝顺序是随机的,然后每个消费者要对两种饮料分别进行评分(0～10 分),评分结果如表 5.11 所示。

表 5.11 两种饮料评分结果的样本数据

消费者编号		1	2	3	4	5	6	7	8
评价等级	旧款饮料	5	4	7	3	5	8	5	6
	新款饮料	6	6	7	4	3	9	7	6

取显著性水平 $\alpha=0.05$,该公司是否有证据认为消费者对两种饮料的评分存在显著差异?

解: 设 μ_1 = 消费者对旧款饮料的平均评分, μ_2 = 消费者对新款饮料的平均评分。

依题意建立的原假设与备择假设为

$$H_0:\mu_1-\mu_2=0, H_1:\mu_1-\mu_2\neq 0$$

利用 Excel 中的"t-检验:成对双样本均值分析"给出的检验结果如图 5.15 所示。

	A	B	C
1	t-检验: 成对双样本均值分析		
2			
3		变量 1	变量 2
4	平均	5.375	6
5	方差	2.553571429	3.428571429
6	观测值	8	8
7	泊松相关系数	0.724206824	
8	假设平均差	0	
9	df	7	
10	t Stat	-1.357241785	
11	P(T<=t) 单尾	0.108418773	
12	t 单尾临界	1.894577508	
13	P(T<=t) 双尾	0.216837546	
14	t 双尾临界	2.36462256	

图 5.15 Excel 输出的检验结果

由于"$P(T<=t)$ 双尾"值 $=0.216837546>\alpha=0.05$,所以不拒绝原假设,也就是说没有足够的证据支持"消费者对新老饮料的评分"有显著差异。

5.3.2 两个总体比率之差的检验

两个总体比率之差($\pi_1-\pi_2$)的检验思路与一个总体比率的检验类似,只是由于涉及两个总体,在形式上相对复杂一些。

当$n_1 p_1, n_1(1-p_1), n_2 p_2, n_2(1-p_2)$都大于或等于5时,就可以认为是大样本。根据两个样本比率之差的抽样分布,可以得到两个总体比率之差的检验统计量:

$$z=\frac{(p_1-p_2)-(\pi_1-\pi_2)}{\sigma_{p_1-p_2}} \tag{5.13}$$

式中,$\sigma_{p_1-p_2}=\sqrt{\dfrac{\pi_1(1-\pi_1)}{n_1}+\dfrac{\pi_2(1-\pi_2)}{n_2}}$,即两个样本比率之差抽样分布的标准差。

由于两个总体的比率π_1和π_2是未知的,需要利用两个样本比率p_1,p_2来估计$\sigma_{p_1-p_2}$。当检验$H_0:\pi_1-\pi_2=0$或$H_0:\pi_1=\pi_2$时,$\pi_1=\pi_2=\pi$的最佳估计量是将两个样本合并后得到的合并比率p。如果设x_1表示样本1中具有某种属性的单位数,x_2表示样本2中具有某种属性的单位数,则合并后的比率为

$$p=\frac{x_1+x_2}{n_1+n_2}=\frac{p_1 n_1+p_2 n_2}{n_1+n_2} \tag{5.14}$$

这时两个样本比率之差(p_1-p_2)抽样分布的标准差$\sigma_{p_1-p_2}$的最佳估计量为

$$\begin{aligned}\sigma_{p_1-p_2}&=\sqrt{\frac{\pi_1(1-\pi_1)}{n_1}+\frac{\pi_2(1-\pi_2)}{n_2}}\\ &=\sqrt{\frac{p(1-p)}{n_1}+\frac{p(1-p)}{n_2}}=\sqrt{p(1-p)\left(\frac{1}{n_1}+\frac{1}{n_2}\right)}\end{aligned} \tag{5.15}$$

将公式(5.15)代入公式(5.13)中得到两个总体比率之差的检验统计量为

$$z=\frac{p_1-p_2}{\sqrt{p(1-p)\left(\dfrac{1}{n_1}+\dfrac{1}{n_2}\right)}} \tag{5.16}$$

【例5.13】 一所大学准备采取一项学生在宿舍上网收费的措施,为了解男女学生对这一措施的看法是否存在差异,分别抽取了200名男生和200名女生进行调查,其中的一个问题是:"你是否赞成采取上网收费的措施?"其中男生表示赞成的比率为27%,女生表示赞成的比率为35%。调查者认为,男生中表示赞成的比率显著低于女生。取显著性水平$\alpha=0.05$,样本提供的证据是否支持调查者的看法?

解: 设π_1=男学生中表示赞成的比率,π_2=女学生中表示赞成的比率。依题意提出的原假设与备择假设应为

$$H_0:\pi_1-\pi_2\geq 0, H_1:\pi_1-\pi_2<0$$

两个样本的比率分别为

$$p_1=27\%, p_2=35\%$$

由于这里是要检验"男生中表示赞成的比率显著低于女生"(不是检验二者的差值是多少),所以选择公式(5.16)作为检验统计量。首先计算两个样本的合并比率p:

$$p = \frac{n_1 p_1 + n_2 p_2}{n_1 + n_2} = \frac{200 \times 0.27 + 200 \times 0.35}{200 + 200} = 0.31$$

计算的检验统计量为

$$z = \frac{p_1 - p_2}{\sqrt{p(1-p)\left(\frac{1}{n_1} + \frac{1}{n_2}\right)}} = \frac{0.27 - 0.35}{\sqrt{0.31 \times (1-0.31) \times \left(\frac{1}{200} + \frac{1}{200}\right)}} = -1.72976$$

由于 $z = -1.72976 < -z_{0.05} = -1.65$，所以拒绝原假设，样本提供的证据是支持调查者的看法。由 Excel 计算的 P 值为 $0.041837 < 0.05$，同样拒绝原假设。

本章小结

本章介绍了有关统计假设检验的若干基本问题以及几种主要的假设检验方法。假设检验的基本问题包括假设的提出（原假设与备择假设）、假设检验的三种基本形式、检验统计量与拒绝域、两类错误与显著性水平、P 值。本章将研究者想要寻找证据支持的假设定义为"备择假设"，将其对立面定义为"原假设"；检验统计量的选择和显著性水平的事先指定共同决定了任何一个特定假设检验问题的拒绝域，通过观察检验统计量的值是否落入拒绝域来判断是否应该拒绝原假设；两类错误是在拒绝原假设与没有拒绝原假设时分别可能犯的错误，即包括"第Ⅰ类错误"和"第Ⅱ类错误"；P 值是除拒绝域以外的用于确定是否拒绝原假设的另一重要工具，它还测度了实际观测数据与原假设之间不一致的程度。

考虑到总体个数的不同，假设检验可以分为一个总体参数的假设检验和两个总体参数的假设检验；考虑到检验参数的不同，一个总体参数的假设检验分为均值、比率等假设检验，两个总体参数的假设检验分为均值之差、比率之差等假设检验。

进行一个总体均值的假设检验时，大致需要考虑两种情况：一是大样本，此时无需正态总体的假定前提，检验统计量在总体方差已知或未知的情况下都近似服从标准正态分布；二是小样本，在总体方差未知时需要假定总体服从正态分布，检验统计量服从 t 分布。对于一个总体比率的假设检验，通常是在大样本条件下进行的，以检验统计量近似服从标准正态分布为理论基础。

进行两个总体均值之差的假设检验时，需要考虑两类情况：一是独立样本，在大样本条件下依据正态分布建立拒绝域，在小样本条件下则依据 t 分布建立拒绝域（方差未知时还需要假定两个总体服从正态分布）；二是匹配样本，同样，在大样本条件下依据检验统计量近似服从正态分布来建立拒绝域，在小样本条件下则以 t 分布为基础（方差未知时还需要假定两个总体的差值服从正态分布）。两个总体比率之差的假设检验，通常也是在大样本条件下进行的，检验统计量近似服从正态分布是建立拒绝域的理论基础。

思考与练习

思考题

1. 解释原假设与备择假设的含义,并归纳常见的几种建立原假设与备择假设的原则。
2. 第Ⅰ类错误和第Ⅱ类错误分别是指什么?它们发生的概率大小之间存在怎样的关系?
3. 什么是显著性水平?它对于假设检验决策的意义是什么?
4. 什么是 P 值? P 值检验和统计量检验有什么不同?
5. 什么是统计上的显著性?
6. 比较单侧检验和双侧检验的区别。
7. 分别列出小样本情形下总体均值左侧检验、右侧检验及双侧检验的拒绝域。

练习题

1. 某乐器厂以往生产的乐器采用的是一种镍合金弦线,这种弦线的平均抗拉强度不超过 1 035 MPa,现产品开发小组研究了一种新型弦线,他们认为其抗拉强度得到了提高并想寻找证据予以支持。在对研究小组开发的产品进行检验时,应该采取以下哪种形式的假设?为什么?

$$H_0 : \mu \leq 1\ 035, H_1 : \mu > 1\ 035$$

$$H_0 : \mu \geq 1\ 035, H_1 : \mu < 1\ 035$$

$$H_0 : \mu = 1\ 035, H_1 : \mu \neq 1\ 035$$

2. 一条产品生产线用于生产玻璃纸,正常状态下要求玻璃纸的横向延伸率为 65,质量控制监督人员需要定期进行抽检,如果证实玻璃纸的横向延伸率不符合规格,该生产线就必须立即停产调整。监控人员应该怎样提出原假设和备择假设,从而达到判断该生产线是否运转正常的目的?

3. 一家大型超市连锁店上个月接到许多消费者投诉某种品牌炸土豆片中 60 g 一袋的那种土豆片的重量不符。店方猜想引起这些投诉的原因是运输过程中沉积在食品袋底部的土豆片碎屑,但为了使顾客们对花钱买到的土豆片感到物有所值,店方仍然决定对来自一家最大的供应商的下一批袋装炸土豆片的平均重量(g) μ 进行检验,假设陈述如下:

$$H_0 : \mu \geq 60, H_1 : \mu < 60$$

如果有证据可以拒绝原假设,店方就拒收这批炸土豆片并向供应商提出投诉。

(1) 与这一假设检验问题相关联的第Ⅰ类错误是什么?
(2) 与这一假设检验问题相关联的第Ⅱ类错误是什么?
(3) 你认为连锁店的顾客们会将哪类错误看得较为严重?而供应商会将哪类错误看得较为严重?

4. 某种纤维原有的平均强度不超过 6 g,现希望通过改进工艺来提高其平均强度。研究人员测得了 100 个关于新纤维的强度数据,发现其均值为 6.35。假定纤维强度的标准差仍保持为 1.19 不变,在 5% 的显著性水平下对该问题进行假设检验。

(1) 选择检验统计量并说明其抽样分布是什么样的。
(2) 检验的拒绝规则是什么?
(3) 计算检验统计量的值,你的结论是什么?

5. 一项调查显示,每天每个家庭看电视的平均时间为 7.25 个小时,假定该调查中包括了 200 个家庭,且样本标准差为平均每天 2.5 个小时。据报道,10 年前每天每个家庭看电视的平均时间是 6.70 个小时,取显著性水平 $\alpha = 0.01$,这个调查是否提供了证据支持你认为"如今每个家庭每天收看电视的平均时间增加了"?

6. 某生产线是按照两种操作平均装配时间之差为 5 分钟而设计的,两种装配操作的独立样本产生的资料详见表 5.12。

表 5.12 两种操作的独立样本

操作 A	操作 B
$n_1 = 100$	$n_2 = 50$
$\bar{x}_1 = 14.8$ 分钟	$\bar{x}_2 = 10.4$ 分钟
$s_1 = 0.8$ 分钟	$s_2 = 0.6$ 分钟

对 $\alpha = 0.02$,检验平均装配时间之差是否等于 5 分钟。

7. 某市场研究机构用一组被调查者样本来给某特定商品的潜在购买力打分。样本中每个人都分别在看过该产品新的电视广告之前与之后打分。潜在购买力的分值为 0~10 分,分值越高表示潜在购买力越高。原假设为"看后"平均得分小于或等于"看前"平均得分,拒绝该假设就表明广告提高了平均潜在购买力得分。对 $\alpha = 0.05$ 的显著性水平,用表 5.13 中的数据检验该假设,并对该广告给予评价。

表 5.13 "看后"与"看前"的购买力得分

个体	购买力得分		个体	购买力得分	
	看后	看前		看后	看前
1	6	5	5	3	5
2	6	4	6	9	8
3	7	7	7	7	5
4	4	3	8	6	6

8. 在旅游业中,特定目的地的旅游文化由旅游手册提供,这种小册子由旅游管理当局向有需要的旅游者免费提供。有人曾进行过一项研究,内容是调查信息的追求者(即需要旅游手册者)与非追求者之间在种种旅游消费方面的差别。两个独立随机样本分别由 288 名信息追求者和 367 名非信息追求者组成。对样本成员就他们最近一次离家两天或两天以上的愉快旅行或度假提出若干问题。问题之一是:"你这次度假是积极的(即主要包括一些富有挑战性的事件或教育活动),还是消极的(即主要是休息和放松)?"每个样本中消极度假的人数列于表 5.14 中。试问:这些数据是否提供了充分证据,说明信息追求者消极度假的可能性比非信息追求者小?显著性水平 $\alpha = 0.10$。

表 5.14 信息追求者与非信息追求者的消极度假人数

	信息追求者	非信息追求者
被调查人数	288	367
消极度假人数	197	301

9. 为比较新旧两种肥料对产量的影响,以便决定是否采用新肥料。研究者选择了面积、土壤等条件相同的 40 块田地,分别施用新旧两种肥料,得到的产量数据如表 5.15 所示。

表 5.15　施用新旧两种肥料的产量

旧肥料					新肥料				
109	101	97	98	100	105	109	110	118	109
98	98	94	99	104	113	111	111	99	112
103	88	108	102	106	106	117	99	107	119
97	105	102	104	101	110	111	103	110	119

取显著性水平 $\alpha=0.05$，用 Excel 检验新肥料获得的平均产量是否显著地高于旧肥料？假定条件如下：

（1）两种肥料产量的方差未知但相等，即 $\sigma_1^2=\sigma_2^2$。

（2）两种肥料产量的方差未知且不相等，即 $\sigma_1^2 \neq \sigma_2^2$。

案例分析

新饲料养牛计划的有效性检验

一家饲料开发公司研究出一种新饲料，据称该饲料能有效增加牛的体重，同时还能有助于牲畜抵抗某些疾病。饲料开发公司在一家养牛厂的协作下，对新饲料的功效进行了检测。这家养牛厂的主人从 2 月 1 日到 5 月 20 日（含首尾两日）使用该新饲料喂养一群牛。该群牛的有关数据详见表 5.16。

表 5.16　使用新饲料喂养的牛群的数据

初始体重(kg)	期末体重(kg)	是否染病
77	114	是
64	103	是
89	149	是
71	93	否
68	101	是
76	115	是
89	145	是
90	119	否
93	153	是
62	89	否
85	133	是
91	142	是
74	124	是

续表

初始体重(kg)	期末体重(kg)	是否染病
90	142	是
93	152	否
72	135	是
80	151	是
83	127	否
78	102	否
92	149	是
65	127	是
74	123	是
76	132	是
73	132	是
67	122	是
70	126	是
78	147	是
62	死亡	是

饲料开发公司还得到了这家养牛厂上一年 1 月 15 日到 5 月 5 日(含首尾两日)一群牛的喂养数据。这群牛使用的是该饲料公司生产的标准饲料。这批记录的摘要如下：

1. 初期平均体重 = 178 kg；标准差 = 25 kg。(样本量 $n=43$)
2. 期末平均体重 = 251 kg；标准差 = 61 kg。(样本量 $n=41$)
3. 平均每天体重增加 0.91 kg；标准差 0.20 kg。(样本量 $n=41$)
4. 病牛头数(含两头已死亡的) = 12 头。

讨论题

1. 检验食用新饲料和标准饲料的两个牛群的初期体重均值有没有显著差别。
2. 检验两个牛群的日平均增重是否相同。
3. 检验两个牛群的患病率是否相同。
4. 讨论检验中所使用的显著性水平对检验结果的影响。
5. 给出检验的 P 值，并指出它的实际意义。

即测即评

第6章 方差分析

不同商圈的报纸发行量是否有差异?

每种报纸都有自己的读者群。《华夏时报》自称是中国第一份商圈社区报,是精准覆盖北京636座写字楼(公寓)7万个实名精英读者的精神咖啡。某日的《华夏时报》公布了该报最新的发行量数据,并声明为"最新发行数据诚信公告"。表6.1是该报所划定的其中6个商圈部分发行点位的发行量数据(单位:份)。

表6.1　6个商圈的报纸发行量

国贸—京广	建国门—王府井	燕莎	西单—金融街	中关村	亚奥
990	59	291	218	10	67
20	10	126	42	196	60
44	50	250	89	8	52
265	39	118	289	18	11
125	22	103	40	182	54
78	53	20	171	92	43
30	47	77	35	57	48
8	144	217	171	160	168
10	151	151	109	144	18
134	181	90	51	150	51
20	78	3	64	39	548
18	11	139	13	30	26
10	23	18	62	12	16
15	93	30	92	53	40

如果用假设检验的办法比较6个商圈的报纸发行量是否有显著差异,则需要进行 $C_6^2=15$ 次两两比较。这样做不仅烦琐,而且使得检验所犯的累计错误增大,而用本章介绍的非参数方法则很容易解决这样的问题。

方差分析是在 20 世纪 20 年代发展起来的一种统计方法，它被广泛应用于分析心理学、生物学、工程和医药的试验数据。从形式上看，方差分析是比较多个总体的均值是否相同，但在本质上，它所研究的是变量之间的关系，这与后几章将要介绍的回归分析方法有许多相同之处，但又有本质区别。在研究一个（或多个）分类型自变量与一个数值型因变量之间的关系时，方差分析就是其中的主要方法之一。本章将要介绍的内容包括单因素方差分析和双因素方差分析。

6.1 方差分析引论

统计学家
Ronald A. Fisher

与第 5 章介绍的假设检验方法相比，方差分析不仅可以提高检验的效率，同时由于它是将所有的样本信息结合在一起，也增加了分析的可靠性。比如，设 4 个总体的均值分别为 $\mu_1, \mu_2, \mu_3, \mu_4$，如果用一般假设检验方法，如 t 检验，一次只能研究两个样本，要检验 4 个总体的均值是否相等，需要作 6 次检验。检验 1：$H_0: \mu_1 = \mu_2$；检验 2：$H_0: \mu_1 = \mu_3$；检验 3：$H_0: \mu_1 = \mu_4$；检验 4：$H_0: \mu_2 = \mu_3$；检验 5：$H_0: \mu_2 = \mu_4$；检验 6：$H_0: \mu_3 = \mu_4$。很显然，作这样的两两比较十分烦琐。而且，每次检验两个的做法共需要进行 6 次不同的检验，如果 $\alpha = 0.05$，每次检验犯第 I 类错误的概率都是 0.05，作多次检验会使犯第 I 类错误的概率相应地增加。检验完成时，犯第 I 类错误的概率会大于 0.05，而置信度则会降低到 $0.95^6 = 0.735$。

一般来说，随着增加个体显著性检验的次数，偶然因素导致差别的可能性也会增加（并非均值真的存在差别）。而方差分析方法则是同时考虑所有的样本，因此排除了错误累积的概率，从而避免拒绝一个真实的原假设。

6.1.1 方差分析及其有关术语

方差分析（analysis of variance, ANOVA）是检验多个总体均值是否相等的统计方法。它通过检验各总体的均值是否相等来判断分类型自变量对数值型因变量是否有显著影响。表面上看，方差分析是检验多个总体的均值是否相同，但本质上它所研究的是分类型自变量对数值型因变量的影响。比如，它们之间有没有关系，关系的强度如何等。

为了更好地理解方差分析的含义，下面先通过一个例子来说明方差分析的有关概念以及方差分析所要解决的问题。

【例 6.1】 消费者与产品生产者、销售者或服务的提供者之间经常发生纠纷。当发生纠纷后，消费者常常会向消费者协会投诉。为了对几个行业的服务质量进行评价，消费者协会在零售业、旅游业、航空公司、家电制造业分别抽取了不同的企业作为样本。其中零售业抽取 7 家，旅游业抽取 6 家，航空公司抽取 5 家，家电制造业抽取 5 家。每个行业中所抽取的这些企业，在服务对象、服务内容、企业规模等方面基本相同。然后统计出最近一年中消费者对总共 23 家企业投诉的次数，如图 6.1 所示。

一般而言，受到投诉的次数越多，说明服务的质量也就越差。消费者协会想知道这几个行业之间的服务质量是否有显著差异。

要分析四个行业之间的服务质量是否有显著差异，实际上也就是要判断"行业"对

	A	B	C	D	E
1	观测值	行业			
2		零售业	旅游业	航空公司	家电制造业
3	1	57	68	31	44
4	2	66	39	49	51
5	3	49	29	21	65
6	4	40	45	34	77
7	5	34	56	40	58
8	6	53	51		
9	7	44			

图 6.1　消费者对四个行业的投诉次数

"投诉次数"是否有显著影响,作出这种判断最终归结为检验这四个行业被投诉次数的均值是否相等。如果它们的均值相等,就意味着"行业"对"投诉次数"是没有影响的,也就是它们之间的服务质量没有显著差异;如果均值不全相等,则意味着"行业"对"投诉次数"是有影响的,它们之间的服务质量应该有显著差异。

在方差分析中,所要检验的对象称为因素或因子(factor)。因素的不同表现称为水平(level)或处理(treatment)。每个因子水平下得到的样本数据称为观测值。

比如,在上面的例子中,我们要分析行业对投诉次数是否有影响。这里的"行业"是所要检验的对象,把它称为"因素"或"因子";零售业、旅游业、航空公司、家电制造业是"行业"这一因素的具体表现,称之为"水平"或"处理";在每个行业下得到的样本数据(被投诉次数)称为观测值。由于这里只涉及"行业"一个因素,因此称为单因素四水平的试验。因素的每一个水平可以看成一个总体,比如,零售业、旅游业、航空公司、家电制造业可以看成四个总体,上面的数据可以看成从这四个总体中抽取的样本数据。

在只有一个因素的方差分析(称为单因素方差分析)中,涉及两个变量:一个是分类型自变量,一个是数值型因变量。当研究分类型自变量对数值型因变量的影响时,所用的方法就是方差分析。比如,在上面的例子中,我们要研究"行业"对"投诉次数"是否有影响,这里的"行业"就是自变量,它是一个分类变量,零售业、旅游业、航空公司、家电制造业就是"行业"这个自变量的具体取值,这里称为"行业"这个因素的水平或处理。"投诉次数"是因变量,它是一个数值型变量,不同的投诉次数就是因变量的取值。

6.1.2　方差分析的基本思想和原理

我们怎样判断行业对投诉次数是否有显著影响呢?或者说,行业与投诉次数之间是否有显著的关系呢?为检验不同行业的被投诉次数之间是否有显著差异,需要考察数据误差的来源。下面结合图6.1中的数据说明数据之间存在的差异。

首先,在同一行业(同一个总体)下,样本的各观测值是不同的。比如,在零售业中,所抽取的7家企业之间被投诉的次数是不同的。由于企业是随机抽取的,因此它们之间的差异可以看成是随机因素的影响造成的,或者说是由于抽样的随机性所造成的,称为随机误差。

其次,在不同行业(不同总体)下,各观测值也是不同的。这种差异可能是由于抽样的随机性所造成的,也可能是由于行业本身所造成的,后者所形成的误差是由系统性因素造成的,称为系统误差。

数据的误差是用平方和(sum of squares)来表示的。衡量因素的同一水平(同一个总体)下各样本数据的误差,称为组内(within groups)误差。比如,零售业中所抽取的7家企业被投诉次数之间的误差。衡量因素的不同水平(不同总体)下各样本之间的误差,称为组间(between groups)误差。比如,零售业、旅游业、航空公司、家电制造业之间被投诉次数之间的误差。

显然,组内误差只包含随机误差,而组间误差既包括随机误差,也包括系统误差。如果不同行业对投诉次数没有影响,那么在组间误差中只包含随机误差,而没有系统误差。这时,组间误差与组内误差经过平均后的数值就应该很接近,它们的比值就会接近1;反之,如果不同行业对投诉次数有影响,在组间误差中除了包含随机误差外,还会包含系统误差,这时组间误差平均后的数值就会大于组内误差平均后的数值,它们之间的比值就会大于1。当这个比值大到某种程度时,就可以说因素的不同水平之间存在着显著差异,也就是自变量对因变量有影响。因此,判断行业对投诉次数是否有显著影响这一问题,实际上也就是检验被投诉次数的差异主要是由于什么原因所引起的。如果这种差异主要是系统误差,就说不同行业对投诉次数有显著影响。在方差分析的假定前提下(见6.1.3节),这一问题实际上也就是检验四个行业被投诉次数的均值是否相等的问题。

6.1.3 方差分析中的基本假定

方差分析中有三个基本的假定:

(1) 每个总体都应服从正态分布。也就是说,对于因素的每一个水平,其观测值是来自正态分布总体的简单随机样本。比如,在例6.1中,每个行业被投诉次数必须服从正态分布。

(2) 各个总体的方差 σ^2 必须相同。也就是说,对于各组观察数据,是从具有相同方差的正态总体中抽取的。比如,在例6.1中,四个行业被投诉次数的方差都相同。

(3) 观测值是独立的。比如,在例6.1中,每个被抽中的企业被投诉的次数都与其他企业被投诉的次数独立。

在上述假定成立的前提下,要分析自变量对因变量是否有影响,实际上也就是要检验自变量的各个水平(总体)的均值是否相等。比如,判断行业对投诉次数是否有显著影响,实际上也就是检验具有同方差的四个正态总体的均值(被投诉次数的均值)是否相等。

尽管不知道四个总体的均值,但可以用样本数据来检验它们是否相等。如果四个总体的均值相等,可以期望四个样本的均值也会很接近。事实上,四个样本的均值越接近,推断四个总体均值相等的证据也就越充分;反之,样本均值越不等,推断总体均值不等的证据就越充分。换句话说,样本均值变动越小,越支持 $H_0: \mu_1 = \mu_2 = \mu_3 = \mu_4$(四个行业被投诉次数的均值相等);样本均值变动越大,越支持 $H_1: \mu_1, \mu_2, \mu_3, \mu_4$ 不完全相等(四个行业被投诉次数的均值不完全相等)。如果原假设 H_0 为真,则意味着每个样本都来自均值为 μ、方差为 σ^2 的同一个正态总体。由样本均值的抽样分布可知,来自正态总体的一个简单随机样本的样本均值 $\bar{x}$ 服从均值为 μ、方差为 σ^2/n 的正态分布,如图6.2所示。

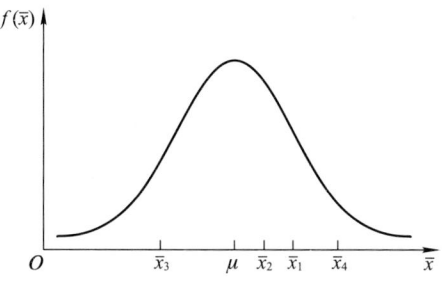

图 6.2　H_0 为真时 $\bar{x}$ 的抽样分布

如果 μ_1,μ_2,μ_3,μ_4 不完全相等,则意味着四个样本分别来自均值不等的四个正态总体,因此有四个不同的抽样分布,如图 6.3 所示。在这种情况下,各样本均值也不像 H_0 为真时那样接近了。

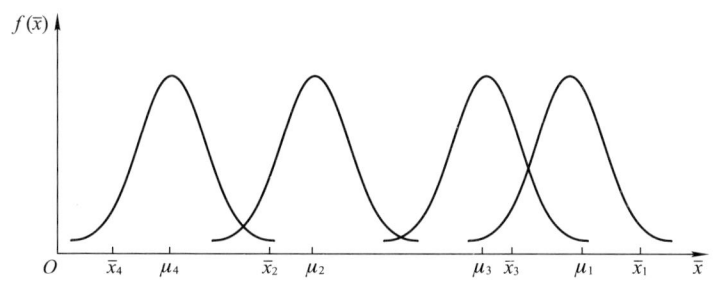

图 6.3　H_0 为假时 $\bar{x}$ 的抽样分布

6.1.4　问题的一般提法

设因素有 k 个水平,每个水平的均值分别用 $\mu_1,\mu_2,\cdots,\mu_k$ 表示,要检验 k 个水平(总体)的均值是否相等,需要提出如下假设:

$H_0:\mu_1=\mu_2=\cdots=\mu_k$　　自变量对因变量没有显著影响

$H_1:\mu_1,\mu_2,\cdots,\mu_k$ 不完全相等　　自变量对因变量有显著影响

比如,在例 6.1 中,我们设零售业被投诉次数的均值为 μ_1,旅游业被投诉次数的均值为 μ_2,航空公司被投诉次数的均值为 μ_3,家电制造业被投诉次数的均值为 μ_4。为检验行业对投诉次数是否有影响,需要提出如下假设:

$H_0:\mu_1=\mu_2=\mu_3=\mu_4$　　行业对投诉次数没有显著差异

$H_1:\mu_1,\mu_2,\mu_3,\mu_4$ 不完全相等　　行业对投诉次数有显著差异

6.2　单因素方差分析

当方差分析中只涉及一个分类型自变量时,称为单因素方差分析(one-way analysis of variance)。

比如,要检验不同行业被投诉次数的均值是否相等,这里只涉及"行业"一个因素,也就是单因素方差分析,它所研究的是一个分类型自变量对一个数值型因变量的影响。

6.2.1 数据结构

进行单因素方差分析时,需要得到的数据结构如图 6.4 所示。

观测值	因素(i)			
(j)	A_1	A_2	⋯	A_k
1	x_{11}	x_{21}	⋯	x_{k1}
2	x_{12}	x_{22}	⋯	x_{k2}
⋮	⋮	⋮	⋮	⋮
n	x_{1n}	x_{2n}	⋯	x_{kn}

图 6.4 单因素方差分析的数据结构

为叙述方便,在单因素方差分析中,用 A 表示因素,因素的 k 个水平(总体)分别用 $A_1, A_2, \cdots, A_k$ 表示,每个观测值用 $x_{ij}(i=1,2,\cdots,k; j=1,2,\cdots,n)$ 表示,即 x_{ij} 表示第 i 个水平(总体)的第 j 个观测值。比如,x_{21} 表示第 2 个水平的第 1 个观测值。其中,从不同水平中所抽取的样本容量可以相等,也可以不相等。

6.2.2 分析步骤

为检验自变量对因变量是否有显著影响,首先需要提出"两个变量在总体中没有关系"的一个原假设,然后构造一个用于检验的统计量来检验这一假设是否成立。具体来说,方差分析包括提出假设、构造检验的统计量、统计决策等步骤。

1. 提出假设

在方差分析中,原假设所描述的是:在按照自变量的值分成的类中,因变量的均值是否相等。因此,检验因素的 k 个水平(总体)均值是否相等,需要提出如下假设。

$H_0: \mu_1 = \mu_2 = \cdots = \mu_i = \cdots = \mu_k$ 自变量对因变量没有显著影响

$H_1: \mu_i (i=1,2,\cdots,k)$ 不完全相等   自变量对因变量有显著影响

式中,μ_i 为第 i 个总体的均值。

如果不拒绝原假设 H_0,则不能认为自变量对因变量有显著影响,也就是说,不能认为自变量与因变量之间有显著关系;如果拒绝原假设,则意味着自变量对因变量有显著影响,也就是自变量与因变量之间有显著关系。

需要注意的是,拒绝原假设 H_0 时,只是表明至少有两个总体的均值不相等,并不意味着所有的均值都不相等。

2. 构造检验的统计量

为检验 H_0 是否成立,需要确定检验的统计量。如何构造这一统计量呢?下面结合图 6.4 的数据结构说明其计算过程。

(1) 计算因素各水平(总体)的均值。假定从第 i 个总体中抽取一个容量为 n_i 的简单随机样本,令 $\bar{x}_i$ 为第 i 个总体的样本均值,则有

$$\bar{x}_i = \frac{\sum_{j=1}^{n_i} x_{ij}}{n_i} \quad (i=1,2,\cdots,k) \tag{6.1}$$

式中，n_i为第 i 个总体的样本观测值个数；x_{ij}为第 i 个总体的第 j 个观测值。比如，根据图 6.1 中的数据，计算零售业的样本均值为

$$\bar{x}_1=\frac{\sum_{j=1}^{5}x_{1j}}{n_1}=\frac{57+66+49+40+34+53+44}{7}=49$$

同样可以得到旅游业、航空公司、家电制造业的均值，结果如图 6.5 所示。

	A	B	C	D	E
1	观测值	行业			
2		零售业	旅游业	航空公司	家电制造业
3	1	57	68	31	44
4	2	66	39	49	51
5	3	49	29	21	65
6	4	40	45	34	77
7	5	34	56	40	58
8	6	53	51		
9	7	44			
10	样本均值	$\bar{x}_1=49$	$\bar{x}_2=48$	$\bar{x}_3=35$	$\bar{x}_4=59$
11	样本容量（n）	7	6	5	5
12	总均值	$\bar{\bar{x}}=\frac{57+66+\cdots+77+58}{23}=47.869565$			

图 6.5　消费者对四个行业的投诉次数及其均值

（2）计算全部观测值的总均值。它是全部观测值的总和除以观测值的总个数，令总均值为$\bar{\bar{x}}$，则有

$$\bar{\bar{x}}=\frac{\sum_{i=1}^{k}\sum_{j=1}^{n_i}x_{ij}}{n}=\frac{\sum_{i=1}^{k}n_i\bar{x}_i}{n} \tag{6.2}$$

式中，$n=n_1+n_2+\cdots+n_k$。根据图 6.1 中的数据，计算的总均值见图 6.5。

（3）计算误差平方和。为构造检验的统计量，在方差分析中，需要计算三个误差平方和，它们是总误差平方和、水平项误差平方和、误差项误差平方和。

① 总误差平方和（sum of squares for total），简记为 SST。它是全部观测值 x_{ij}与总平均值$\bar{\bar{x}}$的误差平方和，反映了全部观测值的离散状况。其计算公式为

$$SST=\sum_{i=1}^{k}\sum_{j=1}^{n_i}(x_{ij}-\bar{\bar{x}})^2 \tag{6.3}$$

比如，就图 6.5 的数据来说，已经计算出$\bar{\bar{x}}=47.869\ 565$。计算出的总误差平方和为：

$$SST=(57-47.869\ 565)^2+\cdots+(58-47.869\ 565)^2=4\ 164.608\ 696$$

它反映了全部 23 个观测值与这 23 个观测值平均数之间的差异。

② 水平项误差平方和（sum of squares for factor A），简记为 SSA。它是各组平均值 $\bar{x}_i(i=1,2,\cdots,k)$与总平均值$\bar{\bar{x}}$的误差平方和，反映了各总体的样本均值之间的差异程度，因此又称为组间平方和。其计算公式为

$$SSA=\sum_{i=1}^{k}\sum_{j=1}^{n_i}(\bar{x}_i-\bar{\bar{x}})^2=\sum_{i=1}^{k}n_i(\bar{x}_i-\bar{\bar{x}})^2 \tag{6.4}$$

比如，根据图 6.5 中的数据计算，得

$$SSA = \sum_{i=1}^{4} n_i (\bar{x}_i - \bar{\bar{x}})^2$$
$$= 7 \times (49 - 47.869\,565)^2 + 6 \times (48 - 47.869\,565)^2 + 5 \times (35 - 47.869\,565)^2 +$$
$$5 \times (59 - 47.869\,565)^2 = 1\,456.608\,696$$

③ 误差项误差平方和(sum of squares for error)，简记为 SSE。它是每个水平或组的各样本数据与其组平均值误差的平方和，反映了每个样本各观测值的离散状况，因此又称为组内平方和或残差平方和。前面已经提到，该平方和实际上反映的是随机误差的大小。其计算公式为

$$SSE = \sum_{i=1}^{k} \sum_{j=1}^{n_i} (x_{ij} - \bar{x}_i)^2 \tag{6.5}$$

在上面的例子中，先求出每个行业的被投诉次数与其平均数的误差平方和，然后将四个行业的误差平方和加总，即为 SSE。比如，计算出四个行业的误差平方和，即

零售业：
$$\sum_{j=1}^{7} (x_{1j} - \bar{x}_1)^2 = (57 - 49)^2 + (66 - 49)^2 + \cdots + (44 - 49)^2 = 700$$

旅游业：
$$\sum_{j=1}^{6} (x_{2j} - \bar{x}_2)^2 = (68 - 48)^2 + (39 - 48)^2 + \cdots + (51 - 48)^2 = 924$$

航空公司：
$$\sum_{j=1}^{5} (x_{3j} - \bar{x}_3)^2 = (31 - 35)^2 + (49 - 35)^2 + \cdots + (40 - 35)^2 = 434$$

家电制造业：
$$\sum_{j=1}^{5} (x_{4j} - \bar{x}_4)^2 = (44 - 59)^2 + (51 - 59)^2 + \cdots + (58 - 59)^2 = 650$$

然后将其加总可以得到：
$$SSE = 700 + 924 + 434 + 650 = 2\,708$$

上述三个平方和之间的关系为

$$\sum_{i=1}^{k} \sum_{j=1}^{n_i} (x_{ij} - \bar{\bar{x}})^2 = \sum_{i=1}^{k} n_i (\bar{x}_i - \bar{\bar{x}})^2 + \sum_{i=1}^{k} \sum_{j=1}^{n_i} (x_{ij} - \bar{x}_i)^2 \tag{6.6}$$

即

$$SST = SSA + SSE$$

从上面的计算结果也可以验证这一点：
$$4\,164.608\,696 = 1\,456.608\,696 + 2\,708$$

从上述三个误差平方和可以看出，SSA 是对随机误差和系统误差的大小的度量，它反映了自变量(行业)对因变量(投诉次数)的影响，也称为自变量效应或因子效应；SSE 是对随机误差大小的度量，它反映了除自变量对因变量的影响之外，其他因素对因变量的总影响，因此 SSE 也称为残差变量，它所引起的误差也称为残差效应；SST 是对全部数据总误差程度的度量，它反映了自变量和残差变量的共同影响，因此它等于自变量效应加上残差效应。

如果原假设成立，即 $H_0:\mu_1=\mu_2=\cdots=\mu_i=\cdots=\mu_k$ 为真，则表明没有系统误差，组间平方和 SSA 除以它自由度后的均方与组内平方和 SSE 除以它自由度后的均方差异就不会太大；如果组间均方显著地大于组内均方，说明各水平（总体）之间的差异显然不仅仅有随机误差，还有系统误差。用上面的例子来说，如果行业对投诉次数没有影响，那么四个行业被投诉次数的均值之间的差异与每个行业被投诉次数的内部差异就不会相差很大；反之，则意味着行业对投诉次数有影响。可见，判断因素的水平是否对其观测值有影响，实际上也就是比较组间方差与组内方差之间差异的大小。那么，它们之间的差异大到何种程度，才表明有系统误差存在呢？也就是说，要检验这种差异，就需要构造一个用于检验的统计量。

（4）计算统计量。各误差平方和的大小与观测值的多少有关，为了消除观测值多少对误差平方和大小的影响，需要将其平均，也就是用各平方和除以它们所对应的自由度，这一结果称为均方（mean square）。三个平方和所对应的自由度分别是：

SST 的自由度为 $(n-1)$，其中 n 为全部观测值的个数；

SSA 的自由度为 $(k-1)$，其中 k 为因素水平（总体）的个数；

SSE 的自由度为 $(n-k)$。

由于我们主要是比较组间均方和组内均方之间的差异，所以通常只计算 SSA 的均方和 SSE 的均方。SSA 的均方（组间均方）记为 MSA，其计算公式为

$$MSA=\frac{\text{组间平方和}}{\text{自由度}}=\frac{SSA}{k-1} \tag{6.7}$$

比如，根据上述例子计算的 MSA 为

$$MSA=\frac{SSA}{k-1}=\frac{1\,456.608\,696}{4-1}=485.536\,232$$

SSE 的均方（组内均方）记为 MSE，其计算公式为

$$MSE=\frac{\text{组内平方和}}{\text{自由度}}=\frac{SSE}{n-k} \tag{6.8}$$

比如，根据上述例子计算的 MSE 为

$$MSE=\frac{SSE}{n-k}=\frac{2\,708}{23-4}=142.526\,316$$

将上述的 MSA 和 MSE 进行对比，即得到所需要的检验统计量 F。当 H_0 为真时，二者的比值服从分子自由度为 $(k-1)$，分母自由度为 $(n-k)$ 的 F 分布，即

$$F=\frac{MSA}{MSE}\sim F(k-1,n-k) \tag{6.9}$$

比如，根据上述例子计算，得

$$F=\frac{MSA}{MSE}=\frac{485.536\,232}{142.526\,316}=3.406\,643$$

3. 统计决策

计算出检验的统计量后，将统计量的值 F 与给定的显著性水平 α 的临界值 F_α 进行比较，从而作出对原假设 H_0 的决策。图 6.6 描述了 F 统计量的抽样分布以及在显著性水平 α 下的拒绝域。

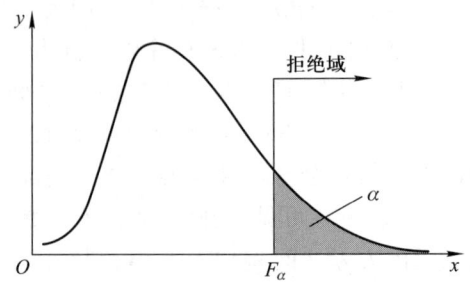

图 6.6 统计量 F 的抽样分布

根据给定的显著性水平 α，在 F 分布表中查找与分子自由度 $df_1 = k-1$，分母自由度 $df_2 = n-k$ 相应的临界值 $F_\alpha(k-1, n-k)$。

若 $F > F_\alpha$，则拒绝原假设 H_0，即 $\mu_1 = \mu_2 = \cdots = \mu_i = \cdots = \mu_k$ 不成立，表明 $\mu_i(i=1,2,\cdots,k)$ 之间的差异是显著的。也就是说，所检验的因素（行业）对观测值（投诉次数）有显著影响。

若 $F < F_\alpha$，则不拒绝原假设 H_0，没有证据表明 $\mu_i(i=1,2,\cdots,k)$ 之间有显著差异，也就是说，还不能认为所检验的因素（行业）对观测值（投诉次数）有显著影响。

比如，根据上面的计算结果，计算出的 $F = 3.406\,643$。假定取显著性水平 $\alpha = 0.05$，根据分子 $df_1 = k-1 = 4-1 = 3$ 和分母自由度 $df_2 = n-k = 23-4 = 19$，查 F 分布表得到临界值 $F_{0.05}(3,19) = 3.13$。由于 $F > F_\alpha$，拒绝原假设 H_0，即 $\mu_1 = \mu_2 = \mu_3 = \mu_4$ 不成立，表明 $\mu_1, \mu_2, \mu_3, \mu_4$ 之间有显著的差异。也就是说，可以认为行业对投诉次数有显著影响。

4. 方差分析表

前面详细介绍了方差分析的计算步骤和过程。为了使计算过程更加清晰，通常将上述过程的内容列在一张表内，这就是方差分析表（analysis of variance table）。其一般形式如图 6.7 所示。

误差来源	平方和 SS	自由度 df	均方 MS	F值	P值	F临界值
组间（因素影响）	SSA	k-1	MSA	MSA/MSE		
组内（误差）	SSE	n-k	MSE			
总和	SST	n-1				

图 6.7 方差分析表的一般形式

将上述例子的计算结果列成方差分析表，如图 6.8 所示。

方差分析						
差异源	SS	df	MS	F	P-value	F crit
组间	1456.608696	3	485.536232	3.406643	0.0387645	3.1273544
组内	2708	19	142.526316			
总计	4164.608696	22				

图 6.8 例 6.1 中图 6.1 数据的方差分析表

6.2.3 用 Excel 进行方差分析

从前面介绍的分析过程可以看到,进行方差分析需要大量的计算工作,用手工计算是十分烦琐的。幸运的是这些计算工作可以由计算机来完成,目前的统计软件中都有现成的方差分析程序。只要理解了方差分析的基本原理,就可以对计算机输出的结果进行合理的解释和分析。在这里,利用大多数人所熟悉的 Excel 软件,结合图 6.1 的数据,给出使用 Excel 进行方差分析的步骤和结果。

第 1 步:选择"数据"并选择"数据分析"选项。

第 2 步:在分析工具中选择"方差分析:单因素方差分析",然后点击"确定"。

第 3 步:当对话框出现时,在"输入区域"方框内键入数据单元格区域"B3:E9";在"α"方框内输入"0.05"(可根据需要确定);在"输出选项"中选择输出区域(这里选"新工作表组")。结果如图 6.9 所示。

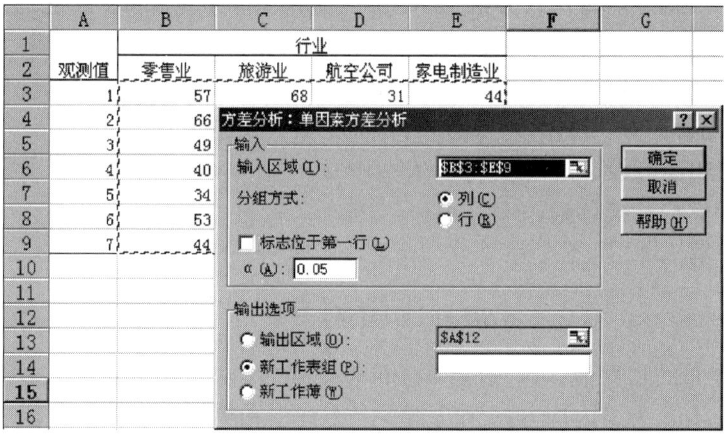

图 6.9 用 Excel 进行方差分析的步骤

点击"确定"后,得到的输出结果如图 6.10 所示。

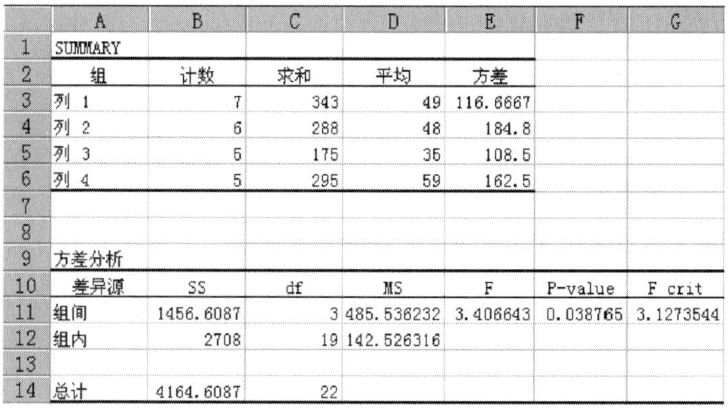

图 6.10 Excel 输出的方差分析结果

图 6.10 中的"方差分析"部分:SS 表示平方和;df 为自由度;MS 表示均方;F 为检验

的统计量;P-value 为用于检验的 P 值;F crit 为给定的 α 水平下的临界值。

从方差分析表中可以看到,由于 $F=3.406\,643>F_{0.05}(3,19)=3.127\,354\,4$,所以拒绝原假设 H_0,即 $\mu_1=\mu_2=\mu_3=\mu_4$ 不成立,表明 μ_1,μ_2,μ_3,μ_4 之间的差异是显著的。也就是说,有 95% 的把握可以认为行业对投诉次数的影响是显著的。

在进行决策时,也可以直接利用方差分析表中的 P 值与显著性水平 α 的值进行比较。若 $P>\alpha$,则不能拒绝原假设 H_0;若 $P<\alpha$,则拒绝原假设 H_0。在本例中,$P=0.038\,765<\alpha=0.05$,所以拒绝原假设 H_0,即行业对投诉次数的影响是显著的。

6.2.4 方差分析中的多重比较

通过上面的分析得出的结论是不同行业被投诉次数的均值是不完全相等的。但究竟哪些均值之间不相等呢?这种差异到底出现在哪些行业之间呢?也就是说,μ_1 与 μ_2、μ_1 与 μ_3、μ_1 与 μ_4、μ_2 与 μ_3、μ_2 与 μ_4、μ_3 与 μ_4 之间究竟是哪一些均值不同呢?这就需要进一步分析,所使用的方法就是多重比较方法(multiple comparison procedures),它通过对总体均值之间的配对比较来进一步检验到底哪些均值之间存在差异。

多重比较方法有多种,这里介绍由费希尔提出的最小显著差异方法(least significant difference),简记为 LSD。使用该方法进行检验的具体步骤为:

第 1 步,提出原假设,即 $H_0:\mu_i=\mu_j$,$H_1:\mu_i\neq\mu_j$。

第 2 步,计算检验统计量 $\bar{x}_i-\bar{x}_j$。

第 3 步,计算 LSD,其公式为

$$LSD=t_{\alpha/2}\sqrt{MSE\left(\frac{1}{n_i}+\frac{1}{n_j}\right)} \tag{6.10}$$

式中,$t_{\alpha/2}$ 为 t 分布的临界值,可通过查 t 分布表得到,其自由度为 $(n-k)$,这里的 k 是因素中水平的个数;MSE 为组内均方;n_i 和 n_j 是第 i 个样本和第 j 个样本的容量。

第 4 步,根据显著性水平 α 作出决策:如果 $|\bar{x}_i-\bar{x}_j|>LSD$,则拒绝原假设 H_0;如果 $|\bar{x}_i-\bar{x}_j|<LSD$,则不能拒绝原假设 H_0。

【例 6.2】 根据图 6.10 中的输出结果,对四个行业的均值作多重比较($\alpha=0.05$)。

解:第 1 步,提出假设,即

检验 1:$H_0:\mu_1=\mu_2$,$H_1:\mu_1\neq\mu_2$

检验 2:$H_0:\mu_1=\mu_3$,$H_1:\mu_1\neq\mu_3$

检验 3:$H_0:\mu_1=\mu_4$,$H_1:\mu_1\neq\mu_4$

检验 4:$H_0:\mu_2=\mu_3$,$H_1:\mu_2\neq\mu_3$

检验 5:$H_0:\mu_2=\mu_4$,$H_1:\mu_2\neq\mu_4$

检验 6:$H_0:\mu_3=\mu_4$,$H_1:\mu_3\neq\mu_4$

第 2 步,计算检验统计量。

$|\bar{x}_1-\bar{x}_2|=|49-48|=1$

$|\bar{x}_1-\bar{x}_3|=|49-35|=14$

$|\bar{x}_1-\bar{x}_4|=|49-59|=10$

$|\bar{x}_2-\bar{x}_3|=|48-35|=13$

$|\bar{x}_2 - \bar{x}_4| = |48 - 59| = 11$

$|\bar{x}_3 - \bar{x}_4| = |35 - 59| = 24$

第3步，计算 LSD。根据图6.10的结果，$MSE = 142.526\,316$。由于四个行业的样本量不同，需要分别计算 LSD。根据自由度 $= n - k = 23 - 4 = 19$，查 t 分布表得 $t_{\alpha/2} = t_{0.025} = 2.093$。对于各检验的 LSD 为

检验1：$LSD_1 = 2.093 \times \sqrt{142.526\,316 \times \left(\dfrac{1}{7} + \dfrac{1}{6}\right)} = 13.90$

检验2：$LSD_2 = 2.093 \times \sqrt{142.526\,316 \times \left(\dfrac{1}{7} + \dfrac{1}{5}\right)} = 10.23$

检验3：$LSD_3 = LSD_2 = 10.23$

检验4：$LSD_4 = 2.093 \times \sqrt{142.526\,316 \times \left(\dfrac{1}{6} + \dfrac{1}{5}\right)} = 15.13$

检验5：$LSD_5 = LSD_4 = 15.13$

检验6：$LSD_6 = 2.093 \times \sqrt{142.526\,316 \times \left(\dfrac{1}{5} + \dfrac{1}{5}\right)} = 15.80$

第4步，作出决策。

$|\bar{x}_1 - \bar{x}_2| = 1 < 13.90$ 不拒绝 H_0，不能认为零售业与旅游业的投诉次数之间有显著差异；

$|\bar{x}_1 - \bar{x}_3| = 14 > 10.23$ 拒绝 H_0，零售业与航空公司的投诉次数之间有显著差异；

$|\bar{x}_1 - \bar{x}_4| = 10 < 10.23$ 不拒绝 H_0，不能认为零售业与家电制造业的投诉次数之间有显著差异；

$|\bar{x}_2 - \bar{x}_3| = 13 < 15.13$ 不拒绝 H_0，不能认为旅游业与航空公司的投诉次数之间有显著差异；

$|\bar{x}_2 - \bar{x}_4| = 11 < 15.13$ 不拒绝 H_0，不能认为旅游业与家电制造业的投诉次数之间有显著差异；

$|\bar{x}_3 - \bar{x}_4| = 24 > 15.80$ 拒绝 H_0，航空公司与家电制造业的投诉次数之间有显著差异。

6.3 双因素方差分析

6.3.1 双因素方差分析及其类型

单因素方差分析只是考虑一个分类型自变量对数值型因变量的影响。在对实际问题的研究中，有时需要考虑几个因素对试验结果的影响。比如，分析影响彩电销售量的因素时，需要考虑品牌、销售地区、价格、质量等多个因素的影响。当方差分析中涉及两个分类型自变量时，称为双因素方差分析（two-way analysis of variance）。

【例6.3】 有四个品牌的彩电在五个地区销售，为分析彩电的品牌（"品牌"因素）和销售地区（"地区"因素）对销量是否有影响，取得每个品牌在各地区的销售量的数据如图6.11所示。试分析品牌和销售地区对彩电的销售量是否有显著影响。（$\alpha = 0.05$）

	A	B	C	D	E	F	G
1			地区因素				
2			地区1	地区2	地区3	地区4	地区5
3	品牌因素	品牌1	365	350	343	340	323
4		品牌2	345	368	363	330	333
5		品牌3	358	323	353	343	308
6		品牌4	288	280	298	260	298

图 6.11　不同品牌的彩电在各地区的销售量数据

在例 6.3 中,品牌和地区是两个分类型自变量,销售量是一个数值型因变量。同时分析品牌和销售地区对销售量的影响,分析究竟是一个因素在起作用,还是两个因素都起作用,或者是两个因素都不起作用,这就是双因素方差分析问题。

在双因素方差分析中,由于有两个影响因素,比如,彩电的"品牌"因素和"地区"因素,如果"品牌"因素和"地区"因素对销售量的影响是相互独立的,我们分别判断"品牌"因素和"地区"因素对销售量的影响,这时的双因素方差分析称为无交互作用(interaction)的双因素方差分析,或称为无重复双因素分析(two-factor without replication);如果除了"品牌"因素和"地区"因素对销售量的单独影响外,两个因素的搭配还会对销售量产生一种新的影响效应,比如,某个地区对某种品牌的彩电有特殊偏好,这就是两个因素结合后产生的新效应,这时的双因素方差分析称为有交互作用的双因素方差分析,或称为可重复双因素分析(two-factor with replication)。

6.3.2　无交互作用的双因素方差分析

1. 数据结构

在无交互作用的双因素方差分析中,由于有两个因素,在获取数据时,需要将一个因素安排在"行"(row)的位置,称为行因素;另一个因素安排在"列"(column)的位置,称为列因素。设行因素有 k 个水平:行 1,行 2,…,行 k;列因素有 r 个水平:列 1,列 2,…,列 r。行因素和列因素的每一个水平都可以搭配成一组,观察它们对试验指标的影响,共抽取 kr 个观察数据,其数据结构如图 6.12 所示。

	A	B	C	D	E	F	G
1			列因素 (j)				平均值 $\bar{x}_{i\cdot}$
2			列1	列2	…	列r	
3	行因素 (i)	行1	x_{11}	x_{12}	…	x_{1r}	$\bar{x}_{1\cdot}$
4		行2	x_{21}	x_{22}	…	x_{2r}	$\bar{x}_{2\cdot}$
5		⋮	⋮	⋮		⋮	⋮
6		行k	x_{k1}	x_{k2}	…	x_{kr}	$\bar{x}_{k\cdot}$
7	平均值 $\bar{x}_{\cdot j}$		$\bar{x}_{\cdot 1}$	$\bar{x}_{\cdot 2}$	…	$\bar{x}_{\cdot r}$	$\bar{\bar{x}}$

图 6.12　双因素方差分析的数据结构

在图 6.12 中,行因素共有 k 个水平,列因素共有 r 个水平。每一个观察值 x_{ij}($i=1,2,\cdots,k;j=1,2,\cdots,r$)可看成由行因素的 k 个水平和列因素的 r 个水平所组合成的 $k\times r$ 个总体中抽取的容量为 1 的独立随机样本。这 $k\times r$ 个总体中的每一个总体都服从正态分布,且有相同的方差。

其中,$\bar{x}_{i\cdot}$ 是行因素的第 i 个水平下各观察值的平均值,其计算公式为

$$\bar{x}_{i\cdot} = \frac{\sum_{j=1}^{r} x_{ij}}{r}, \quad i=1,2,\cdots,k \tag{6.11}$$

$\bar{x}_{\cdot j}$是列因素的第 j 个水平下的各观察数据的均值,其计算公式为

$$\bar{x}_{\cdot j} = \frac{\sum_{i=1}^{k} x_{ij}}{k}, \quad j=1,2,\cdots,r \tag{6.12}$$

$\bar{\bar{x}}$是全部 $k\times r$ 个样本数据的总平均值,其计算公式为

$$\bar{\bar{x}} = \frac{\sum_{i=1}^{k}\sum_{j=1}^{r} x_{ij}}{k\times r} \tag{6.13}$$

2. 分析步骤

与单因素方差分析类似,双因素方差分析也包括提出假设、构造检验的统计量、统计决策等步骤。

(1) 提出假设。为了检验两个因素的影响,需要对两个因素分别提出如下假设。

对行因素提出的假设为

$H_0: \mu_1 = \mu_2 = \cdots = \mu_i = \cdots = \mu_k$　　行因素(自变量)对因变量没有显著影响

$H_1: \mu_i (i=1,2,\cdots,k)$ 不完全相等　　行因素(自变量)对因变量有显著影响

式中,μ_i 为行因素的第 i 个水平的均值。

对列因素提出的假设为

$H_0: \mu_1 = \mu_2 = \cdots = \mu_j = \cdots = \mu_r$　　列因素(自变量)对因变量没有显著影响

$H_1: \mu_j (j=1,2,\cdots,r)$ 不完全相等　　列因素(自变量)对因变量有显著影响

式中,μ_j 为列因素的第 j 个水平的均值。

(2) 构造检验的统计量。为检验 H_0 是否成立,需要分别确定检验行因素和列因素的统计量。与单因素方差分析构造统计量的方法一样,也需要从总误差平方和的分解入手。总误差平方和是全部样本观察 $x_{ij}(i=1,2,\cdots,k;j=1,2,\cdots,r)$ 与总的样本平均值 $\bar{\bar{x}}$ 的误差平方和,记为 SST,即

$$SST = \sum_{i=1}^{k}\sum_{j=1}^{r}(x_{ij}-\bar{\bar{x}})^2$$

$$= \sum_{i=1}^{k}\sum_{j=1}^{r}(\bar{x}_{i\cdot}-\bar{\bar{x}})^2 + \sum_{i=1}^{k}\sum_{j=1}^{r}(\bar{x}_{\cdot j}-\bar{\bar{x}})^2 + \sum_{i=1}^{k}\sum_{j=1}^{r}(x_{ij}-\bar{x}_{i\cdot}-\bar{x}_{\cdot j}+\bar{\bar{x}})^2 \tag{6.14}$$

其中:分解后的等式右边的第一项是行因素所产生的误差平方和,记为 SSR,即

$$SSR = \sum_{i=1}^{k}\sum_{j=1}^{r}(\bar{x}_{i\cdot}-\bar{\bar{x}})^2 \tag{6.15}$$

第二项是列因素所产生的误差平方和,记为 SSC,即

$$SSC = \sum_{i=1}^{k}\sum_{j=1}^{r}(\bar{x}_{\cdot j}-\bar{\bar{x}})^2 \tag{6.16}$$

第三项是除行因素和列因素之外的剩余因素影响产生的误差平方和,称为随机误差项平方和,记为 SSE,即

$$SSE = \sum_{i=1}^{k} \sum_{j=1}^{r} (x_{ij} - \bar{x}_{i\cdot} - \bar{x}_{\cdot j} + \bar{\bar{x}})^2 \qquad (6.17)$$

上述各平方和的关系是：

$$SST = SSR + SSC + SSE \qquad (6.18)$$

在上述误差平方和的基础上，计算均方(mean square)。也就是将各平方和除以相应的自由度，即为均方。与各误差平方和相对应的自由度分别是：

总误差平方和 SST 的自由度为 $(kr-1)$；

行因素的误差平方和 SSR 的自由度为 $(k-1)$；

列因素的误差平方和 SSC 的自由度为 $(r-1)$；

随机误差平方和 SSE 的自由度为 $(k-1)(r-1)$。

为构造检验统计量，需要计算下列各均方：

行因素的均方，记为 MSR，即

$$MSR = \frac{SSR}{k-1} \qquad (6.19)$$

列因素的均方，记为 MSC，即

$$MSC = \frac{SSC}{r-1} \qquad (6.20)$$

随机误差项的均方，记为 MSE，即

$$MSE = \frac{SSE}{(k-1)(r-1)} \qquad (6.21)$$

为检验行因素对因变量的影响是否显著，采用下面的统计量：

$$F_R = \frac{MSR}{MSE} \sim F[k-1, (k-1)(r-1)] \qquad (6.22)$$

为检验列因素对因变量的影响是否显著，采用下面的统计量：

$$F_C = \frac{MSC}{MSE} \sim F[r-1, (k-1)(r-1)] \qquad (6.23)$$

(3) 统计决策。计算出检验的统计量后，根据给定的显著性水平 α 和两个自由度，查 F 分布表得到相应的临界值 F_α，然后将 F_R 和 F_C 与 F_α 进行比较：

若 $F_R > F_\alpha$，则拒绝原假设 H_0，表明 $\mu_i(i=1,2,\cdots,k)$ 之间的差异是显著的。也就是说，所检验的行因素对观测值有显著影响。

若 $F_C > F_\alpha$，则不拒绝原假设 H_0，表明 $\mu_i(j=1,2,\cdots,r)$ 之间的差异是显著的。也就是说，所检验的列因素对观测值有显著影响。

上面讨论了双因素方差分析的计算步骤和过程。为了使计算过程更加清晰，通常将上述过程的内容列成方差分析表，其一般形式如图 6.13 所示。

	A	B	C	D	E	F	G
1	误差来源	误差平方和 SS	自由度 df	均方 MS	F 值	P 值	F 临界值
2	行因素	SSR	$k-1$	MSR	F_R		
3	列因素	SSC	$r-1$	MSC	F_C		
4	误差	SSE	$(k-1)\times(r-1)$	MSE			
5	总和	SST	$kr-1$				

图 6.13 双因素方差分析表

6.3 双因素方差分析

【例 6.4】 根据例 6.3 中图 6.11 的数据,分析"品牌"和"地区"对销售量是否有显著影响。($\alpha = 0.05$)

解: 首先对两个因素分别提出如下假设:

行因素(品牌)为

$H_0: \mu_1 = \mu_2 = \mu_3 = \mu_4$ 品牌对销售量没有显著影响

$H_1: \mu_1, \mu_2, \mu_3, \mu_4$ 不完全相等   品牌对销售量有显著影响

列因素(地区)为

$H_0: \mu_1 = \mu_2 = \mu_3 = \mu_4$ 地区对销售量没有显著影响

$H_1: \mu_1, \mu_2, \mu_3, \mu_4$ 不完全相等   地区对销售量有显著影响

由于双因素方差分析的计算复杂,直接利用 Excel 给出其计算结果,步骤与前面介绍的类似,只需要将第 2 步中的选择"方差分析:单因素方差分析"改为"方差分析:无重复双因素分析"即可。图 6.14 为 Excel 输出的分析结果。

	A	B	C	D	E	F	G
1	方差分析: 无重复双因素分析						
2	SUMMARY	计数	求和	平均	方差		
3	行 1	5	1721	344.2	233.7		
4	行 2	5	1739	347.8	295.7		
5	行 3	5	1685	337	442.5		
6	行 4	5	1424	284.8	249.2		
7							
8	列 1	4	1356	339	1224.6667		
9	列 2	4	1321	330.25	1464.25		
10	列 3	4	1357	339.25	822.91667		
11	列 4	4	1273	318.25	1538.9167		
12	列 5	4	1262	315.5	241.66667		
13							
14	方差分析						
15	差异源	SS	df	MS	F	P-value	F crit
16	行	13004.55	3	4334.850	18.107773	9.46E-05	3.490300
17	列	2011.70	4	502.925	2.100846	0.143665	3.259160
18	误差	2872.70	12	239.39167			
19							
20	总计	17888.95	19				

图 6.14   Excel 输出的方差分析结果

图 6.14 中的"行"指行因素,即品牌因素,"列"指列因素,即地区因素。根据方差分析表的计算结果得出以下结论:

由于 $F_R = 18.107\,773 > F_\alpha = 3.490\,3$,所以拒绝原假设 H_0,表明 $\mu_1, \mu_2, \mu_3, \mu_4$ 之间的差异是显著的,这说明品牌对销售量有显著影响。

由于 $F_C = 2.100\,846 < F_\alpha = 3.259\,16$,所以不拒绝原假设 H_0,不能认为地区对销售量有显著影响。

直接用 P-value 进行分析,结论也是一样。用于检验行因素的 P-value = 9.46E-05 < $\alpha = 0.05$,所以拒绝原假设 H_0;用于检验列因素的 P-value = 0.143\,665 > $\alpha = 0.05$,所以不能拒绝原假设 H_0。

6.3.3 有交互作用的双因素方差分析

在上面的分析中,假定两个因素对因变量的影响是独立的,但如果两个因素搭配则会

对因变量产生一种新的效应,这时就需要考虑交互作用对因变量的影响,这就是有交互作用的双因素方差分析。

【例 6.5】 城市道路交通管理部门为研究不同的路段和不同的时间段对行车时间的影响,让一名交通警察分别在两个路段的高峰期与非高峰期亲自驾车进行试验,通过试验共获得 20 个行车时间(分钟)的数据,如图 6.15 所示。试分析路段、时段以及路段和时段的交互作用对行车时间的影响。($\alpha=0.05$)

	A	B	C	D
1			路段(列变量)	
2			路段1	路段2
3	时段(行变量)	高峰期	26	19
4			24	20
5			27	23
6			25	22
7			25	21
8		非高峰期	20	18
9			17	17
10			22	13
11			21	16
12			17	12

图 6.15 不同时段和不同路段的行车时间(分钟)

设行变量有 k 个水平,比如,图 6.15 中的行变量(时段)有 2 个水平,即高峰期和非高峰期;列变量有 r 个水平,比如,图 6.15 中的列变量(路段)有 2 个水平,即路段 1 和路段 2;行变量中每一个水平的行数(Excel 中称为每一个样本的行数)为 m,比如,图 6.15 中的行变量的每一个水平(即每一个样本)的行数各有 5 行;观察数据的总数为 n,比如,图 6.15 中共有 $n=20$ 个数据。

与上述方法类似,有交互作用的双因素方差分析也需要提出假设、构造检验的统计量、统计决策等步骤。提出假设时,需要对行变量、列变量和交互作用变量分别提出假设,方法与上述类似,这里不再赘述。有交互作用的双因素方差分析表的数据结构与图 6.15 类似,其方差分析表的一般形式如图 6.16 所示。

	A	B	C	D	E	F	G
1	误差来源	平方和 SS	自由度 df	均方 MS	F 值	P 值	F 临界值
2	行因素	SSR	$k-1$	$MSR=\dfrac{SSR}{k-1}$	$F_R=\dfrac{MSR}{MSE}$		
3	列因素	SSC	$r-1$	$MSC=\dfrac{SSC}{r-1}$	$F_C=\dfrac{MSC}{MSE}$		
4	交互作用	$SSRC$	$(k-1)(r-1)$	$MSRC=\dfrac{SSRC}{(k-1)(r-1)}$	$F_{RC}=\dfrac{MSRC}{MSE}$		
5	误差	SSE	$kr(m-1)$	$MSE=\dfrac{SSE}{kr(m-1)}$			
6	总和	SST	$n-1$				

图 6.16 有交互作用的双因素方差分析表的结构

设:x_{ijl}为对应于行因素的第 i 个水平和列因素的第 j 个水平的第 l 行的观察值;$\bar{x}_{i.}$为行因素的第 i 个水平的样本均值;$\bar{x}_{.j}$为列因素的第 j 个水平的样本均值;$\bar{x}_{ij}$为对应于行因素的第 i 个水平和列因素的第 j 个水平组合的样本均值;$\bar{\bar{x}}$为全部 n 个观察值的总均值。

各平方和的计算公式为

总平方和(SST):

$$SST = \sum_{i=1}^{k} \sum_{j=1}^{r} \sum_{l=1}^{m} (x_{ijl} - \bar{\bar{x}})^2 \qquad (6.24)$$

行变量平方和(SSR):

$$SSR = rm \sum_{i=1}^{k} (\bar{x}_{i\cdot} - \bar{\bar{x}})^2 \qquad (6.25)$$

列变量平方和(SSC):

$$SSC = km \sum_{j=1}^{r} (\bar{x}_{\cdot j} - \bar{\bar{x}})^2 \qquad (6.26)$$

交互作用平方和($SSRC$):

$$SSRC = m \sum_{i=1}^{k} \sum_{j=1}^{r} (\bar{x}_{ij} - \bar{x}_{i\cdot} - \bar{x}_{\cdot j} + \bar{\bar{x}})^2 \qquad (6.27)$$

误差项平方和(SSE):

$$SSE = SST - SSR - SSC - SSRC \qquad (6.28)$$

下面对例6.5中提出的问题,说明用 Excel 进行有交互作用的双因素方差分析的步骤,并对结果进行分析。首先将数据按输入到 Excel 工作表中,然后按下列步骤操作。

第1步:选择"工具"并选择"数据分析"选项。

第2步:在分析工具中选择"方差分析:可重复双因素分析",然后点击"确定"。

第3步:当对话框出现时,在"输入区域"方框内键入"A1:C11";在"每一样本的行数"方框内键入"5";在"α"方框内键入"0.05"(可根据需要确定);在"输出选项"中选择输出区域(这里选择"新工作表组")。结果如图6.17所示。

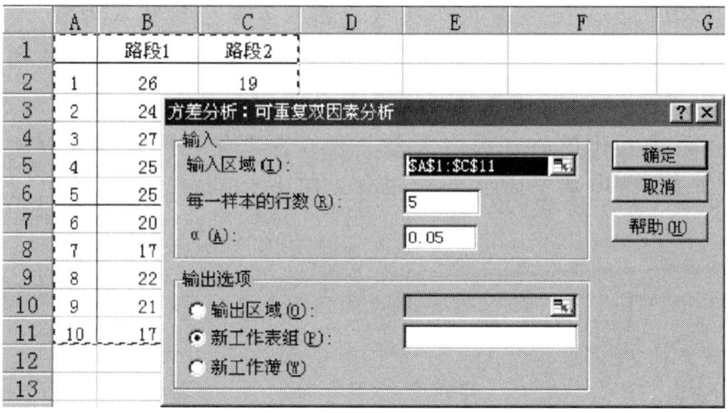

图6.17 用 Excel 进行方差分析的步骤

点击"确定"后得到的输出结果如图6.18所示。

由图6.18输出的结果可知:用于检验"时段"(行因素,输出表中为"样本")的 P-value = 0.000 0 < α = 0.05,拒绝原假设,表明不同时段的行车时间之间有显著差异,即时段对行车时间有显著影响;用于检验"路段"(列因素)的 P-value = 0.000 2 < α = 0.05,同样拒绝原假设,表明不同路段的行车时间之间有显著差异,即路段对行车时间也有显著影响;交互作用反映的是时段因素和路段因素联合产生的对行车时间的附加效应,用于检验的

P-value=0.911 8>α=0.05,因此不拒绝原假设,没有证据表明时段和路段的交互作用对行车时间有显著影响。

	A	B	C	D	E	F	G
1	方差分析:可重复双因素分析						
2							
3	SUMMARY	路段1	路段2	总计			
4	1						
5	计数	5	5	10			
6	求和	127	105	232			
7	平均	25.4	21	23.2			
8	方差	1.3	2.5	7.0667			
10	8						
11	计数	5	5	10			
12	求和	97	76	173			
13	平均	19.4	15.2	17.3			
14	方差	5.3	8.7	10.2333			
16	总计						
17	计数	10	10				
18	求和	224	181				
19	平均	22.4	18.1				
20	方差	12.9333	13.4333				
22	方差分析						
23	差异源	SS	df	MS	F	P-value	F crit
24	样本	174.0500	1	174.0500	44.0633	0.0000	4.4940
25	列	92.4500	1	92.4500	23.4051	0.0002	4.4940
26	交互	0.0500	1	0.0500	0.0127	0.9118	4.4940
27	内部	63.2000	16	3.9500			
28							
29	总计	329.75	19				

图6.18 Excel输出的有交互作用的双因素方差分析结果

本章小结

本章介绍了方差分析的有关知识。方差分析是检验多个总体均值是否相等的一种统计方法。根据所涉及的分类自变量的多少有单因素方差分析和双因素方差分析。

单因素方差分析是研究一个分类的自变量与一个数值型因变量之间的关系,双因素方差分析则是研究两个分类的自变量同因变量之间的关系。当所研究的两个因素之间无交互作用时,称为无交互作用的双因素方差分析或无重复双因素方差分析,当所研究的两个因素之间有交互作用时,称为有交互作用的双因素方差分析或可重复双因素方差分析。

思考与练习

思考题

1. 什么是方差分析?
2. 方差分析包括哪些类型?它们有何区别?
3. 方差分析中有哪些基本假定?
4. 简述方差分析的基本思想。
5. 解释因子、处理的含义。
6. 简述方差分析的基本步骤。
7. 解释水平项误差平方和、误差项误差平方和的含义。
8. 方差分析中多重比较的作用是什么?
9. 什么是交互作用?

10. 解释无交互作用和有交互作用的双因素方差分析。

练习题

1. 从 3 个总体中各抽取容量不同的样本数据,得到的资料见表 6.2。检验 3 个总体的均值之间是否有显著差异。($\alpha = 0.01$)

表 6.2　3 个总体中抽取的样本数据

样本 1	样本 2	样本 3
158	153	169
148	142	158
161	156	180
154	149	
169		

2. 某家电制造公司准备购进一批 5# 电池,现有 A、B、C 3 个电池生产企业愿意供货,为比较它们生产的电池质量,从每个企业各随机抽取 5 只电池,经试验得出其寿命(小时)数据见表 6.3。

表 6.3　3 个企业的电池寿命试验数据　　　　　　　　　　单位:小时

试验号	电池生产企业		
	A	B	C
1	50	32	45
2	50	28	42
3	43	30	38
4	40	34	48
5	39	26	40

试分析 3 个企业生产的电池的平均寿命之间有无显著差异。($\alpha = 0.05$)如果有差异,用 LSD 方法检验哪些企业之间有差异。

3. 某企业准备用 3 种方法组装一种新的产品,为确定哪种方法每小时生产的产品数量最多,随机抽取了 30 名工人,并指定每个人使用其中的一种方法。通过对每个工人生产的产品数进行方差分析得到如表 6.4 所示的结果。

表 6.4　每个工人生产产品数量的方差分析表

差异源	SS	df	MS	F	P-value	F crit
组间			210		0.245 946	3.354 131
组内	3 836			—	—	—
总计		29		—	—	—

(1) 完成上面的方差分析表。
(2) 若显著性水平 $\alpha = 0.05$,检验 3 种方法组装的产品数量之间是否有显著差异。

4. 有 5 种不同品种的种子和 4 种不同的施肥方案,在 20 块同样面积的土地上,分别采用 5 种种子和 4 种施肥方案搭配进行试验,取得的收获量数据如表 6.5 所示。

表6.5　5种种子和4种施肥方案搭配试验的收获量

品种	施肥方案			
	1	2	3	4
1	12.0	9.5	10.4	9.7
2	13.7	11.5	12.4	9.6
3	14.3	12.3	11.4	11.1
4	14.2	14.0	12.5	12.0
5	13.0	14.0	13.1	11.4

检验种子的不同品种对收获量的影响是否有显著差异,不同的施肥方案对收获量的影响是否有显著差异。($\alpha=0.05$)

5. 为研究食品的包装和销售地区对其销售量是否有影响,在3个不同地区中用3种不同包装方法进行销售,获得的销售量数据如表6.6所示。

表6.6　在不同地区用不同包装方法所获得的销售量

销售地区(A)	包装方法(B)		
	B_1	B_2	B_3
A_1	45	75	30
A_2	50	50	40
A_3	35	65	50

检验不同地区和不同包装方法对该食品的销售量是否有显著影响。($\alpha=0.05$)

6. 为检验广告媒体和广告方案对产品销售量的影响,一家营销公司做了一项试验,考察3种广告方案和2种广告媒体,获得的销售量数据如表6.7所示。

表6.7　不同广告方案中各广告媒体所获得的销售量

广告方案	广告媒体	
	报纸	电视
A	8 12	12 8
B	22 14	26 30
C	10 18	18 14

检验广告方案、广告媒体或其交互作用对销售量的影响是否显著。($\alpha=0.05$)

案例分析

检验募捐方式的有效性

慈善基金会在某大城市进行慈善募捐。基金会主席及其员工非常想知道用何种方式募捐才能达到最好的结果。

基金会决定对3种募捐方式进行测试：直接邮寄、电话恳谈、个人访问。测试中，由3名募捐员进行电话恳谈和个人访问，他们每人需要打15个电话，作15次访问，以消除由于募捐员交往能力的差异而带来的偏差。当然，他们三人不参与邮寄这一不涉及人与人交往的募捐方式。募捐员的工作结果见表6.8。

表6.8 募捐员的工作结果 单位：元

募捐员	电话恳谈	个人访问	募捐员	电话恳谈	个人访问	募捐员	电话恳谈	个人访问
1	0	15	2	25	60	3	0	0
1	0	0	2	0	80	3	125	0
1	40	80	2	0	65	3	40	0
1	80	0	2	165	80	3	0	50
1	0	0	2	40	0	3	0	30
1	65	16	2	0	0	3	25	0
1	0	8	2	0	15	3	20	29
1	120	200	2	32	45	3	4	910
1	0	40	2	40	0	3	0	0
1	0	0	2	0	12	3	800	80
1	0	15	2	0	250	3	0	165
1	80	0	2	0	165	3	0	0
1	0	0	2	125	0	3	40	330
1	0	400	2	200	80	3	25	0
1	40	0	2	0	0	3	0	40

50份邮寄募捐回复结果（单位：元）如下：

0	0	80	0	0	0	0	0	5	0
0	0	0	0	0	0	0	0	0	60
0	0	15	0	0	0	20	0	0	
40	0	30	0	0	0	0	0	600	0
0	0	0	0	400	0	0	0	0	

每种联系方式的成本不同。直接邮寄法每份用于印刷和邮寄的费用约为1.6元;电话恳谈的花费仅包括电话员劳务费、电话租金及占地费,三者合计,每次联系的成本为2.8元(对于潜在的募捐者,会不断打电话给他直至与他取得联系);个人访问成本最高,包括访问员劳务费和访问员交通补贴,合计每次访问成本高达24元。

讨论题

1. 确定用某种方式取得募捐后需对此进行统计显著性检验的假设。
2. 检验三种募捐方法平均每次募到的捐款额是否相同。
3. 对上述检验方法进行讨论。

即测即评

第 7 章
相关与回归分析

中国私人载客汽车拥有量破 1.7 亿,是喜是忧?

从世界各国的发展规律来看,人均 GDP 达到 1 000 美元时,是轿车进入家庭的起跑线,达到 3 000 美元时,轿车将大规模进入家庭。我国已有相当多的城市人均 GDP 超过 3 000 美元,到了轿车进入家庭的快速发展阶段。随着中国经济的发展,居民收入不断增加,中国人得以实现拥有汽车的梦想,中国也成为世界上成长最快的汽车市场。

据国家统计局统计年鉴显示,中国的私人载客汽车拥有量 2007 年为 2 316.91 万辆,2017 年已达 17 001.51 万辆,10 年间增长了 6.34 倍。2017 年中国每百户家庭年末家用汽车拥有量已超过 29.7 辆。2010 年起中国成为全球第一大汽车市场。随着经济的增长和人民生活水平的提高,中国私人载客汽车还将快速增长。但是,汽车的快速增长为人们带来极大方便的同时,也带来了一系列值得关注的问题。全球能源价格的上涨,将影响对汽车的有效需求。道路拥堵、停车难、交通事故频发、出行在途时间延长等,经济和时间成本的增加,使得汽车使用环境进一步恶化。此外,汽车的过快增加还带来空气污染和噪声污染,使环境保护面临新的挑战。近年来,众多城市都采取汽车限购、限行等措施,限制汽车购买和使用,提高汽车使用成本,大力发展公共交通。各种因素都可能会影响私人载客汽车行业未来的发展。

现在,人们越来越关注汽车拥有量的增长趋势和影响因素。很明显,影响中国私人载客汽车拥有量和汽车行业发展的原因是多方面的,经济增长、公共服务、市场价格、交通状况、社会环境、政策因素等,都可能会使中国汽车拥有量和汽车行业发展面临机遇和挑战。那么,其中决定性的因素究竟是什么? 私人载客汽车拥有量与这些决定性因素的数量关系是什么?怎样根据这些影响因素合理预测未来中国私人载客汽车拥有量的发展趋势?

显然,很需要寻求一些方法,研究和分析相互联系的变量之间的数量关系。在这一章中,将讨论如何运用相关分析和回归分析的统计方法去解决这种类型的问题。

很多现象除了自身的变动以外,与其他现象相互之间也可能会有一定的依存关系。这种现象间的相互依存关系经常表现为不确定的统计关系,或称为相关关系。相关与回归分析是研究变量之间不确定性统计关系的重要方法。相关分析主要是判断两个或两个以上变量之间是否存在相关关系,并分析变量间相关关系的形态和程度。回归分析主要是对存在相关关系的现象间数量变化规律性的测定。本章主要讨论相关分析与回归分析的基本理论和方法。

7.1 相关分析

7.1.1 相关关系的概念

1. 函数关系与相关关系

现实世界中的各种现象相互联系、相互制约、相互依存,某些现象发生变化时,另一现象往往也会随之发生变化。比如,商品价格的变化会刺激或抑制商品销售量的变化;居民收入的高低会影响银行储蓄额的增减,等等。从数量上研究这些现象之间的依存关系,找出它们之间量变的规律,是统计分析的重要内容之一。各种变量相互之间的依存关系有两种不同的类型:一类是确定性的函数关系;另一类是不确定性的统计关系,也称为相关关系。当一个或若干个变量 x 取一定数值时,某一个变量 y 有确定的值与之相对应,变量之间的这种关系称为确定性的函数关系。例如,当销售价格 P 不变的情况下,某种商品销售量 x 与销售额 y 之间的关系可表示为 $y=Px$。又如,圆面积 s 和它的半径 r 之间的关系,可表示为 $s=\pi r^2$。一般情况下,确定性的函数关系可表示为 $y=f(x)$。通常将作为变动原因的变量 x 称为自变量,将作为变动结果的变量 y 称为因变量。

当一个或若干个变量 x 取一定值时,与之相对应的另一个变量 y 的值虽然不确定,但却按某种规律在一定范围内变化,变量之间的这种关系称为不确定的统计关系或相关关系,一般可表示为 $y=f(x,u)$,其中 u 为随机变量。例如,居民的可支配收入 x 与居民的消费支出 y 之间的关系,通常具有相同收入水平居民的消费支出并不完全相同,这时居民可支配收入 x 与消费支出 y 会呈现为不确定的相关关系。居民消费支出 y 之所以与居民可支配收入 x 不呈现为确定的函数关系,是因为除了居民可支配收入 x 以外,还存在许多其他的因素也会影响居民消费支出 y。又如,成本的高低与利润的多少有密切关系,但某一确定的成本与相对应的利润却是不确定的。这是因为影响利润的因素除了成本外,还有价格、供求平衡、消费嗜好等因素及其他偶然因素的影响。

变量之间的函数关系和相关关系并不是绝对的,在一定条件下二者可以相互转化。对本来具有函数关系的变量,如果考虑存在对变量的测量误差,其函数关系往往会以相关关系表现出来;对具有相关关系的变量,如果对它们有充分深刻的认识,从而能够把影响变量变动的所有其他因素全部都控制不变,这时原来的相关关系也可能会趋近于函数关系。因此,相关关系经常可以用一定的函数关系去近似地描述。

变量之间的相关关系可以用坐标图又称散点图去描述,例如,变量 x 和 y 之间关系的散点图可描述为图7.1。

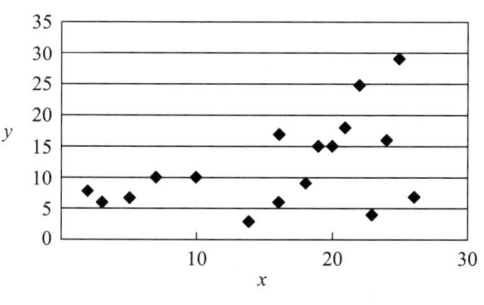

图 7.1　x 和 y 的散点图

2. 相关关系的种类

由于涉及的变量数量、相关性质及相关程度的不同,变量之间的相关关系可以分为若干类型:

(1)按照相关关系涉及变量(或因素)的多少,相关关系可分为单相关和复相关。单相关是指两个变量之间的相关关系,如广告费支出与产品销售量之间的相关关系;复相关是指一个变量与两个或两个以上其他变量之间的相关关系,如商品销售额与居民收入、商品价格之间的相关关系。在多个变量的相关关系研究中,假设其他变量保持不变,专门研究其中两个变量之间的相关关系时,称为偏相关。例如,假定商品价格、广告费用不变,研究商品销售量与居民收入之间的相关关系就是偏相关。

(2)按照相关关系的表现形式不同,相关关系可分为线性相关和非线性相关。当变量之间相关关系的散点图中的点接近一条直线时,称为线性相关,如图 7.2(a)和图 7.2(b)所示。当变量之间相关关系散点图中的点接近于一条曲线时,称为非线性相关,如图 7.2(c)所示。不相关关系如图 7.2(d)所示。

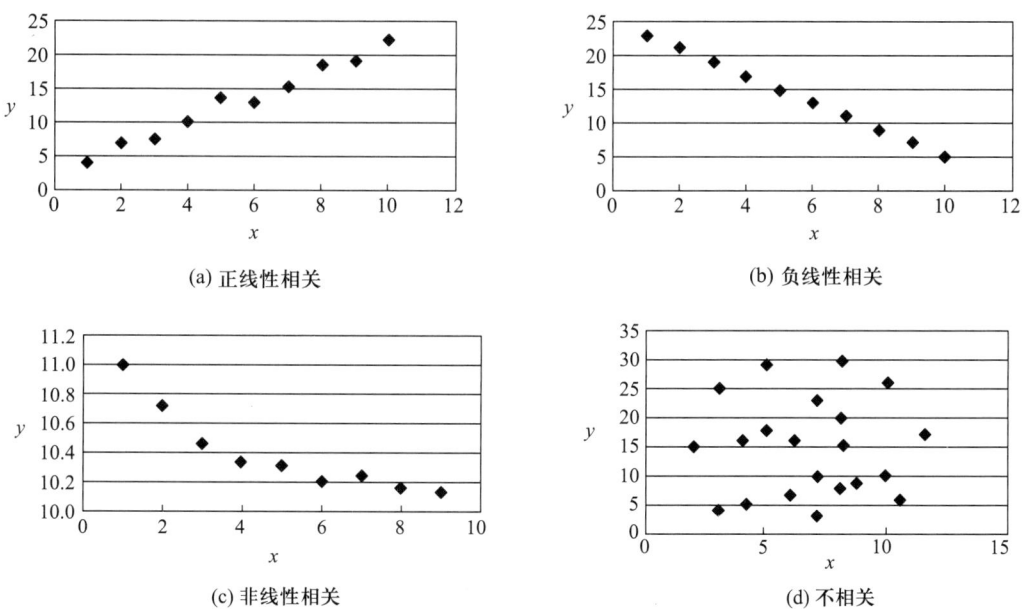

图 7.2　各种相关关系的散点图

(3) 按照相关现象变化的方向不同,相关关系可分为正相关和负相关。正相关是指当一个变量的值增加或减少时,另一个变量的值也随之增加或减少,如工人劳动生产率提高,产品产量也随之增加;负相关是指当一个变量的值增加或减少时,另一个变量的值反而减少或增加,如商品流转额越大,商品流通费用率越低,又如劳动生产率提高,生产单位产品所耗时间则减少。

3. 相关关系的描述

要判别现象之间有无相关关系,可编制相关表,绘制相关图,以便直观地判断现象之间相关的方向、形态及大致的密切程度。

(1) 相关表。相关表是一种统计表,是直接根据现象之间的原始数据,将一个变量的若干变量值按从小到大的顺序排列,并将另一变量的值与之对应排列形成的统计表。

【例 7.1】 改革开放以来,随着经济的高速发展,中国的财政收入也快速增长。但是在全国财政收入迅速增长的过程中,不同地区的发展却很不平衡,各地区财政收入的差异十分明显。分析对比 2016 年各地区的地方一般公共预算收入总量,最高的广东省,地方一般公共预算收入为 10 390.35 亿元,人均为 9 446.63 元;而与其相邻的广西人口为广东的 44%,而地方一般公共预算收入仅 1 556.27 亿元,只有广东的 15%。再看人均一般公共预算收入[①],最低的甘肃省仅为 3 015.21 元,而最高的上海市为 26 471.61 元,是甘肃省的 8.78 倍。为了分析中国各地区地方一般公共预算收入与地区生产总值的数量关系,下面收集了 2016 年各地区的有关数据(已经按地区生产总值水平由低到高排序),如表 7.1 所示。

表 7.1 2016 年地区地方一般公共预算收入与地区生产总值数据

地区	地方一般公共预算收入(亿元) y	地区生产总值(亿元) x
西藏	155.99	1 151.41
青海	238.51	2 572.49
宁夏	387.66	3 168.59
海南	637.51	4 053.20
甘肃	786.97	7 200.37
新疆	1 298.95	9 649.70
贵州	1 561.34	11 776.73
山西	1 557.00	13 050.41
吉林	1 263.78	14 776.80
云南	1 812.29	14 788.42
黑龙江	1 148.41	15 386.09
重庆	2 227.91	17 740.59
天津	2 723.50	17 885.39
内蒙古	2 016.43	18 128.10
广西	1 556.27	18 317.64

---

① 几个省市的"人均一般公共预算收入"数据是根据各省市人口数据推算的。

续表

地区	地方一般公共预算收入(亿元) y	地区生产总值(亿元) x
江西	2 151.47	18 499.00
陕西	1 833.99	19 399.59
辽宁	2 200.49	22 246.90
安徽	2 672.79	24 407.62
北京	5 081.26	25 669.13
上海	6 406.13	28 178.65
福建	2 654.83	28 810.58
湖南	2 697.88	31 551.37
河北	2 849.87	32 070.45
湖北	3 102.06	32 665.38
四川	3 388.85	32 934.54
河南	3 153.47	40 471.79
浙江	5 301.98	47 251.36
山东	5 860.18	68 024.49
江苏	8 121.23	77 388.28
广东	10 390.35	80 854.91

资料来源：国家统计局网站(http://www.stats.gov.cn)。

从表 7.1 可以直观地看出，各地区的地方一般公共预算收入有明显差异，从整体上看，一般说来地区生产总值 x 越高，地方一般公共预算收入 y 也越多，两者之间存在明显的正相关关系。

（2）相关图。相关图又称散点图，它是用直角坐标系的 x 轴代表一个变量，y 轴代表另一个变量，将两个变量间相对应的变量值用坐标点的形式描绘出来，用以表明相关点分布状况的图形。根据表 7.1 的数据，横坐标 x 为地区生产总值，纵坐标 y 为地方一般公共预算收入，按地区生产总值 x 由小到大排序后，可以绘制相关图，如图 7.3 所示。

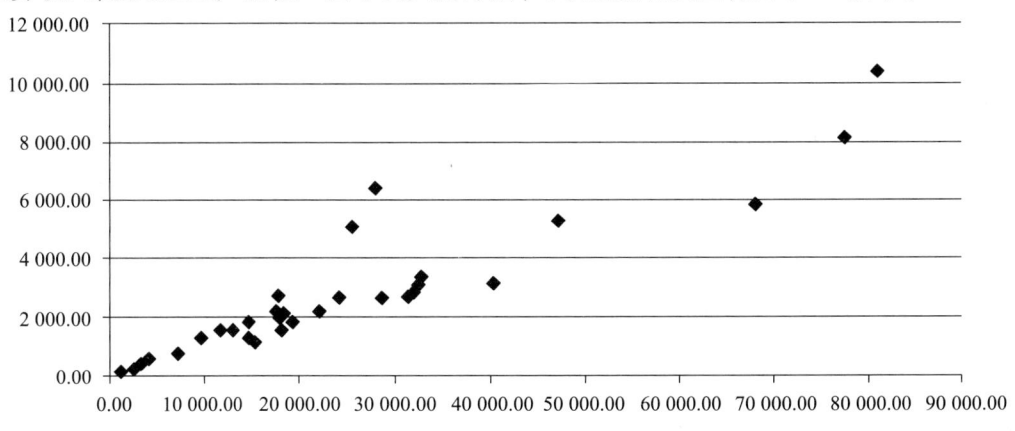

图 7.3 地方一般公共预算收入与地区生产总值相关图

图 7.3 直观地显示出,从整体上看各地区地方一般公共预算收入与地区生产总值之间的关系较为密切,二者的关系接近于一条上升的直线,显示出具有线性正相关的趋势。

7.1.2 相关系数

图表形式虽然能够直观地展现变量之间的相关关系,但对变量相关关系及相关程度的描述并不是很精确。在统计学中,对不同类型的变量数据,常采用各种相关系数来具体度量变量间相关的程度,其中最常用的是简单线性相关系数。

在各种类型的相关分析中,只有两个变量的线性相关关系的分析是最简单的。两个变量之间线性相关程度可以用简单线性相关系数去度量,这种相关系数是最常用的,简称为相关系数。对于所研究的总体,两个相互联系的变量的相关系数称为总体相关系数,通常用 ρ 表示,可用公式(7.1)计算:

$$\rho = \frac{Cov(x,y)}{\sqrt{Var(x)Var(y)}} \tag{7.1}$$

式中,$Var(x)$ 是变量 x 的方差;$Var(y)$ 是变量 y 的方差;$Cov(x,y)$ 是变量 x 和 y 的协方差。

总体相关系数 ρ 反映了总体两个变量 x 和 y 的线性相关程度,对于特定的总体来说,x 和 y 的数值是既定的,总体相关系数 ρ 是客观存在的特定数值。然而,往往不可能去直接观测总体的两个变量 x 和 y 的全部数值,所以总体相关系数一般是未知的。通常可能做到的,是从总体中随机抽取一定数量的样本,通过 x 和 y 的样本观测值去估计样本相关系数,变量 x 和 y 的样本相关系数通常用 r_{xy} 表示,或简记为 r,可用公式(7.2)去估计:

$$r_{xy} = \frac{\sum(x_i - \bar{x})(y_i - \bar{y})}{\sqrt{\sum(x_i - \bar{x})^2}\sqrt{\sum(y_i - \bar{y})^2}} \tag{7.2}$$

式中,x_i 和 y_i 分别是变量 x 和 y 的样本观测值;$\bar{x}$ 和 $\bar{y}$ 分别是变量 x 和 y 样本值的平均值。

为了便于计算,相关系数也可用公式 7.3 计算:

$$r = \frac{n\sum x_i y_i - \sum x_i \sum y_i}{\sqrt{n\sum x_i^2 - (\sum x_i)^2}\sqrt{n\sum y_i^2 - (\sum y_i)^2}} \tag{7.3}$$

样本相关系数 r 是根据从总体中抽取的随机样本的观测值 x_i 和 y_i 计算出来的,它是对总体相关系数 ρ 的估计。可以证明,这样计算的样本相关系数是总体相关系数的一致估计。

例如,将表 7.1 中的数据代入公式(7.2)或(7.3)中,可计算出 2016 年中国各地区的地区生产总值与地方一般公共预算收入的相关系数。如果利用 Excel 中计算相关系数的功能则更加方便,其方法是在 Excel 的工作表中分别输入各地区的地区生产总值 x(如在 B3:B33 中)和地方一般公共预算收入 y(如在 C3:C33 中)的样本数据,在"工具"的"数据分析"中选"相关系数",确定后出现对话框,在"输入区域"中输入数据所在单元格区域,如"B3:C33",在"分组方式"栏点"逐列",在"输出区域"输入相关系数输出位置,点"确定",即得到 x 和 y 的相关系数:如本例中为 0.917 868,如图 7.4 所示。

由公式(7.1)和(7.2)可看出,相关系数有以下特点:

(1) 相关系数的取值在 -1 与 1 之间。

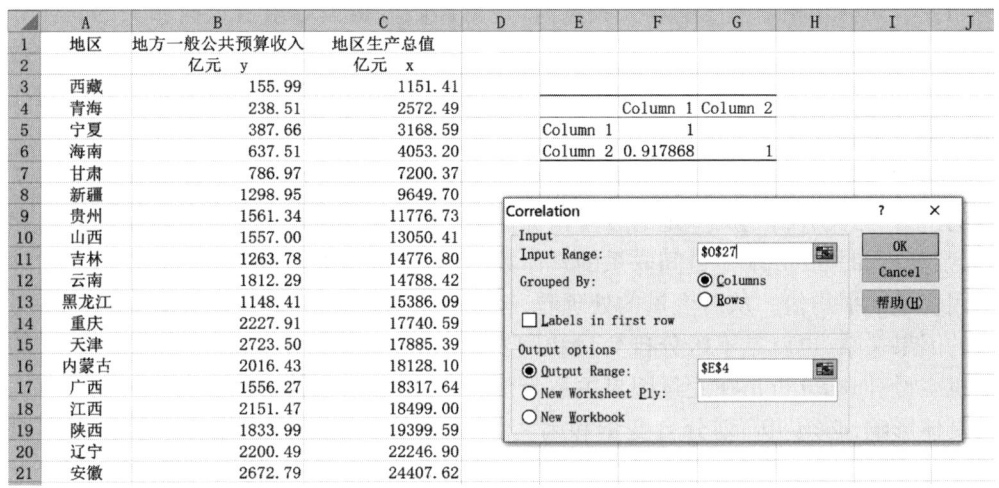

图 7.4　Excel 相关系数计算结果

（2）当 $r=0$ 时，表明 x 与 y 没有线性相关关系。

（3）当 $0<|r|<1$ 时，表明 x 与 y 存在一定的线性相关关系，若 $r>0$ 表明 x 与 y 为正相关；若 $r<0$ 表明 x 与 y 为负相关。

（4）当 $|r|=1$ 时，表明 x 与 y 完全线性相关，若 $r=1$，称 x 与 y 完全正相关；若 $r=-1$，称 x 与 y 完全负相关。

使用相关系数分析相关关系时应当注意以下几点：

（1）x 和 y 都是相互对称的随机变量，所以 $r_{xy}=r_{yx}$。

（2）相关系数只反映变量间的线性相关程度，不能说明非线性相关关系。

（3）相关系数只能反映变量间线性相关的程度，并不能确定变量的因果关系，也不能说明线性相关关系具体接近于哪条直线。

7.1.3　相关分析与回归分析

相关分析主要分析现象间相互依存关系的性质和密切程度。不过相关分析还不能说明变量间相关关系的具体形式，也不能从一个变量的变化去推测另一个变量的变化。如果要具体测定变量之间相关关系的数量形式，还需要运用回归分析的方法。

"回归"这个词是由英国生物学家高尔顿在遗传学研究中首先提出来的。高尔顿发现相对于一定身高的父母，子女的平均身高有向人类平均身高移动或回归的趋势。这就是"回归"的古典意义。

现在我们沿用"回归"这个词，但其意义与回归的古典意义已有很大区别。现代意义的回归是关于一个变量（因变量）对另一个或另外多个变量（自变量）依存关系的研究，用适当的数学模型去近似地表达或估计变量之间的平均变化关系，其目的是要根据已知的或固定的自变量的数值，去估计因变量的总体平均值。

显然，相关分析与回归分析有密切的联系，它们具有共同的研究对象，都是对变量间相关关系的分析，二者可以相互补充。相关分析可以表明变量间相关关系的性质和程度，只有当变量间存在相当程度的相关关系时,进行回归分析去寻求变量间相关的具体数学形式才有实际的意义。同时,在进行相关分析时如果要具体确定变量间相关的具体数学形式,就要依赖于回归分析,而且在多个变量的相关分析中相关系数的确定也是建立在回归分析基础上的。

但是应当明确,相关分析与回归分析的研究目的和研究方法是有明显区别的。从研究目的上看,相关分析是用一定的数量指标(相关系数)度量变量间相互联系的方向和程度;回归分析却是要寻求变量间联系的具体数学形式,是要根据自变量的固定值去估计和预测因变量的平均值。从对变量的处理看,相关分析对称地对待相互联系的变量,不考虑二者的因果关系,也就是不区分自变量和因变量,相关的变量不一定具有因果关系,均视为随机变量;回归分析是在变量因果关系分析的基础上,研究其中的自变量的变动对因变量的具体影响,必须明确划分自变量和因变量,所以回归分析中对变量的处理是不对称的,在回归分析中通常假定自变量在重复抽样中是取固定值的非随机变量,只有因变量是具有一定概率分布的随机变量。

应当强调的是,相关分析和回归分析只是从数据出发定量地分析变量间相互联系的手段,并不能揭示现象相互之间的本质联系。现象间内在的本质联系,决定于事物的客观规律性,需要结合实际经验去分析,并要由实质性科学去加以说明。如果对本来没有内在联系的现象,仅凭数据进行相关分析和回归分析,就可能会是一种"伪相关"或"伪回归",这样不仅没有实际的意义,而且会导致荒谬的结论。所以在开展相关分析和回归分析时,要注意与定性分析相结合,才能得到有实际意义的结果。

7.2 一元线性回归分析

当变量之间存在明显的相关关系时,为了明确相互联系的具体数量规律,可以运用一定的模型进行回归分析。回归是关于一个变量(因变量)对另一个或另外多个变量(自变量)依存关系的研究。按照自变量的多少,可分为一元回归和多元回归;按照变量间变动关系的形式,可分为线性回归和非线性回归。其中只有一个因变量和一个自变量的线性回归是最简单的,称为一元线性回归或简单线性回归。

7.2.1 一元线性回归模型

假如已知所研究总体中存在显著线性相关关系的因变量 y 和自变量 x 的每个观测值,当自变量 x 取某固定值时,y 的取值并不确定,如果 y 的期望值 $E(y)$ 是 x 的线性函数,可以用一元线性模型去表述 y 的期望值 $E(y)$ 与自变量 x 的数量关系:

$$E(y) = \alpha + \beta x_i \tag{7.4}$$

或者表示为
$$y_i = \alpha + \beta x_i + \varepsilon_i \tag{7.5}$$

式中,y_i 为因变量 Y 的第 i 个观测值;x_i 为自变量 X 的第 i 个观测值;ε_i 为随机误差项,是其期望值为 0 的随机变量,代表排除在自变量以外的其他因素对 Y 的影响。式中的 α 和 β 是一元线性回归模型的参数,分别为回归直线的截距和斜率,也称回归系数。

对于实际的问题,总体一般包含的单位数很多,通常无法掌握所研究总体中因变量 y 和自变量 x 的每个观测值,事实上线性回归模型的参数也是未知的。我们可能做到的,只是对应于自变量 x 的选定水平,对因变量 y 的某些样本去进行观测,如果通过样本建立的线性回归方程为

$$\hat{y}_i = \hat{\alpha} + \hat{\beta} x_i \tag{7.6}$$

或者表示为

$$y_i = \hat{\alpha} + \hat{\beta} x_i + e_i \tag{7.7}$$

式(7.6)中,$\hat{y}_i$ 是与 x_i 相对应的 y 的样本均值,可视为对 $E(y_i)$ 的估计;$\hat{\alpha}$ 和 $\hat{\beta}$ 分别是对回归模型参数 α 和 β 的估计;式(7.7)中,e_i 是 y 的实际观测值 y_i 与样本均值 $\hat{y}_i$ 之差,称为剩余项或残差。

样本对总体总是存在代表性误差,估计的参数 $\hat{\alpha}$ 和 $\hat{\beta}$ 毕竟还不等于回归模型的真实参数 α 和 β。我们需要寻求一定的规则和方法,使所估计的参数 $\hat{\alpha}$ 和 $\hat{\beta}$ 能够"尽可能地接近"回归模型中参数 α 和 β 的真实值。

7.2.2 回归系数的普通最小二乘估计

回归分析要用样本数据去估计回归函数中的参数,而各种参数估计的方法都是以一定假定为前提的。

1. 一元线性回归的基本假定

一元线性回归模型中的随机误差项 ε_i 是无法直接观测的,为了进行回归分析,需要对其性质作一些假定:

假定1:零均值假定。在给定 x 的条件下,ε_i 的条件期望为零,即

$$E(\varepsilon_i | x_i) = 0 \tag{7.8}$$

假定2:同方差假定。在给定 x 的条件下,ε_i 的条件方差为某个常数 σ^2,即

$$Var(\varepsilon_i | x_i) = E[\varepsilon_i - E(\varepsilon_i | x_i)]^2 = E(\varepsilon_i^2) = \sigma^2 \tag{7.9}$$

假定3:无自相关假定。随机误差项 ε_i 的逐次值互不相关,即

$$Cov(\varepsilon_i, \varepsilon_j) = E[\varepsilon_i - E(\varepsilon_i)][\varepsilon_j - E(\varepsilon_j)] = E(\varepsilon_i \varepsilon_j) = 0 \tag{7.10}$$

假定4:随机误差项 ε_i 与自变量 x_i 不相关,即

$$Cov(\varepsilon_i, x_j) = E[\varepsilon_i - E(\varepsilon_i)][x_i - E(x_i)] = 0 \tag{7.11}$$

假定5:正态性假定。假定 ε_i 服从均值为零、方差为 σ^2 的正态分布,即

$$\varepsilon_i \sim N(0, \sigma^2) \tag{7.12}$$

完全满足以上基本假定条件的线性回归模型,又称为古典线性回归模型。

2. 普通最小二乘法

对模型参数估计的方法有多种,对于满足基本假定的线性回归模型的估计,最简便、最常用的是普通最小二乘法(简称OLS)。

在一元线性回归中,对于既定的样本观测值,用不同的估计方法可能得到不同的回归模型参数的估计值 $\hat{\alpha}$ 和 $\hat{\beta}$,用样本回归方程所估计的 $\hat{y}_i$ 也可能不同。我们总是希望所估计

的 $\hat{y}_i$ 偏离实际观测值 y_i 越小越好,也就是整体上应使得到的残差 e_i 越小越好。可是因为 e_i 可正可负,残差直接的代数和会相互抵消,为此可以取残差平方和 $\sum e_i^2$ 作为衡量 $\hat{y}_i$ 与 y_i 整体偏离程度的标准,这就是所谓的最小二乘准则,即

$$\min(\sum e_i^2) = \min \sum (y_i - \hat{y}_i)^2 = \min \sum (y_i - \hat{\alpha} - \hat{\beta} x_i)^2 \qquad (7.13)$$

很明显,$\sum e_i^2$ 的大小依赖于 $\hat{\alpha}$ 和 $\hat{\beta}$ 的取值,根据微积分中求极值的原理,为使 $\sum e_i^2$ 达到最小,待定系数 $\hat{\alpha}$ 和 $\hat{\beta}$ 应满足

$$\frac{\partial (\sum e_i^2)}{\partial \hat{\alpha}} = -2 \sum (y_i - \hat{\alpha} - \hat{\beta} x_i) = 0$$

$$\frac{\partial (\sum e_i^2)}{\partial \hat{\beta}} = -2 \sum (y_i - \hat{\alpha} - \hat{\beta} x_i) x_i = 0$$

从而得出如下方程组

$$\sum y_i = n\hat{\alpha} + \hat{\beta} \sum x_i \qquad (7.14)$$

$$\sum x_i y_i = \hat{\alpha} \sum x_i + \hat{\beta} \sum x_i^2 \qquad (7.15)$$

式中,n 为样本容量。

这个方程组称为最小二乘的正规方程,求解这一方程组,得

$$\hat{\beta} = \frac{n \sum x_i y_i - \sum x_i \sum y_i}{n \sum x_i^2 - (\sum x_i)^2} \qquad (7.16)$$

$$\hat{\alpha} = \frac{\sum x_i^2 \sum y_i - \sum x_i \sum x_i y_i}{n \sum x_i^2 - (\sum x_i)^2} \qquad (7.17)$$

或

$$\hat{\alpha} = \bar{y} - \hat{\beta} \bar{x} \qquad (7.18)$$

式中 $\bar{x}$ 和 $\bar{y}$ 分别为样本观测值 x_i 和 y_i 的平均值。

【例 7.2】 经济理论分析认为,决定一般公共预算收入最主要的因素,是表现经济发展规模的地区生产总值。为了研究全国各地区地方一般公共预算收入与地区生产总值具体的数量关系,在例 7.1 中线性相关分析的基础上,可以建立各地区地方一般公共预算收入 y 对地区生产总值 x 的线性回归模型:

$$y_i = \alpha + \beta x_i + \varepsilon_i$$

式中,y_i 为第 i 地区的地方一般公共预算收入;x_i 为第 i 地区的地区生产总值。

为了估计其参数,可以将表 7.1 中各地区的地方一般公共预算收入 y 和地区生产总值 x 样本数据代入式 (7.15) 与 (7.16) 或 (7.17) 中计算。也可以用 Excel 直接作回归分析,方法是在工作表中输入样本数据,如在 (A3:A33) 中输入各省市自治区名称,在 (B3:B33) 中输入"y"的数据,在 (C3:C33) 中输入"x"的数据,在"工具"菜单的"数据分析"中选"回归",点"确定"打开对话框。在回归对话框的"Y 值输入区域"输入"B3:B33",在"X 值输入区域"中输入"C3:C33",在"输出区域"中输入选定的单元格,如"E2"。完成以上输入后,点"确定",得到回归估计结果。由 Excel 得到的回归估计结果主要包括"回归统计""方差分析"和"回归系数估计"三个部分,如图 7.5 所示。

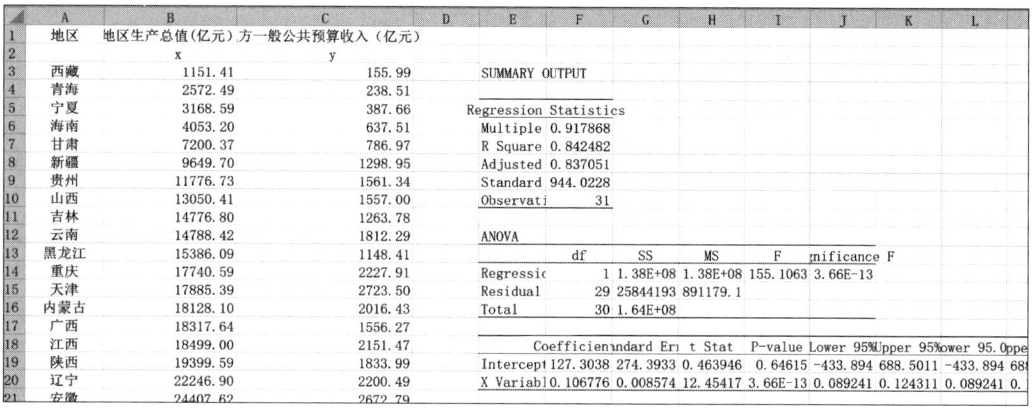

	A	B	C	D	E	F	G	H	I	J	K	L
1	地区	地区生产总值(亿元)	方一般公共预算收入（亿元）									
2		x	y									
3	西藏	1151.41	155.99		SUMMARY OUTPUT							
4	青海	2572.49	238.51									
5	宁夏	3168.59	387.66		Regression	Statistics						
6	海南	4053.20	637.51		Multiple	0.917868						
7	甘肃	7200.37	786.97		R Square	0.842482						
8	新疆	9649.70	1298.95		Adjusted	0.837051						
9	贵州	11776.73	1561.34		Standard	944.0228						
10	山西	13050.41	1557.00		Observati	31						
11	吉林	14776.80	1263.78									
12	云南	14788.42	1812.29		ANOVA							
13	黑龙江	15386.09	1148.41			df	SS	MS	F	gnificance F		
14	重庆	17740.59	2227.91		Regressi	1	1.38E+08	1.38E+08	155.1063	3.66E-13		
15	天津	17885.39	2723.50		Residual	29	25844193	891179.1				
16	内蒙古	18128.10	2016.43		Total	30	1.64E+08					
17	广西	18317.64	1556.27									
18	江西	18499.00	2151.47			Coefficien	andard Er	t Stat	P-value	Lower 95%	Upper 95%	ower 95.0 pe
19	陕西	19399.59	1833.99		Intercept	127.3038	274.3933	0.463946	0.64615	-433.894	688.5011	-433.894 68
20	辽宁	22246.90	2200.49		X Variabl	0.106776	0.008574	12.45417	3.66E-13	0.089241	0.124311	0.089241 0.
21	安徽	24407.62	2672.79									

图 7.5 Excel 回归输出结果

从输出的“回归系数估计”部分的“Coefficients”可以得到：估计的截距项$\hat{\alpha}$(Intercept)为127.303 8，估计的斜率系数$\hat{\beta}$(X Variabl)为0.106 77，即估计出的样本回归函数为

$$\hat{y}_i = 127.303\,8 - 0.106\,77x_i$$

这说明中国各地区的地区生产总值每增加1亿元，地方一般公共预算收入平均将增加0.106 77亿元。

3. 最小二乘估计的统计性质

前面已经指出，一元线性回归模型的系数不能直接观测，只能通过样本观测值去估计，用样本所估计的回归系数是随抽样而变动的随机变量。那么，像这样估计的回归系数是否可靠？是否仅仅为抽样的偶然结果呢？还需要进行假设检验。对回归系数的假设检验，需要确定用到样本估计的回归系数的概率分布性质。

在前面提出的基本假定都满足的条件下，可以证明①，用样本估计的回归系数的最小二乘估计值$\hat{\alpha}$和$\hat{\beta}$具有以下性质。

（1）最小二乘估计值$\hat{\alpha}$和$\hat{\beta}$都是y_i的线性函数，即

$$\hat{\beta} = \sum k_i y_i$$

$$\hat{\alpha} = \bar{y} - \hat{\beta}\bar{x}$$

由基本假定已知，ε_i是服从正态分布的，为此观测值y_i也服从正态分布，显然$\hat{\alpha}$和$\hat{\beta}$也都是服从正态分布的随机变量。

（2）$\hat{\alpha}$和$\hat{\beta}$的期望值等于回归模型参数α和β的真实值，即

$$E(\hat{\beta}) = \beta \tag{7.19}$$

$$E(\hat{\alpha}) = \alpha \tag{7.20}$$

① 对最小二乘估计统计性质的证明过程从略，这里只给出结论。

所以,最小二乘估计是总体回归系数 α 和 β 的无偏估计。

(3) 回归系数最小二乘估计具有有效性。可以证明参数 $\hat{\alpha}$ 和 $\hat{\beta}$ 的方差和标准误差分别为

$$Var(\hat{\beta}) = \frac{\sigma^2}{\sum(x_i - \bar{x})^2} \qquad (7.21)$$

$$Se(\hat{\beta}) = \frac{\sigma}{\sqrt{\sum(x_i - \bar{x})^2}} \qquad (7.22)$$

$$Var(\hat{\alpha}) = \sigma^2 \frac{\sum x_i^2}{n\sum(x_i - \bar{x})^2} \qquad (7.23)$$

$$Se(\hat{\alpha}) = \sigma\sqrt{\frac{\sum x_i^2}{n\sum(x_i - \bar{x})^2}} \qquad (7.24)$$

式中,Se 表示标准误差,即方差的平方根;σ^2 是随机误差项 ε_i 的方差。并且可以证明,在所有的线性无偏估计中,回归系数的最小二乘估计的方差最小,即具有有效性。

这就是说,在前面提出的基本假定都满足的条件下,回归系数的最小二乘估计是最佳线性无偏估计,这一结论也称为高斯-马尔可夫定理。

4. 方差 σ^2 的估计

由式(7.21)和(7.23)可以看出,$\hat{\alpha}$ 和 $\hat{\beta}$ 的方差除了样本观测值以外,都还涉及随机误差项 ε_i 的方差 σ^2,由于 ε_i 不能直接观测,显然 σ^2 也是未知的。但是可以证明①,在对一元线性回归模型最小二乘估计的基础上,由公式(7.25)可以得到 σ^2 的无偏估计 $\hat{\sigma}^2$:

$$\hat{\sigma}^2 = \frac{\sum e_i^2}{n-2} \qquad (7.25)$$

式中,$n-2$ 是自由度,n 是样本观测值的个数,2 是一元线性回归中要估计的回归系数的个数。

7.2.3 拟合优度的度量

样本回归直线是对样本数据的一种拟合,不同估计方法可拟合出不同的回归线,从散点图上看,样本回归直线与样本观测值总是一定程度上存在或正或负的偏离。我们对所估计出的样本回归线首先要考察对样本观测数据拟合的优劣程度,即对所谓的拟合优度进行度量。对样本回归拟合优度的度量是建立在对因变量总离差平方和分解的基础上的。

回顾式(7.6)和式(7.7)估计的样本回归方程

$$y_i = \hat{\alpha} + \hat{\beta}x_i + e_i = \hat{y}_i + e_i$$

如果以平均值 $\bar{y}$ 为基准,说明观测值 y_i 和估计值 $\hat{y}_i$ 对 $\bar{y}$ 的偏离程度,上式可用离差表示为

$$(y_i - \bar{y}) = (\hat{y}_i - \bar{y}) + e_i \qquad (7.26)$$

公式(7.26)中各变量的关系如图 7.6 所示。

---

① 证明从略。

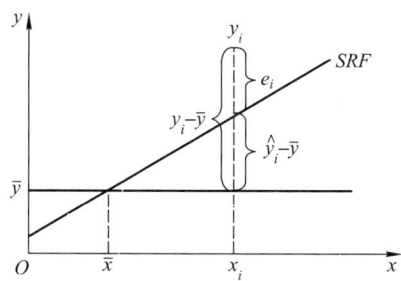

图7.6 样本回归变量离差的关系

将公式(7.26)两边平方并对所有观测值加总,得到

$$\sum (y_i-\bar{y})^2 = \sum (\hat{y}_i-\bar{y})^2 + \sum (y_i-\hat{y}_i)^2 \tag{7.27}$$

式中,因变量 y 的样本观测值 y_i 与其平均值 $\bar{y}$ 的离差平方和 $\sum (y_i-\bar{y})^2$,称为总离差平方和(SST);因变量 y 的样本估计值 $\hat{y}_i$ 与其平均值 $\bar{y}$ 的离差平方和 $\sum (\hat{y}_i-\bar{y})^2$,称为回归平方和($SSR$),是由回归线作出解释的离差平方和;因变量 y 的样本观测值 y_i 与估计值 $\hat{y}_i$ 之差的平方和 $\sum (y_i-\hat{y}_i)^2$,称为残差平方和(SSE),是未由回归线作出解释的离差平方和。

将公式(7.27)两边同除以 $\sum (y_i-\bar{y})^2$,得

$$1 = \frac{\sum (\hat{y}_i-\bar{y})^2}{\sum (y_i-\bar{y})^2} + \frac{\sum (y_i-\hat{y}_i)^2}{\sum (y_i-\bar{y})^2} \tag{7.28}$$

式中,$\sum (\hat{y}_i-\bar{y})^2 / \sum (y_i-\bar{y})^2$ 是由样本回归作出解释的离差平方和在总离差平方和中占的比重;$\sum (y_i-\hat{y}_i)^2 / \sum (y_i-\bar{y})^2$ 是未由回归线作出解释的离差平方和在总离差平方和中占的比重。

显然,如果样本回归线对样本观测值拟合程度越好,各样本观测点与回归线靠得越近,由样本回归作出解释的离差平方和在总离差平方和中占的比重也将越大;反之,拟合程度越差,这部分所占比重越小。所以,$\sum (\hat{y}_i-\bar{y})^2 / \sum (y_i-\bar{y})^2$ 可以作为综合度量回归模型对样本观测值拟合优度的指标,这一比例称为可决系数(或称判定系数),一般用 R^2 表示:

$$R^2 = \frac{\sum (\hat{y}_i-\bar{y})^2}{\sum (y_i-\bar{y})^2} \tag{7.29}$$

或

$$R^2 = 1 - \frac{\sum (y_i-\hat{y}_i)^2}{\sum (y_i-\bar{y})^2} \tag{7.30}$$

例如,中国各地区地方一般公共预算收入对地区生产总值的线性回归模型中,从图7.5 Excel回归输出结果的"回归统计"部分可以看出,在估计参数的同时,已经计算出了可决系数(R Square)为0.842 482。说明由各地区的地区生产总值作出解释的地方一般公共预算收入的差异占地方一般公共预算收入差异的84.25%。

可决系数 R^2 有如下特点:

(1) 可决系数是非负的统计量;
(2) 可决系数取值范围: $0 \leqslant R^2 \leqslant 1$;
(3) 可决系数是样本观测值的函数,可决系数是随抽样而变动的随机变量;
(4) 在一元线性回归中,可决系数在数值上是简单线性相关系数的平方: $r = \pm\sqrt{R^2}$,因为容易证明可决系数 R^2 也可表示为

$$R^2 = \frac{\left[\sum(x_i - \bar{x})(y_i - \bar{y})\right]^2}{\sum(x_i - \bar{x})^2 \sum(y_i - \bar{y})^2} \tag{7.31}$$

虽然可决系数在数值上等于简单线性相关系数的平方,但是应注意二者是有区别的。可决系数是就估计的回归模型而言,度量回归模型对样本观测值的拟合程度;相关系数是就两个变量而言,说明两个变量的线性依存程度。可决系数度量的是自变量与因变量不对称的因果关系;相关系数度量的是不考虑是否有因果关系的相关关系。可决系数有非负性,取值范围为 $0 \leqslant R^2 \leqslant 1$;相关系数可正可负,取值范围为 $-1 \leqslant r \leqslant 1$。

7.3 线性回归的显著性检验与回归预测

对回归模型的统计检验,包括各个回归系数的显著性检验和对回归方程的总显著性检验。在一元线性回归中,由于只有一个自变量,对各回归系数的显著性检验与对回归方程的总显著性检验事实上是等价的,所以本节只讨论对回归系数的显著性检验及利用回归模型作预测的方法。

7.3.1 回归系数显著性的 t 检验

对回归系数显著性检验的目的,是为了根据样本回归估计的结果对回归模型中回归系数的有关假设进行检验,以检验回归系数是否等于某特定的数值。对 α 和 β 的检验方法相同,但通常对检验 $\beta = \beta^*$ 是否成立更为关注。

以对 β 的检验为例,回归系数显著性检验的基本步骤如下。

(1) 提出假设。对回归系数显著性检验的假设一般为

$$H_0: \beta = \beta^* \qquad H_1: \beta \neq \beta^*$$

式中,H_0 表示原假设;H_1 表示备择假设;β^* 是假设的回归系数的真值,取某特定的值。在一元线性回归中,人们最关心的是自变量 x 对因变量 y 是否有显著线性影响,因此在对回归系数作假设检验时经常取 $\beta^* = 0$。若接受 $H_0: \beta = 0$ 的原假设,表明 x 对 y 没有显著的线性影响;若拒绝 $H_0: \beta = 0$ 的原假设,表明 x 对 y 存在显著的影响。

(2) 计算统计量。当 σ^2 未知,且样本容量较小时,只能用 $\hat{\sigma}^2 = \sum e_i^2/(n-2)$ 去代替 σ^2,此时可计算以下服从 t 分布的 t 统计量

$$t^* = \frac{\hat{\beta} - \beta^*}{Se(\hat{\beta})} \tag{7.32}$$

(3) 给定显著性水平 α,确定临界值。

例如,取 $\alpha = 0.05$ 或 $\alpha = 0.01$,查自由度 $n-2$ 时 t 分布表的临界值。注意,这里的假设

检验可以是双侧检验,也可以是单侧检验,二者临界值有所区别。例如,对于 $H_0:\beta=\beta^*$ 和 $H_1:\beta\neq\beta^*$ 进行的是双侧检验,临界值为 $t_{\alpha/2}(n-2)$;又如,对于 $H_0:\beta\leq\beta^*$ 和 $H_1:\beta>\beta^*$ 进行的是单侧检验,临界值为 $t_\alpha(n-2)$。

(4)检验结果判断。对于双侧检验,如果计算的 t 统计量的绝对值大于临界值,即 $|t^*|>t_{\alpha/2}(n-2)$,则拒绝原假设 $H_0:\beta=\beta^*$,而接受备择假设 $H_1:\beta\neq\beta^*$;反之,如果计算的 t 统计量的绝对值小于临界值,则接受原假设 $H_0:\beta=\beta^*$。

对于单侧检验,如果计算的 t 统计量大于临界值,即 $t^*>t_\alpha(n-2)$,则拒绝原假设 $H_0:\beta\leq\beta^*$;反之,则接受原假设。

例如,对于中国各地区地方一般公共预算收入对地区生产总值的线性回归模型的检验,可以建立原假设 $H_0:\alpha=0$ 和 $H_0:\beta=0$,根据样本估计结果分别计算 $\hat{\alpha}$ 和 $\hat{\beta}$ 的 t 统计量,对原假设 $H_0:\alpha=0$ 和 $H_0:\beta=0$ 进行 t 检验。此外,也可以由图 7.5 中 Excel 回归输出结果的"回归系数估计"部分直接得到 t 检验有关数据。其中估计的截距系数 $\hat{\alpha}$ 的 t 统计量为 0.463 946,估计的 X 的系数 $\hat{\beta}$ 的 t 统计量为 12.454 17。若取显著性水平 $\alpha=0.05$,查 t 分布表得 $t_{0.025}(31-2)=2.045\ 2$,显然 $\hat{\alpha}$ 的 t 统计量小于 $t_{0.025}(31-2)$,表明应接受 $H_0:\alpha=0$[①];$\hat{\beta}$ 的 t 统计量大于 $t_{0.025}(31-2)$,表明应拒绝 $H_0:\beta=0$,即说明各地区的地区生产总值 x 对地方一般公共预算收入 y 有显著的影响。

对回归系数的假设检验是在给定的显著性水平下作出的,因此当给定的显著性水平不同时,对检验所得的结论很可能不同,甚至会得出相反的结论。例如,对于 $H_0:\beta=0$,如果在 $n=20$ 时由样本值计算的 t 统计量为 2.500 0,若显著性水平取 0.05,临界值为 $t_{\alpha/2}(n-2)=t_{0.025}(18)=2.100\ 9$,应当拒绝 $H_0:\beta=0$;但若显著性水平取 0.01,临界值为 $t_{\alpha/2}(n-2)=t_{0.005}(18)=2.878\ 4$,则应当接受 $H_0:\beta=0$。由此可以看出,在原假设既定及 t 统计量已确定的情况下,对参数假设检验的结论与显著性水平息息相关,那么就可以从显著性水平出发去判断检验结果。在既定原假设下计算出回归系数的 t 统计量 t^* 以后,由 t 分布的性质可求得 t 统计量大于 t^* 的概率

$$P(t\geq t^*\mid H_0)=\alpha^*$$

这里的 α^* 是 t 统计量大于 t^* 值的概率,称为所估计的回归系数的 P 值。显然,所取的显著性水平 α(例如取 0.05)只要比 P 值 α^* 更大,就可在显著性水平 α 下拒绝 $H_0:\beta=0$;反之,所取的 α 小于 P 值 α^*,就应在显著性水平 α 下接受 $H_0:\beta=0$。这就是利用 P 值进行回归系数显著性检验的方法。在 Excel 及各种回归分析的软件中,在给出回归的结果时通常都会同时给出所估计参数的 P 值,这给判断参数显著性检验的结论带来很大方便。

例如,在图 7.5 中已经分别给出了参数 $\hat{\alpha}$ 和 $\hat{\beta}$ 的 P 值为 0.646 15 和 3.66E-13,如果取显著性水平为 $\alpha=0.05$,显然 $\hat{\alpha}$ 的 P 值 0.646 15 大于 $\alpha=0.05$,不能拒绝 $H_0:\alpha=0$;而 $\hat{\beta}$ 的 P

---

① 在线性回归分析中,需要着重检验的是斜率系数的显著性,一般对截距项的显著性检验不那么关注。这里只是作为如何判断 t 检验显著性的示例。

值 3.66E−13 远小于 $\alpha=0.05$,可以拒绝 $H_0:\beta_2=0$。可见,利用 P 值检验的结果与 t 检验的结果是一致的。

7.3.2 一元线性回归模型的预测

回归分析的目的之一是对因变量作合理的预测。如果所建立的回归方程通过了各项统计检验,并且在经济上也是有实际意义的,估计出参数的回归模型就可以用于对因变量的预测。预测的基本方法是将自变量预测期的数值 x_f 代入估计的模型计算出因变量的预测值 $\hat{y}_f$:

$$\hat{y}_f = \hat{\alpha} + \hat{\beta} x_f \tag{7.33}$$

由样本回归的意义不难理解,用式(7.33)计算的 $\hat{y}_f$ 只是由样本回归方程计算的,是对 y_f 的平均值作的点估计,因为 $\hat{\alpha}$ 和 $\hat{\beta}$ 是随样本而变化的随机变量,$\hat{y}_f$ 也是一个随机变量。对 y_f 的平均值的点预测值 $\hat{y}_f$ 并不一定等于因变量预测期的真实个别值 y_f,还需要对 y_f 可能的置信区间作出预测,也就是说要对 y_f 进行区间预测。

由公式(7.33)容易导出

$$E(e_f) = E(y_f - \hat{y}_f) = 0 \tag{7.34}$$

在一元回归时可以证明

$$Var(e_f) = E(y_f - \hat{y}_f)^2 = \sigma^2 \left[1 + \frac{1}{n} + \frac{(x_f - \bar{x})^2}{\sum(x_i - \bar{x})^2} \right] \tag{7.35}①$$

当用 $\hat{\sigma}^2 = \sum e_i^2/(n-2)$ 代替 σ^2 时,可以证明

$$t = \frac{e_f - E(e_f)}{Se(e_f)} = \frac{y_f - \hat{y}_f}{Se(e_f)} \sim t(n-2)$$

给定显著性水平 α,查 t 分布表得自由度为 $n-2$ 的临界值 $t_{\alpha/2}(n-2)$,则有

$$P\{[\hat{y}_f - t_{\alpha/2} Se(e_f)] \leq y_f \leq [\hat{y}_f + t_{\alpha/2} Se(e_f)]\} = 1 - \alpha$$

因此,一元回归时 y_f 的置信度为 $1-\alpha$ 的预测区间为

$$\left[\hat{y}_f - t_{\alpha/2} \hat{\sigma} \sqrt{1 + \frac{1}{n} + \frac{(x_f - \bar{x})^2}{\sum(x_i - \bar{x})^2}}; \hat{y}_f + t_{\alpha/2} \hat{\sigma} \sqrt{1 + \frac{1}{n} + \frac{(x_f - \bar{x})^2}{\sum(x_i - \bar{x})^2}} \right] \tag{7.36}$$

回归预测的置信区间如图 7.7 所示。

对因变量 y_f 的区间预测有如下特点:

(1) y_f 的预测区间不是常数,是随 x_f 的变化而变化的,当 $x_f = \bar{x}$ 时,$(x_f - \bar{x})^2 = 0$,此时预测区间最窄,x_f 越是远离 $\bar{x}$,$(x_f - \bar{x})^2$ 越大,预测区间越宽。因此用回归模型作预测时,x_f 不宜离 $\bar{x}$ 过远,否则预测精度会降低,甚至使预测失效。

(2) 预测区间与样本容量有关,样本容量 n 越大,$\sum(x_i - \bar{x})^2$ 越大,预测误差的方差越小,预测区间也越窄。而样本容量过小时,预测精度将较差。

---

① 证明从略。

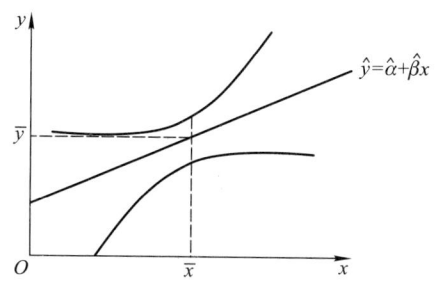

图 7.7　回归预测的置信区间

例如,如果已经通过其他方法预测出西部地区某省的地区生产总值(GDP)将可达到 30 000 亿元,利用所建立的回归模型可以对其地方一般公共预算收入作出预测。首先可以将地区生产总值的预测值代入估计的回归方程,得到该省地方一般公共预算收入的点预测值:

$$\hat{y}_f = 127.303\,8 + 0.106\,776 \times 30\,000 = 3\,330.58(亿元)$$

为了对地方财政税收收入作区间预测,根据公式(7.36),需要计算 $\bar{x}$ 和 $\sum(x_i-\bar{x})^2$。在 Excel 的工作表中,选择 $\bar{x}$ 的输出位置,如(C36),在"公式"菜单的"插入函数"中选"AVERAGE",在"函数参数"的"Number1"中输入自变量 x 地区生产总值的数据区域(C3:C33),点"确定",在(C36)位置即得到 $\bar{x}$ 的值 25 163.55。在 Excel 中可以由 x 的方差计算出 $\sum(x_i-\bar{x})^2$,方法是在存放 x 方差的单元格(如 C36)中输入"= VAR(C3:C33)",回车得 x 的方差 391 096 164.51,在存放 $\sum(x_i-\bar{x})^2$ 的单元格(如 C37)中输入"= C36 * (31-1)",回车得 $\sum(x_i-\bar{x})^2$ 的值 11 732 884 935。

取 $\alpha = 0.05$ 查表得 $t_{\alpha/2}(n-2) = t_{0.025}(31-2) = 2.045\,2$,并且由图 7.5 中回归结果的"回归统计"部分已得到"标准误差 $\hat{\sigma} = 944.022\,8$"。可利用这些数据根据公式(7.36)计算预测的置信区间的上下限,方法是在存放置信区间下限的单元格(如 E22)中输入"= 3 330.59-2.045 2 * 944.022 812 6 * SQRT(1+1/30+(30 000-25 163.55)^2/11 732 884 935)",回车即得 1 366.067;在存放置信区间上限的单元格(如 E23)中输入"= 3 330.59+2.045 2 * 944.022 812 6 * SQRT(1+1/30+(30 000-25 163.55)^2/11 732 884 935)",回车即得 5 295.113。这就是说,当该省地区生产总值达到 30 000 亿元时,地方一般公共预算收入的置信度 95% 的预测区间为(1 366.067 亿元,5 295.113 亿元)。

7.4　多元线性回归分析

一元线性回归模型只是讨论因变量和一个自变量之间的线性关系。但是,由于社会经济现象的复杂性,一个经济变量可能会同多个经济变量相联系。例如,消费者对某种商品的需求量不仅受收入水平的影响,而且还取决于商品价格的高低;又如,影响一个国家货币需求量的不仅有经济总量,而且还有利率、物价水平等因素。因此,有必要运用多元相关分析与回归分析的方法。由于多个变量的相关系数是以多元回归为基础的,所以也需要讨论多元回归分析。

7.4.1 多元线性回归模型及假定

1. 多元线性回归模型

研究两个以上变量的线性相关关系称为多元线性相关分析,研究因变量与两个或两个以上自变量的线性关系,称为多元线性回归分析;表现多个变量的线性关系的数学公式,称为多元线性回归模型。例如,某种商品的需求量 Q,可能与商品价格 P、居民的收入 R 都有关系,如果它们的关系是线性关系,则可表示为

$$Q_i = a + bP_i + cR_i + \varepsilon_i$$

式中,a, b, c 为参数,ε_i 为随机误差项。

如果回归模型描述了一个因变量与多个自变量之间的线性关系,由此而设定的回归模型就是多元线性回归模型。

包含因变量 y 与 $(k-1)$ 个自变量 $x_2, x_3, \cdots, x_k$ 的多元总体线性回归函数的一般形式为

$$y_i = \beta_1 + \beta_2 x_{2i} + \beta_3 x_{3i} + \cdots + \beta_k x_{ki} + \varepsilon_i \quad (i=1, 2, \cdots, n) \tag{7.37}$$

式中,$(k-1)$ 为解释变量的个数;n 为样本个数;$(y_i, x_{2i}, x_{3i}, \cdots, x_{ki})$ 为第 i 次观测的样本;$\beta_j(j=1, 2, \cdots, k)$ 为模型参数;ε_i 为随机误差项。

多元线性回归模型的条件均值形式为

$$E(y|x_{2i}, x_{3i}, \cdots, x_{ki}) = \beta_1 + \beta_2 x_{2i} + \beta_3 x_{3i} + \cdots + \beta_k x_{ki} \tag{7.38}$$

对于 y_i 和 $x_{2i}, x_{3i}, \cdots, x_{ki}$ 的观测值,不能用二维平面坐标的散点图来表现,只能用"超平面"上的点描绘它们的关系。由于存在随机误差,这些点并不恰好在一个平面上。

多元线性回归模型与一元线性回归模型基本类似,只不过自变量由一个增加到两个以上。由于多个解释变量会同时对因变量 y 的变动发挥作用,因此,如果要考察其中某个解释变量对 y 的影响,就必须使其他解释变量保持不变。多元线性回归模型中,回归系数 $\beta_j(j=1, 2, \cdots, k)$ 表示的是在控制其他自变量不变的条件下,第 j 个自变量的单位变动对因变量均值的影响,这样的回归系数称为偏回归系数。

在多元线性回归模型中,各个回归系数也是未知的,只能利用样本观测值对其进行估计。如果将因变量的样本条件均值表示为各个自变量的线性函数:

$$\hat{y}_i = \hat{\beta}_1 + \hat{\beta}_2 x_{2i} + \hat{\beta}_3 x_{3i} + \cdots + \hat{\beta}_k x_{ki} \tag{7.39}$$

式中,$\hat{\beta}_j(j=1, 2, \cdots, k)$ 是对多元回归模型参数 β_j 的估计。

多元回归中,由样本回归方程得到的因变量估计值 $\hat{y}_i$ 与实际观测值 y_i 之间也存在偏差,即残差 e_i。多元线性样本回归方程也可表示为

$$y_i = \hat{y}_i + e_i$$

或

$$y_i = \hat{\beta}_1 + \hat{\beta}_2 x_{2i} + \hat{\beta}_3 x_{3i} + \cdots + \hat{\beta}_k x_{ki} + e_i \quad i=1, 2, \cdots, n \tag{7.40}$$

2. 多元回归模型的假定

在多元回归分析中,为了有效地估计模型中的参数及对模型进行统计检验,也需要对模型作一些假定。对多元线性回归模型的假定条件,除了简单线性回归中的零均值、同方

差、无自相关、随机扰动项与自变量不相关以及正态性假定以外,还要增加各自变量之间不存在线性关系的假定,即无多重共线性的假定。

7.4.2 多元线性回归模型的估计

1. 参数的最小二乘估计

与一元线性回归模型的估计方法一样,可以用残差平方和最小准则即最小二乘法去估计多元线性回归模型的回归参数。

由(7.40)式,残差为

$$e_i = y_i - (\hat{\beta}_1 + \hat{\beta}_2 x_{2i} + \hat{\beta}_3 x_{3i} + \cdots + \hat{\beta}_k x_{ki}) \quad i=1,2,\cdots,n \tag{7.41}$$

要使残差平方和

$$e_i^2 = (y_i - \hat{\beta}_1 - \hat{\beta}_2 x_{2i} - \hat{\beta}_3 x_{3i} - \cdots - \hat{\beta}_k x_{ki})^2$$

达到最小,其充分必要条件是

$$\frac{\partial(\sum e_i^2)}{\partial \hat{\beta}_j} = 0 \quad j=1,2,\cdots,k$$

即

$$\begin{cases} -2\sum [y_i - (\hat{\beta}_1 + \hat{\beta}_2 x_{2i} + \hat{\beta}_3 x_{3i} + \cdots + \hat{\beta}_k x_{ki})] = 0 \\ -2\sum x_{2i} [y_i - (\hat{\beta}_1 + \hat{\beta}_2 x_{2i} + \hat{\beta}_3 x_{3i} + \cdots + \hat{\beta}_k x_{ki})] = 0 \\ \cdots\cdots\cdots\cdots \\ -2\sum x_{ki} [y_i - (\hat{\beta}_1 + \hat{\beta}_2 x_{2i} + \hat{\beta}_3 x_{3i} + \cdots + \hat{\beta}_k x_{ki})] = 0 \end{cases}$$

整理后的正规方程组表示为

$$\begin{cases} n\hat{\beta}_1 + \hat{\beta}_2 \sum x_{2i} + \cdots + \hat{\beta}_k \sum x_{ki} = \sum y_i \\ \hat{\beta}_1 \sum x_{2i} + \hat{\beta}_2 \sum x_{2i}^2 + \cdots + \hat{\beta}_k \sum x_{2i} x_{ki} = \sum x_{2i} y_i \\ \cdots\cdots\cdots\cdots \\ \hat{\beta}_1 \sum x_{ki} + \hat{\beta}_2 \sum x_{2i} x_{ki} + \cdots + \hat{\beta}_k \sum x_{ki}^2 = \sum x_{ki} y_i \end{cases} \tag{7.42}$$

由样本观测值求解正规方程组,即可得到多元线性回归的参数估计值。

多元线性回归系数的估计用手工计算十分烦琐,但利用 Excel 等软件作多元回归已经十分方便。

类似于一元线性回归,在模型古典假定成立的情况下,可以证明多元线性回归模型参数的最小二乘估计也是因变量观测值 y_i 的线性组合,并具有无偏性与有效性。因此多元线性回归的最小二乘估计也是最佳线性无偏估计[①]。

【例 7.3】 为了研究全国各地区实物商品网上零售额的差异及其原因,经分析认为,实物商品网上零售额可能与居民收入水平(用居民人均可支配收入表示)、物流需求及运

---

① 证明从略。

输条件(用货物周转量表示)、互联网发展程度(用互联网宽带接入用户数表示)等都有关系。下面选取 2016 年各地区实物商品网上零售额(y)、居民人均可支配收入(x_2)、货物周转量(x_3)、互联网宽带接入用户数(x_4)作为样本数据进行回归分析,如表 7.2 所示。

表 7.2 2016 年各地区实物商品网上零售额及相关变量数据

地区	实物商品网上零售额(亿元)	居民人均可支配收入(元)	货物周转量(亿吨公里)	互联网宽带接入用户数(万户)
	y	x_2	x_3	x_4
北京	4 226.50	52 530.40	825.43	475.8
天津	649.00	34 074.50	2 302.32	283.90
河北	833.30	19 725.40	12 332.68	1 612.00
山西	94.30	19 048.90	3 565.46	747.20
内蒙古	69.00	24 126.60	4 341.74	417.20
辽宁	370.10	16 039.70	12 113.49	971.70
吉林	88.10	19 967.00	1 478.52	440.00
黑龙江	120.40	19 838.50	1 532.54	575.10
上海	4 704.40	54 305.30	19 317.76	635.70
江苏	3 995.30	32 070.10	7 653.78	2 685.20
浙江	6 798.50	38 529.00	9 789.33	2 159.70
安徽	732.30	19 998.10	10 896.37	1 075.00
福建	1 912.40	17 607.90	6 070.59	1 144.60
江西	363.10	20 109.60	3 897.75	822.50
山东	1 504.60	24 685.30	8 884.34	2 360.50
河南	627.60	18 443.10	7 383.54	1 767.20
湖北	827.70	21 786.60	5 922.87	1 131.90
湖南	511.00	21 114.80	4 056.86	1 066.90
广东	10 348.00	30 295.80	21 801.65	2 779.40
广西	137.80	18 305.10	4 260.41	790.00
海南	25.50	20 653.40	1 060.75	186.50
重庆	340.70	22 034.10	2 968.29	704.70
四川	1 140.00	18 808.30	2 504.11	1 851.20
贵州	73.30	15 121.10	1 482.28	459.50
云南	152.20	16 719.90	1 600.07	655.30
西藏	4.00	13 639.20	124.63	40.20
陕西	913.20	18 873.70	3 444.92	803.00

续表

地区	实物商品网上零售额(亿元)	居民人均可支配收入(元)	货物周转量(亿吨公里)	互联网宽带接入用户数(万户)
	y	x_2	x_3	x_4
甘肃	27.60	14 670.30	2 170.05	392.90
青海	8.60	17 301.80	475.80	99.70
宁夏	13.40	18 832.30	819.94	111.90
新疆	40.20	18 354.70	1 803.88	468.40

资料来源:国家统计局网站(http://www.stats.gov.cn)。

利用 Excel 作多元回归的估计和检验的步骤如下:

(1) 输入数据:在 Excel 工作表中选定区域(在本例中为 B3 : B33)输入因变量“实物商品网上零售额”的数据;在选定的区域(如 C3 : C33)输入第一个自变量“居民人均可支配收入”的数据;在选定区域(如 D3 : D33)输入第二个自变量“货物周转量”的数据;在选定区域(如 E3 : E33)输入第三个自变量“互联网宽带接入用户数”的数据。

(2) 估计参数:在“工具”菜单的“数据分析”中选“回归”,点确定打开对话框。在回归对话框的“Y 值输入区域”输入“B3 : B33”,在“X 值输入区域”中输入“C3 : E33”,在“输出区域”中输入选定的单元格,如“G3”。完成以上输入后,点“确定”,得到的回归估计结果如图 7.8 所示。

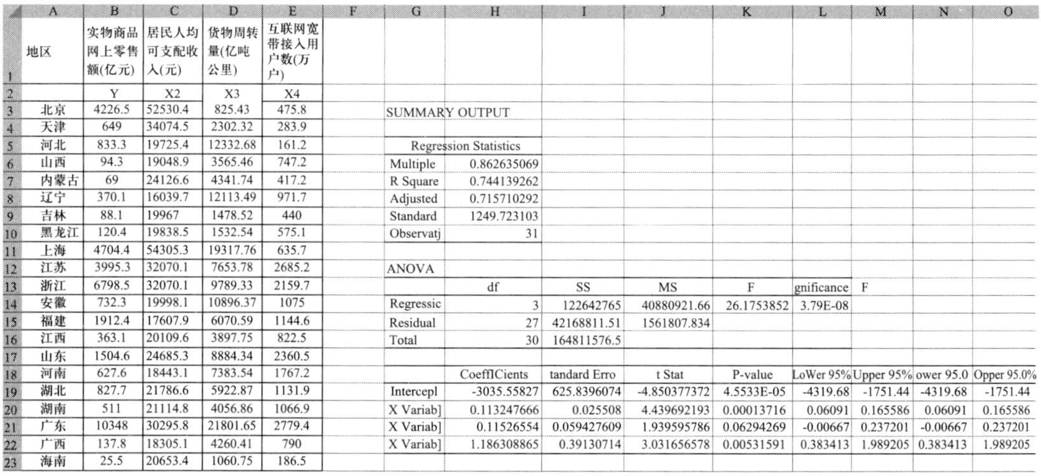

	A	B	C	D	E
1	地区	实物商品网上零售额(亿元)	居民人均可支配收入(元)	货物周转量(亿吨公里)	互联网宽带接入用户数(万户)
2		Y	X2	X3	X4
3	北京	4226.5	52530.4	825.43	475.8
4	天津	649	34074.5	2302.32	283.9
5	河北	833.3	19725.4	12332.68	161.2
6	山西	94.3	19048.9	3565.46	747.2
7	内蒙古	69	24126.6	4341.74	417.2
8	辽宁	370.1	16039.7	12113.49	971.7
9	吉林	88.1	19967	1478.52	440
10	黑龙江	120.4	19838.5	1532.54	575.1
11	上海	4704.4	54305.3	19317.76	635.7
12	江苏	3995.3	32070.1	7653.78	2685.2
13	浙江	6798.5	32070.1	9789.33	2159.7
14	安徽	732.3	19998.1	10896.37	1075
15	福建	1912.4	17607.9	6070.59	1144.6
16	江西	363.1	20109.6	3897.75	822.5
17	山东	1504.6	24685.3	8884.34	2360.5
18	河南	627.6	18443.1	7383.54	1767.2
19	湖北	827.7	21786.6	5922.87	1131.9
20	湖南	511	21114.8	4056.86	1066.9
21	广东	10348	30295.8	21801.65	2779.4
22	广西	137.8	18305.1	4260.41	790
23	海南	25.5	20653.4	1060.75	186.5

G	H	I	J	K	L	M	N	O
SUMMARY OUTPUT								
Regression Statistics								
Multiple	0.862635069							
R Square	0.744139262							
Adjusted	0.715710292							
Standard	1249.723103							
Observatj	31							
ANOVA								
	df	SS	MS	F	gnificance	F		
Regressic	3	122642765	40880921.66	26.1753852	3.79E-08			
Residual	27	42168811.51	1561807.834					
Total	30	164811576.5						
	CoeffICients	tandard Erro	t Stat	P-value	LoWer 95%	Upper 95%	ower 95.0	Opper 95.0%
Intercepl	-3035.55827	625.8396074	-4.850377372	4.5533E-05	-4319.68	-1751.44	-4319.68	-1751.44
X Variab]	0.113247666	0.025508	4.439692193	0.00013716	0.06091	0.165586	0.06091	0.165586
X Variab]	0.11526554	0.059427609	1.939595786	0.06294269	-0.00667	0.237201	-0.00667	0.237201
X Variab]	1.186308865	0.39130714	3.031656578	0.00531591	0.383413	1.989205	0.383413	1.989205

图 7.8 Excel 多元回归输出结果

因此所得回归函数为

$$\hat{y}_i=-3\ 035.558\ 3+0.113\ 3x_{2i}+0.115\ 3x_{3i}+1.186\ 3x_{4i}$$

这说明,各地区实物商品网上零售额与居民人均可支配收入、货物周转量、互联网宽带接入用户数有关,在其他变量保持不变的情况下,相对来说居民人均可支配收入每增加 1 元,实物商品网上零售额平均将增加 0.113 3 亿元,而货物周转量每增加 1 亿吨公里,实物商品网上零售额平均将增加 0.115 3 亿元，互联网宽带接入用户数每增加 1 万户，实物商品网上零售额平均将增加 1.186 3 亿元。

2. 随机误差项方差 σ^2 的估计

多元回归中，在计算估计的回归系数的方差和对模型作假设检验时，都要涉及随机误差项的方差 σ^2。然而，随机扰动项的方差 σ^2 是未知的，也需要利用样本回归的残差平方和去估计。

对于有 $k-1$ 个解释变量，有 k 个参数的多元回归模型，可以证明

$$\hat{\sigma}^2 = \frac{\sum e_i^2}{n-k} \tag{7.43}$$

而且 $\hat{\sigma}^2$ 是随机扰动项方差 σ^2 的无偏估计[1]。

在用 Excel 作多元回归分析的输出结果中，已直接给出了用公式(7.43)计算的 $\hat{\sigma}^2$ 数值。例如，从图 7.8 输出结果的"方差分析"部分，可得"残差"的"MS"值为 1 561 807.834，这就是计算的 $\hat{\sigma}^2$，图中"回归统计"部分的标准误差即 $\hat{\sigma}$ 为 1 249.723 1。

7.4.3 多元线性回归模型的检验

1. 多元线性回归的拟合优度

在一元线性回归模型中，用可决系数 R^2 来衡量估计模型对观测值的拟合程度。在多元线性回归模型中，为了说明估计的模型对观测值的拟合程度，也可以考察在 y 的总离差平方和 $\sum(y_i-\bar{y})^2$ 中由各个自变量所解释的那部分占的比重，即回归平方和与总平方和的比值，这一比值称为多重可决系数，用 R^2 表示。

类似于一元回归模型，多元线性回归有如下离差平方和分解式

变差 $\qquad\qquad\sum(y_i-\bar{y})^2 = \sum(\hat{y}_i-\bar{y})^2 + \sum(y_i-\hat{y}_i)^2 \qquad (7.44)$

$$SST = SSR + SSE$$

自由度 $\qquad\qquad (n-1) = (k-1) + (n-k)$

式中，总离差平方和 SST 反映了因变量观测值总离差的大小；回归平方和 SSR 反映了因变量回归估计值说明的总离差的大小，它是因变量观测值总离差中由自变量解释的那部分离差；残差平方和 SSE 反映了因变量观测值与估计值之间的总离差，是因变量观测值总离差中未被自变量解释的那部分。显然，回归平方和 SSR 越大，残差平方和 SSE 就越小，从而因变量观测值总离差平方和中能由自变量解释的那部分就越大，模型对观测数据的拟合程度就越高。因此我们定义多重可决系数为

$$R^2 = \frac{\sum(\hat{y}_i-\bar{y})^2}{\sum(y_i-\bar{y})^2} \tag{7.45}$$

或者表示为

---

[1] 证明从略。

$$R^2 = \frac{\sum(y_i-\bar{y})^2 - \sum(y_i-\hat{y}_i)^2}{\sum(y_i-\bar{y})^2} = 1 - \frac{\sum(y_i-\hat{y}_i)^2}{\sum(y_i-\bar{y})^2} = 1 - \frac{\sum e_i^2}{\sum(y_i-\bar{y})^2} \tag{7.46}$$

多重可决系数是介于 0 和 1 之间的一个数,R^2 越接近 1,模型对数据的拟合程度就越好。

由于在样本容量一定的条件下,总离差平方和与自变量的个数无关,而残差平方和会随着模型中自变量个数的增加而减少,至少不会增加。也就是说,随着模型中自变量的增加,多重可决系数 R^2 会随着自变量个数增加而增大。因此,多元线性回归模型中,在比较因变量相同而自变量个数不同的模型的拟合程度时,不能简单地对比多重可决系数。在样本容量一定的情况下,增加自变量必定使得待估参数的个数增加,从而损失自由度;而且在实际应用中,有时所增加的自变量并非必要。为此,人们用自由度去修正多重可决系数 R^2 中的残差平方和与回归平方和,引入了修正的可决系数 $\bar{R}^2$,其计算公式为

$$\bar{R}^2 = 1 - \frac{\sum e_i^2/(n-k)}{\sum(y_i-\bar{y})^2/(n-1)} = 1 - \frac{n-1}{n-k}\frac{\sum e_i^2}{\sum(y_i-\bar{y})^2} \tag{7.47}$$

修正的可决系数与未经修正的多重可决系数之间有如下关系:

$$\bar{R}^2 = 1 - (1-R^2)\frac{n-1}{n-k} \tag{7.48}$$

由此式可以看出,当 $k>1$ 时,$\bar{R}^2 < R^2$,这意味着随着自变量个数的增加,$\bar{R}^2$ 将小于 R^2。

在实际应用中,人们希望所建模型的 R^2 或 $\bar{R}^2$ 越大越好。但应注意,可决系数只是对模型拟合优度的度量,R^2 和 $\bar{R}^2$ 越大,只是说明列入模型中的自变量对因变量的联合影响程度越大,并非说明模型中各个自变量对因变量的影响程度也都大。在回归分析中,不仅要求模型的拟合程度高,而且还要得到回归模型参数的可靠估计量。因此,在选择模型时,不能单纯地凭可决系数的高低断定模型的优劣。

当用 Excel 作回归分析时,多重可决系数和修正的可决系数的计算结果是直接给出的。例如,用居民人均可支配收入、货物周转量、互联网宽带接入用户数去解释各地区实物商品网上零售额差异的分析中,在用 Excel 作回归分析的同时,回归输出结果中的"回归统计"部分就已经列出了多重可决系数和修正的可决系数。从图 7.8 中的输出结果可直接看出 $R^2 = 0.744\,14$,$\bar{R}^2 = 0.715\,71$。

2. 回归参数的显著性检验(t 检验)

多元回归分析中对各个回归系数的检验,目的在于检验当其他自变量不变时,该回归系数对应的自变量是否对因变量有显著影响。检验方法与一元线性回归的检验基本相同。

在多元回归中,由于对 ε_i 的正态性假定,回归系数的估计量服从正态分布,可以证明[①]:

$$\hat{\beta}_j \sim N[\beta_j, Var(\hat{\beta}_j)] \tag{7.49}$$

---

① 证明从略。

因为 σ^2 未知，故 $Var(\hat{\beta}_j)$ 也未知。用 $\hat{\sigma}^2$ 代替 σ^2 可构造统计量

$$t = \frac{\hat{\beta}_j - \beta_j}{Se(\hat{\beta}_j)} \sim t(n-k) \tag{7.50}$$

可以证明，这时该统计量服从自由度为 $(n-k)$ 的 t 分布。

用 t 统计量进行回归参数显著性检验的具体步骤如下。

(1) 提出检验假设。

$$H_0: \beta_j = 0 \quad H_1: \beta_j \neq 0 \quad j = 1, 2, \cdots, k$$

(2) 计算 t 统计量。

在 H_0 成立的条件下，根据样本观测值和参数估计值计算 t 统计量

$$t = \frac{\hat{\beta}_j - 0}{Se(\hat{\beta}_j)} = \frac{\hat{\beta}_j}{Se(\hat{\beta}_j)} \sim t(n-k) \tag{7.51}$$

(3) 检验。给定显著性水平 α，查自由度为 $(n-k)$ 的 t 分布表，得临界值 $t_{\alpha/2}(n-k)$。

若 $|t| \geq t_{\alpha/2}(n-k)$，就拒绝 H_0，接受 H_1，说明在其他自变量不变的情况下，自变量 x_j 对因变量 y 的影响是显著的。

若 $|t| < t_{\alpha/2}(n-k)$，就接受 H_0，说明在其他自变量不变的情况下，自变量 x_j 对因变量 y 的影响不显著。

在用 Excel 作回归分析时，所估计参数对应的 t 统计量是在"回归系数估计"部分同时给出的，例如，从图 7.8 可以看出，与"居民人均可支配收入"的参数对应的 t 统计量为 4.439 7，与"货物周转量"的参数对应的 t 统计量为 1.939 6，与"互联网宽带接入用户数"的参数对应的 t 统计量为 3.031 7。若是取 $\alpha = 0.05$，查 t 分布表可得 $t_{\alpha/2}(n-k) = t_{0.025}(31-3) = 2.048 4$，与计算的 t 统计量对比可知，自变量"居民人均可支配收入"和"互联网宽带接入用户数"的参数所对应的 t 统计量的绝对值分别为 4.439 7 和 3.031 7，都大于 $\alpha = 0.05$ 时的临界值 2.048 4，这说明"居民人均可支配收入"和"互联网宽带接入用户数"分别对实物商品网上零售额的差异都有显著影响。但是与"货物周转量"的参数对应的 t 统计量为 1.939 6，小于 $\alpha = 0.05$ 时临界值 2.048 4，说明当给定显著性水平 $\alpha = 0.05$ 时，还不能拒绝 $H_0: \beta_3 = 0$，也就是说，在显著性水平 $\alpha = 0.05$ 下，"货物周转量"对实物商品网上零售额没有显著的影响。但是如果取 $\alpha = 0.10$，查 t 分布表可得 $t_{\alpha/2}(n-k) = t_{0.05}(31-3) = 1.701 1$，与"货物周转量"的参数对应的 t 统计量 1.939 6 的绝对值大于 $\alpha = 0.10$ 时的临界值 1.701 1，表明在显著性水平 $\alpha = 0.10$ 下，"货物周转量"对实物商品网上零售额有显著的影响。

在多元线性回归参数的显著性检验中，也可以利用 P 值作检验。由图 7.8 中"回归系数估计"部分可看出，"居民人均可支配收入"参数的 P 值为 0.000 137，"互联网宽带接入用户数"参数的 P 值为 0.005 316，两个自变量参数对应的 P 值都远小于 $\alpha = 0.05$，说明两个自变量对实物商品网上零售额的影响都十分显著。"货物周转量"参数的 P 值为 0.062 94，虽然大于 $\alpha = 0.05$，但小于 $\alpha = 0.10$，说明"货物周转量"对实物商品网上零售额也有明显影响。这与 t 检验的结论相同。

3. 回归方程的显著性检验（F 检验）

虽然 t 检验对单个回归系数是否显著进行了推断，由于多元线性回归模型包含了多个自变量，它们联合起来同因变量之间是否存在显著的线性关系还需要进一步作出判断，即应当对回归系数进行整体检验。该检验是在方差分析的基础上利用 F 检验进行的。所检验的假设为

$$H_0: \beta_1 = \beta_2 = \cdots = \beta_k = 0$$
$$H_1: \beta_j (j=1,2,\cdots,k) \text{不全为零}$$

如前所述，因变量 y 观测值的离差平方和等于回归平方和与残差平方和之和。为便于比较分析，如果将自由度考虑进去，将离差平方和转换为样本方差，可形成如表 7.3 所示的方差分析表。

表 7.3 方差分析表

离差来源	平方和	自由度	方差
源于回归	$\sum(\hat{y}_i - \bar{y})^2$	$k-1$	$\sum(\hat{y}_i - \bar{y})^2/(k-1)$
源于残差	$\sum(y_i - \hat{y}_i)^2$	$n-k$	$\sum(y_i - \hat{y}_i)^2/(n-k)$
总平方和	$\sum(y_i - \bar{y})^2$	$n-1$	$\sum(y_i - \bar{y})^2/(n-1)$

可以证明，在 H_0 成立的条件下，统计量 F 服从自由度为 $k-1$ 和 $n-k$ 的 F 分布，即

$$F = \frac{\sum(\hat{y}_i - \bar{y})^2/(k-1)}{\sum(y_i - \hat{y}_i)^2/(n-k)} \sim F(k-1, n-k) \quad (7.52)$$

给定显著性水平 α，在 F 分布表中查出自由度为 $k-1$ 和 $n-k$ 的临界值 $F_\alpha(k-1, n-k)$，将样本观测值代入公式(7.52)计算 F 值，然后将 F 值与临界值 $F_\alpha(k-1, n-k)$ 比较。若 $F > F_\alpha(k-1, n-k)$，则拒绝原假设 $H_0: \beta_1 = \beta_2 = \cdots = \beta_k = 0$，说明回归方程中所有自变量联合起来对因变量有显著影响；若 $F < F_\alpha(k-1, n-k)$，则接受原假设 H_0，说明回归方程中所有自变量联合起来对因变量影响不显著，所建回归模型没有意义。

在利用 Excel 作多元回归时，方差分析的有关数据和计算的 F 统计量随回归结果同时给出。例如，图 7.8 输出的 Excel 回归结果的"方差分析"部分显示"回归平方和"为 122 642 765，自由度(df)为 3，方差(Excel 中用 MS 表示)为 40 880 921.66；"残差平方和"为 42 168 811.5，自由度(df)为 27，方差为 1 561 807.834；计算的 F 统计量为 26.175 385 2。取 $\alpha = 0.05$，查 F 分布表得自由度为 $k-1$ 和 $n-k$ 的临界值 $F_{0.05}(4-1, 31-4) = 2.96$，显然在本例中 F 统计量远大于临界值，说明居民人均可支配收入、货物周转量、互联网宽带接入用户数等联合起来对实物商品网上零售额有显著影响。

需要指出的是，在一元线性回归中，由于解释变量只有一个，也就不用进行 F 检验。事实上，在一元回归情形下容易证明 $F = t^2$，F 检验与 t 检验是等价的。

本章小结

1. 各种变量相互之间的依存关系有两种不同的类型：一种是确定性的函数关系，一

种是不确定性的统计关系,也称为相关关系。变量之间的相关关系可用坐标图又称散点图去描述。相关分析的目的是分析变量间是否存在相关关系,并计量相关关系的程度。

2. 变量之间的相关关系从变量的数量可分为简单相关关系和多重相关或复相关关系;从表现形式可分为线性相关和非线性相关;从相关关系变化的方向分为正相关和负相关;从相关的程度分为完全相关、不完全相关和不相关。

3. 变量之间相关关系的程度可用相关系数去度量。简单线性相关系数分为总体的简单线性相关系数和样本的简单线性相关系数。样本相关系数是随抽样而变动的随机变量,其显著性需要加以检验。

4. 现代意义的回归是关于一个变量对另一个或另外多个变量依存关系的研究,其目的是要根据已知的或固定的自变量的数值,去估计因变量的总体平均值。

5. 线性回归模型在各项基本假定满足的条件下,用普通最小二乘法去估计的参数是回归模型系数的最佳线性无偏估计。

6. 用样本观测值估计的回归系数是随抽样而变动的随机变量。对估计的样本回归系数需要进行统计检验。估计出的样本回归线对样本观测数据拟合的优劣程度,可用在对因变量总离差平方和分解的基础上计算的可决系数或修正的可决系数去度量。

7. 分别对各个回归系数的显著性检验可用 t 检验。整个回归方程的显著性检验,需要在方差分析的基础上作 F 检验。利用估计的线性回归模型对因变量可以作点预测,也可以作区间预测。

8. 相关分析和回归分析的实际计算和图形的描绘可应用 Excel 去实现。

思考与练习

思考题

1. 相关分析与回归分析的区别和联系是什么?
2. 对回归模型的最小二乘估计有哪些基本的假定?为什么对参数进行最小二乘估计要对模型提出这些基本的假定?
3. 总体方差与参数估计方差的区别是什么?
4. 如果要分析"影响中国妇女生育水平的决定因素是什么?"的问题,你认为对此问题可以建立什么样的回归方程去研究?
5. 据世界卫生组织统计,全世界肥胖症和体重超常已遍及五大洲,因"吃"致病乃至死亡的人数已高于因饥饿死亡的人数,即"全球吃死的人比饿死的人多"。你认为相关分析与回归分析方法能在这个问题的研究中发挥作用吗?
6. 说明用 Excel 估计回归方程参数的操作步骤。
7. 为什么用可决系数能够度量回归方程对样本数据的拟合程度?
8. 为什么对多元线性回归的可决系数要作修正?可决系数和修正的可决系数的含义和作用有什么不同?
9. 对回归系数显著性作 t 检验的基本思想是什么?
10. 利用 t 统计量和 P 值对对回归系数的显著性检验是什么关系?
11. 多元线性回归分析中,对回归模型的 t 检验和 F 检验的区别和联系是什么?为什么对模型作了

F 检验后还要作 t 检验?

12. 利用回归方程作经济预测的基本条件和前提是什么?为什么对用回归方程计算的预测值还要作区间估计?

13. 回归系数与偏回归系数有什么不同?

14. 在多元线性回归中,对参数作了 t 检验以后为什么还要作方差分析和 F 检验?

15. 试证明"在一元回归情形下 $F=t^2$,F 检验与 t 检验是等价的"。

练习题

1. 表 7.4 是从中国统计年鉴收集到 1996—2016 年中国国内生产总值和最终消费的数据。

表 7.4　中国国内生产总值与最终消费　　　　　　　　单位:亿元

年份	国内生产总值 (GDP) x	最终消费 y	年份	国内生产总值 (GDP) x	最终消费 y
1996	71 813.6	43 087	2007	270 232.3	136 229
1997	79 715	47 509	2008	319 515.5	157 466
1998	89 195.5	51 460	2009	349 081.4	172 728
1999	90 564.4	56 622	2010	413 030.3	198 998
2000	100 280.1	63 668	2011	489 300.6	241 022
2001	110 863.1	68 547	2012	540 367.4	271 113
2002	121 717.4	74 068	2013	595 244.4	300 338
2003	137 422	79 513	2014	643 974.0	328 313
2004	161 840.2	89 086	2015	689 052.1	362 267
2005	187 318.9	101 448	2016	744 127.2	400 176
2006	219 438.5	114 729			

资料来源:《中国统计年鉴 2017》,国家统计局。

(1) 画出最终消费与国内生产总值的散点图,观测其增长趋势。

(2) 分析最终消费与国内生产总值的相关关系和相关程度。

(3) 建立最终消费和国内生产总值的回归方程,解释所估计回归系数的经济意义。

2. 为研究中国各地区居民人均消费支出的差异及与人均可支配收入的数量关系,由中国统计年鉴得到 2016 年中国各地区居民人均消费支出和居民人均可支配收入数据,如表 7.5 所示。

表 7.5　2016 年中国居民消费支出与可支配收入数据

地区	居民人均消费 支出(元)	居民人均可支配 收入(元)	地区	居民人均消费 支出(元)	居民人均可支配 收入(元)
北京	35 415.7	52 530.4	湖北	15 888.7	21 786.6
天津	26 129.3	34 074.5	湖南	15 750.5	21 114.8
河北	14 247.5	19 725.4	广东	23 448.4	30 295.8
山西	12 682.9	19 048.9	广西	12 295.2	18 305.1

续表

地区	居民人均消费支出(元)	居民人均可支配收入(元)	地区	居民人均消费支出(元)	居民人均可支配收入(元)
内蒙古	18 072.3	24 126.6	海 南	14 275.4	20 653.4
辽 宁	19 852.8	26 039.7	重 庆	16 384.8	22 034.1
吉 林	14 772.6	19 967.0	四 川	14 838.5	18 808.3
黑龙江	14 445.8	19 838.5	贵 州	11 931.6	15 121.1
上 海	37 458.3	54 305.3	云 南	11 768.8	16 719.9
江 苏	22 129.9	32 070.1	西 藏	9 318.7	13 639.2
浙 江	25 526.6	38 529.0	陕 西	13 943.0	18 873.7
安 徽	14 711.5	19 998.1	甘 肃	12 254.2	14 670.3
福 建	20 167.5	27 607.9	青 海	14 774.7	17 301.8
江 西	13 258.6	20 109.6	宁 夏	14 965.4	18 832.3
山 东	15 926.4	24 685.3	新 疆	14 066.5	18 354.7
河 南	12 712.3	18 443.1			

(1) 对居民人均消费支出和居民人均可支配收入作相关分析。

(2) 用 Excel 作居民人均消费支出和居民人均可支配收入的回归分析,并说明其结论的经济意义。

(3) 在 95% 的置信度下,β_2 的区间估计是多少?

(4) 利用所建立的回归模型,预测某地区居民人均可支配收入为 60 000 元时人均消费支出水平的点预测值和区间预测值。

3. 表 7.6 是伊春林区 16 个林业局某年的木材剩余物和木材采伐量的数据。

表 7.6　伊春林区各林业局某年的木材剩余物和木材采伐量 单位:万立方米

序号	林业局	年木材剩余物 y	年木材采伐量 x	序号	林业局	年木材剩余物 y	年木材采伐量 x
1	乌伊岭	26.13	61.4	9	乌马河	6.80	17.0
2	东风	23.49	48.3	10	美溪	9.69	27.3
3	新青	21.97	51.8	11	大丰	7.99	21.5
4	红星	11.53	35.9	12	南岔	12.15	35.5
5	五营	7.18	17.8	13	带岭	6.80	17.0
6	上甘岭	6.80	17.0	14	朗乡	17.20	50.0
7	友好	18.43	55.0	15	桃山	9.50	30.0
8	翠峦	11.69	32.7	16	双丰	5.52	13.8

资料来源:张晓峒. 计量经济学. 北京:清华大学出版社,2017:26.

(1) 分析年木材剩余物和年木材采伐量的相关关系。

(2) 建立年木材剩余物和年木材采伐量的回归方程,并对模型进行估计和统计检验。

(3) 如果其中的大丰林业局的年木材采伐量达到 40 万立方米,对大丰林业局将会产生的年木材剩余物作区间预测。

4. 已知某商品的需求量(y)、价格(x_2)和消费者收入(x_3),表 7.7 给出了解释变量 x_2 和 x_3 对 y 线性回归方差分析的部分结果。

表 7.7　方差分析表

变差来源	平方和(SS)	自由度(df)	平方和的均值(MSS)
来自回归(SSR)	377 067.19		
来自残差(SSE)			
总变差(SST)	447 962.19	19	

(1) 回归模型估计结果的样本容量 n 为多少?来自残差的平方和为多少?来自回归的平方和(SSR)与来自残差平方和(SSE)的自由度各为多少?

(2) 此模型的可决系数和修正的可决系数为多少?

(3) 利用此结果能对模型的检验得出什么结论?能否认为模型中的解释变量 x_2 和 x_3 联合起来对某商品的需求量 y 的影响是否显著?本例中能否判断两个解释变量 x_2 和 x_3 各自对某商品的需求量 y 也都有显著影响?

5. 表 7.8 为某企业 2006—2017 年的总成本和产量的数据。

表 7.8　2006—2017 年某企业总成本和产量

年份	总成本 (万元) y	产量 (件) x	年份	总成本 (万元) y	产量 (件) x
2006	329	410	2012	863	906
2007	524	608	2013	1 390	1 223
2008	424	512	2014	1 157	1 107
2009	629	723	2015	1 548	1 319
2010	741	811	2016	1 787	1 424
2011	1 020	1 009	2017	2 931	1 541

(1) 作总成本和产量的散点图,作一元线性回归,分析总成本和产量是否接近线性关系。

(2) 用已知数据估计以下总成本非线性回归的参数:
$$y_t = \beta_1 + \beta_2 x_t + \beta_3 x_t^2 + \beta_4 x_t^3 + \varepsilon_t$$

(3) 检验参数的显著性,检验整个回归方程的显著性。

(4) 计算总成本对产量的非线性相关指数。

(5) 评价以上回归分析的结果,你有什么体会?

6. 经研究发现,家庭书刊年消费支出受家庭月平均收入及户主受教育年数的影响,表 7.9 为对某地区部分家庭抽样调查得到的样本数据。

表7.9 家庭书刊年消费支出、家庭月平均收入及户主受教育年数数据

家庭书刊年消费支出(元)	家庭月平均收入(元)	户主受教育年数(年)	家庭书刊年消费支出(元)	家庭月平均收入(元)	户主受教育年数(年)
y	x	T	y	x	T
450	1 027.2	8	793.2	1 998.6	14
507.7	1 045.2	9	660.8	2 196.0	10
613.9	1 225.8	12	792.7	2 105.4	12
563.4	1 312.2	9	580.8	2 147.4	8
501.5	1 316.4	7	612.7	2 154.0	10
781.5	1 442.4	15	890.8	2 231.4	14
541.8	1 641.0	9	1 121.0	2 611.8	18
611.1	1 768.8	10	1 094.2	3 143.4	16
1 222.1	1 981.2	18	1 253.0	3 624.6	20

(1) 作家庭书刊年消费支出(y)对家庭月平均收入(x)和户主受教育年数(T)的多元线性回归：

$$y_i = \beta_1 + \beta_2 x_i + \beta_3 T_i + \varepsilon_i$$

利用样本数据估计模型的参数$\hat{\beta}_2$和$\hat{\beta}_3$，对模型加以检验，分析所估计模型的经济意义和作用。

(2) 作以下三个回归分析：

① 作家庭书刊年消费支出(y)对户主受教育年数(T)的一元回归，获得残差E_1；

② 作家庭月平均收入(x)对户主受教育年数(T)的一元回归，获得残差E_2。

③ 作残差E_1对残差E_2的无截距项的回归：$E_1 = \alpha_2 E_2 + v_i$，估计其参数$\hat{\alpha}_2$。

(3) 对比所估计的$\hat{\beta}_2$和$\hat{\alpha}_2$后，你对家庭书刊年消费支出(y)对家庭月平均收入(x)和户主受教育年数(T)的多元线性回归的参数的性质有什么认识？

7. 近年来中国家用汽车数量增长很快，为预测家用汽车的发展，表7.10 收集了2016 年中东部地区的百户拥有家用汽车量、人均地区生产总值、居民消费价格指数的数据。

表7.10 2016年中东部地区的百户拥有家用汽车量等数据

地区	百户拥有家用汽车量（辆）	人均地区生产总值（万元）	居民消费价格指数（上年=100）
	y	x_2	x_3
北 京	47.3	11.81	101.4
天 津	43.1	11.45	102.1
河 北	35.3	4.29	101.5
山 西	24.6	3.54	101.1
内蒙古	34.1	7.19	101.2
辽 宁	24.2	5.08	101.6
吉 林	21.4	5.41	101.6

续表

地区	百户拥有家用汽车量（辆） y	人均地区生产总值（万元） x_2	居民消费价格指数（上年=100） x_3
黑龙江	14.2	4.05	101.5
上 海	29.3	11.64	103.2
江 苏	37.9	9.67	102.3
浙 江	45.2	8.45	101.9
安 徽	18.7	3.94	101.8
福 建	26.5	7.44	101.7
江 西	21.5	4.03	102.0
山 东	44.1	6.84	102.1
河 南	23.7	4.25	101.9
湖 北	17.6	5.55	102.2
湖 南	21.4	4.62	101.9
广 东	29.4	7.35	102.3
广 西	22.2	3.79	101.6
海 南	18.1	4.42	102.8

资料来源：《中国统计年鉴2017》，国家统计局。

（1）百户拥有家用汽车量是否与人均地区生产总值、居民消费价格指数有密切关系？如果有关系，它们之间是一种什么样的关系？

（2）作百户拥有家用汽车量对人均地区生产总值及居民消费价格指数的回归分析。

（3）如果2020年某地区人均地区生产总值将达到12万元，居民消费价格指数控制在103%，对2020年中国的私人载客汽车拥有量作预测。

8. 为研究各地区教育投入的不平衡问题，表7.11由《中国统计年鉴2017》得到西部大开发地区各省市2016年国家财政性教育经费、地方一般公共预算收入、居民人均可支配收入的数据。

表7.11　2016年中国西部地区国家财政性教育经费等数据

地区	国家财政性教育经费（亿元） y	地方一般公共预算收入（亿元） x_2	居民人均可支配收入（元） x_3	地区	国家财政性教育经费（亿元） y	地方一般公共预算收入（亿元） x_2	居民人均可支配收入（元） x_3
重庆	640.10	2 227.91	22 034.1	甘肃	551.86	786.97	14 670.3
四川	1 336.96	3 388.85	18 808.3	宁夏	169.65	387.66	18 832.3
贵州	803.92	1 561.34	15 121.1	青海	190.62	238.51	17 301.8
云南	903.96	1 812.29	16 719.9	新疆	650.82	1 298.95	18 354.7
西藏	189.30	155.99	13 639.2	内蒙	632.47	2 016.43	24 126.6
陕西	775.42	1 833.57	18 873.7	广西	846.77	1 556.27	20 653.4

(1) 分析比较国家财政性教育经费与地方一般公共预算收入、居民人均可支配收入是否存在相关关系。

(2) 建立国家财政性教育经费与地方一般公共预算收入、居民人均可支配收入的回归模型，用表 7.11 的数据估计其参数，并对其结果作统计检验。

(3) 你怎样理解回归分析所估计参数的经济意义。

案例分析

地方一般公共预算收入差异及影响因素分析

改革开放以来，中国的经济迅速发展，取得举世瞩目的成就，进入全面实现小康的新阶段，现在社会的主要矛盾已经转化为人民日益增长的美好生活需要和不平衡不充分发展之间的矛盾。中国发展不平衡不充分表现在诸多方面，各地区地方财政收入的差距巨大，就是其重要体现。

本章的例 7.1 只是对中国各地区的地方一般公共预算收入的总量与代表经济发展水平的地区生产总值的关系进行了相关分析，例 7.2 也只是运用一元回归的方法分析了地方一般公共预算收入总量与地区生产总值这一个变量的数量关系。可是，各地区的地方一般公共预算收入不仅仅决定于地区生产总值。例如，北京和上海的地区生产总值分别为 25 669.13 亿元和 28 178.65 亿元，福建、湖南、河北、湖北、四川、河南的地区生产总值虽然都高于北京和上海，然而这些省的地方一般公共预算收入却均远低于北京的 5 081.26 亿元和上海的 6 406.13 亿元。这表明除了地区生产总值对地方一般公共预算收入有显著影响外，还有其他一些因素对地方一般公共预算收入也有显著影响。为了在全国财政收入迅速增长的过程中，逐步解决各地区发展的不平衡，应当更加全面地分析和更深刻认识形成各地区地方一般公共预算收入差异的原因，进一步明确各地区具体的努力方向，使其对地方一般公共预算收入的预测更为精准，这就需要对其他影响因素加以深入探索。

从经济理论上分析，财政收入除了受经济增长的影响以外，还可能与社会发展、产业结构、政策等多种因素有关。地方一般公共预算收入除了决定于地区生产总值所代表的经济增长因素外，至少还可能与城镇化水平、产业结构、对外开放程度等存在密切关系。为了分析以上各因素的影响，除了例 7.1 和例 7.2 中已有的各地区"地方一般公共预算收入"和"地区生产总值"等数据外，这里又补充收集了代表城镇化水平的各地区"城镇人口比重"、代表产业结构差异的"第三产业所占比重"、代表对外开放程度的"货物进出口总额"及"外商企业投资总额"等数据，见表 7.12。

表 7.12　各地区地方一般公共预算收入及影响因素数据

地区	地方一般公共预算收入（亿元）	地区生产总值（亿元）	城镇人口比重（%）	第三产业比重（%）	货物进出口总额（亿美元）	外商企业投资总额（亿美元）
	y	x_2	x_3	x_4	x_5	x_6
北京	5 081.26	25 669.13	86.50	80.2	2 823.49	4 274

续表

地区	地方一般公共预算收入（亿元）y	地区生产总值（亿元）x_2	城镇人口比重（%）x_3	第三产业比重（%）x_4	货物进出口总额（亿美元）x_5	外商企业投资总额（亿美元）x_6
天津	2 723.50	17 885.39	82.93	56.4	1 026.56	2 226
河北	2 849.87	32 070.45	53.32	41.5	466.75	848
山西	1 557.00	13 050.41	56.21	55.5	166.61	422
内蒙古	2 016.43	18 128.10	61.19	43.6	116.40	411
辽宁	2 200.49	22 246.90	67.37	51.5	865.57	2 133
吉林	1 263.78	14 776.80	55.97	42.5	184.53	256
黑龙江	1 148.41	15 386.09	59.20	54.0	165.39	283
上海	6 406.13	28 178.65	87.90	69.8	4 337.68	7 342
江苏	8 121.23	77 388.28	67.72	50.0	5 092.96	8 799
浙江	5 301.98	47 251.36	67.00	51.0	3 365.76	3 199
安徽	2 672.79	24 407.62	51.99	41.0	444.13	673
福建	2 654.83	28 810.58	63.60	42.9	1 568.26	2 263
江西	2 151.47	18 499.00	53.10	42.0	400.28	777
山东	5 860.18	68 024.49	59.00	46.7	2 343.56	2 519
河南	3 153.47	40 471.79	48.50	41.8	712.13	822
湖北	3 102.06	32 665.38	58.10	43.9	393.89	993
湖南	2 697.88	31 551.37	52.75	46.4	262.43	580
广东	10 390.35	80 854.91	69.20	52.0	9 552.98	7 816
广西	1 556.27	18 317.64	48.08	39.6	476.27	437
海南	637.51	4 053.20	56.78	54.3	113.48	760
重庆	2 227.91	17 740.59	62.60	48.1	627.54	881
四川	3 388.85	32 934.54	49.21	47.2	493.06	942
贵州	1 561.34	11 776.73	44.15	44.7	57.00	237
云南	1 812.29	14 788.42	45.03	46.7	199.02	330
西藏	155.99	1 151.41	29.56	52.7	7.82	23
陕西	1 833.99	19 399.59	55.34	42.3	299.47	561
甘肃	786.97	7 200.37	44.69	51.4	68.33	75
青海	238.51	2 572.49	51.63	42.8	15.29	75
宁夏	387.66	3 168.59	56.29	45.4	32.52	87
新疆	1 298.95	9 649.70	48.35	45.1	176.38	97

资料来源：国家统计局网站（http://www.stats.gov.cn）。

讨论题

1. 分析中国各地区的"地方一般公共预算收入"分别与经济增长因素(地区生产总值)、城镇化水平(城镇人口比重)、产业结构(第三产业比重)、对外开放程度(货物进出口总额、外商企业投资总额)是否相关？比较"地方一般公共预算收入"与每个因素的相关程度。

案例分析提示

2. 作"地方一般公共预算收入"与地区生产总值、城镇人口比重、第三产业比重、货物进出口总额及外商企业投资总额的多元回归，你对回归结果能作出什么解释？

3. 如果只是保留"货物进出口总额"作为对外开放的代表性变量，从自变量中剔除"外商企业投资总额"后重新作多元回归，你怎样评价这样的回归结果？

即测即评

第 8 章
时间序列分析与预测

人民币汇率变动的趋势

在实际的社会经济生活中,人们经常会接触到按时间顺序记录的数据,例如反映中国各年国内生产总值 GDP 变动、一段时期股票市场价格的波动,等等。受各种经济和非经济因素的影响,外汇市场上人民币的汇率也总是每时每刻处于频繁变动之中。相当一段时间人民币汇率都相对稳定,并呈现一定上涨趋势。2018 年以来,人民币对美元的汇率出现频繁波动。中国人民银行授权中国外汇交易中心公布,2018 年 7 月 30 日银行间外汇市场人民币汇率中间价为:1 美元对人民币 6.813 1 元,较前一交易日下跌 189 个基点。现在,不论是政府、企业经营者,还是广大消费者,都很关注人民币汇率的变动,需要分析汇率变动的未来趋势。

自 2017 年 8 月 10 日至 2018 年 8 月 8 日,美元对人民币汇率中间价走势图如图 8.1 所示。

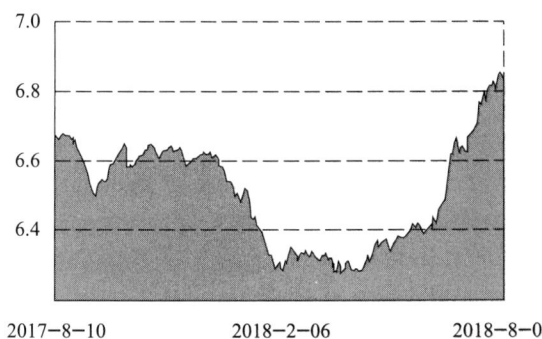

图 8.1 2017 年 8 月 10 日至 2018 年 8 月 8 日美元对人民币汇率中间价走势图
资料来源:中国外汇交易中心网站(www.chinamoney.com.cn)。

从美元对人民币汇率走势图看,2018 年 4 月以前人民币汇率相对稳定,并呈现上涨趋势。2018 年 4 月以来,随着中美贸易摩擦加剧,人民币汇率开始呈现下跌态势,美元对人民币中间价跌破 6.4。根据中国外汇交易中心数据,美元对人民币汇率中间价在短暂上升后,又继续下跌。业内人士分析,后续人民币汇率依旧面临下行压力。

很多社会经济现象总是随着时间的推移不断发展变化,为了探索现象随时间而发展变化的规律性,不仅要从静态上分析现象的特征、内部结构,以及相互关联的数量关系,而且应着眼于现象随时间演变的过程,从动态上去研究其发展变动的规律。按时间顺序观测和记录的系列数据,表现了现象发展变化的过程,包含了丰富的信息。通过对按时间顺序记录变量的观测和分析,可以更深入认识和把握变量随时间变动的发展趋势和变动程度;更有利于分析变量按时间顺序变动的规律性以及预测变量在未来时间变动的趋势。

显然,需要有一些专门研究按时间顺序观测的系列数据的分析方法,这就是统计学中的时间序列分析。

时间序列分析是统计学中发展很快的一个专门研究领域。时间序列包括确定型时间序列和随机型时间序列。确定型时间序列是指事物的发展有确定的变化规律,序列的变化过程可以用时间 t 的确定函数来描述;随机型时间序列是指事物的变化没有必然的变化规律,需要把时间序列作为一个随机过程来描述和研究。本章只讨论确定型的时间序列分析和预测方法。①

8.1 时间序列的描述

8.1.1 时间序列及其描述

与社会经济现象有关的统计数据,大多数都是在不同时间观测记录的。为了研究某种事物在不同时间的发展状况,我们通常需要对事物的变化情况作跟踪观测,记录某种事物随时间推移而变化的统计数据。例如,一个公司要对未来一年产品的分季度销售量作出预测,这种预测对公司的生产进度安排、原材料采购、存货策略、资金计划都至关重要,作这种预测的重要依据则是过去若干年公司分季度的产品销售记录,即公司在此之前按时间顺序排列的产品销售数据。又如,为了表现改革开放以来中国经济的发展状况,最直观的描述方式是把中国从 1978 年以来经济发展的数据按年度顺序排列起来。像这样形成的一个变量在一定连续时点或一定连续时期上测量的观测值的集合称为时间序列,有时也称为动态数列。任何一个时间序列都具有两个基本要素:一是被研究现象所属的时间范围;二是反映该现象一定时间条件下数量特征的数值,即在不同时间上的统计数据。时间序列中每一项数据是某个变量(或某种指标)在对应时间的数值,反映了现象在各个时间上达到的规模或水平,序列中每一项数值也称为相应时间上的发展水平。

对时间序列有多种描述方式,常用的主要有将按时间顺序观测的数据列成表格描述或用图形描述,还可以通过计算一定的动态分析指标去描述。

【例 8.1】 表 8.1 所列的是 1990—2016 年中国国内生产总值(GDP)及人口等数据。

---

① 随机型时间序列的统计分析将在专门的时间序列分析课程中讨论。

表 8.1　1990—2016 年中国国内生产总值与人口等数据

年份	国内生产总值（亿元）(1)	国内生产总值指数（上年＝100）(2)	年末人口（万人）(3)	人均国内生产总值（元/人）(4)
1990	18 872.90	103.90	114 333	1 663
1991	22 005.60	109.30	115 823	1 912
1992	27 194.50	114.20	117 171	2 334
1993	35 673.20	113.90	118 517	3 027
1994	48 637.50	113.00	119 850	4 081
1995	61 339.90	111.00	121 121	5 091
1996	71 813.60	109.90	122 389	5 898
1997	79 715.00	109.20	123 626	6 481
1998	85 195.50	107.80	124 761	6 860
1999	90 564.40	107.70	125 786	7 229
2000	100 280.10	108.50	126 743	7 942
2001	110 863.10	108.30	127 627	8 717
2002	121 717.40	109.10	128 453	9 506
2003	137 422.00	110.00	129 227	10 666
2004	161 840.20	110.10	129 988	12 487
2005	187 318.90	111.40	130 756	14 368
2006	219 438.50	112.70	131 448	16 738
2007	270 232.30	114.20	132 129	20 505
2008	319 515.50	109.70	132 802	24 121
2009	349 081.40	109.40	133 450	26 222
2010	413 030.30	110.60	134 091	30 876
2011	489 300.60	109.50	134 735	36 403
2012	540 367.40	107.90	135 404	40 007
2013	595 244.40	107.80	136 072	43 852
2014	643 974.00	107.30	136 782	47 203
2015	689 052.10	106.90	137 462	50 251
2016	744 127.20	106.70	138 271	53 980

资料来源：国家统计局网站（www.stats.gov.cn）。

注：其中"国内生产总值"按当年价格计算；"国内生产总值指数"按不变价格计算。

在一个时间序列中，与各时间对应的数据按时间顺序可以记为 $x_0, x_1, x_2, \cdots, x_n$，每一项数据反映了现象在各个时间上达到的规模和水平，也称为相应时间的发展水平。如表

8.1中那样,发展水平根据数据性质可以分别用总量数据、相对数或平均数去表示。按序列所反映时间状态的不同,总量数据时间序列又分为时期序列和时点序列。当序列中排列的数据为反映现象在各段时期内发展过程的总量时,即为时期序列,例如,表8.1中的"国内生产总值"形成的数据序列。时期序列的特点是序列中各期数据具有可加性,其数值大小与所属时期长短有直接的关系。当序列中排列的数据为反映现象在某一时点上瞬间所处的状态时,即为时点序列,例如表8.1中的"年末人口"形成的序列。时点序列的主要特点是序列中各期数值相加无意义,各时点数值大小与时点间隔长短没有直接的联系。在对各时间的发展水平进行比较时,把作为比较基础的那个时期称为基期,相对应的发展水平称为基期水平;把所研究考察的那个时期称为报告期,相对应的发展水平称为报告期水平。为了综合说明现象在一段时期的一般发展水平,还可计算一个时期各个时间数据的序时平均数,说明同一现象在某一时期的平均发展水平。

对时间序列进行分析的目的,一是为了描述事物在过去时间的状态和水平,分析其随时间推移的发展趋势;二是为了揭示事物发展变化的规律性;三是预测事物在未来时间的数量。通过对各时间的变量数值进行对比,揭示其发展变化的过程和规律,保证序列中各变量数值在所属时间、总体范围、经济内容、计算口径、计算方法等方面具有充分的可比性,是编制时间数列的基本原则。

8.1.2 时间序列的图形描述

除了如表8.1用列表的形式描述以外,用各种图形去描述时间序列的变化模式和变化趋势,分析观察数据随时间变化的形态,也是一种直观而有效的方法。

例如,依据表8.1中1990—2016年中国的国内生产总值数据绘制的曲线图形如图8.2所示。

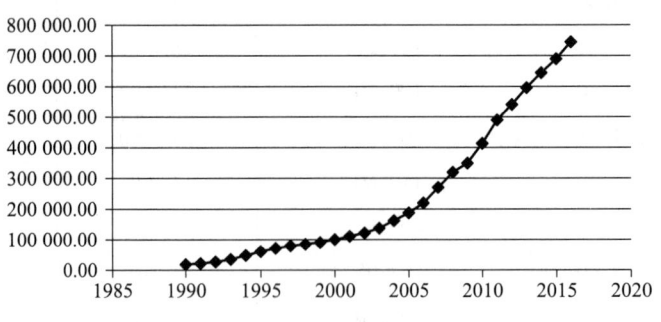

图8.2 1990—2016年中国的国内生产总值变动图

从图8.2可以明显看出,改革开放以来中国的国内生产总值持续增长,1990—2004年增长比较平稳,2004年以后增长速度明显加快。

又如,1990—2016年中国国内生产总值指数的曲线图形如图8.3所示。

从图8.3国内生产总值指数变动图可以明显看出,这个期间中国国内生产总值指数有较显著的波动,而且呈现出一定的周期性变动。

用各类图形描述时间序列数据,可以直观、简明地表现某种现象随时间变化的模式和趋势,但是图形描述方式较为粗糙,还需要从更深层次去揭示现象随时间变化的具体数量

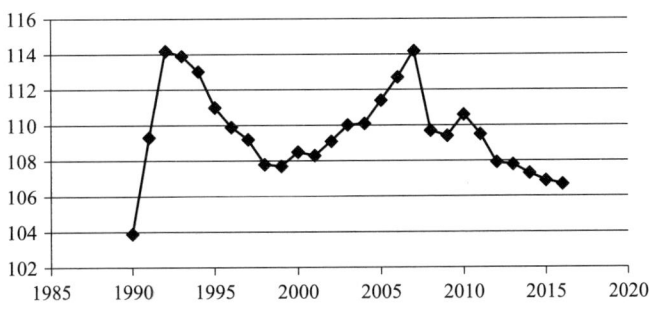

图 8.3　1990—2016 年中国国内生产总值指数变动图

规律性。

8.1.3　时间序列的速度分析

为了研究时间序列随时间而变化的速度,经常需要分析其发展速度和增长速度。

1. 发展速度

时间序列中报告期水平与基期水平之比,称为发展速度,说明现象报告期水平较基期水平的相对发展程度:

$$发展速度 = \frac{报告期水平}{基期水平} = \frac{x_t}{x_0}$$

式中,x_t 为变量在第 t 期的水平;x_0 为变量在基期的水平。

由于所选基期的不同,发展速度分为环比发展速度和定基发展速度。报告期水平 x_t 与前一期水平 x_{t-1} 之比,称为环比发展速度,即 $x_t/x_{t-1}(t=1,2,\cdots,n)$。报告期水平 x_t 与某一固定基期水平(或称最初水平)x_0 之比,称为定基发展速度,即 $x_t/x_0(t=1,2,\cdots,n)$。

环比发展速度与定基发展速度的关系是:各环比发展速度的连乘积,等于相应时期的定基发展速度;相邻的两个定基发展速度之商,等于相应时期的环比发展速度,即

$$\frac{x_1}{x_0} \cdot \frac{x_2}{x_1} \cdot \cdots \cdot \frac{x_n}{x_{n-1}} = \frac{x_n}{x_0} \tag{8.1}$$

$$\frac{x_t}{x_0} \div \frac{x_{t-1}}{x_0} = \frac{x_t}{x_{t-1}} \quad (t=1,2,\cdots,n) \tag{8.2}$$

【例 8.2】 表 8.2 为 1990—2016 年中国货物进出口总额发展速度、增长速度的有关数据。

表 8.2　1990—2016 年中国货物进出口总额及增长数据

年份	货物进出口总额 (亿元人民币)	逐期增长量 (亿元)	环比发展速度 (%)	环比增长速度 (%)	定基发展速度 (%)	定基增长速度 (%)
1990	5 560.10	—	—	—	—	—
1991	7 225.80	1 665.70	129.96	29.96	129.96	29.96
1992	9 119.60	1 893.80	126.21	26.21	164.02	64.02

续表

年份	货物进出口总额（亿元人民币）	逐期增长量（亿元）	环比发展速度（%）	环比增长速度（%）	定基发展速度（%）	定基增长速度（%）
1993	11 271.00	2 151.40	123.59	23.59	202.71	102.71
1994	20 381.90	9 110.90	180.83	80.83	366.57	266.57
1995	23 499.90	3 118.00	115.30	15.30	422.65	322.65
1996	24 133.90	634.00	102.70	2.70	434.06	334.06
1997	26 967.20	2 833.30	111.74	11.74	485.01	385.01
1998	26 849.70	−117.50	99.56	−0.44	482.90	382.90
1999	29 896.20	3 046.50	111.35	11.35	537.69	437.69
2000	39 273.30	9 377.10	131.37	31.37	706.34	606.34
2001	42 183.60	2 910.30	107.41	7.41	758.68	658.68
2002	51 378.20	9 194.60	121.80	21.80	924.05	824.05
2003	70 483.50	19 105.30	137.19	37.19	1 267.67	1 167.67
2004	95 539.10	25 055.60	135.55	35.55	1 718.30	1 618.30
2005	116 921.80	21 382.70	122.38	22.38	2 102.87	2 002.87
2006	140 974.70	24 052.90	120.57	20.57	2 535.47	2 435.47
2007	166 924.10	25 949.40	118.41	18.41	3 002.18	2 902.18
2008	179 921.50	12 997.40	107.79	7.79	3 235.94	3 135.94
2009	150 648.10	−29 273.40	83.73	−16.27	2 709.45	2 609.45
2010	201 722.30	51 074.20	133.90	33.90	3 628.03	3 528.03
2011	236 402.00	34 679.70	117.19	17.19	4 251.76	4 151.76
2012	244 160.20	7 758.20	103.28	3.28	4 391.29	4 291.29
2013	258 168.90	14 008.70	105.74	5.74	4 643.24	4 543.24
2014	264 241.80	6 072.90	102.35	2.35	4 752.46	4 652.46
2015	245 502.90	−18 738.90	92.91	−7.09	4 415.44	4 315.44
2016	243 386.60	−2 116.30	99.14	−0.86	4 377.38	4 277.38

资料来源：国家统计局网站（www.stats.gov.cn）。

说明：本表采用 Excel 计算，由于计算过程中的四舍五入，数据计算可能存在一定误差。

容易验证公式(8.1)和公式(8.2)的关系，在表 8.2 中，1991—2016 年中国货物进出口总额的环比发展速度的连乘积为 4 377.38%，这与以 1990 年为基期的 2016 年定基发展速度相等。2016 年的定基发展速度 4 377.38% 除以 2015 年的定基发展速度 4 415.44%，等于 2016 年中国货物进出口总额的环比发展速度 99.14%。

在实际统计实践中，为了说明报告期较上年同期发展的相对程度，还经常以报告期（月或季）发展水平与上年同期（月或季）发展水平相比，这样计算的发展速度称为年距发展速度。

2. 增长速度

由增长量与基期水平对比可计算增长速度,说明报告期水平较基期水平增长的相对程度。增长速度为发展速度减1,即

$$增长速度 = \frac{增长量}{基期水平} = \frac{报告水平-基期水平}{基期水平} = 发展速度 - 1$$

前面已指出,发展速度分为环比发展速度和定基发展速度,相对应的增长速度也可分为环比增长速度和定基增长速度,其关系为:

$$环比增长速度 = 环比发展速度 - 1$$
$$定基增长速度 = 定基发展速度 - 1$$

与发展速度不同,增长速度说明报告期水平在扣除了基期数据以后,较基期增长的相对程度。显然,当增长速度为正值时,表示报告期水平在基期水平基础上增长的速度;当增长速度为负值时,表示报告期水平在基期水平基础上降低的程度。

应当指出,环比增长速度的连乘积并不等于相应时期的定基增长速度。所以,若要由环比增长速度计算定基增长速度,只能先将环比增长速度加1转换为环比发展速度,通过环比发展速度连乘计算定基发展速度再减1,才能求得定基增长速度。例如表8.2的中国人均国内生产总值,从表中可以看出所计算的环比发展速度与环比增长速度的关系以及定基发展速度与定基增长速度的关系。

3. 平均发展速度和平均增长速度

平均速度是指各个时期环比速度的序时平均数。平均发展速度是现象逐期发展的平均程度,相对应地,平均增长速度是现象逐期增长的平均程度,二者的关系是

$$平均增长速度 = 平均发展速度 - 1$$

平均增长速度可能为正值,也可能为负值,为正值时表明现象在该段时期内平均来说是递增的;为负值时表明现象在该段时期内平均来说是递减的。

需要强调的是,平均增长速度不能由各期的环比增长速度直接平均而求得,也不能根据一定时期的总增长速度去直接计算。平均增长速度只能通过与平均发展速度的数量关系,即由平均发展速度减1去计算求得。

平均发展速度是各期环比发展速度的序时平均数,通常采用几何平均法去计算。这是由于现象发展的总速度并不等于各期环比发展速度之和,而是等于各期环比发展速度的连乘积,所以各期环比发展速度的序时平均数,不能在速度代数和基础上按算术平均方法去计算,而只能在速度连乘积基础上按几何平均法去计算。若以 $G_t(t=1,2,\cdots,n)$ 表示各期环比发展速度,以 $\overline{G}$ 代表平均发展速度,则按几何平均计算平均发展速度的计算公式为

$$\overline{G} = \sqrt[n]{G_1 \cdot G_2 \cdot \cdots \cdot G_n} = \sqrt[n]{\prod_{i=1}^{n} G_i} \tag{8.3}$$

若以 $\overline{G}^*$ 代表平均增长速度,则按几何平均计算平均增长速度的计算公式为

$$\overline{G}^* = \overline{G} - 1 = \sqrt[n]{G_1 \cdot G_2 \cdot \cdots \cdot G_n} - 1 = \sqrt[n]{\prod_{i=1}^{n} G_i} - 1 \tag{8.4}$$

【例8.3】 由表8.2中1990—2016年中国货物进出口总额的数据,计算从1990年到

2016 年 26 年间中国货物进出口总额的平均增长速度。

解：因为各期环比发展速度的连乘积等于定基发展速度,即

$$1.299\ 6 \times 1.262\ 1 \times 1.235\ 9 \times \cdots \times 1.023\ 5 \times 0.929\ 1 \times 0.991\ 4 = 43.773\ 8$$

所以平均增长速度也可由定基发展速度去计算：

$$\overline{G}^* = \sqrt[26]{43.773\ 8} - 1 = 0.156\ 4 = 15.64\%$$

若以 $x_t(t=0,1,2,\cdots,n)$ 表示各期水平,则有

$$\overline{G}^* = \sqrt[n]{\frac{x_1}{x_0} \cdot \frac{x_2}{x_1} \cdot \cdots \cdot \frac{x_n}{x_{n-1}}} - 1 = \sqrt[n]{\frac{x_n}{x_0}} - 1 \tag{8.5}$$

或者

$$x_n = x_0\ (\overline{G}+1)^n \tag{8.6}$$

也就是说只要知道最末期水平 x_n 和最初水平 x_0 ,就可直接计算平均增长速度。

例如,1990—2016 年中国货物进出口总额的年平均发展速度也可用以下方法计算：

$$\overline{G}^* = \sqrt[26]{\frac{243\ 386.60}{5\ 560.10}} - 1 = \sqrt[26]{43.773\ 8} - 1 = 1.156\ 4 - 1 = 15.64\%$$

可以看出,用几何平均法计算平均发展速度的特点是着眼于期末水平,不论中间水平变化过程怎样,只要期末水平确定,对平均发展速度的计算结果没有影响。或者说用几何平均法计算平均发展速度隐含着一个假定：从时间序列的最初水平出发,以计算的平均发展速度代替各期的环比发展速度,计算出的期末水平与实际的期末水平相一致。所以计算平均发展速度的几何平均法也称为"水平法"[①]。

平均发展速度表明的是在基期水平基础上的发展状况,在运用平均发展速度的时候应注意与基期水平联系起来分析。因为如果基期水平很低,尽管计算的平均发展速度较高,实际的发展水平还是较低,反之则较高。也就是说高速度可能掩盖低水平,低速度也可能隐含高水平。此外,由于平均发展速度是各期环比发展速度的序时平均,可能会掩盖各期特殊发展的情况,所以应当把平均发展速度与各期环比发展速度结合起来进行分析。

8.2 时间序列的构成因素及其组合模型

8.2.1 时间序列的构成因素

客观事物随着时间推移而发展变化,是受多种因素共同影响的结果。在诸多影响因素中,有的是长期起作用的,对事物的变化发挥着决定性作用；有的只是短期起作用,或者只是偶然发挥非决定性作用的因素。例如,公司产品的销售量受经济增长、企业经营不断改进等长期稳定因素影响,同时也可能受偶然自然灾害、新的政策出台等非长期因素影响。在分析时间序列的变动规律时,事实上不可能将每一个影响因素都一一划分开来,分别去作精确分析。但是我们可以按照对现象变化影响的类型,将众多影响因素划分为若干种时间序列的构成要素,然后对这几类构成要素分别进行分析,以揭示时间序列的变动

---

① 计算平均发展速度还有着眼于各期累计总量的方程法,可参考其他教材。

规律性。影响时间序列的构成因素通常可归纳为四种：长期趋势(secular trend)、季节变动(seasonar fluctuation)、循环变动(cyclical variation)、不规则变动(irregular variation)。包含长期趋势、季节变动、循环变动、不规则变动的时间序列如图8.4所示。

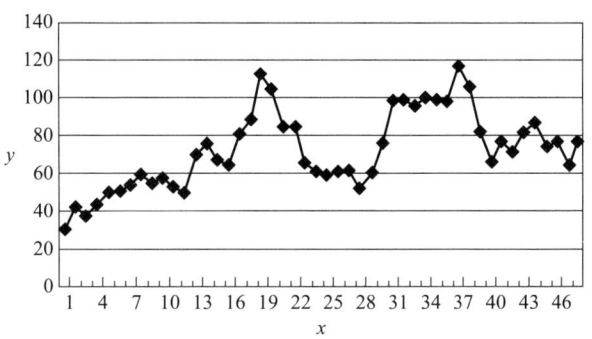

图 8.4　包含四种因素的时间序列图形

1. 长期趋势

长期趋势指现象在一段相当长的时期内所表现的沿着某一方向的持续发展变化。长期趋势可能呈现为不断增长的态势，也可能呈现为不断降低的趋势，或者还可能呈现为不变的水平趋势。长期趋势是受某种长期的起根本性作用的因素影响的结果。例如，中国改革开放以来经济持续增长，表现为国内生产总值逐年增长的态势；又如，人口总量的变化通常呈现出某种长期的趋势。线性和非线性长期趋势的图形分别如图 8.5(a)和图 8.5(b)所示。

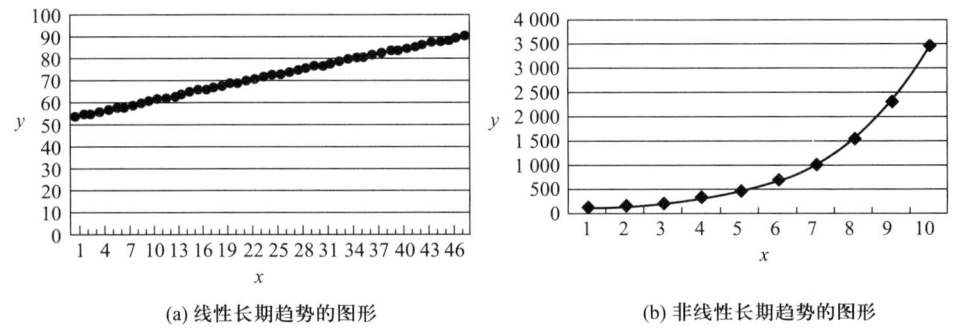

(a) 线性长期趋势的图形　　　　　　(b) 非线性长期趋势的图形

图 8.5　长期趋势的图形

2. 季节变动

本来意义上的季节变动是指受自然因素的影响，在一年中随季节更替而发生的有规律的变动。现在对季节变动的概念有了扩展，对一年内由于社会、政治、经济、自然因素影响，形成的以一定时期为周期的有规则的重复变动，都可称为季节变动。形成季节周期的原因，一方面是自然界季节变化对现象产生影响而形成的周期性规律，例如，农业产品的生产、某些商品的销售量变动、旅游交通的流量等都可能呈现出季节性的周期变动；另一方面也有人为因素，由于制度、习惯、法规、法律等对事物产生影响而形成的周期性规律，例如，在春节、国庆节、圣诞节等节假日社会消费品零售总额及旅游人数都会比平时大量增加。图 8.6 就是一年内季节变动的图形。

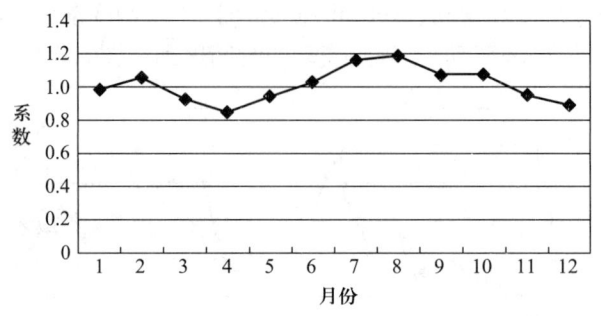

图 8.6　季节变动的图形

3. 循环变动

循环变动指在较长时间内呈现出的波峰波谷交替的变动,通常是以若干年(或若干月、季)为一定周期的有一定规律性的周期波动。时间序列有时呈现出沿着长期趋势的上下波动,扩张与紧缩、波峰与波谷相交替,这种时间间隔超过一年的环绕长期趋势涨落相间的波动,可归结为循环变动。循环变动与长期趋势不同,它不是单一方向的持续变动,而是有涨有落的交替波动。循环变动与季节变动也不同,循环变动的周期长短很不一致,不像季节变动那样有明显的按月或按季的固定周期规律,循环变动的规律性不甚明显,通常隐藏在长期趋势中,较难以识别和分析。图 8.7 就是若干年中循环变动的图形。

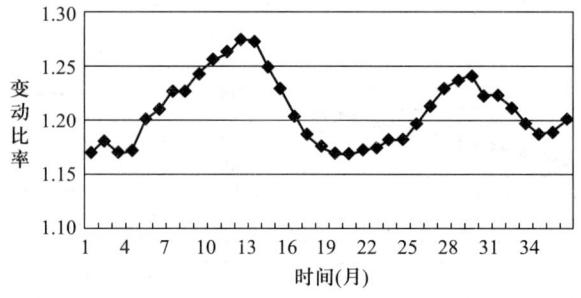

图 8.7　循环变动的图形

4. 不规则变动

不规则变动是时间序列分离了长期趋势、季节变动、循环变动以后的波动。不规则变动是由那些影响时间序列的短期的、不可预期的和不重复出现的众多偶然因素引起的,呈现为无规则的随机变动。

时间序列的变动一般都是由以上四种构成要素或其中一部分要素而形成的。时间序列分析的任务之一,就是对序列中的这几种构成要素进行统计测定和分析,从中划分出各种要素的具体作用,揭示其变动的规律和特征,为认识和预测事物的发展提供依据。

8.2.2　时间序列构成因素的组合模型

形成时间序列变动的四种构成因素,按照它们影响方式的不同,可以设定为不同的组合模型,其中最常用的有乘法模型和加法模型。

以 Y 表示时间序列的变量数值;T 表示长期趋势成分;S 表示季节变动成分;C 表示循环变动成分;I 表示不规则变动成分;下标 t 表示时间($t=1,2,\cdots,n$),n 为时间序列的项数。乘法模型和加法模型的表现形式分别为:

$$\text{乘法模型} \quad Y_t = T_t \cdot S_t \cdot C_t \cdot I_t \tag{8.7}$$

乘法模型是假定四种因素对现象发展的影响是相互的,长期趋势成分选取与 Y 相同计量单位的绝对量,以长期趋势为基础,其余成分则均以比率(相对量)表示。

$$\text{加法模型} \quad Y_t = T_t + S_t + C_t + I_t \tag{8.8}$$

加法模型是假定四种因素的影响是独立的,每种成分均以与时间序列变量值 Y 相同计量单位的绝对量来表示。

需要说明的是,时间序列组合模型中包含了四种因素,这是时间序列的完备模式,但是并不是在每个时间序列中这四种因素都同时存在。一般说来,在时间序列中长期趋势是经常存在的,季节变动因素特别是循环变动因素则不一定存在。当季节变动成分或循环变动成分不存在时,在乘法模型中 S 或 C 取值为1,在加法模型中 S 或 C 取值为0。有些现象一年以上的周期性循环变动很不明显,也很难以分解。有时也把长期趋势和循环变动合并称为趋势-循环因素。要分别研究各种构成因素的变动规律以及对时间序列的影响,就需要从时间序列中把各种构成因素分解出来。只有这样,才能识别某种构成因素是否存在,也才能分别描述各种构成因素的变动规律。

8.3 时间序列趋势变动分析

时间序列的长期趋势是就一个较长的时期而言的,一般地说分析长期趋势所选的时期越长越好。对长期趋势的测定和分析,是时间序列分析的重要内容,其主要目的有三个:一是为了认识现象随时间发展变化的趋势和规律性;二是为了对现象未来的发展趋势作出预测;三是为了从时间数列中剔除长期趋势成分,以便分解出其他类型的影响因素。时间序列线性趋势的测定方法有许多种,最常用的有移动平均法、指数平滑法和模型法等。

8.3.1 测定长期趋势的移动平均法

移动平均法的基本原理,是通过移动平均消除时间序列中的不规则变动和其他变动,从而揭示出时间序列的长期趋势。所谓移动平均,是选择一定的用于平均的时距项数 K,采用对序列逐项递移的方式,对原序列递移的 K 项计算一系列序时平均数。由这些序时平均数所形成的新序列,一定程度上消除或削弱了原序列中的由于短期偶然因素引起的不规则变动和其他成分,对原序列的波动起到一定的修匀作用,从而呈现出现象在较长时期的发展趋势。这种移动平均值也是对现象发展趋势的预测值。

【例8.4】 表8.3为中国2014—2017年国家财政收入季度数据及其三次移动平均和五次移动平均的计算结果。

表 8.3　国家财政收入季度数据及移动平均数据　　　　　　单位：亿元

年份	季度	国家财政收入（亿元）	三次移动平均		五次移动平均	
			指标值	逐期增长	指标值	逐期增长
2014 年	一季度	35 025.7	—	—	—	—
	二季度	39 612.3	35 453.9	—	—	—
	三季度	31 723.8	35 108.1	−345.8	35 351.4	—
	四季度	33 988.2	34 039.7	−1 068.4	36 984.8	1 633.4
2015 年	一季度	36 407.1	37 862.7	3 823.0	36 024.9	−959.9
	二季度	43 192.8	38 137.5	274.8	37 241.0	1 216.1
	三季度	34 812.6	38 603.3	465.8	38 222.6	981.6
	四季度	37 804.5	37 171.0	−1 432.3	40 264.7	2 042.1
2016 年	一季度	38 896.0	41 106.1	3 935.1	38 803.4	−1 461.3
	二季度	46 617.8	40 466.7	−639.4	39 481.9	678.5
	三季度	35 886.2	40 236.4	−230.3	40 794.2	1 312.3
	四季度	38 205.2	39 485.8	−750.6	43 003.0	2 208.8
2017 年	一季度	44 366.0	44 170.4	4 684.6	41 644.1	−1 359.0
	二季度	49 940.0	44 709.7	539.3	42 154.4	510.4
	三季度	39 823.0	42 733.7	−1 976.0	—	—
	四季度	38 438.0	—	—	—	—

资料来源：国家统计局网站（www.stats.gov.cn）季度数据由月度数据汇总形成。
说明：本表采用 Excel 计算，由于计算过程中的四舍五入，数据计算可能存在一定误差。

为消除四个季节变动，可对表 8.3 中的序列作四次移动平均，结果如表 8.4 所示。

表 8.4　国家财政收入季度数据四次移动平均计算表　　　　　　单位：亿元

年份	季度	国家财政收入（亿元）	四次移动平均	移正平均	逐期增长
2014 年	一季度	35 025.7	—	—	—
	二季度	39 612.3	—	—	—
	三季度	31 723.8	—	—	—
	四季度	33 988.2	35 087.5	—	—
2015 年	一季度	36 407.1	35 432.9	35 260.2	—
	二季度	43 192.8	36 328.0	35 880.4	620.2
	三季度	34 812.6	37 100.2	36 714.1	833.7
	四季度	37 804.5	38 054.3	37 577.2	863.1
2016 年	一季度	38 896.0	38 676.5	38 365.4	788.2
	二季度	46 617.8	39 532.7	39 104.6	739.2
	三季度	35 886.2	39 801.1	39 666.9	562.3
	四季度	38 205.2	39 901.3	39 851.2	184.3

续表

年份	季度	国家财政收入（亿元）	四次移动平均	移正平均	逐期增长
2017 年	一季度	44 366.0	41 268.8	40 585.1	733.8
	二季度	49 940.0	42 099.4	41 684.1	1 099.0
	三季度	39 823.0	43 083.6	42 591.5	907.4
	四季度	38 438.0	43 141.8	43 112.7	521.2

说明：本表采用 Excel 计算，由于计算过程中的四舍五入，数据计算可能存在一定误差。

利用 Excel 可以方便地计算移动平均数，方法是在 Excel 工作表中输入国家财政收入季度数据（例如 C2：C17 中），单击"工具"中的"数据分析"，点击"移动平均"（Moving Average），输入数据区域"C2：C17"，若是四次移动平均，在"间隔"中输入"4"，在"输出区域"中输入指定的区域（如 D2），点"确定"（见图 8.8），即得到四次移动平均的结果（见图 8.9）。要作移正平均，只需对四次移动平均的结果再作"间隔"为"2"的移动平均即可。

用 Excel 作四次移动平均的窗口如图 8.8 所示。

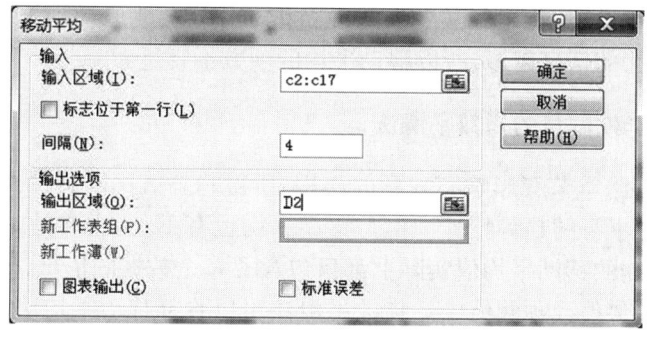

图 8.8　Excel 四次移动平均对话框

Excel 作四次移动平均的输出形式如图 8.9 所示。

	A	B	C	D	E
1	年份	季度	财政收入	四次移动平均	移正平均
2	2014	一	35025.7	#N/A	
3		二	39612.3	#N/A	
4		三	31723.8	#N/A	
5		四	33988.2	35087.5	#N/A
6	2015	一	36407.1	35432.9	35260.2
7		二	43192.8	36328.0	35880.4
8		三	34812.6	37100.2	36714.1
9		四	37804.5	38054.3	37577.2
10	2016	一	38896.0	38676.5	38365.4
11		二	46617.8	39532.7	39104.6
12		三	35886.2	39801.1	39666.9
13		四	38205.2	39901.3	39851.2
14	2017	一	44366.0	41268.8	40585.1
15		二	49940.0	42099.4	41684.1
16		三	39823.0	43083.6	42591.5
17		四	38438.0	43141.8	43112.7

图 8.9　Excel 四次移动平均输出结果

注意 Excel 中的移动平均值和移正平均值不是放在被移动平均的中间时期的位置,而是为了预测的需要放在被平均数据的最后一期,应将其移动到适当的位置。

由例 8.4 可以看出,移动平均法具有如下特点:

(1) 移动平均对原序列有修匀或平滑的作用,使得原序列的上下波动被削弱了,而且平均时距项数 K 越大,对数列的修匀作用越强。如表 8.3 中三年移动平均的不规则变动较原序列明显削弱了,但平均值的逐期增长量还不很规则;五年移动平均进一步削弱了不规则变动。

(2) 移动平均时距项数 K 为奇数时,只需一次移动平均,其移动平均值作为移动平均项数的中间一期的数值;而当移动平均时距项数 K 为偶数时,移动平均值代表的是这偶数项的中间位置的水平,无法对正某一时期,则需再进行一次相邻两平均值的移动平均,这样才能使平均值对正某一时期,称为移正平均,也称中心化的移动平均数。

(3) 当序列包含季节变动时,移动平均时距项数 K 应与季节变动长度一致(如 4 个季度或 12 个月),才能消除其季节变动;若序列包含周期变动时,平均时距项数 K 应和周期长度基本一致,才能较好地消除周期波动。

(4) 移动平均以后,其序列的项数较原序列减少,当 K 为奇数时,新序列首尾各减少 $(K-1)/2$ 项;K 为偶数时,首尾各减少 $K/2$ 项。移动平均会使原序列失去部分信息,而且平均项数越大,失去的信息越多,所以移动平均的项数不宜过大。

8.3.2 测定长期趋势的指数平滑法

移动平均对消除季节等影响有独到的作用,所得趋势值比以某种函数形式所代表的趋势更能反映现象本身的趋势特征。但是移动平均也有不足,主要是对于不含季节因素的趋势序列,每一期的移动平均值实际上都只包含了 K 个数据的信息,而没有将历史数据信息充分反映到趋势值或预测值中。指数平滑法可以弥补移动平均法的不足,能够充分利用所有的数据信息,同时又体现近期数据对未来预测影响作用更大的特点。

指数平滑法通过计算一系列指数平滑值消除不规则变动,揭示现象的基本趋势。用指数平滑法确定趋势估计值的基本思想是:如果第 t 期趋势估计值与第 t 期实际值完全一致,二者之间没有误差,则可以第 t 期趋势估计值直接作为第 $t+1$ 期的趋势估计值;如果二者之间有误差,则这种误差可理解为由两部分组成:一部分是不规则随机误差,另一部分是现象从第 $t-1$ 期到第 t 期的实质性变化。为了合理估计趋势值,就要剔除不规则随机误差,反映出现象的实质性变化。误差中属于现象实质性变化部分的比例可由平滑系数 α 决定,α 的值越大即认为误差中现象实质性变化的比例越大,在下期的趋势估计中本期的误差就保留得越多;反之,α 的值取得越小,则认为误差中不规则随机因素引起的随机误差所占比例越大,在下期的趋势估计中本期误差就剔除得越多。指数平滑法有一次指数平滑法、二次指数平滑法、三次指数平滑法等,这里只介绍一次指数平滑法。

一次指数平滑值(用 E_t 表示)的计算公式为

$$E_t = E_{t-1} + \alpha(y_t - E_{t-1}) \quad (t=1,2,\cdots,n) \tag{8.9}$$

式中,E_t 为第 t 期的指数平滑值,E_{t-1} 为第 $t-1$ 期的指数平滑值,y_t 为第 t 期的实际观测值;α 为平滑系数,其值介于 0 与 1 之间。显然,指数平滑具有递推性质,各期指数平滑值均在上期平滑值的基础上递推而得。由公式(8.9)可知,第 t 期的指数平滑值 E_t 是在第 $t-1$ 期指数平滑值 E_{t-1} 的基础上,加上第 t 期实际观测值 y_t 与作为第 t 期趋势估计值的第 $t-1$ 期指数平滑值 E_{t-1} 间误差的一部分组合而成。

公式8.9也可改写为

$$E_t = \alpha y_t + (1-\alpha) E_{t-1} \quad (t=1,2,\cdots,n) \tag{8.10}$$

可以看出,第 t 期的指数平滑值是第 t 期的实际观测值与第 $t-1$ 期指数平滑值是的加权平均值,权数分别是 α 和 $1-\alpha$。

将公式(8.10)展开,可得

$$\begin{aligned}
E_t &= \alpha y_t + (1-\alpha) E_{t-1} \\
&= \alpha y_t + (1-\alpha)[\alpha y_{t-1} + (1-\alpha) E_{t-2}] \\
&= \alpha y_t + \alpha(1-\alpha) y_{t-1} + (1-\alpha)^2 E_{t-2} \\
&= \alpha y_t + \alpha(1-\alpha) y_{t-1} + (1-\alpha)^2 [\alpha y_{t-2} + (1-\alpha) E_{t-3}] \\
&= \alpha y_t + \alpha(1-\alpha) y_{t-1} + \alpha(1-\alpha)^2 y_{t-2} + (1-\alpha)^3 E_{t-3} \\
&= \alpha y_t + \alpha(1-\alpha) y_{t-1} + \alpha(1-\alpha)^2 y_{t-2} + \cdots + \alpha(1-\alpha)^{t-1} y_1 + (1-\alpha)^t E_0 \\
&= \alpha \sum_{j=0}^{t-1} (1-\alpha)^j y_{t-j} + (1-\alpha)^t E_0
\end{aligned}$$

式中,E_0 称为初始值,序列项数较多时,初始值对平滑值的影响不大,故可设定为 $E_0 = y_1$。

由于 α 是介于0与1之间的小数,随着时间 t 增大,最后一项系数 $(1-\alpha)^t$ 几乎为零,将此略去后,有

$$E_t = \alpha \sum_{j=0}^{t-1} (1-\alpha)^j y_{t-j} \tag{8.11}$$

可见指数平滑值 E_t 实质上是各期观测值 y_t 的加权平均数(权数和为1),各期权数呈指数递减形式,故称为指数平滑。第 t 期平滑值包含了第 t 期及以前所有数据的信息,但又对不同时期的数据给予不同的权数,越是近期的数据,给予权数越大。由于是平均值,对序列具有平滑修匀作用,能消除不规则变动的影响;又由于对各期数据赋予不同权数,体现了对各期数据的不同重视程度。正是由于指数平滑的这些特点,使该方法有极为广泛的应用场合,特别适合于一些趋势形态比较特殊、不太适合拟合某种曲线的序列。

指数平滑法中,α 的取值不同,计算出的平滑值会有较大差异(如表8.5和图8.10)。平滑系数 α 值的选择没有固定的模式,α 值的选择应视研究的目的任务和对象的性质特点去决定。

一般说来,平滑系数 α 值的选择需要考虑以下几个方面:

(1) α 值越小,对序列的平滑作用越强,对时间序列的变化反映越慢,因而序列中随机波动较大时,为了消除随机波动的影响,可选择较小的 α 值,使序列较少受随机波动的影响;α 值越大,对序列的平滑作用越弱,对时间序列的变化反映越快,因而序列中随机波动较小时,为了反映出序列的变动状况,可选择较大的 α 值,使数据的变化很快反映出来。

(2) 如果对以后时期趋势的估计主要依靠近期信息,α 值宜选得大一些;如果希望充分重视历史信息,α 值宜选得小一些。

(3) 考虑对初始值的重视程度,如果对初始值的正确性把握不大,希望减小初始值的影响,则 α 值宜大些;反之,如果对初始值的正确性把握较大,希望突出初始值的影响,则 α 值宜小些。

(4) 通常可选取几种不同的 α 值进行比较,最后选择使实际值和估计值均方误差最小的 α 值。

【例 8.5】 对表 8.3 中国 2014—2017 年国家财政收入季度数据作指数平滑。

指数平滑值的计算可利用 Excel 中的"数据分析"。方法是:进入 Excel 工作簿,点击"工具"→"数据分析"→"指数平滑"(Exponential Smoothing),根据对话框提示输入原始数据区域、阻尼系数(注意:Excel 对话框中的阻尼系数是指的 $1-\alpha$)、输出区域等即可。注意 Excel 中指数平滑值的位置是按 $t-1$ 期的平滑值作为 t 期趋势估计值处理的。分别取 α 为 0.1、0.3 和 0.7,计算的国家财政收入季度数据平滑值如表 8.5 所示。

表 8.5　国家财政收入季度数据指数平滑值计算结果　　单位:亿元

年份	季度	国家财政收入（亿元）	国家财政收入指数平滑值		
			$\alpha=0.1$	$\alpha=0.3$	$\alpha=0.7$
		（系列1）	（系列2）	（系列3）	（系列4）
2014 年	一季度	35 025.7	—	—	—
	二季度	39 612.3	35 025.7	35 025.7	35 025.7
	三季度	31 723.8	35 484.4	36 401.7	38 236.3
	四季度	33 988.2	35 108.3	34 998.3	33 677.6
2015 年	一季度	36 407.1	34 996.3	34 695.3	33 895.0
	二季度	43 192.8	35 137.4	35 208.8	35 653.5
	三季度	34 812.6	35 942.9	37 604.0	40 931.0
	四季度	37 804.5	35 829.9	36 766.6	36 648.1
2016 年	一季度	38 896.0	36 027.3	37 078.0	37 457.6
	二季度	46 617.8	36 314.2	37 623.4	38 464.5
	三季度	35 886.2	37 344.6	40 321.7	44 171.8
	四季度	38 205.2	37 198.7	38 991.1	38 371.9
2017 年	一季度	44 366.0	37 299.4	38 755.3	38 255.2
	二季度	49 940.0	38 006.0	40 438.5	42 532.8
	三季度	39 823.0	39 199.4	43 289.0	47 717.8
	四季度	38 438.0	39 261.8	42 249.2	42 191.4

三种不同平滑系数对序列修匀作用的比较如图 8.10 所示。

8.3.3　测定长期趋势的模型法

时间序列的长期趋势可分为线性趋势和非线性趋势。当时间序列的长期趋势近似地

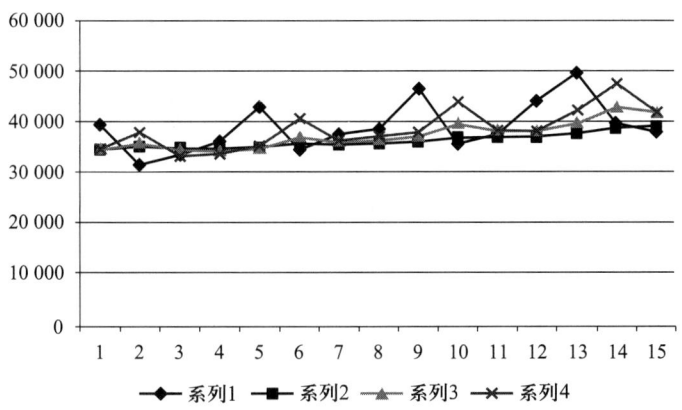

图 8.10 不同平滑系数对序列修匀作用的比较

呈现为直线而发展,每期的增减数量大致相同时,则称时间序列具有线性趋势。线性趋势的特点是其变化率或趋势线的斜率基本保持不变。当时间序列在各时期的变动随时间而异,各时期的变化率或趋势线的斜率有明显变动但又有一定规律性时,现象的长期趋势将不再是线性的,这时现象的长期趋势可能是非线性趋势。对于线性趋势和非线性趋势可以分别用不同的模型去拟合。

1. 线性趋势的模型法

线性趋势的模型法是利用线性回归的方法对原时间序列拟合线性方程,消除其他成分变动,从而揭示出序列长期线性趋势的方法。线性趋势方程的一般形式为

$$\hat{y}_t = a + bt \tag{8.12}$$

式中,$\hat{y}_t$ 为时间序列 y_t 的趋势值;t 为时间的标号;a 为截距项,是当 $t=0$ 时 $\hat{y}_t$ 的初始值;b 为趋势线的斜率,表示当时间 t 变动一个单位时,趋势值 $\hat{y}_t$ 的平均变动数量。

通常可以利用第 7 章中最小二乘法去估计线性趋势方程的参数 a 和 b,即

$$\hat{b} = \frac{n\sum ty - \sum t \sum y}{n\sum t^2 - (\sum t)^2}$$
$$\hat{a} = \bar{y} - \hat{b}\bar{t} = \frac{\sum y_t}{n} - \hat{b}\frac{\sum t}{n} \tag{8.13}$$

式中,n 为时间序列的项数,即时期的个数;$\hat{a}$ 和 $\hat{b}$ 分别为线性趋势方程参数 a 和 b 的最小二乘估计值;y 为时间序列中各时期的实际观测值。

用时间序列数据估计的线性趋势方程及参数,还应当用第 7 章介绍的对线性回归方程的检验方法去检验其统计显著性。

【例 8.6】 对表 8.3 中国 2014—2017 年国家财政收入季度数据作线性趋势方程拟合。①

---

① 可以用式(8.13)计算估计的参数,计算过程此处从略。

线性趋势方程拟合的计算也可以利用Excel去实现,在Excel工作表中(例如在B2:B17)输入国家财政收入季度数据y,并输入时间序号t(如在A2:A17中输入1,2,…,16),在"工具"的"数据分析"中点"回归",在对话框的"y值输入区域"输入"B2:B17",在"x值输入区域"输入"A2:A17",在"输出区域"中输入指定位置(例如C1),点"确定"即得回归结果,输出的形式如图8.11所示。

	A	B	C	D	E	F	G	H	I	J	K	L	M
1	年份	季度	序号	财政收入	SUMMARY OUTPUT								
2	2014	一	1	35025.7									
3		二	2	39612.3	Regression Statistics								
4		三	3	31723.8	Multiple	0.518263							
5		四	4	33988.2	R Square	0.268597							
6	2015	一	5	36407.1	Adjusted	0.216354							
7		二	6	43192.8	Standard	4308.379							
8		三	7	34812.6	Observati	16							
9		四	8	37804.5									
10	2016	一	9	38896	ANOVA								
11		二	10	46617.8			df	SS	MS	F	gnificance F		
12		三	11	35886.2	Regressio		1	95433298	95433298	5.141289	0.039724		
13		四	12	38205.2	Residual		14	2.6E+08	18562134				
14	2017	一	13	44366.0	Total		15	3.55E+08					
15		二	14	49940.0									
16		三	15	39823.0		Coefficien	ndard Er	t Stat	P-value	Lower 95%	Upper 95%	ower 95.	pper 95.0
17		四	16	38438.0	Intercept	34542.92	2259.333	15.28899	3.95E-10	29697.13	39388.7	29697.13	39388.7
18					X Variabl	529.7982	233.6547	2.267441	0.039724	28.65878	1030.938	28.65878	1030.938

图8.11 Excel趋势方程拟合结果

所以,线性趋势方程为

$$\hat{y}_t = 34\,542.92 + 529.798\,2t$$

各时期的实际观测值与模型拟合值的图形,如图8.12所示。

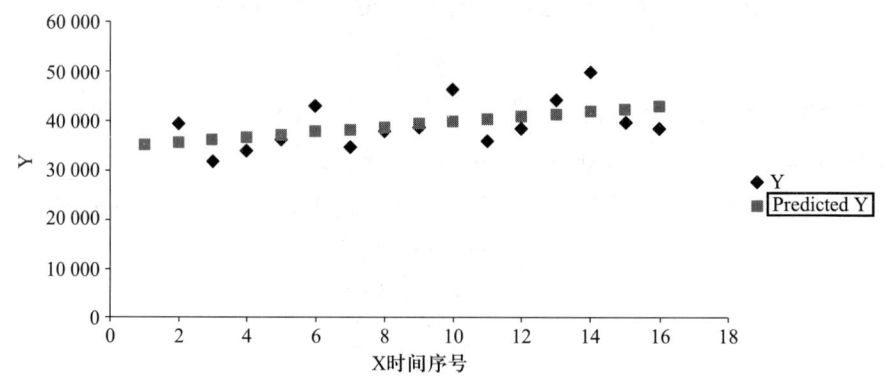

图8.12 实际观测值与模型拟合值的图形

由Excel输出结果中可见,可决系数为$R^2=0.268\,6$,回归方程显著性检验的F统计量为5.141 3,检验估计的斜率系数$\hat{\beta}$的t统计量为2.267 4,P值为0.039 7。这说明,如果取显著性水平为$\alpha=0.05$,可以认为2014—2017年中国国家财政收入的线性趋势是较为明显的。

模型拟合的趋势方程具有延伸外推的功能,可用于对未来时期现象的趋势值作出预测。例如上例中,可预测2018年一季度(时间序号为17)的国家财政收入为:

$$\hat{y}_t = 34\,542.92 + 529.798\,2 \times 17 = 43\,549.489\,4(亿元)$$

2. 非线性趋势的方程拟合法

事实上,现象的长期趋势并不一定都呈现为线性趋势,也就是说现象变动的变化率或趋势线的斜率在一个较长的时期中不一定保持不变。有规律的非线性趋势,常呈现为某种形态的曲线变化,又称为曲线趋势。

现象非线性趋势变动的形式多种多样,例如可能为抛物线型、指数曲线型、修正指数曲线型、Gomperte 曲线型、Logistic 曲线型等,各种形式曲线的拟合方法各不相同。这里只介绍较常用的抛物线型和指数曲线型。

(1) 抛物线型。当现象的长期趋势近似于二次抛物线形态时,可拟合为如下二次曲线方程

$$\hat{y}_t = a + bt + ct^2 \tag{8.14}$$

式中,$\hat{y}_t$ 为时间序列 y_t 的趋势值;t 为时间的标号;a,b,c 为参数。

拟合抛物线型的曲线方程,需要估计其参数 a,b,c,可将 t 和 t^2 分别视为两个自变量。按多元线性回归的方式用最小二乘法估计其参数。

【例 8.7】 表 8.6 中的 y 为某企业第 t 年一季度到第 $t+2$ 年三季度某种产品的销售量,通过描绘销售量的散点图可以观察出其近似于抛物线,可用抛物线方程拟合其长期趋势。

表 8.6 某企业某种产品的销售量及有关数据 单位:万件

时间		序号 t	销售量 y	t^2
年份	季度			
第 t 年	一季度	−5	928	25
	二季度	−4	2 845	16
	三季度	−3	3 238	9
	四季度	−2	4 942	4
第 $t+1$ 年	一季度	−1	4 555	1
	二季度	0	6 278	0
	三季度	1	6 485	1
	四季度	2	6 852	4
第 $t+2$ 年	一季度	3	6 849	9
	二季度	4	7 317	16
	三季度	5	7 023	25

为了计算的简化,可以如表 8.6 那样将时间序号 t 设定为以中点为原点,即取最中间的第 $t+1$ 年二季度的时间序号为 0,则中点以前的时间序号分别为−1,−2,…,−5,中点以后的时间序号分别为 1,2,…,5。也可直接以 t 和 t^2 为解释变量,用 Excel 中多元回归分析的方法估计抛物线型的趋势方程的参数。对于本例,可在 Excel 工作表中输入销售量数据(如 D2:D12 中)、序号 t(如 B2:B12 中),并生成"t^2"值(如 C2:C12 中)。在"工具"

的"数据分析"中选"回归",在对话框的"Y 值输入区域"输入"D2：D12",在"X 值输入区域"输入"B2：C12"(注意这里涵盖了 t 值和 t^2 值),在"输出区域"中输入指定位置(如 E1),点"确定"即得回归结果,输出形式如图 8.13 所示。

	A	B	C	D	E	F	G	H	I	J	K
1	时间(年/季)	序号t	t^2	销售量y	SUMMARY OUTPUT						
2	t/1	-5	25	928							
3	t/2	-4	16	2845		回归统计					
4	t/3	-3	9	3238	Multiple R	0.98566					
5	t/4	-2	4	4942	R Square	0.971525					
6	t+1/1	-1	1	4555	Adjusted R Sq	0.964406					
7	t+1/2	0	0	6278	标准误差	396.6131					
8	t+1/3	1	1	6485	观测值	11					
9	t+1/4	2	4	6852							
10	t+2/1	3	9	6849	方差分析						
11	t+2/2	4	16	7317		df	SS	MS	F	mificance F	
12	t+2/3	5	25	7023	回归分析	2	42935118	21467559	136.4735702	6.57E-07	
13					残差	8	1258416	157302			
14					总计	10	44193534				
15											
16						Coefficien	标准误差	t Stat	P-value	Lower 95%	Upper 95
17					Intercept	5941.58	180.6481	32.89036	7.96433E-10	5525.005	6358.156
18					X Variable 1	590.4182	37.81558	15.6131	2.82362E-07	503.2153	677.6211
19					X Variable 2	-73.1399	13.54015	-5.4017	0.000644706	-104.363	-41.9162

图 8.13 抛物线型趋势的估计

也就是说该企业某种产品销售量的二次曲线方程为

$$\hat{y}_t = 5\ 941.58 + 590.42t - 73.14t^2$$

销售量原始数据与抛物线拟合曲线的图形如图 8.14 所示。

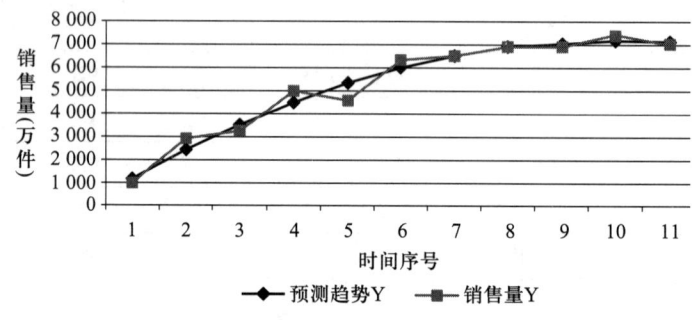

图 8.14 抛物线拟合曲线的图形

从图 8.13 中还可看出,此非线性回归的可决系数为 $R^2 = 0.971\ 525$,修正的可决系数为 $\overline{R}^2 = 0.964\ 406$。而且,$F$ 统计量为 136.474,对应的 P 值为 6.57E-07;估计的"t"和"t^2"系数的 t 统计量分别为 15.613 1 和 -5.401 7,其绝对值均大于 t 统计量临界值,对应的 P 值为 2.82E-07 和 0.000 64。这说明该企业产品销售量的抛物线趋势是显著的。

当需要预测第 $t+1$ 年四季度该种产品销售量时,可设定时间 $t = 6$,代入曲线方程,可估计出第 t 年四季度该产品的销售量为

$$\hat{y}_t = 5\ 941.58 + 590.42 \times 6 - 73.14 \times 6^2 = 6\ 851.06\ \text{万件}$$

(2)指数曲线型。当现象的长期趋势每期大体上按相同的增长速度递增或递减变化时,长期趋势模型可以拟合为如下指数曲线方程：

$$\hat{y}_t = ab^t \qquad (8.15)$$

式中,$\hat{y}_t$ 为时间序列 y_t 的趋势值;t 为时间标号;a,b 为参数。

指数曲线的特点是各期环比增长速度大体相同,或者说时间序列的逐期趋势值按一定的比率递增或衰减。公式(8.15)中,a,b 为未知参数,若 $b>1$,逐期趋势值随 t 的增加而递增;若 $b<1$,逐期趋势值随 t 的增加而降低。

为了估计指数曲线方程(8.15)的参数 a,b,可将公式(8.15)两端取对数

$$\lg \hat{y}_t = \lg a + t \lg b \qquad (8.16)$$

设定 $y' = \lg \hat{y}_t, A = \lg a, B = \lg b$

则可将指数方程(8.16)转化为参数为线性的方程

$$y' = A + Bt \qquad (8.17)$$

利用时间序列的数据,运用最小二乘法可估计出公式(8.17)中的 $A = \lg a$ 和 $B = \lg b$,再取反对数即可得参数 a,b 的估计值,从而可以估计出时间序列 y_t 的指数曲线趋势值。

【例 8.8】 表 8.7 为 2000—2016 年中国货币和准货币(M2)供应量数据。可以看出,除了 2003 年和 2009 年外,其环比增长率变化比较平稳,近似于指数曲线的趋势,适于用指数曲线方程拟合其长期趋势。为说明计算过程,把有关数据列在表 8.7 中。

表 8.7 2000—2016 年中国货币和准货币(M2)供应量

时间序号 t	年份	货币和准货币(M2)供应量(亿元)y_t	环比增长%	$y' = \log(y)$
1	2000	134 610.3	—	5.129 1
2	2001	158 301.9	17.60	5.199 5
3	2002	185 007.0	16.87	5.267 2
4	2003	221 222.8	19.58	5.344 8
5	2004	254 107.0	14.86	5.405 0
6	2005	298 755.7	17.57	5.475 3
7	2006	345 577.9	15.67	5.538 5
8	2007	403 442.2	16.74	5.605 8
9	2008	475 166.6	17.78	5.676 8
10	2009	610 224.5	28.42	5.785 5
11	2010	725 851.8	18.95	5.860 8
12	2011	851 590.9	17.32	5.930 2
13	2012	974 148.8	14.39	5.988 6
14	2013	1 106 525.0	13.59	6.044 0
15	2014	1 228 374.8	11.01	6.089 3
16	2015	1 392 278.1	13.34	6.143 7
17	2016	1 550 066.7	11.33	6.190 4

资料来源:国家统计局网站(www.stats.gov.cn)。

用回归分析的方法计算或用 Excel 运算,可以将"货币和准货币(M2)供应量"取对数,作式(8.16)或式(8.17)的回归,得到回归系数的估计结果:

$$\hat{A} = \lg \hat{a} = 5.068\ 0 \qquad \hat{B} = \lg \hat{b} = 0.068\ 8$$

估计的趋势方程为 　　　　　　$\lg \hat{y} = 5.068\ 0 + 0.068\ 8t$

对估计的参数取反对数得到 　　$\hat{a} = 116\ 950 \qquad \hat{b} = 1.171\ 6$

估计的指数趋势方程为 　　　　$\hat{y}_t = 116\ 950 \times 1.171\ 6^t$

指数趋势方程回归的可决系数为 $R^2 = 0.995\ 9$,F 统计量为 3 641.69,估计的时间变量"t"系数的 t 统计量为 60.346 4,其绝对值明显大于临界值,对应的 P 值为 2.54E-19。这说明中国货币和准货币(M2)供应量的指数曲线趋势是很显著的。由图 8.15 可以看出,中国货币和准货币(M2)供应量的指数曲线趋势拟合比线性趋势拟合更好。

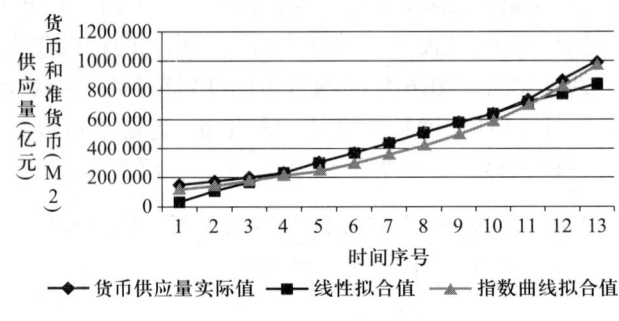

图 8.15　中国货币供应量指数曲线趋势与线性趋势的比较

长期趋势模型的拟合,需要判断现象发展的基本规律和态势,要求选择最适合的函数形式,事实上这是比较困难的。在对实际的时间序列拟合其长期趋势方程时,通常可参考以下的一些做法:

(1) 进行定性分析。首先应对所研究现象的客观性质进行研究,分析其一般的发展规律,从而对现象长期趋势的性质作出基本的判断。

(2) 描绘散点图。根据时间序列的观测值描绘散点图,从散点图的基本态势,判断现象随时间变化的大体类型。

(3) 分析序列的数据特征。如果序列各项数据的 K 次差大致为一常数,一般来说可考虑配合 K 次曲线;若序列的环比发展速度大体为一常数,或序列的对数一次差大体为一常数,可考虑配合指数曲线。

(4) 分段拟合。现象的实际变化可能非常复杂,各个阶段可能有不同的变化规律,这时可将序列分段考察,分别拟合不同的曲线趋势。

(5) 最小偏差分析。当序列有多种曲线可供选择时,可将多种曲线的拟合结果加以比较,分别计算各种曲线的偏差或估计的均方误差 s^2,以估计的均方误差最小的曲线为宜。计算估计的均方误差 s^2 的方法为

$$s^2 = \sum (y_t - \hat{y}_t)^2 / (n-k) \tag{8.18}$$

式中,n 为序列项数;k 为曲线参数的个数;y_t 为序列观测值;$\hat{y}_t$ 为估计的趋势值。

8.4 季节变动分析

季节变动是指客观现象因受自然因素或社会因素影响,而形成的在一年内有规则的周期性变动。季节变动在现实生活中经常会遇到,如商业活动中的"销售旺季"和"销售淡季"、农产品和以农产品为原料的某些工业生产的产量和销售量、旅游业的"旅游旺季"和"旅游淡季"等。所谓季节变动不仅仅是指随一年中四季而变动,而是泛指一年内有规律的、按一定周期(年、季、月、周、日)重复出现的变化。季节变动的原因通常与自然条件有关,同时也可能是由于生产条件、节假日、风俗习惯等社会经济因素所致。季节变动常会给人们的社会经济生活带来某种影响,如会影响某些商品的生产、销售与库存。

测定季节变动的意义一是通过分析与测定过去的季节变动规律,为当前的决策提供依据;二是为了对未来现象的季节变动作出预测,以便提前作出合理的安排;三是为了当需要不包含季节变动因素的数据时,能够消除季节变动对时间序列的影响,以便更好地分析其他因素。

8.4.1 季节变动分析的原始资料平均法

测定季节变动的方法很多,从是否考虑长期趋势的影响看可分为两种:一是不考虑长期趋势的影响,根据原始时间序列直接去测定季节变动;二是根据剔除长期趋势后的数据测定季节变动。

当时间序列的长期趋势近似于水平趋势时,测定时间序列的季节变动可以不考虑长期趋势的影响,直接用原始资料平均法。原始资料平均法也称为同期(月或季)平均法。这是对原始时间序列数据不剔除长期趋势因素,直接计算季节比率的方法,其基本步骤如下。

(1) 计算各年同期(月或季)的平均数 $\bar{y}_i$($i=1,2,\cdots,12$ 月或 $i=1,2,3,4$ 季度),其目的是消除各年同一季度(月份)数据上的不规则变动。

(2) 计算全部数据的总平均数 $\bar{y}$,找出整个序列的水平趋势。

(3) 计算季节比率 S_i,即

$$S_i = \frac{\bar{y}_i}{\bar{y}} (i=1,2,\cdots,12 \text{ 月或 } i=1,2,3,4 \text{ 季度}) \tag{8.19}$$

可见,季节比率实际上是各年的同期平均数相对于整个序列平均水平变动的程度,也称为季节指数,可用相对比率或百分比表示。在乘法模型中,季节比率有一个特性,这就是其总和等于季节周期 $L(=12$ 或 $=4)$,或平均等于 1,即

$$\sum S_i = L \quad \text{或} \quad \bar{S} = \frac{\sum S_i}{L} = 1$$

【例 8.9】 2014—2017 年中国水电发电量及所计算的各年同月平均数和季节比率如表 8.8 所示。

表 8.8　　2014—2017 年中国水电发电量　　　　　　单位:亿千瓦时

月份	1	2	3	4	5	6	7	8	9	10	11	12
2014 年	492.1	417.6	534.0	619.7	740.0	874.6	1 132.1	1 177.8	1 144.1	967.2	745.9	569.0
2015 年	565.2	471.8	676.3	702.0	767.0	1 028.4	1 098.4	1 046.0	1 074.5	994.7	776.2	677.5
2016 年	545.3	743.7	747.4	778.7	931.8	1 065.1	1 236.5	1 106.2	952.2	925.1	803.6	650.5
2017 年	519.0	709.7	725.2	743.4	885.9	1 044.3	1 246.4	1 167.9	1 121.8	1 078.6	873.1	735.9
同月合计	2 121.6	2 342.8	2 682.9	2 843.8	3 324.7	4 012.4	4 713.4	4 497.9	4 292.6	3 965.6	3 198.7	2 632.9
同月平均	530.4	585.7	670.7	711.0	831.2	1 003.1	1 178.4	1 124.5	1 073.2	991.4	799.7	658.2
季节指数	0.626 6	0.692 0	0.792 4	0.839 9	0.982 0	1.185 1	1.392 1	1.328 5	1.267 8	1.171 3	0.944 7	0.777 6

资料来源:国家统计局网站(www.stats.gov.cn)。

说明:① 由于国家统计局月度数据中无各年 1 月和 2 月的当期值,1 月和 2 月数据为根据累计值推算的。

② 各月平均值为 846.4。由于计算过程中的四舍五入,数据计算可能存在一定误差。

表 8.8 中计算的季节指数表明确实存在季节变动,每年的 12 月至 2 月是水电发电的淡季。每年的 6—10 月,特别是其中的 7—9 月,水电发电量明显比其他月份增加,是水电发电的旺季。

原始资料平均法计算比较简单,但应当注意,运用此方法的基本假定前提是原时间序列没有明显的长期趋势和循环变动①,通过各年同期数据的平均,可以消除不规则变动,而且当平均的期间与循环周期基本一致时,也在一定程度上消除了循环波动。当时间序列存在明显的长期趋势时,会使季节变动的分析不准确,如存在明显的上升趋势时,年末季节变动比率会远高于年初季节变动比率;当存在明显的下降趋势时,年末季节变动比率又会远低于年初季节变动比率。所以只有当数列的长期趋势和循环变动不明显时,运用原始资料平均法才比较合适。

8.4.2　季节变动分析的趋势—循环剔除法

如果序列包含有明显的上升(或下降)趋势或循环变动,为了更准确地计算季节指数,就应当首先设法从序列中消除趋势因素,然后再用平均的方法消除不规则变动,从而较准确地分解出季节变动成分。序列的长期趋势可用移动平均法或趋势方程拟合法测定。假定包含季节变动的时间序列的各影响因素以乘法模型形式组合,其结构为 $Y = T \cdot C \cdot S \cdot I$,以移动平均法为例,确定季节变动的方法步骤如下。

(1) 对原序列计算平均项数等于季节周期 L(如 12 个月或 4 个季度)的中心化移动平均数,以消除季节变动 S 和不规则变动 I,所得移动平均的结果若以 M 表示,M 只包含了趋势变动 T 和循环变动 C。

(2) 为了剔除原序列中的趋势变动 T 和循环变动 C,将原数列各项数据除以移动平

---

① 在例 8.9 中,中国水电发电量在 2014—2017 年存在一定的长期趋势,但为了下面的例 8.10 和例 8.11 方便运用数据,例 8.9 中还是用了原始资料平均法。

均序列对应时间的各项数据 M，即消除趋势变动和循环变动的序列为

$$\frac{Y}{M}=\frac{T\cdot C\cdot S\cdot I}{T\cdot C}=S\cdot I \tag{8.20}$$

（3）这里各影响因素以乘法模型组合，所以计算的 $S\cdot I$ 是比率，而不是绝对量。将消除趋势变动和循环变动的序列各年同月（或同季）的比率数据进行平均，以消除不规则变动 I，再分别除以全部 $S\cdot I$ 数据的总平均数，即得季节变动比率（也称季节指数）S。

（4）对季节比率的调整。季节比率的总和 $\sum S_i$ 应当等于季节周期的长度 L，如果计算的季节比率的总和接近于季节周期长度 L，则不必调整。但是，计算的季节比率的总和有时不一定等于 L，这时需要对其进行调整。调整的方法是以 $\frac{L}{\sum S_i}$ 作为调整系数，对各季节系数加以调整，将其误差分摊到各期的季节比率中去，调整的方法是

$$S^* = S_i \frac{L}{\sum S_i} \quad (i=1,2,\cdots,L) \tag{8.21}$$

式中，S^* 为经调整的季节比率。

【例 8.10】 表 8.9 为 2014—2017 年中国水电发电量 Y、按 12 个月中心化移动平均计算的趋势和循环值 TC，以及计算的季节比率。

表 8.9 2014—2017 年中国水电发电量季节比率计算表　　单位：亿千瓦时

	月份	1	2	3	4	5	6	7	8	9	10	11	12
2014年	水电发电量 Y	492.1	417.6	534.0	619.7	740.0	874.6	1 132.1	1 177.8	1 144.1	967.2	745.9	569.0
	移动平均 M	—	—	—	—	—	—	787.6	792.9	801.0	810.4	815.0	822.5
	Y/M	—	—	—	—	—	—	1.44	1.49	1.43	1.19	0.92	0.69
2015年	水电发电量 Y	565.2	471.8	676.3	702.0	767.0	1 028.4	1 098.4	1 046.0	1 074.5	994.7	776.2	677.5
	移动平均 M	827.5	820.6	812.2	810.5	812.9	818.5	822.3	832.8	847.1	853.3	863.4	871.7
	Y/M	0.68	0.57	0.83	0.87	0.94	1.26	1.34	1.26	1.27	1.17	0.90	0.78
2016年	水电发电量 Y	545.3	743.7	747.4	778.3	931.8	1 065.1	1 236.5	1 106.2	952.2	925.1	803.6	650.5
	移动平均 M	879.0	887.3	884.7	876.7	875.0	875.0	872.7	870.2	867.9	865.5	862.1	859.3
	Y/M	0.62	0.84	0.84	0.89	1.06	1.22	1.42	1.27	1.10	1.07	0.93	0.76
2017年	水电发电量 Y	519.0	709.7	725.2	743.4	885.9	1 044.3	1 246.1	1 167.9	1 121.8	1 078.6	873.0	735.9
	移动平均 M	858.9	861.9	871.5	885.0	894.3	900.7	—	—	—	—	—	—
	Y/M	0.60	0.82	0.83	0.84	0.99	1.16	—	—	—	—	—	—
同月 Y/M 合计		1.91	2.24	2.51	2.59	3.00	3.63	4.19	4.01	3.79	3.43	2.75	2.23
同月 Y/M 平均		0.64	0.75	0.84	0.86	1.00	1.21	1.40	1.34	1.26	1.14	0.92	0.74
季节比率		63.10	73.98	83.01	85.82	99.20	120.17	138.60	132.73	125.50	113.40	90.85	73.63

资料来源：国家统计局网站（www.stats.gov.cn）。
说明：由于计算过程中的四舍五入，数据计算可能存在一定的误差。

经消除序列的趋势变动和循环变动后,季节指数变动更为明显。季节比率的图形如图 8.16 所示。

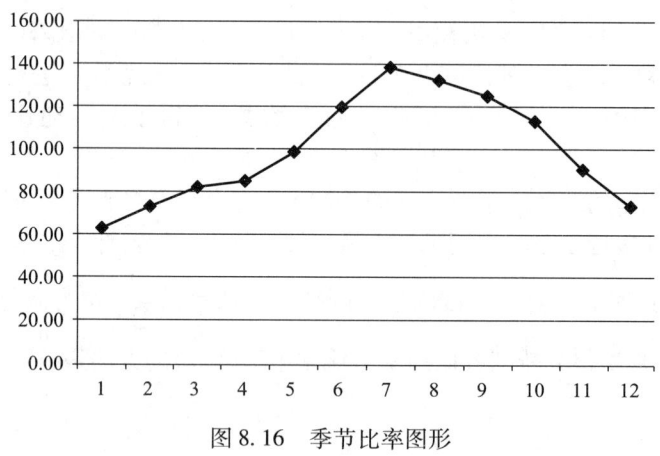

图 8.16 季节比率图形

8.4.3 季节变动的调整

包含有季节变动因素的时间序列,由于受季节的影响而产生波动,可能使序列的其他特征(如长期趋势)不能清晰地表现出来。为此,经常需要从时间序列中消除季节变动的影响,称之为季节变动的调整。

当已确定序列的季节指数 S_i 以后,消除季节变动的直接方法是将原序列除以季节指数,即

$$\frac{Y}{S} = \frac{T \cdot C \cdot S \cdot I}{S} = T \cdot C \cdot I \tag{8.22}$$

调整后的序列即消除了季节变动的影响。

【例 8.11】 利用前面趋势剔除法计算的季节比率,对 2017 年中国水电发电量作季节调整,计算所得结果如表 8.10 所示。

表 8.10 2017 年中国水电发电量消除季节变动计算表　　单位:亿千瓦时

月份	1	2	3	4	5	6	7	8	9	10	11	12
原序列 Y	519	709.7	725.2	743.4	885.9	1 044.3	1 246.4	1 167.9	1 121.8	1 078.6	873	735.9
季节指数%	63.1	73.98	83.01	85.82	99.2	120.17	138.6	132.73	125.5	113.4	90.85	73.63
消除季节变动的序列	822.5	959.3	873.6	866.2	893.0	869.0	899.3	879.9	893.9	951.1	960.9	999.5

2017 年中国水电发电量原数据(系列 1)与季节调整后数据(系列 2)的对比,如图 8.17 所示。

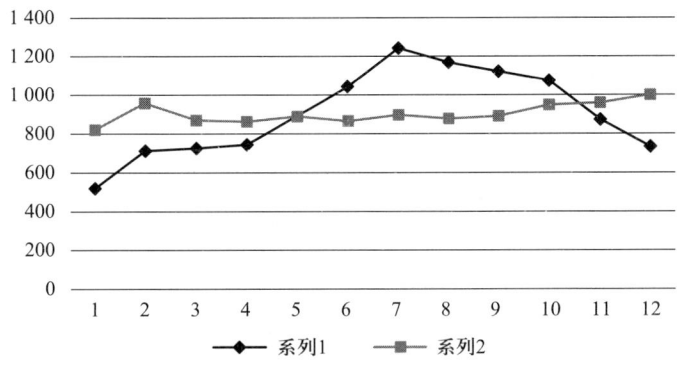

图 8.17 季节调整前后的 2017 年中国水电发电量

本章小结

1. 随时间顺序记录的数据序列称为时间序列,可分为总量数据时间序列、相对数时间序列和平均数时间序列。总量数据时间序列又分为时期序列和时点序列。

对时间序列进行分析的目的,一是为了描述事物在过去时间的状态,分析其发展趋势;二是为了揭示事物发展变化的规律性;三是预测事物在未来时间的数量。

2. 时间序列的速度分析指标主要有发展速度、增长速度、平均发展速度和平均增长速度。平均发展速度是各期环比发展速度的序时平均数,通常采用几何平均法或方程式法去计算。

3. 时间序列的构成要素通常可归纳为四种:长期趋势、季节变动、循环变动、不规则变动。形成时间序列变动的四类构成因素,按照影响方式可以设定为乘法模型和加法模型:

乘法模型　　$Y = T \cdot S \cdot C \cdot I$

加法模型　　$Y = T + S + C + I$

4. 时间序列的长期趋势可分为线性趋势和非线性趋势。时间序列线性趋势的常用测定方法有移动平均法、指数平滑法和模型法。

移动平均是选择一定的用于平均的时距项数 K,采用对序列逐项递移的方式,对原序列递移的 K 项计算一系列序时平均数,由这些序时平均数所形成的新序列,在一定程度上消除或削弱了原序列中的由于短期偶然因素引起的不规则变动和其他成分,对原序列的波动起到一定的修匀作用,从而呈现出现象在较长时期的发展趋势。

指数平滑法是选择一定的平滑系数 α,通过计算一系列指数平滑值消除不规则变动。

线性趋势的模型法是利用直线回归的方法对原时间序列拟合线性方程,以消除其他成分变动,揭示出序列长期线性趋势的方法。

现象非线性趋势变动的形式多种多样,各种形式曲线的拟合方法各不相同。

5. 季节变动是指客观现象因受自然因素或社会因素影响,而形成的在一年内有规则的周期性变动。当时间序列的长期趋势近似于水平趋势时,测定时间序列的季节变动可以不考虑长期趋势的影响,直接用原始资料平均法。原始资料平均法是对原始时间序列数据不剔除长期趋势因素,直接计算季节比率的方法。

当序列包含有明显的趋势或循环变动时,应当首先设法从序列中消除趋势因素,然后再用平均的方法消除不规则变动,从而较准确地分解出季节变动成分。序列的长期趋势可用移动平均法或趋势方程拟合法测定。

包含有季节变动因素的时间序列,由于受季节的影响而产生波动,可能使数列的其他特征不能清晰地表现出来。为此,经常需要从时间序列中消除季节变动的影响,这称为季节变动的调整。当已确定序列的季节指数 S_i 以后,消除季节变动的直接方法是将原序列除以季节指数。

6. 时间序列分析的实际计算和图形的描绘可以应用 Excel 去实现。

思考与练习

思考题

1. 联系实际举三个时间序列的例子,并分别判断这些时间序列的性质。
2. 时间序列有哪些速度分析指标?它们之间的关系是什么?
3. 为什么平均发展速度要用几何平均法计算?计算平均发展速度的几何平均法的内涵是什么?
4. 时间序列构成要素组合模型的加法模型和乘法模型中季节因素的表述有什么区别?
5. 测定长期趋势的移动平均法、指数平滑法和模型法各有什么特点?
6. 测定季节变动的"原始资料平均法"的基本步骤和原理是什么?
7. 测定季节变动的"趋势-循环剔除法"的基本步骤和原理是什么?
8. 线性趋势与非线性趋势的区别是什么?
9. 循环变动和季节变动的区别是什么?

练习题

1. 表 8.11 是海南省海口市 2012—2017 年固定资产投资增长速度的部分资料。

表 8.11 2012—2017 年海南省海口市固定资产投资增长速度数据

	2012 年	2013 年	2014 年	2015 年	2016 年	2017 年
定基增长速度(%)	—	27.22	60.96			177.34
环比增长速度(%)	—	27.22		23.19	25.66	

资料来源:海南省统计年鉴 2018。

(1) 2013—2017 年海南省海口市固定资产投资平均每年的增长速度是多少?
(2) 超过平均增长速度的年份有哪些?

2. 某企业在整理历史统计数据时发现缺失了一些数据,需要补充表 8.12 空栏中的数据。

表 8.12 某企业产品产量及增长数据

年份	产量(万米)	与上年比较		
		增长绝对量(万米)	发展速度(%)	增长速度(%)
第 1 年	85.20	—	—	—
第 2 年		8.73		
第 3 年			111.04	
第 4 年				9.80
第 5 年	129.63			
第 6 年		19.0		

补充表 8.12 中缺失的数据,并根据补充数据计算 5 年的平均年增长速度。

3. 某市的地区生产总值在 2001—2005 年平均每年递增 14%,2006—2011 年平均每年递增 15%,2012—2014 年平均每年递增 11%,2015—2018 年平均每年递增 9%。试计算:

(1)该市的地区生产总值在这 18 年间总的发展速度和平均增长速度为多少?

(2)若 2000 年的地区生产总值为 1 300 亿元,以后平均每年增长 12.5%,到 2020 年可达到多少?

4. 随着经济的发展和人民生活水平的提高,近 10 年来中国出国留学的人数增长很快,表 8.13 是 2006—2016 年中国留学生人数数据。

表 8.13　2006—2016 年中国留学生人数　　　　　　　　　　　单位:人

年份	留学生人数	年份	留学生人数
2006	134 000	2012	399 600
2007	144 000	2013	413 900
2008	179 800	2014	459 800
2009	229 300	2015	523 700
2010	284 700	2016	544 500
2011	339 700		

资料来源:《中国统计年鉴 2017》,国家统计局。

(1)绘制中国留学生人数的时间序列图形描述其增长趋势;

(2)选择适当的趋势线拟合时间序列数据;

(3)按照近 10 年的发展势头,预测 2017 年和 2020 年中国出国留学的人数,查阅统计年鉴中 2017 年留学生人数的实际数据,并与预测值作比较。

5. 表 8.14 是某县 2014—2017 年各月度工业增加值的数据。

表 8.14　某县 2014—2017 年各月度工业增加值　　　　　　　　　单位:亿元

月份	1	2	3	4	5	6	7	8	9	10	11	12
2014 年	4.78	3.97	5.07	5.12	5.27	5.45	4.95	5.03	5.37	5.34	5.54	5.44
2015 年	5.18	4.61	5.69	5.71	5.90	6.05	5.65	5.76	6.14	6.14	6.47	6.55
2016 年	6.46	5.62	6.96	7.12	7.23	7.43	6.78	6.76	7.03	6.85	7.03	7.22
2017 年	6.82	5.68	7.38	7.40	7.60	7.95	7.19	7.35	7.76	7.83	8.17	8.47

(1)用原始资料平均法计算季节比率;

(2)用移动平均法分析其长期趋势;

(3)用指数平滑法(取 $\alpha=0.7$)分析其长期趋势。

6. 运用表 8.14 中各月度工业增加值的数据,剔除长期趋势后再分析其季节变动情况,并与练习题 5 的分析结果对比。分析该县的工业增加值的季节变动有何特点。

7. 表 8.15 是某住宅区近三年中各月电费支出数据。

表 8.15　某住宅区电费支出数据　　　　　　　　　　　　　　单位:元

月份	第 1 年	第 2 年	第 3 年
1	17 050	18 046	19 548
2	18 040	20 537	21 052
3	20 575	21 557	23 047
4	23 032	24 546	28 062

续表

月份	第1年	第2年	第3年
5	24 044	26 523	29 035
6	31 536	33 049	39 066
7	36 098	40 040	42 035
8	29 021	33 547	33 096
9	24 036	26 051	29 078
10	24 074	27 017	29 538
11	23 059	25 553	28 029
12	19 563	22 078	25 017

用原始数据平均法计算月度季节指数,绘制季节变动图,并说明其季节变动的特征。

8. 表8.16是2014—2017年江苏省各季度的社会消费品零售总额数据。

表 8.16 2014—2017 年江苏省各季度社会消费品零售总额　　　　单位:亿元

年份	一季度	二季度	三季度	四季度
2014	5 775.27	5 528.83	5 634.84	6 270.07
2015	6 405.80	6 145.71	6 287.86	7 037.40
2016	7 079.49	6 803.53	6 997.38	7 826.72
2017	7 807.60	7 608.94	7 745.19	8 575.68

(1) 用原始资料平均法计算季节指数,判断是否存在季节变动。
(2) 用拟合线性模型测定江苏省各季度社会消费品零售总额的长期趋势。
(3) 用指数平滑法分析其长期趋势。
(4) 预测江苏省2018年各季度及全年的社会消费品零售总额。

9. 为了预测江苏省的发电量,收集到1990—2016年江苏省发电量数据,如表8.17所示。

表 8.17 1990—2016 年江苏省发电量数据　　　　单位:亿千瓦时

年份	发电量（亿千瓦时）	年份	发电量（亿千瓦时）	年份	发电量（亿千瓦时）
1990	404.47	1999	787.06	2008	2 776.85
1991	441.20	2000	909.69	2009	2 928.21
1992	481.15	2001	986.64	2010	3 358.98
1993	536.84	2002	1 116.56	2011	3 755.63
1994	631.90	2003	1 277.88	2012	3 928.35
1995	700.41	2004	1 539.49	2013	4 288.91
1996	756.87	2005	1 789.53	2014	4 347.07
1997	777.00	2006	2 216.4	2015	4 351.78
1998	754.27	2007	2 674.43	2016	4 667.73

资料来源:中国统计年鉴。

(1) 绘制江苏省发电量的时间序列图形描述其趋势；
(2) 选择适当的趋势线拟合江苏省发电量的长期趋势；
(3) 根据拟合的趋势线，预测 2017 年和 2018 年江苏省的发电量，查阅统计年鉴中 2017 年和 2018 年实际数据，并与预测值作比较。

10. 某县大力发展养鸡业，2014—2017 年各季度鲜蛋销售量数据如表 8.18 所示。

表 8.18　某县 2014—2017 年各季度鲜蛋销售量　　　　单位：万千克

年份	一季度	二季度	三季度	四季度
2014	23.1	23.9	17.9	18.6
2015	20.8	21.5	19.7	21.0
2016	24.6	27.5	26.0	28.2
2017	28.4	30.0	26.9	28.0

(1) 剔除长期趋势后分析其季节变动是否有一定规律性；
(2) 如果有季节变动，设法消除季节变动分析其长期趋势。

案例分析

中国铁路客运量发展与预测分析

随着中国社会经济的快速发展，城乡居民的消费水平不断提高，人们对交通出行的需求增长迅速。铁路作为国民经济大动脉、国家重要基础设施和大众化交通工具，在我国经济社会发展中发挥着至关重要的作用。加快推进铁路建设，充分满足人民的出行需求，对稳增长、调结构、惠民生具有重要意义。

改革开放以来，中国的铁路建设成就辉煌。2018 年 4 月 13 日国家铁路局发布 2017 年铁道统计公报。公报显示，2017 年全国铁路旅客发送量完成 30.84 亿人，比上年增加 2.70 亿人，增长 9.6%。全国铁路总换算周转量完成 40 419.12 亿吨公里，比上年增加 4 047.57 亿吨公里，增长 11.1%。交通运输部发布 2017 年行业发展统计公报，2017 年全国铁路营业里程达到 12.7 万公里，比上年增长 2.4%，其中高铁营业里程为 2.5 万公里。尽管这样，在一年中的某些时期，例如春节前后大量外出务工人员返乡、寒暑假及开学时间大量学生回家或返校，经常还是感到铁路客运十分紧张。从中国铁路总公司获悉，2017 年春运期间，全国铁路累计发送旅客 3.57 亿人次，增长 10.1%，创铁路春运旅客发送新纪录。中国铁路客运的发展究竟怎样？各个时期有什么规律可以去探究吗？

铁路客运量反映全国铁路旅客运输的人数，是研究铁路客运能力和客运水平的重要指标。从国家统计局信息网取得了 2014—2017 年中国铁路客运量的月度数据，如表 8.19 所示。

表 8.19　中国铁路客运量数据（2014—2017 年）　　单位：万人

年份	2014	2015	2016	2017
1 月	19 050	17 850	21 161	24 756
2 月	15 975	19 290	24 112	25 525
3 月	18 054	21 554	21 242	22 624
4 月	19 843	21 091	23 900	26 504
5 月	19 037	21 219	22 886	26 397
6 月	19 456	20 614	23 200	24 077
7 月	22 386	24 776	26 818	29 378
8 月	23 515	25 539	28 007	30 692
9 月	20 986	21 802	23 918	24 884
10 月	17 919	22 686	25 001	27 621
11 月	17 056	18 816	20 409	22 703
12 月	22 427	18 200	20 768	23 219

资料来源：国家统计局（http：www.stats.gov.cn）月度数据，其中 1 月份和 2 月份的数据是根据 1—2 月累计客运量和多年测算的比例推算的。

讨论题

1. 分析改革开放以来中国铁路客运量发展变化的基本态势，并对各种方法的分析结果加以对比。

2. 研究中国铁路客运量是否存在季节变动的规律，比较各种方法分析的结果，与你通常的想法是否一致？分析其可能的原因。

3. 为了提前安排运力，充分满足对铁路客运的需求，根据发展趋势和变动规律，预测 2018 年各月中国铁路客运量的可能水平。

针对以上问题拟定一个研究的方案，选择分析的具体方法，并根据分析研究的结果写出分析报告。

案例分析提示

即测即评

第 9 章 统计指数

如何运用统计指数进行对比分析？

通过适当的数据对比可以反映现象的相对水平或相对变动，由此给出的比值就是通常意义上的指数。对于简单现象（单一项目）计算指数（个体指数）非常便捷，但对于多个项目构成的复杂现象总体计算指数（总指数）就较为困难了。后者正是统计指数理论所要研究和解决的问题。

在现实经济生活中，"指数"是无处不在的。在各种统计年鉴和经济文献中，人们经常会遇到大量"指数"资料。例如，在《中国统计年鉴》中，就公布了居民消费价格指数、商品零售价格指数、工业生产者出厂价格指数、工业生产者购进价格指数、农产品生产价格指数、固定资产投资价格指数，以及房地产价格指数等。这些指数从不同角度描述了有关经济现象的变动程度和轨迹。

表 9.1 和图 9.1 分别给出了我国 1990—2017 年间四种主要价格指数的数据，以及居民消费价格指数（即消费者价格指数，CPI）和工业生产者出厂价格指数（PPI）的变动轨迹。通过这些数据和图表，我们可以观察到近 28 年来，中国居民在消费品市场购买各种货物和服务的价格变动情况，以及中国工业部门提供各种工业品的生产者价格变动情况。显然，在这 28 年间，随着经济的不断增长、收入的逐步提高，消费者价格和生产者价格都有一定程度的变动（上涨或下跌），截至 2017 年，两种价格的平均水平分别相当于 1990 年的 2.95 倍和 2.37 倍，这些都将对居民的消费开支和工业的产值增长产生相应的影响，它们彼此之间还具有一定的关联性。

表 9.1 中国的四种主要价格指数（1990 年 = 100）

年份	居民消费 价格指数	商品零售 价格指数	工业生产者 出厂价格指数	固定资产投 资价格指数
1990	100.0	100.0	100.0	100.0
1991	103.4	102.9	106.2	109.5
1992	110.0	108.5	113.4	126.3
1993	126.2	122.8	140.6	159.8
1994	156.6	149.4	168.1	176.5
1995	183.4	171.4	193.1	186.9
1996	198.7	181.9	198.7	194.3
1997	204.2	183.3	198.1	197.6

续表

年份	居民消费价格指数	商品零售价格指数	工业生产者出厂价格指数	固定资产投资价格指数
1998	202.6	178.6	190.0	197.3
1999	199.7	173.2	185.4	196.5
2000	200.6	170.6	190.6	198.6
2001	201.9	169.3	188.2	199.4
2002	200.3	167.1	184.0	199.8
2003	202.7	166.9	188.2	204.2
2004	210.6	171.6	199.7	215.7
2005	214.4	173.0	209.6	219.1
2006	217.7	174.7	215.8	222.4
2007	228.1	181.4	222.5	231.1
2008	241.5	192.1	237.9	251.8
2009	239.8	189.7	225.0	245.8
2010	247.7	195.6	237.4	254.6
2011	261.1	205.2	251.7	271.4
2012	267.9	209.3	247.4	274.4
2013	274.9	212.2	242.7	275.2
2014	280.4	214.3	238.1	276.6
2015	284.3	214.5	225.7	271.6
2016	290.0	216.0	222.6	270.0
2017	294.6	218.4	236.6	285.7

资料来源：根据《中国统计年鉴2018》等有关数据整理。

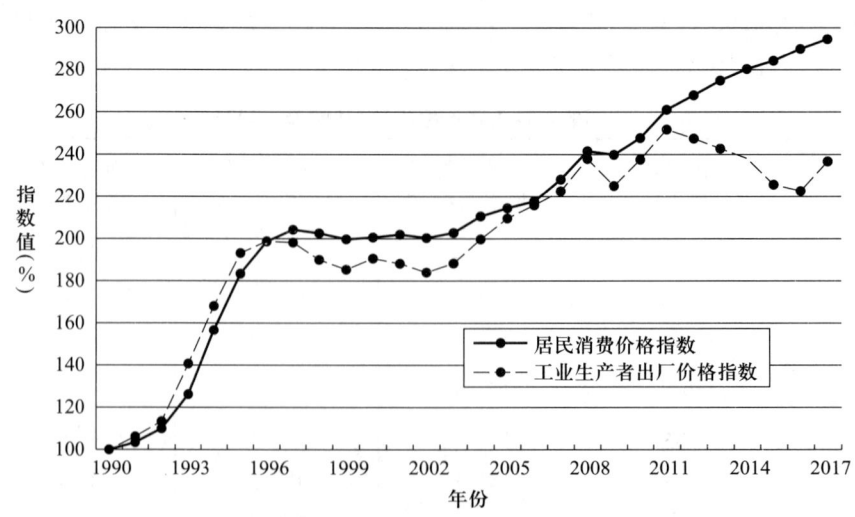

图9.1 两种主要价格指数的变动轨迹

就居民消费价格指数而言，它是对居民所消费的各种货物和服务的价格变动的综合概括。消费品市场上的货物和服务种类繁多、数不胜数，各种商品的价格变动方向和程度也各不相同：有的涨价，有的跌价；有的涨（跌）得多，有的涨（跌）得少。怎样科学地衡量市场物价变动的一般水平，并非一个简单的数量对比问题，必须通过专门的统计指数法来加以研究。

指数法是最常用、最重要的经济统计研究方法之一，它概括反映了现实世界中各种复杂现象客观存在的一类数量对比关系，在涉及物量、价格或经济效率等方面综合比较的几乎所有领域内，指数法都是一种不可或缺的分析工具。不仅如此，某些经济分析问题还常常被归结为有关的指数问题，要求从方法论的角度给予深入探讨，数百年来吸引了众多经济学家和统计学家悉心研究。有学者认为，统计指数的研究和应用水平在很大程度上乃是一个国家经济统计学发展程度的重要标志之一。

现实经济生活中遇到的统计指数可谓林林总总，围绕这些指数，我们需要弄清以下几点：

（1）有关指数的具体经济含义是什么？能够用于说明什么问题？不同的指数之间有什么区别和联系？例如，消费者价格指数（或我国的居民消费价格指数）与生产者价格指数（如我国的工业生产者出厂价格指数）有何区别和联系？

（2）这些指数需要采用何种方法编制，才能保证其科学性和适用性？这些方法与前面介绍过的一般动态比较或对比分析方法有何不同，或者说，为何需要专门的指数方法研究复杂经济现象的数量对比关系？

（3）怎样利用指数方法分析复杂经济现象的变动，以及这种变动所产生的经济影响？例如，消费品价格的变动怎样影响到居民的开支和生活水平？

（4）怎样利用指数方法对现象总量（价值总量）的变动进行因素分析？例如，商品的销售价格和销售数量如何共同影响到销售总额的变动？

通过本章的学习，将会帮助读者对这些问题获得比较透彻的认识。

9.1 指数的概念与分类

9.1.1 指数的概念

统计学上所说的指数（index numbers）是一种对比性的分析指标，这与数学上的指数函数是完全不同的概念。运用统计指数可以考察很多社会经济问题，例如，通过生产指数可以反映经济增长的实际水平，通过股价指数可以显示股市行情，通过物价指数可以说明市场价格的动态及其对居民生活的影响，通过购买力平价指数又可以进行经济水平的国际对比，等等。在经济分析的各个领域，指数这种统计工具都获得了广泛的应用。因此，统计指数常常也被称为"经济指数"。

指数作为一种对比性的统计指标具有相对数的形式，通常表现为百分数。它表明：若把作为对比基准的水平（基数）视为100，则所要考察的现象水平相当于基数的多少。譬如,已知某年全国的居民消费价格指数为105%,这就表示:若将基期年份(通常为上年)消费品市场的一般价格水平看成100%,则当年全国的价格水平就相当于基年的105%,或者说,当年的价格上涨了5%。

从对比性质来看,指数通常是不同时间的现象水平的对比,它表明现象在时间上的变动情况(动态)。此外,指数还可以是不同空间(如不同国家、地区、部门、企业等)的现象水平的对比,或者,是现象的实际水平与计划(规划或目标)水平的对比,这些可以看成动态对比指数方法的拓展。可见,指数在经济分析上具有十分广阔的应用领域。

统计指数的对比性质和表现形式既简单又直观,但对于不同的经济现象和不同的分析要求,却往往需要灵活地运用不同的指数工具,并解决相应的编制技术和理论方法问题。为适应经济统计和经济分析的需要,联合国、国际劳工组织、国际货币基金组织、世界银行等国际机构邀请各国专家编撰出版了《消费者价格指数手册:理论与实践》《生产者价格指数手册:理论与实践》以及《出口和进口价格指数手册:理论与实践》三大指数手册,其内容相当丰富、复杂。这也表明,指数的编制和应用是一个重要的统计和经济分析问题。

9.1.2 指数的分类

统计指数是对有关现象进行比较分析的一种相对比率,这是所有指数的共性,但不同的指数往往还有一些不同的特性。通过对指数进行适当的分类,有助于我们更加深入地了解这些特性。统计指数主要分为以下几类。

1. 质量指标指数与数量指标指数

这是根据指数的内容差异(即对比指标性质)所做的区分。如果一个指数的对比指标具有质量指标的特征(也即表现为平均数或相对数的形式),它就属于质量指标指数;如果一个指数的对比指标具有数量指标的特征(也即具有总量或绝对数的形式),它一般就属于数量指标指数。例如,物价指数、股价指数和单位成本指数等都是质量指标指数,而销售量指数和产量指数(生产指数)等则是数量指标指数。

但是,诸如商品的销售额指数、产品的成本总额指数或总产值指数等,它们所对比的现象虽然都属于数量指标,却具有价值总额的特殊形式,这些价值总额通常可以分解为一个数量因子与一个质量因子的乘积,而相应的指数则反映了两个因子共同变化的影响。因此,在指数分析中,它们既不属于数量指标指数,也不属于质量指标指数,为区别起见,通常称为总值指数(或价值指数)。

2. 个体指数与总指数

这是根据指数的考察范围和计算方法所做的区分。个体指数是考察总体中个别现象或个别项目的数量对比关系的指数(如市场上某种商品的价格指数或销售量指数)。它实质上就是一般的相对数,包括动态相对数、比较相对数和计划完成相对数等。这些相对数的计算和分析没有形成专门的指数方法,因而仅仅属于广义的指数概念;狭义的指数概念不包括这种个体指数,通常专指总指数。

总指数是考察整个总体现象的数量对比关系的指数。然而,正如后面的例子将会显示的,要考察总体现象的数量对比关系,常常就面临着总体中个别现象的数量不能直接加总或不能简单综合对比的问题(这样的总体一般称作"复杂现象总体")。因此,总指数与个体指数的区别不仅在于考察范围不同,还在于考察方法不同。总指数不能简单地沿用一般相对数的计算分析方法,也不一定能够具备一般相对数的某些直观分析性质。

在总体分组的情形下,常常还需要编制组指数(类指数)。组指数是介于个体指数与总指数之间的概念,其考察范围比总指数窄,但比个体指数宽,其计算方法和分析性质则与总指数相似。

3. 动态指数与静态指数

这是根据指数的对比性质所做的区分。动态指数又称时间指数,它是将不同时间上的同类现象水平进行比较的结果,反映现象在时间上的变化过程和程度。常见的零售价格指数、消费价格指数、股票价格指数、工业生产指数等,都属于动态指数。静态指数又包括空间指数和计划完成情况指数两种。空间指数(地域指数)是将不同空间(如不同国家、地区、部门、企业等)的同类现象水平进行比较的结果,反映现象在空间上的差异程度。例如,地区间的价格比较指数、国际对比的购买力平价指数和人均 GDP 指数等。计划完成情况指数则是将某种现象的实际水平与计划目标对比的结果,反映计划的执行情况或完成与未完成的程度,例如,产品成本计划完成情况指数。

动态指数是出现最早、应用最多的指数,也是理论上最为重要的统计指数。其他指数则是动态指数方法原理的推广与发展。

除了上述分类之外,对于总指数,还存在着综合指数与平均指数(包括各种平均数类型)的区分,以及简单指数与加权指数(包括各种可行的加权方式)的区分,其划分依据是总指数的具体编制方式(前者统称为总指数的"型"的问题,后者统称为总指数的"权"的问题),这些分类概念下文将逐步予以说明;对于动态分析问题,则还存在着环比指数与定基指数,以及同比(年距)指数和连锁(锁比)指数等区分,限于篇幅,这些分类本教材从略。

9.2 总指数的编制方法

9.2.1 总指数编制的基本问题

如上所述,总指数作为考察整个总体现象数量对比关系的指数,其编制方法与个体指数(一般相对数)有很大不同。

【例 9.1】 市场物价和需求的变动情况是每位消费者都普遍关注的问题。假定某市场上五种商品的价格和销售量资料如表 9.2 所示。表 9.2 中记商品的价格为 p,销售量为 q;上标"0"表示基期,上标"1"表示计算期①。

---

① 在有些教材的指数公式中,价格和数量的商品标识和时间标识(基期或计算期)都是以下标表示的。这样做比较容易混淆;而且当省略其中一个下标时(为表达简便计,教材或文献中常常这样做),不容易马上看出究竟是省略了商品或时间中的哪个标识,不直观。参照目前国际上主流指数文献(如《CPI 手册》等)的规范,本章以上标和下标分别表示时间和商品标识。两种不同表达方式给出的相应指数公式,其经济意义是相同的。读者需要适应这种表达方式。

表 9.2　商品的价格和销售量资料

商品类别	计量单位	价　格（元）		销　售　量		指　数（%）	
		基期 p^0	计算期 p^1	基期 q^0	计算期 q^1	p^1/p^0	q^1/q^0
面　粉	100 kg	300.0	360.0	2 400	2 600	120.00	108.33
猪　肉	kg	18.0	20.0	84 000	95 000	111.11	113.10
食　盐	500 g	1.0	0.8	10 000	15 000	80.00	150.00
服　装	件	100.0	130.0	24 000	23 000	130.00	95.83
洗衣机	台	1 500.0	1 400.0	510	612	93.33	120.00

为了反映市场物价的动态和商品销售量的变动情况，可以依据这些资料编制有关的指数。如果我们需要考察的是个别商品的价格和销售量的变动情况，那么问题非常简单：只需将计算期与基期的价格或销售量资料直接对比，即可得到反映个别商品价格或销售量变动程度的个体指数。由表 9.2 中最后两栏可知，在五种商品中，服装的个体价格指数（130%）最大，表示其价格上涨了 30%，食盐的个体价格指数（80%）最小，表示其价格下跌了 20%；另一方面，食盐的个体销售量指数（150%）最大，表示其销售量增长了 50%，而服装的个体销售量指数（95.83%）却最小，表示其销售量减少了 4.17%。上述这些个体指数就是一般的相对数（在这里是动态相对数），其计算和分析方法都很简单，可以用公式记为

$$p_i^{1/0} = \frac{p_i^1}{p_i^0}, \quad q_i^{1/0} = \frac{q_i^1}{q_i^0} \quad 或 \quad p^{1/0} = \frac{p^1}{p^0}, \quad q^{1/0} = \frac{q^1}{q^0} \tag{9.1}$$

但如果我们所要考察的不是个别商品，而是全部商品的价格和销售量的变动情况，问题就没有那么简单了。在此，我们所要编制的是全部五种商品的价格总指数和销售量总指数，为了编制出这些总指数，就必须慎重考虑怎样适当对各种商品的价格或销售量资料进行综合比较的问题。这时，一般的相对数工具已经难以解决问题，需要制定和运用专门的指数方法。

编制总指数通常可以考虑如下两种方式。

1. 先综合、后对比的方式

就例 9.1 而言，首先需要将各种商品的价格或销售量资料加总起来，然后通过对比得到相应的总指数。这种方法通常称为综合（总和）指数法，相应的价格总指数和销售量总指数计算公式分别为

$$P = \frac{\sum_{i=1}^{n} p_i^1}{\sum_{i=1}^{n} p_i^0} \tag{9.2}$$

$$Q = \frac{\sum_{i=1}^{n} q_i^1}{\sum_{i=1}^{n} q_i^0} \tag{9.3}$$

但是,以上的总指数计算中存在两个问题:一是不同商品的数量和价格不能直接加总,因为直接加总的结果没有实际经济意义;二是用这种不加权的简单综合法编制的指数明显地受到商品计量单位的影响。这两方面的问题又是互相联系的,都说明简单综合指数通常难以成为现象变动程度的一种客观测度。因为不同商品的价格或销售量都是不同度量的现象,它们构成了不能直接加总的复杂现象总体;倘若不解决有关现象的同度量问题就将其直接加总,显然难以得到适当的指数计算结果。

2. 先对比、后平均的方式

就例 9.1 中的资料而言,首先就需要将各种商品的价格或销售量资料进行对比(计算个体指数),然后通过个体指数的平均得到相应的总指数。这种方法通常称为平均指数法,相应的价格总指数和销售量总指数计算公式分别为

$$P = \frac{\sum_{i=1}^{n} \frac{p_i^1}{p_i^0}}{n} \tag{9.4}$$

$$Q = \frac{\sum_{i=1}^{n} \frac{q_i^1}{q_i^0}}{n} \tag{9.5}$$

容易看出,这种不加权的简单平均指数本身也存在不足之处,这就是:当我们将各种商品的个体指数作简单平均时,没有适当地考虑不同商品的重要性程度。也就是说,如果面粉和食盐的价格都上涨 20%,那么,就认为它们各自对价格总指数的影响是相同的;而如果面粉的价格上涨 20%,食盐的价格下跌 20%,则认为它们对价格总指数的影响恰好会相互抵消。这是很不合理的。人们编制价格指数的主要目的之一,就是要考察价格变化对货币支出的影响。显然,当面粉和食盐的价格分别上涨 20% 时,它们各自对购买者的货币支出的影响不会相同;而如果面粉的价格上涨 20%,食盐的价格下跌 20%,它们对货币支出的影响也不会恰好就相互抵消。从经济分析的角度看,各种商品的重要性程度通常是有差异的,平均指数不能反映这种差异,因而难以满足分析的要求。

归纳起来,简单综合指数与简单平均指数都存在方法上的缺陷。但是,迄今为止,综合指数法与平均指数法仍然是编制统计指数(总指数)的两种基本方法。为了运用综合法编制总指数,必须首先考虑被比较的复杂现象总体是否同度量、怎样同度量的问题,因此,编制综合指数的基本问题是"同度量"的问题,解决这一问题的方法就是编制加权综合指数。为了运用平均指数法编制总指数,又必须首先考虑被比较诸现象的重要性程度是否相同、怎样衡量的问题(此外,还有选择何种平均数形式的问题),因此,编制平均指数的基本问题之一是"合理加权"的问题,解决这一问题的方法就是编制加权平均指数。

早在 18 世纪中叶,综合指数法与平均指数法这两种形式就先后被法国经济学家杜托(C. F. Dutot,1738 年)和意大利经济学家卡利(G. R. Carli,1764 年)分别提出来了。从那以后,众多的经济学家和统计学家们一直都在试图从不同的角度、用不同的方式对这些指数加以改造和完善,这些努力极大地丰富和发展了指数的理论与方法。实践证明,相对于简单指数而言,加权指数作为一种行之有效的方法可以用来解决许多经济分析问题,因而获得了日益广泛的应用。

9.2.2 加权总指数的编制原理

前面已说明，总指数的基本编制方式有两种：以"先综合，后对比"的方式来编制，得到"综合指数"；而以"先对比，后平均"的方式来编制，则得到"平均指数"。或者说，综合指数就是将对比指标加总之后进行对比的结果；平均指数则是对个体指数进行平均的结果。另外，总指数又有"简单（不加权）指数"和"加权指数"两种形式。理论上说，简单指数存在若干不足，加权指数一般优于简单指数①。下面将专门讨论加权总指数的编制问题。

加权总指数的核心问题是"权数"问题，而综合指数的权数与平均指数的权数具有不完全相同的含义，两者的确定方式也有所不同。下面就围绕有关"权数"的问题，分别讨论综合指数与平均指数的编制原理。

1. 综合指数的编制原理

依据"先综合，后对比"的方式编制综合指数的基本程序是：首先加总个别现象的对比指标，然后通过综合对比得到总指数。由于复杂现象总体的对比指标是不同度量（不能直接加总）的，因而必须寻找一个适当的媒介因素，使其转化为同度量（可以加总）的形式。那么，应该通过什么媒介因素，使对比指标转化为何种同度量的形式呢？解决这类问题有一般的规律可循。

以前面讨论过的各种商品的销售情况为例。不同商品的价格和销售量都不能直接加总，它们都是不同度量的现象。然而，每种商品的价格与其销售量的乘积即该种商品的销售额，它们却是同度量的，而且不受计量单位的影响。从分析的角度看，商品销售额的变化又恰好反映了价格涨跌和销售量增减的影响。因此，我们在编制多种商品的价格总指数时，就可以通过销售量这个媒介因素将对比指标（价格）转化为同度量的销售额形式；类似地，在编制多种商品的销售量总指数时，则可以通过价格这个媒介因素将对比指标（销售量）转化为同度量的销售额形式。这就解决了不同商品的价格和销售量不能直接加总的问题。

解决了复杂总体的加总问题，并不等于就解决了综合指数编制的全部问题。如果我们将加总之后的两期实际商品销售总额拿来对比（有关资料见表9.3）②，这样得到的不过是全部商品销售额的总值指数。

---

① 尽管如此，在实践中，由于缺少必要的权数资料，或者由于指数的编制频率和时效性要求较高等原因，常常又不得不退而求其次，放弃理论上比较优越的加权指数方法，转而采用适当的简单指数方法。因而，简单指数仍然具有一定的实用价值。

② 本章的各种指数计算问题均可通过常用的电子表格（如 Excel）或数据处理软件（如 SPSS）很简便地实现。为节省篇幅和突出基本原理，本章中没有专门给出有关软件的操作说明和具体举例，但在课程学习和练习过程中应经常使用这些软件工具。如在 Excel 中，适当调用以下基本函数就可以完成本章中的绝大部分计算工作（注意，这些函数给出的计算结果都是标量）：数组求和，SUM(array)；将两个数组对应相乘后求和，SUMPRODUCT(array1,array2)；求数据的算术平均，AVERAGE(number1,number2,…)。注意，使用以上函数计算时，数据中间不能留有空格，否则会因无法识别而出错。

表 9.3　商品销售额计算表

商品类别	计量单位	价格(元)		销售量		销售额(百元)			
		p^0	p^1	q^0	q^1	p^0q^0	p^1q^1	p^0q^1	p^1q^0
面粉	100 kg	300.0	360.0	2 400	2 600	7 200	9 360	7 800	8 640
猪肉	kg	18.0	20.0	84 000	95 000	15 120	19 000	17 100	16 800
食盐	500 g	1.0	0.8	10 000	15 000	100	120	150	80
服装	件	100.0	130.0	24 000	23 000	24 000	29 900	23 000	31 200
洗衣机	台	1 500.0	1 400.0	510	612	7 650	8 568	9 180	7 140
合　计	—	—	—	—	—	54 070	66 948	57 230	63 860

$$V = \frac{\sum_{i=1}^{n} p_i^1 q_i^1}{\sum_{i=1}^{n} p_i^0 q_i^0} = \frac{66\,948}{54\,070} = 123.82\% \tag{9.6}$$

显然,这样的结果既不能单独表明这些商品价格的综合变动程度,也不能单独表明其销售量的综合变动程度,而是反映了价格和销售量共同变化的结果。

为了编制出所需要的综合价格指数和销售量指数,还必须在指数的对比过程中将起转化作用的媒介因素固定起来,以便单纯反映对比指标的变动情况。这样得到的综合价格指数和销售量指数的计算公式分别为(为简便计,以下略去表示不同商品元素的下标)

$$P = \frac{\sum p^1 q}{\sum p^0 q} \tag{9.7}$$

$$Q = \frac{\sum q^1 p}{\sum q^0 p} \tag{9.8}$$

归纳起来,上述综合指数的基本编制原理是:

(1) 为了解决复杂现象总体的对比指标不能直接加总的问题,必须引入一个媒介因素,使其转化为相应的价值总量形式;

(2) 为了在综合对比过程中单纯反映对比指标的变动或差异程度,又必须将前面引入的媒介因素的水平固定起来。

这样得到的综合指数具有不同于简单综合指数的特点:一方面,它通过引入媒介因素解决了不同度量的现象不能直接加总的问题;另一方面,最后得到的指数计算结果又不受计量单位变化的任何影响。

可见,在综合指数的构造中,媒介因素的适当引入具有关键性的作用。我们通常称为综合指数的"同度量因素",因为它所起到的主要作用就是将"不同度量的现象"转化为"同度量的现象"。但是应该注意到,同度量因素作为对比指标的媒介转化因素,必须是一个水平相对固定的因素(即在同一综合指数的分子和分母中具有相同的水平),否则,它就不是同度量因素,而成为另一个对比指标了。在综合指数中,同度量因素不仅起到"同度量"的作用,它同时还起到了对指标"加权"的作用,因而也被称作综合指数的"权数";相应地,具有同度量因素的综合指数就是"加权综合指数",以区别于"简单综合指数"。

在编制综合指数时,首先必须适当确定同度量因素的指标性质,这是由对比指标的性质所决定的。一般而言,当我们编制质量指标指数时,其对比指标是 p,而其同度量因素必须是一个与之相应的数量指标 q,两者的乘积 pq 则是一个与对比指标 p 密切联系的价值总量;当我们编制数量指标指数时,其对比指标是 q,而其同度量因素必须是一个与之相应的质量指标 p,两者的乘积 pq 则是一个与对比指标 q 密切联系的价值总量。

在同度量因素的指标性质确定之后,还必须具体选择同度量因素的水平。尽管在同一个综合指数中,同度量因素的水平应该是固定不变的,但是其固定的水平却需要具体地加以选择,而且常常可以作不同的考虑,由此就得到不同的综合指数编制公式。后面将会介绍一些常用的加权综合指数公式。

2. 平均指数的编制原理

依据"先对比,后平均"的方式编制平均指数的基本程序是:首先通过对比计算个别现象的个体指数,然后将个体指数加以平均得到总指数。由于总体中的不同个体常常具有不同的重要性程度,因而在平均指数的编制过程中必须对个体指数进行适当加权,这是平均指数的"权"的问题。

根据经济分析的一般要求,平均指数的"权数"应该是与所要编制的指数密切关联的价值总量,即 pq,但权数的水平可以分别考虑各种不同的情况。从实用的角度看,通常应用较多的是基期的总值资料(p^0q^0)和计算期的总值资料(p^1q^1)。

另外,在对个体指数进行平均时,又可以考虑各种不同的平均数形式,这是平均指数的"型"的问题。理论上说,平均指数的主要计算形式有算术平均指数(均值)、几何平均指数及调和平均指数等"数值平均数",还可考虑众数或中位数等"位置平均数"。以算术平均指数为例,其通式为

$$P_A = \frac{\sum \frac{p^1}{p^0} pq}{\sum pq} \tag{9.9}$$

$$Q_A = \frac{\sum \frac{q^1}{q^0} pq}{\sum pq} \tag{9.10}$$

平均指数的各种计算形式在分析上没有绝对的优劣之分,但从实用的角度看,算术平均指数计算较为简便,含义比较直观,故应用较为普遍。调和平均指数有时被作为算术平均指数的某种变形加以运用。至于几何平均指数,其计算稍微复杂一些,但在理论上具备若干良好的分析性质。在缺乏必要的指数权数资料时,人们常常不得不编制简单平均指数。依据平均数的性质,如果是对同样一些个体指数资料进行简单平均,则算术平均指数会偏大,调和平均指数又会偏小,而且这些偏差不能由指数的经济分析意义适当地加以解释;相对而言,几何平均指数给出的结果则比较适中。因此,在这种情形下,为了避免简单(不加权)公式引起的指数偏差,人们一般乐于采用简单几何平均指数。至于众数或中位数形式的指数,虽然有其特殊意义,但由于种种原因,在实践中极少应用。

归纳起来,加权平均指数的基本编制原理是:

(1) 为了对复杂现象总体进行对比分析,首先对构成总体的个别元素计算个体指数,

所得到的无量纲化的相对数是编制总指数的基础;

(2) 为了反映个别元素在总体中的重要性的差异,必须以相应的总值指标作为权数对个体指数进行加权平均,就得到说明总体现象数量对比关系的总指数。

显然,加权平均指数比简单平均指数更能反映现象的实际数量对比关系,在经济分析上更有现实意义,因而,在可能的条件下,我们总是尽可能地采用加权的指数方法。

由上可知,围绕综合指数和平均指数的"型"与"权"的选择问题,可以有各种不同的解决方案;而不同的"型"与"权"结合起来,就形成了各种各样的具体指数编制公式。下文分别介绍各种常用的加权指数公式。

9.2.3 加权综合指数的主要形式

1. 拉氏指数

拉氏指数是最重要的加权综合指数公式之一,它的制定者是德国经济统计学家拉斯佩雷斯(E. Laspeyres),有关方法其后被推广到各种质量指标指数和数量指标指数的计算。该指数公式将同度量因素固定在基期水平上,故又称为"基期加权综合指数"。为便于识别,我们将拉氏指数简记为 L,相应的质量指标指数和数量指标指数的公式分别为

$$P_L = \frac{\sum p^1 q^0}{\sum p^0 q^0} \tag{9.11}$$

$$Q_L = \frac{\sum q^1 p^0}{\sum q^0 p^0} \tag{9.12}$$

【**例 9.2**】 利用表 9.3 中五种商品的销售资料,计算拉氏形式的价格指数和销售量指数。

解:依据公式(9.11)和公式(9.12),计算得到

$$P_L = \frac{\sum p^1 q^0}{\sum p^0 q^0} = \frac{63\ 860}{54\ 070} = 118.11\%$$

$$Q_L = \frac{\sum q^1 p^0}{\sum q^0 p^0} = \frac{57\ 230}{54\ 070} = 105.84\%$$

这表明,五种商品综合起来,其价格平均上涨了 18.11%,销售量平均增长了 5.84%。

综合指数不仅可以反映现象的相对变动程度,通常还可以进行绝对数分析,即用于测定对比指标变动所引起的相应总值的绝对变动差额。根据上面的资料,计算得到

$$\sum (p^1 - p^0) q^0 = \sum p^1 q^0 - \sum p^0 q^0 = 63\ 860 - 54\ 070 = 9\ 790 (百元)$$

$$\sum (q^1 - q^0) p^0 = \sum q^1 p^0 - \sum q^0 p^0 = 57\ 230 - 54\ 070 = 3\ 160 (百元)$$

即由于价格上涨 18.11%,使销售额增加了 97.9 万元;又由于销售量增长 5.84%,使销售额增加了 31.6 万元。

2. 帕氏指数

与拉氏指数一样,帕氏指数也是最重要的加权综合指数公式之一,其制定者是另一位德国经济统计学家帕舍(H. Paasche)。与拉氏指数不同,该指数公式将同度量因素固定在计算期水平上,故又称为"计算期加权综合指数"。为便于识别,我们将帕氏指数简记为 P,相应的质量指标指数和数量指标指数的公式分别为

$$P_P = \frac{\sum p^1 q^1}{\sum p^0 q^1} \qquad (9.13)$$

$$Q_P = \frac{\sum q^1 p^1}{\sum q^0 p^1} \qquad (9.14)$$

【例 9.3】 仍然以前面五种商品的销售资料(见表 9.3),来计算帕氏形式的价格指数和销售量指数。

解: 依据公式(9.13)和公式(9.14),计算得到

$$P_P = \frac{\sum p^1 q^1}{\sum p^0 q^1} = \frac{66\ 948}{57\ 230} = 116.98\%$$

$$Q_P = \frac{\sum q^1 p^1}{\sum q^0 p^1} = \frac{66\ 948}{63\ 860} = 104.84\%$$

这表明,五种商品综合起来,其价格平均上涨了 16.98%,销售量平均增长了 4.84%。

类似地,依据帕氏指数也可以就价格和销售量的变化进行绝对数分析。根据上面的资料计算得到

$$\sum (p^1 - p^0) q^1 = \sum p^1 q^1 - \sum p^0 q^1 = 66\ 948 - 57\ 230 = 9\ 718(百元)$$

$$\sum (q^1 - q^0) p^1 = \sum q^1 p^1 - \sum q^0 p^1 = 66\ 948 - 63\ 860 = 3\ 088(百元)$$

即由于价格上涨 16.98%,使销售额增加了 97.18 万元;又由于销售量增长 4.84%,使销售额增加了 30.88 万元。

3. 拉氏指数与帕氏指数的比较

观察上面拉氏指数和帕氏指数的计算结果,不难看出两者之间仍然存在明显的差异。那么,这种差异应该怎样解释? 它们在经济分析上又有什么实际意义呢? 为了便于深入理解,下面给予简要的讨论和说明。

首先,由于拉氏指数和帕氏指数各自选取的同度量因素不同,即使利用同样的资料编制指数,两者给出的计算结果一般也会存在差异。只有在两种特殊情形下,两者才会恰巧一致:① 如果总体中所有的对比指标都按相同比例变化(即所有个体指数都相等);或者,② 如果总体中所有项目的同度量因素都按相同比例变化(即权数的结构保持不变)。但这毕竟是两种极为罕见的特殊情形;在其他情况下,拉氏指数与帕氏指数通常是不会相等的。

其次,拉氏指数与帕氏指数的同度量因素水平和计算结果的差异,表明它们具有不完全相同的经济分析意义。以价格指数为例:拉氏价格指数以基期商品销售量作为同度量因素,这说明它是在基期的销售数量和销售结构的基础上来考察各种商品价格的综合变动程度的;而帕氏价格指数以计算期商品销售量作为同度量因素,则说明它是在计算期的销售数量和销售结构的基础上来考察各种商品价格的综合变动程度的。尽管两者的基本作用都是反映价格水平的综合变动,但怎样反映、在什么基础上反映,两者又是存在差别的。

通常人们认为,帕氏价格指数的分子与分母之差,即

$$\sum p^1 q^1 - \sum p^0 q^1 = \sum (p^1 - p^0) q^1 \qquad (9.15)$$

能够表明计算期实际销售的商品由于价格变化而增减了多少销售额,因而较之拉氏价格

指数具有更强的现实经济意义。不过,从另一角度看,拉氏价格指数的分子与分母之差,即

$$\sum p^1 q^0 - \sum p^0 q^0 = \sum (p^1 - p^0) q^0 \qquad (9.16)$$

仍然是有意义的,它至少能够说明,消费者为了维持基期的消费水平或购买同基期一样多的商品,由于价格的变化将会增减多少实际开支。这种分析意义显然也是很现实的,甚至通常就是人们编制消费者价格指数的主要目的。可见,从经济分析意义的角度看,拉氏指数与帕氏指数孰优孰劣,其实并无绝对的判断标准,关键在于能够辨别两者的细微差异,并明确我们利用有关指数具体是要说明什么问题。

最后,拉氏指数与帕氏指数之间的数量差别是有一定规则的,在现实经济生活中,依据同样一些现象的资料计算的拉氏指数一般大于帕氏指数。譬如,就上面两例中的计算结果而言,显然有

$$P_L = 118.11\% > P_P = 116.98\%$$
$$Q_L = 105.84\% > Q_P = 104.84\%$$

这种规则成立的一般条件是,所考察的质量指标个体指数与数量指标个体指数之间存在着负相关关系,也即存在着下面的三种情况之一:① 当质量指标的水平绝对上升时,数量指标的水平绝对下降,或者相反,当数量指标的水平绝对上升时,质量指标的水平绝对下降;② 质量指标和数量指标的水平都上升,但当其中一个的上升速率加快时,另一个的上升速率则在减缓;③ 质量指标和数量指标的水平都下降,但当其中一个的下降速率加快时,另一个的下降速率则在减缓。

由于在现实经济生活中,质量指标与数量指标(如商品的价格与销售量、产品的单位成本与产量等)的变化之间通常存在着负相关关系,因而,拉氏指数一般总是大于帕氏指数。当然,这并不排除在特殊情况下可能出现帕氏指数大于拉氏指数。

拉氏指数和帕氏指数是两种基本的指数公式。由于同度量因素的固定方式不同,拉氏指数与帕氏指数之间通常存在差异,这种差异有时十分显著,甚至可能给出完全相反的结果。为了调和这种偏差,或者为了满足特殊分析的需要,经济学家和统计学家们试图对已有的这些指数公式加以改造,由此形成了各种新的指数公式。其中较为重要的有:理想指数、马歇尔-埃奇沃斯指数,以及罗威指数和扬格指数等,有关内容请读者参考相关教材。

9.3 指数体系与因素分析

9.3.1 指数体系及其作用

在经济分析中,一个指数通常只能说明某一方面的问题,而实践中往往需要将多个指数结合起来加以运用,这就要求建立相应的指数体系。

指数体系可以有两种不同的含义。广义的指数体系类似于指标体系的概念,泛指由若干个内容上相互关联的统计指数所结成的体系。根据考察问题的需要,构成这种体系的指数可多可少。譬如,工业品批发价格(或出厂价格)指数、农产品收购价格指数、消费

品零售价格指数等构成了市场物价指数体系;而国民经济运行的生产、流通和使用各环节以及国民经济各部门的多种经济指数则构成了国民经济核算指数体系,其中除了上面列举的有关价格指数之外,还包括诸如国内总产出价格指数和物量指数、国内生产总值(GDP)价格指数和物量指数、投资价格指数和物量指数,以及资产负债存量价格指数,等等,其内容构成十分复杂。

狭义的指数体系仅指几个指数之间在一定的经济联系基础上所结成的较为严密的数量关系式。其最为典型的表现形式就是:一个总值指数等于若干个(两个或两个以上)因素指数的乘积。下面专门讨论这种形式的指数体系。例如:

$$销售额指数=销售量指数\times销售价格指数$$
$$总产值指数=产量指数\times产品价格指数$$
$$总成本指数=产量指数\times单位产品成本指数$$
$$总产量(或总产值)指数=员工人数指数\times劳动生产率指数$$
$$增加值指数=员工人数指数\times劳动生产率指数\times增加值率指数$$
$$销售利润指数=销售量指数\times销售价格指数\times销售利润率指数$$

显然,这些指数体系都是建立在有关对比指标之间的经济联系基础之上的,因而它们具有非常实际的经济分析意义。

指数体系的分析作用主要有两个方面:一是进行因素分析,即分析现象的总变动中各有关因素的影响程度;二是进行指数推算,即根据已知的指数推算未知的指数。

9.3.2 总量变动的因素分析

这里的总量通常是诸如总产值、总成本或销售总额这样的价值总量,在某些情形下,也不排除实物总量(如某种农产品的总产量,或某种原材料的消耗总量)。对现象的总量变动进行因素分析的方法多种多样,通过建立指数体系来进行因素分析则具有直观、明显的经济意义,因而在实践中获得了较为广泛的应用。

根据总量变动分解得到的因素多少不同,可以采用两因素分析或多因素分析。以两因素分析为例。当我们要考察多种商品的销售额变动及其因素影响时,如果都用拉氏公式来编制销售量指数和价格指数,或者都用帕氏公式来编制销售量指数和价格指数,那么,它们与销售额指数之间就难以形成严密的指数体系,即

$$Q_\text{L} \cdot P_\text{L} = \frac{\sum p^0 q^1}{\sum p^0 q^0} \cdot \frac{\sum p^1 q^0}{\sum p^0 q^0} \neq \frac{\sum p^1 q^1}{\sum p^0 q^0} = V$$

$$Q_\text{P} \cdot P_\text{P} = \frac{\sum q^1 p^1}{\sum q^0 p^1} \cdot \frac{\sum q^1 p^1}{\sum q^1 p^0} \neq \frac{\sum q^1 p^1}{\sum q^0 p^0} = V$$

为了同时满足相对数分析和绝对数分析的需要,通常将综合指数与连锁替换法结合运用,建立相应的指数体系。这里有两种可供选择的方案。

(1) 将总值指数分解为拉氏数量指标指数和帕氏质量指标指数之乘积,即

$$V = Q_\text{L} \cdot P_\text{P} \tag{9.17}$$

其分析顺序是:假定数量指标先变化,质量指标后变化,即

$$\sum q^0 p^0 \xrightarrow{q \text{ 变化}} \sum q^1 p^0 \xrightarrow{p \text{ 变化}} \sum q^1 p^1$$

(2) 将总值指数分解为帕氏数量指标指数和拉氏质量指标指数之乘积,即

$$V = Q_P \cdot P_L \tag{9.18}$$

其分析顺序是:假定质量指标先变化,数量指标后变化,即

$$\sum q^0 p^0 \xrightarrow{p\text{变化}} \sum q^0 p^1 \xrightarrow{q\text{变化}} \sum q^1 p^1$$

为了统一起见,通常采用第一种分析方案。这种指数体系的完整分析框架为

$$\begin{cases} \dfrac{\sum p^1 q^1}{\sum p^0 q^0} = \dfrac{\sum q^1 p^0}{\sum q^0 p^0} \cdot \dfrac{\sum p^1 q^1}{\sum p^0 q^1} \\ \sum p^1 q^1 - \sum p^0 q^0 = (\sum q^1 p^0 - \sum q^0 p^0) + (\sum p^1 q^1 - \sum p^0 q^1) \end{cases} \tag{9.19}$$

【例 9.4】 试对表 9.3 中的全部五种商品进行销售额变动的因素分析。

解: 利用公式(9.19),我们容易建立以下的基本分析框架

$$\frac{66\,948}{54\,070} = \frac{57\,230}{54\,070} \times \frac{66\,948}{57\,230}$$

$$(V) \quad (Q_L) \quad (P_P)$$

进一步计算,就得到

$$\begin{cases} 123.82\% = 105.84\% \times 116.98\% \\ 12\,878 = 3\,160 + 9\,718 (\text{百元}) \end{cases}$$

计算结果表明,由于五种商品的销售量增长 5.84% 使销售额增加 31.6 万元,而由于价格上涨 16.98% 又使销售额增加 97.18 万元,两者共同影响的结果使销售额增长 23.82%,即增加 128.78 万元。

有关总量变动的多因素分析,其基本方法与上面类似,但在对现象总量进行分解时,要适当考虑各因素的排序,并按连锁替换法的规则进行各因素的影响分析。

9.4 几种常用的经济指数

指数作为一种重要的经济分析指标和方法,在实践中获得了广泛应用。但在不同场合,往往需要运用不同的指数形式。一般而言,选择指数形式的主要标准应该是指数的经济分析意义,除此以外,有时还要考虑实际编制工作的可行性,以及对指数分析性质的某些特殊要求。现以国内外常见的主要经济指数为例,对指数方法的具体应用加以介绍。

9.4.1 消费者价格指数和商品零售价格指数

消费者价格指数,即居民消费价格指数,又称生活费用指数,是综合反映一定时期内居民所购买的各种消费品(包括货物和服务)的平均价格变动程度的相对数。该指数旨在分析消费品市场物价的基本动态及其对居民消费开支的影响程度,还可用于观察和分析通货膨胀或通货紧缩,据以确定或调整政府的财政政策与央行的货币政策,调整货币工资以得到实际工资水平,等等。它是政府制定物价和工资等政策的重要依据,世界各国都在编制这种指数,并普遍受到社会公众的高度关注。

我国的消费者价格指数大体上是采用固定加权算术平均指数方法编制的。其基本编制程序是:首先,将各种居民消费划分为 8 大类,包括食品、烟酒及用品、衣着、家庭设备用

品及维修服务、医疗保健和个人用品、交通和通信、娱乐教育文化用品和服务、居住等,各大类下面还可酌情划分为若干中类或小类,直至262个基本分类;其次,在每个商品的基本分类中按一定规则选取600种以上的代表规格品入编指数,利用有关对比时期的价格资料分别计算代表规格品的个体价格指数和基本分类的初级指数;再次,依据有关时期内各种商品的销售额构成确定基本分类的比重权数,该权数一年之内保持不变,五年之内消费品篮子基本固定;最后,按从低到高的顺序(从小类到中类、大类乃至全部),以加权方式依次编制各类别的消费价格指数和所有类别的居民消费价格总指数。

在编制各层次的消费价格指数时,采用的计算公式有所不同:对于每个代表性商品的基本分类,是将所含的各种代表规格品的个体价格指数作简单几何平均,得到该基本分类的消费价格指数;再对上述结果逐次进行适当的加权综合对比,即可分别得到各类别(小类、中类、大类)的消费价格指数和消费价格总指数。

由于食品和能源等消费品的价格容易受季节因素和供需关系等短期波动因素的影响,发生较为剧烈的季节性或周期性波动。故人们有时还在剔除了食物和能源类别之后计算一种特殊的消费者价格指数,称作"核心CPI"(Core CPI),区别于普通CPI或标题CPI,希望借此正确判断市场物价的基本走势。

我国的商品零售价格指数与消费者价格指数有所不同,它反映的是所有零售企业向居民、机关团体出售生活消费品和办公用品(以及农民向非农业居民出售商品)的价格变动情况(以往还包含一部分对农村居民销售的农业生产资料,现已取消),但不涉及服务的价格。故两者的分析作用略有不同:消费者价格指数综合反映城乡居民所购买的各种消费品(货物和服务)的价格变动程度,商品零售价格指数则反映城乡市场各种零售商品(不含服务)的价格变动程度。目前,商品零售价格指数所涉及的全部商品按用途分为16个大类和229个基本分类,实际价格调查涉及其中500种以上的代表规格品,其编制程序与消费者价格指数基本类似。

需要说明的是,消费者价格指数和商品零售价格指数都不包含房地产或固定资产等项目的价格变动信息,后者属于专门的房地产价格指数或固定资产价格指数所要反映的内容。但消费者价格指数要反映有关住房服务价格(如房租、物业管理费等)的变动情况,这与购置房产的价格变动情况有所不同。

9.4.2 生产指数和生产者价格指数

生产指数概括反映一个国家或地区各种产品产量的综合变动程度(也称为产品物量指数),它是衡量经济增长水平的重要指标之一。世界各国都非常重视工业生产指数和国内生产总值物量指数的编制。

在我国,生产指数是通过计算各种产品的不变价产值(或经过价格缩减后的价值)来加以编制的。其基本编制原理是:首先计算各类产品的不变价产值(缩减值),并进行汇总;将不同时期的不变价产值(缩减值)加以对比,就得到相应时期的生产指数(如工业生产指数或国内生产总值物量指数)。这里,计算各时期不变价产值(缩减值)的方法为

$$某时期不变价产值(缩减值) = \frac{该时期现行价产值}{该时期产品价格指数} \qquad (9.20)$$

生产者价格指数(PPI)是从生产者方面考虑的物价指数,反映生产者在初级市场(非零售市场)上出售或购买的产品的价格变动情况。广义的生产者价格指数应包括有关国民经济各产业的原材料、半成品和产成品三个生产环节的价格指数,狭义的生产者价格指数则仅指工农业等的产品价格指数。例如,在我国,生产者价格指数通常是指工业生产者出厂价格指数(或工业品出厂价格指数),也可包括农产品生产价格指数。

我国的工业生产者出厂价格指数是反映一定时期内全部工业产品出厂价格总水平的变动趋势和程度的相对数,其统计范围包括工业企业售给本企业以外所有单位的各种产品和直接售给居民用于生活消费的产品。农产品生产价格指数是反映一定时期内农业生产者出售农产品价格水平的变动趋势和程度的相对数。通过这些指数可以观察有关产业的产品价格水平及其价格结构的变动,分析价格变动对有关产业的总产值和增加值的影响,满足工农业统计核算乃至整个国民经济核算和宏观经济分析的需要。这些指数的计算方法与消费者价格指数、商品零售价格指数大致相似,区别主要在于涉及产品的范围、产品分类的方式以及产品计价的标准等有所不同。由此决定了它们各自的分析意义有所不同,当然也存在一定的经济联系。

生产者价格指数的上涨将会直接或间接地引起国民经济各产业的生产成本增加;生产成本的增加又必然转嫁到消费者身上,导致消费者价格指数的上涨。故生产者价格指数是衡量通货膨胀的先导性、潜在性指标,或者说,它是消费者价格指数出现波动的先声。一般认为,这种延迟的特性使得根据现在的生产者价格指数通货膨胀来粗略估计将来的消费者价格指数或通货膨胀率成为可能。例如,若某个时期工业品价格涨势平缓,则可在一定程度上预示着未来消费者价格的增速也将保持平稳。此外,由于农产品价格波动具有显著的季节性,且能源价格也存在周期性变动,这些对于生产者价格指数的影响也很大,故在使用有关指数时,还需适当考虑,或在剔除食品和能源价格后再作分析。

9.4.3 股票价格指数

在发育较为充分的市场经济条件下,股票价格的波动和走向是反映经济景气状况的重要方面,也是影响投资人决策和行为的主要因素之一。股票价格指数(简称股价指数)可以衡量整个股票市场价格变动的基本趋势,人们形象地称为市场经济的"晴雨表"。股价指数的编制方法多种多样,各有所长,综合指数是其中的一种重要编制方法。

记入编指数的各种股票的价格为 p,相应股票的发行量(或交易量)为 q,则综合形式的股价指数为

$$P = \frac{\sum p^t q}{\sum p^0 q} \tag{9.21}$$

式中,同度量因素通常固定在基期水平上(即采用拉氏公式),目的是简便和可比;但也可以固定在计算期水平上(即采用帕氏公式)。

美国的标准普尔500指数,我国内地的上证30指数和香港地区的恒生指数等,都是采用综合公式编制的。以美国的标准普尔500指数为例,该指数由美国的标准普尔(Standard & Poor)公司逐年、逐月编制,目前其入编股票共计500种,其中包括400种工业股、20种运输业股、40种金融业股和40种公用事业股,对比基期为1941—1943年,

采用拉氏公式,权数为基期各种股票的发行量。该指数具有较强的代表性和广泛的影响力。

除了综合指数方法之外,股价指数还可以采用其他方式编制。以著名的美国道·琼斯指数为例,其基本编制方法就是:对入编指数的各种股票分别计算不同时间的简单平均价格,通过对比就得到相应日期的股价指数。其计算公式为

$$P = \frac{\bar{p}^t}{\bar{p}^0} = \frac{\frac{1}{n}\sum_{i=1}^{n}p_i^t}{\frac{1}{n}\sum_{i=1}^{n}p_i^0} = \frac{\sum_{i=1}^{n}p_i^t}{\sum_{i=1}^{n}p_i^0} \qquad (9.22)$$

该指数现在是以1928年10月1日为基期(基准日),因为这一天收盘时的股价平均数恰好为100美元。道·琼斯指数每一点的涨跌就是当时的股价平均数相对于基准日的涨跌百分率。

可见,该种股价指数实际上是运用一般平均数方法编制的(故通常又称为道·琼斯股价平均数),但其中没有加权。这样做,在很大程度上是约定俗成,习惯使然。其特点是:既简化了资料的采集和指数的计算,同时又排除了结构变化对指数的影响。不过,也正是由于没有进行合理的加权,就不能适当区分不同股票的重要性程度,也即将大小公司的股价变动同等看待。这在分析上是一个弱点。尽管如此,由于道·琼斯指数的编制历史悠久(从1884年开始编制和发布),可用于分析的时间序列最长,且入编公司的代表性较强,因而影响显著,应用广泛。

道·琼斯指数目前的入编股票为65种,其中包括30种工业股(这里指的是广义的工业,包括零售业如沃尔玛,金融业如花旗银行,娱乐业如迪斯尼,等等)、20种运输业股、15种公用事业股,其中最有代表性的是道·琼斯工业指数。当遇到股票的除权除息时,用简单算术平均法求得的股价指数将发生不连续的现象。自1928年起,道·琼斯股价平均数引进了新的计算方法,即在股票除权或除息时采用连接技术以保证股价指数的连续,从而使该股价指数的编制方法有所完善。

本章小结

作为统计学的基本分析方法之一,指数在实际分析中具有显著意义。广义的指数包括个体指数和总指数,前者就是一般的相对数(比值),后者才是统计学中专门研究的指数(狭义指数)。本章介绍的指数理论和方法可以简要概括如下:

1. 与数学上的指数函数不同,统计学中的指数(index numbers)是一种对比性的分析指标,可以反映不同时间(时期、时点)或不同空间(国家、地区、部门、企业等)现象水平的数量对比关系,以及现象的实际水平与计划(规划或目标)水平的数量对比关系。在经济分析的各个领域,指数工具都获得了广泛应用,因此,统计指数常常也被称为"经济指数"。

2. 指数具有相对数的形式,通常表现为百分数。它表明:若把作为对比基准的水平(基数)视为100,则所要考察的现象水平相当于基数的多少。

3. 统计指数按内容差异(对比指标性质)分为质量指标指数与数量指标指数;按考察范围和计算方法分为个体指数与总指数;按对比性质分为动态指数与静态指数;此外,还存在着综合指数与平均指数、简单指数与加权指数等区分。

4. 编制总指数主要有"先综合、后对比"与"先对比、后平均"两种方式,由此得到的"综合指数法"与"平均指数法"是编制统计指数的两种基本方法。为了运用综合指数法编制总指数,必须考虑被比较的复杂现象总体是否同度量、怎样同度量的问题,解决这一问题的方法就是编制加权综合指数。而为了运用平均指数法编制总指数,又必须考虑被比较诸现象的重要性程度是否相同、怎样衡量的问题,解决这一问题的方法就是编制加权平均指数。理论上说,简单(不加权)指数存在若干不足,加权指数一般优于简单指数;但在某些场合,简单指数仍然有其重要应用。

5. 综合指数的基本编制原理是:(1)为解决复杂现象总体的对比指标不能直接加总的问题,必须引入一个媒介因素,使其转化为相应的价值总量形式;(2)为在综合对比过程中单纯反映对比指标的变动或差异程度,又必须将所引入的媒介因素的水平固定起来。这样,一方面解决了不同度量的现象不能直接加总的问题;另一方面,得到的指数结果又不受计量单位变化的影响。

6. 平均指数的基本编制原理是:(1)为对复杂现象总体进行对比分析,首先对构成总体的个别元素计算个体指数,所得到的无量纲化的相对数是编制总指数的基础;(2)为反映个别元素在总体中的重要性的差异,必须以相应的总值指标作为权数对个体指数进行加权平均,得到说明总体现象数量对比关系的总指数。

7. 围绕着总指数的"型"与"权"的问题可以有各种不同的选择方案,而不同的"型"与"权"结合起来,就形成了各种各样的指数编制公式。实践中常用的是拉氏指数和帕氏指数。

8. 指数体系(狭义)是指几个指数之间在一定的经济联系基础上所结成的较为严密的数量关系式,通常表现为一个总值指数等于若干个(两个或两个以上)因素指数的乘积,这些指数体系是建立在有关指标之间的经济联系基础之上的。指数体系的分析作用主要是进行"因素分析"和"指数推算"。前者(指数的因素分析)必须遵循一定的因素替换顺序和规则(连锁替换法)。

9. 指数法在实践中获得了广泛应用,经济分析实践中常用的统计指数有消费者价格指数(CPI)、生产者价格指数(PPI)、零售价格指数、股价指数、生产(产品物量)指数,等等。在不同场合需要运用不同的指数形式。

最后还应了解:有关指数理论和方法的研究已经持续了数百年,人们针对实际分析中遇到的不同问题创制了种种有效的指数工具,但至今仍然遗留了一些尚未完全解决的难题,有待不断探索和创新。

思考与练习

思考题

1. 统计指数与数学上的指数函数有何不同?广义指数与狭义指数又有何差异?

2. 与一般相对数比较，总指数所研究的现象总体有何特点？

3. 有人认为，不同商品的销售量是不同度量的现象，因为它们的计量单位可能不同；而不同商品的价格则是同度量的现象，因为它们的计量单位相同，都是货币单位。这种看法是否正确？为什么？

4. 总指数有哪两种基本编制方式？它们各自有何特点？

5. 有人认为，在编制价格指数时，采用帕氏公式计算得到的结果"现实经济意义"较强，因而不能采用拉氏公式。对此，你有何看法？

6. 在一定条件下，综合指数与平均指数相互之间可能存在着"变形"关系。为什么说它们两者仍然是相对独立的总指数编制方法？

7. 相对于简单形式的总指数，加权指数有何优点？

8. 加权指数一般优于简单指数，但在哪些场合，简单指数仍然有其重要应用？为什么？

9. 消费者价格指数的基本含义和作用是什么？我国的消费者价格指数包括哪些消费品类别？

10. 人们常常感觉到，当诸如粮食、蔬菜、肉禽水产等日常消费类的食品价格变动较为频繁且显著时，消费者价格指数所反映的价格变动却并不同等显著，甚至与人们对物价变动的直观感受存在较大落差。你能运用所学的知识对此进行一些分析和评论吗？

练习题

1. 某市场四种蔬菜的销售资料如表9.4所示。

表9.4　某市场四种蔬菜的销售资料

品种	销售量(kg)		销售价格(元/kg)	
	基期	计算期	基期	计算期
白菜	550	560	1.60	1.80
黄瓜	224	250	2.00	1.90
萝卜	308	320	1.00	0.90
西红柿	168	170	2.40	3.00
合计	1 250	1 300	—	—

（1）用拉氏公式编制四种蔬菜的销售量总指数和价格总指数；

（2）再用帕氏公式编制四种蔬菜的销售量总指数和价格总指数；

（3）比较两种公式编制出来的销售量总指数和价格总指数的差异。

2. 某企业共生产三种不同的产品，有关的产量、成本和销售价格资料如表9.5所示。

表9.5　某企业的产量、成本和销售价格资料

产品种类	计量单位	基期产量	计算期		
			产量	单位成本	销售价格
A产品	件	270	340	50	65
B产品	台	32	35	800	1 000
C产品	吨	190	150	330	400

（1）分别以单位成本和销售价格为同度量因素，编制该企业的帕氏产量指数；

（2）试比较说明两种产量指数具有何种不同的经济分析意义。

3. 某市场上四种蔬菜的销售资料如表9.6所示。

案例分析

表 9.6　某市场四种蔬菜的销售资料

品种	销售额(元)		个体价格指数(%)
	基期	计算期	
白菜	880.0	1 008	112.50
黄瓜	448.0	475	95.00
萝卜	308.0	288	90.00
西红柿	403.2	510	125.00
合计	2 039.2	2 281	—

（1）用基期加权的算术平均指数公式编制四种蔬菜的价格总指数；
（2）用基期加权的调和平均指数公式编制四种蔬菜的价格总指数；
（3）用基期加权的几何平均指数公式编制四种蔬菜的价格总指数；
（4）试比较以上三种公式编制出来的销售价格总指数的差异，说明其相互关系。
（5）讨论：若采用计算期加权的调和平均指数公式编制四种蔬菜的价格总指数，与上面（4）得到的比较结论是否一致？为什么？

4. 利用第 3 题的资料和计算结果，试建立适当的指数体系，并就蔬菜销售额的变动进行因素分析。

5. 已知某地区 2012 年的居民消费支出总额为 360 亿元，2013 年比上年的消费支出总额增长 12%，居民消费价格总指数为 105%。试考虑，2013 年与 2012 年对比：
（1）居民因购买消费品（包括货物和服务）增加的开支数额总共为多少？
（2）消费品的销售量增加了百分之几？居民因此增加的开支数额为多少？
（3）由于消费品价格的上涨，居民增加的开支数额又为多少？
（4）试运用指数体系，验证以上三方面的分析结论能否保持协调一致。

6. 试证明：
（1）拉氏价格指数等价于基期加权的算术平均价格指数；
（2）帕氏价格指数等价于计算期加权的调和平均价格指数。

7. （选做题）试运用相关分析的基本原理，证明本章 9.2.3 节中的一个重要结论：当各种商品的销售价格变动与销售数量变动之间存在负相关关系时，拉氏价格指数总是大于帕氏价格指数，且拉氏物量指数总是大于帕氏物量指数。

案例分析

某市场上三种粮食的销售价格和销售量资料如表 9.7 所示。

表 9.7　某市场三种粮食的价格和销售量资料

商品类别	计量单位	价格(元)		销售量		个体指数(%)	
		基期 p^0	计算期 p^1	基期 q^0	计算期 q^1	p^1/p^0	q^1/q^0
面粉	kg	3.00	3.20	560 000	650 000	106.67	116.07
大米	kg	2.40	3.60	960 000	690 000	150.00	71.88
食用植物油	kg	6.00	7.20	152 000	160 000	120.00	105.26

讨论题

1. 分别用综合指数法与平均指数法编制粮食价格总指数,试比较它们的异同。

2. 进一步地,若将大米的计量单位和相应价格由"元/kg"改变为"元/100 kg"的形式(注意,这里仅仅改变数据表现形式,并未改变实际资料本身),再用简单综合指数法编制粮食价格总指数,会得到什么结果? 这说明什么问题?

3. 根据本章的讨论和以上计算分析,请归纳一下简单指数的主要缺陷和不足之处,并谈谈你对加权指数编制原理的认识。

4. 试分别用拉氏公式和帕氏公式编制上述食品的价格总指数,比较两者在数值结果和分析含义方面的差异,并说明能否据此判定它们之间的优劣。

5. 拉氏指数与帕氏指数孰大孰小有无一般规律? 若有,其条件是什么?

6. 若将本例中的计算期改为 A 市场、基期改为 B 市场,要求编制总指数以反映两个市场上食品价格的差异。你打算采用拉氏公式还是帕氏公式? 为什么? 结果如何?

7. 试运用指数方法,对本例中粮食销售额的综合变动进行因素分析,并说明在价格变动和销售量变动两者中,哪个是影响销售额变动的主要因素。

8. 在"多边国际对比"(三个或更多国家之间的经济对比)中,经常用到价格指数(或物量指数),但通常要求它们满足"对称性"和"传递性"要求。你知道这是为什么? 有什么样的指数公式能够满足这些要求?

9. 有人认为:拉氏价格指数旨在以保持基期消费水平为前提,考察价格变化及其对消费开支的影响;但它将消费结构硬性地固定在基期水平上,忽略了商品价格与其销售量之间的互动关系,同时也违背经济学中有关消费者行为的基本原理。因此,主张放弃现有的统计指数理论。但统计指数理论和方法至今仍然具有顽强的生命力,在经济分析的各个领域广泛应用并不断发展。这是为什么? 你对有关情况和问题感兴趣吗?

(说明:以上第 8 题和第 9 题已部分超出本教材的内容范围,仅供进一步研习参考。)

案例分析提示

即测即评

附录
常用统计表

附表1 标准正态分布表

$$\Phi(z) = \int_{-\infty}^{z} \frac{1}{\sqrt{2\pi}} e^{-\frac{z^2}{2}} dz$$

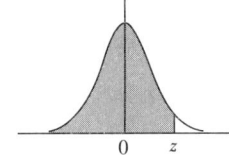

z	0.00	0.01	0.02	0.03	0.04	0.05	0.06	0.07	0.08	0.09
0.0	0.500 000	0.503 989	0.507 978	0.511 966	0.515 953	0.519 939	0.523 922	0.527 903	0.531 881	0.535 856
0.1	0.539 828	0.543 795	0.547 758	0.551 717	0.555 670	0.559 618	0.563 559	0.567 495	0.571 424	0.575 345
0.2	0.579 260	0.583 166	0.587 064	0.590 954	0.594 835	0.598 706	0.602 568	0.606 420	0.610 261	0.614 092
0.3	0.617 911	0.621 720	0.625 516	0.629 300	0.633 072	0.636 831	0.640 576	0.644 309	0.648 027	0.651 732
0.4	0.655 422	0.659 097	0.662 757	0.666 402	0.670 031	0.673 645	0.677 242	0.680 822	0.684 386	0.687 933
0.5	0.691 462	0.694 974	0.698 468	0.701 944	0.705 401	0.708 840	0.712 260	0.715 661	0.719 043	0.722 405
0.6	0.725 747	0.729 069	0.732 371	0.735 653	0.738 914	0.742 154	0.745 373	0.748 571	0.751 748	0.754 903
0.7	0.758 036	0.761 148	0.764 238	0.767 305	0.770 350	0.773 373	0.776 373	0.779 350	0.782 305	0.785 236
0.8	0.788 145	0.791 030	0.793 892	0.796 731	0.799 546	0.802 337	0.805 105	0.807 850	0.810 570	0.813 267
0.9	0.815 940	0.818 589	0.821 214	0.823 814	0.826 391	0.828 944	0.831 472	0.833 977	0.836 457	0.838 913
1.0	0.841 345	0.843 752	0.846 136	0.848 495	0.850 830	0.853 141	0.855 428	0.857 690	0.859 929	0.862 143
1.1	0.864 334	0.866 500	0.868 643	0.870 762	0.872 857	0.874 928	0.876 976	0.879 000	0.881 000	0.882 977
1.2	0.884 930	0.886 861	0.888 768	0.890 651	0.892 512	0.894 350	0.896 165	0.897 958	0.899 727	0.901 475
1.3	0.903 200	0.904 902	0.906 582	0.908 241	0.909 877	0.911 492	0.913 085	0.914 657	0.916 207	0.917 736
1.4	0.919 243	0.920 730	0.922 196	0.923 641	0.925 066	0.926 471	0.927 855	0.929 219	0.930 563	0.931 888
1.5	0.933 193	0.934 478	0.935 745	0.936 992	0.938 220	0.939 429	0.940 620	0.941 792	0.942 947	0.944 083
1.6	0.945 201	0.946 301	0.947 384	0.948 449	0.949 497	0.950 529	0.951 543	0.952 540	0.953 521	0.954 486
1.7	0.955 435	0.956 367	0.957 284	0.958 185	0.959 070	0.959 941	0.960 796	0.961 636	0.962 462	0.963 273
1.8	0.964 070	0.964 852	0.965 620	0.966 375	0.967 116	0.967 843	0.968 557	0.969 258	0.969 946	0.970 621
1.9	0.971 283	0.971 933	0.972 571	0.973 197	0.973 810	0.974 412	0.975 002	0.975 581	0.976 148	0.976 705
2.0	0.977 250	0.977 784	0.978 308	0.978 822	0.979 325	0.979 818	0.980 301	0.980 774	0.981 237	0.981 691
2.1	0.982 136	0.982 571	0.982 997	0.983 414	0.983 823	0.984 222	0.984 614	0.984 997	0.985 371	0.985 738
2.2	0.986 097	0.986 447	0.986 791	0.987 126	0.987 455	0.987 776	0.988 089	0.988 396	0.988 696	0.988 989
2.3	0.989 276	0.989 556	0.989 830	0.990 097	0.990 358	0.990 613	0.990 863	0.991 106	0.991 344	0.991 576
2.4	0.991 802	0.992 024	0.992 240	0.992 451	0.992 656	0.992 857	0.993 053	0.993 244	0.993 431	0.993 613
2.5	0.993 790	0.993 963	0.994 132	0.994 297	0.994 457	0.994 614	0.994 766	0.994 915	0.995 060	0.995 201
2.6	0.995 339	0.995 473	0.995 604	0.995 731	0.995 855	0.995 975	0.996 093	0.996 207	0.996 319	0.996 427
2.7	0.996 533	0.996 636	0.996 736	0.996 833	0.996 928	0.997 020	0.997 110	0.997 197	0.997 282	0.997 365
2.8	0.997 445	0.997 523	0.997 599	0.997 673	0.997 744	0.997 814	0.997 882	0.997 948	0.998 012	0.998 074
2.9	0.998 134	0.998 193	0.998 250	0.998 305	0.998 359	0.998 411	0.998 462	0.998 511	0.998 559	0.998 605

续表

z	0.00	0.01	0.02	0.03	0.04	0.05	0.06	0.07	0.08	0.09
3.0	0.998 650	0.998 694	0.998 736	0.998 777	0.998 817	0.998 856	0.998 893	0.998 930	0.998 965	0.998 999
3.1	0.999 032	0.999 065	0.999 096	0.999 126	0.999 155	0.999 184	0.999 211	0.999 238	0.999 264	0.999 289
3.2	0.999 313	0.999 336	0.999 359	0.999 381	0.999 402	0.999 423	0.999 443	0.999 462	0.999 481	0.999 499
3.3	0.999 517	0.999 534	0.999 550	0.999 566	0.999 581	0.999 596	0.999 610	0.999 624	0.999 638	0.999 651
3.4	0.999 663	0.999 675	0.999 687	0.999 698	0.999 709	0.999 720	0.999 730	0.999 740	0.999 749	0.999 758
3.5	0.999 767	0.999 776	0.999 784	0.999 792	0.999 800	0.999 807	0.999 815	0.999 822	0.999 828	0.999 835
3.6	0.999 841	0.999 847	0.999 853	0.999 858	0.999 864	0.999 869	0.999 874	0.999 879	0.999 883	0.999 888
3.7	0.999 892	0.999 896	0.999 900	0.999 904	0.999 908	0.999 912	0.999 915	0.999 918	0.999 922	0.999 925
3.8	0.999 928	0.999 931	0.999 933	0.999 936	0.999 938	0.999 941	0.999 943	0.999 946	0.999 948	0.999 950
3.9	0.999 952	0.999 954	0.999 956	0.999 958	0.999 959	0.999 961	0.999 963	0.999 964	0.999 966	0.999 967
4.0	0.999 968	0.999 970	0.999 971	0.999 972	0.999 973	0.999 974	0.999 975	0.999 976	0.999 977	0.999 978
4.1	0.999 979	0.999 980	0.999 981	0.999 982	0.999 983	0.999 983	0.999 984	0.999 985	0.999 985	0.999 986
4.2	0.999 987	0.999 987	0.999 988	0.999 988	0.999 989	0.999 989	0.999 990	0.999 990	0.999 991	0.999 991
4.3	0.999 991	0.999 992	0.999 992	0.999 993	0.999 993	0.999 993	0.999 993	0.999 994	0.999 994	0.999 994
4.4	0.999 995	0.999 995	0.999 995	0.999 995	0.999 996	0.999 996	0.999 996	0.999 996	0.999 996	0.999 996
4.5	0.999 997	0.999 997	0.999 997	0.999 997	0.999 997	0.999 997	0.999 997	0.999 997	0.999 998	0.999 998
4.6	0.999 998	0.999 998	0.999 998	0.999 998	0.999 998	0.999 998	0.999 998	0.999 998	0.999 998	0.999 998
4.7	0.999 999	0.999 999	0.999 999	0.999 999	0.999 999	0.999 999	0.999 999	0.999 999	0.999 999	0.999 999
4.8	0.999 999	0.999 999	0.999 999	0.999 999	0.999 999	0.999 999	0.999 999	0.999 999	0.999 999	0.999 999
4.9	1.000 000	1.000 000	1.000 000	1.000 000	1.000 000	1.000 000	1.000 000	1.000 000	1.000 000	1.000 000

注：本表对于 z 给出正态分布函数 $\Phi(z)$ 的数值。

例：对于 $z=1.33$，$\Phi(z)=0.908\ 241$

附表 2 t 分布表

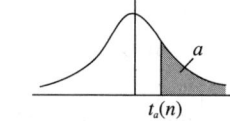

$$P\{t(n)>t_\alpha(n)\}=\alpha$$

自由度	$\alpha=0.25$	0.10	0.05	0.025	0.01	0.005
1	1.000 0	3.077 7	6.313 8	12.706 2	31.820 7	63.657 4
2	0.816 5	1.885 6	2.920 0	4.302 7	6.964 6	9.924 8
3	0.764 9	1.637 7	2.353 4	3.182 4	4.540 7	5.840 9
4	0.740 7	1.533 2	2.131 8	2.776 4	3.746 9	4.604 1
5	0.726 7	1.475 9	2.015 0	2.570 6	3.364 9	4.032 2
6	0.717 6	1.439 8	1.943 2	2.446 9	3.142 7	3.707 4
7	0.711 1	1.414 9	1.894 6	2.364 6	2.998 0	3.499 5
8	0.706 4	1.396 8	1.859 5	2.306 0	2.896 5	3.355 4
9	0.702 7	1.383 0	1.833 1	2.262 2	2.821 4	3.249 8
10	0.699 8	1.372 2	1.812 5	2.228 1	2.763 8	3.169 3
11	0.697 4	1.363 4	1.795 9	2.201 0	2.718 1	3.105 8
12	0.695 5	1.356 2	1.782 3	2.178 8	2.681 0	3.054 5
13	0.693 8	1.350 2	1.770 9	2.160 4	2.650 3	3.012 3
14	0.692 4	1.345 0	1.761 3	2.144 8	2.624 5	2.976 8
15	0.691 2	1.340 6	1.753 1	2.131 5	2.602 5	2.946 7

续表

自由度	$\alpha=0.25$	0.10	0.05	0.025	0.01	0.005
16	0.690 1	1.338 8	1.745 9	2.119 9	2.583 5	2.920 8
17	0.689 2	1.333 4	1.739 6	2.109 8	2.566 9	2.898 2
18	0.688 4	1.330 4	1.734 1	2.100 9	2.552 4	2.878 4
19	0.687 6	1.327 7	1.729 1	2.093 0	0.539 5	2.860 9
20	0.687 0	1.325 3	1.724 7	2.086 0	2.528 0	2.845 3
21	0.686 6	1.323 2	1.720 7	2.079 6	2.517 7	2.831 4
22	0.685 8	1.321 2	1.717 1	2.073 9	2.508 3	2.818 8
23	0.685 3	1.319 5	1.713 9	2.068 7	2.499 9	2.807 3
24	0.684 8	1.317 8	1.710 9	2.063 9	2.492 2	2.796 9
25	0.684 4	1.316 3	1.708 1	2.059 5	2.485 1	2.787 4
26	0.684 0	1.315 0	1.705 6	2.055 5	2.478 6	2.778 7
27	0.683 7	1.313 7	1.703 3	2.051 8	2.472 7	2.770 7
28	0.683 4	1.312 5	1.701 1	2.048 4	2.467 1	2.763 3
29	0.683 0	1.311 4	1.699 1	2.045 2	2.462 0	2.756 4
30	0.682 8	1.310 4	1.697 3	2.042 3	2.457 3	2.750 0
31	0.682 5	1.309 5	1.695 5	2.039 5	2.452 8	2.744 0
32	0.682 2	1.308 6	1.693 9	2.036 9	2.448 7	2.738 5
33	0.682 0	1.307 7	1.692 4	2.034 5	2.444 8	2.733 3
34	0.681 8	1.307 0	1.690 9	2.032 2	2.441 1	2.728 4
35	0.681 6	1.306 2	1.689 6	2.030 1	2.437 7	2.723 8
36	0.681 4	1.305 5	1.688 3	2.028 1	2.434 3	2.719 5
37	0.681 2	1.304 9	1.687 1	2.026 2	2.431 4	2.715 4
38	0.681 0	1.304 2	1.686 0	2.024 4	2.428 6	2.711 6
39	0.680 8	1.303 6	1.684 9	2.022 7	2.425 8	2.707 9
40	0.680 7	1.303 0	1.683 9	2.021 1	2.423 3	2.704 5
41	0.680 5	1.302 5	1.682 9	2.019 5	2.420 8	2.701 2
42	0.680 4	1.302 0	1.682 0	2.018 1	2.418 5	2.698 1
43	0.680 2	1.301 6	1.681 1	2.016 7	2.416 3	2.695 1
44	0.680 1	1.301 1	1.680 2	2.015 4	2.414 1	2.692 3
45	0.680 0	1.300 6	1.679 4	2.014 1	2.412 1	2.689 6

附表3 χ^2 分布表

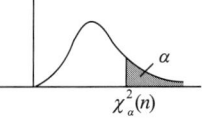

$$P\{\chi^2(n)>\chi_\alpha^2(n)\}=\alpha$$

n	$\alpha=0.995$	0.99	0.975	0.95	0.90	0.75	0.25	0.10	0.05	0.025	0.01	0.005
1	—	—	0.001	0.004	0.016	0.102	1.323	2.706	3.841	5.024	6.635	7.879
2	0.010	0.020	0.051	0.103	0.211	0.575	2.773	4.605	5.991	7.378	9.210	10.597
3	0.072	0.115	0.216	0.352	0.584	1.213	4.108	6.251	7.815	9.348	11.345	12.838
4	0.207	0.297	0.484	0.711	1.064	1.923	5.385	7.779	9.448	11.143	13.277	14.806
5	0.412	0.554	0.831	1.145	1.610	2.675	6.626	9.236	11.072	12.833	15.086	16.750

续表

n	$\alpha=0.995$	0.99	0.975	0.95	0.90	0.75	0.25	0.10	0.05	0.025	0.01	0.005
6	0.676	0.872	1.237	1.635	2.204	3.455	7.841	10.645	12.592	14.449	16.812	18.548
7	0.989	1.239	1.690	2.167	2.833	4.255	9.037	12.017	14.067	16.013	18.475	20.278
8	1.344	1.646	2.180	2.733	3.490	5.071	10.219	13.362	15.507	17.535	20.090	21.955
9	1.735	2.088	2.700	3.325	4.168	5.899	11.389	14.684	16.919	19.023	21.666	23.589
10	2.156	2.558	3.247	3.940	4.865	6.737	12.549	15.987	18.307	20.483	23.209	25.188
11	2.603	3.053	3.816	4.575	5.578	7.584	13.701	17.275	19.675	21.920	24.725	26.757
12	3.047	3.571	4.404	5.226	6.304	8.438	14.845	18.549	21.026	23.337	26.217	28.299
13	3.565	4.107	5.009	5.892	7.042	9.299	15.984	19.812	22.362	24.736	27.688	29.819
14	4.075	4.660	5.629	6.571	7.790	10.165	17.117	21.064	23.685	26.119	29.141	31.319
15	4.601	5.229	6.262	7.261	8.547	11.037	18.245	22.307	24.996	27.488	30.578	32.801
16	5.142	5.812	6.908	7.962	9.312	11.912	19.369	23.542	26.296	28.845	32.000	34.267
17	5.697	6.408	7.564	8.672	10.085	12.792	20.489	24.769	27.587	30.191	33.409	35.718
18	6.265	7.015	8.231	9.390	10.865	13.675	21.605	25.989	28.869	31.526	34.805	37.156
19	6.844	7.633	8.907	10.117	11.651	14.562	22.718	27.204	30.144	32.852	36.191	38.582
20	7.434	8.260	9.591	10.851	12.443	15.452	23.828	28.412	31.410	34.170	37.566	39.997
21	8.034	8.897	10.283	11.591	13.240	16.344	24.935	29.615	32.671	36.479	38.932	41.401
22	8.643	9.542	10.982	12.338	14.042	17.240	26.039	30.813	33.924	36.781	40.289	42.796
23	9.260	10.196	11.689	13.091	14.848	18.137	27.141	32.007	35.172	38.076	41.638	44.181
24	9.886	10.856	12.401	13.848	15.659	19.037	28.241	33.196	36.415	39.364	42.980	45.559
25	10.520	11.524	13.120	14.611	16.473	19.939	29.339	34.382	37.652	40.646	44.314	46.928
26	11.160	12.198	13.844	15.379	17.292	20.843	30.435	35.563	38.885	41.923	45.642	48.290
27	11.808	12.879	14.573	16.151	18.114	21.749	31.528	36.741	40.113	43.194	46.963	49.645
28	12.461	13.565	15.308	16.928	18.939	22.657	32.620	37.916	41.337	44.461	48.278	50.993
29	13.121	14.257	16.047	17.708	19.768	23.567	33.711	39.087	42.557	45.722	49.588	52.336
30	13.787	14.954	16.791	18.493	20.599	24.478	34.800	40.256	43.773	46.949	50.892	53.672
31	14.458	15.655	17.539	19.281	21.434	25.390	35.887	41.422	44.985	48.232	52.191	55.003
32	15.134	16.362	18.291	20.072	22.271	26.304	36.973	42.585	46.194	49.480	53.486	56.328
33	15.815	17.074	19.047	20.867	23.110	27.219	38.058	43.745	47.400	50.725	54.776	57.648
34	16.501	17.789	19.806	21.664	23.952	28.136	39.141	44.903	48.602	51.966	56.061	58.964
35	17.192	18.509	20.569	22.465	24.797	29.054	40.223	46.059	49.802	53.203	57.342	60.275
36	17.887	19.233	21.336	23.269	25.643	29.973	41.304	47.212	50.998	54.437	58.619	61.581
37	18.586	19.960	22.106	24.075	26.492	30.893	42.383	48.363	52.192	55.668	59.892	62.883
38	19.289	20.691	22.878	24.884	27.343	31.815	43.462	49.513	53.384	56.896	61.162	64.181
39	19.996	21.426	23.654	25.695	28.196	32.737	44.539	50.660	54.572	58.120	62.428	65.476
40	20.707	22.164	24.433	26.509	29.051	33.660	45.616	51.805	55.758	59.342	63.691	66.766
41	21.421	22.906	25.215	27.326	29.907	34.585	46.692	52.949	56.942	60.561	64.950	68.053
42	22.138	23.650	25.999	28.144	30.765	35.510	47.766	54.090	58.124	61.777	66.206	69.336
43	22.859	24.398	26.785	28.965	31.625	36.436	48.840	55.230	59.354	62.990	67.459	70.616
44	23.584	25.148	27.575	29.787	32.487	37.363	49.913	56.369	60.481	64.201	68.710	71.893
45	24.311	25.901	28.366	30.621	33.350	38.291	40.985	57.505	61.656	65.410	69.957	73.166

附表 4 F 分布表

$$P\{F(n_1, n_2) > F_\alpha(n_1, n_2)\} = \alpha$$

$(\alpha = 0.10)$

n_2 \ n_1	1	2	3	4	5	6	7	8	9	10	12	15	20	24	30	40	60	120	∞
1	39.86	49.50	53.59	55.83	57.24	58.20	58.91	59.44	59.86	60.19	60.71	61.22	61.74	62.00	62.26	62.53	62.79	63.06	63.33
2	8.53	9.00	9.16	9.24	9.29	9.33	9.35	9.37	9.38	9.39	9.41	9.42	9.44	9.45	9.46	9.47	9.47	9.48	9.49
3	5.54	5.46	5.39	5.34	5.31	5.28	5.27	5.25	5.24	5.23	5.22	5.20	5.18	5.18	5.17	5.16	5.15	5.14	5.13
4	4.54	4.32	4.19	4.11	4.05	4.01	3.98	3.95	3.94	3.92	3.90	3.87	3.84	3.83	3.82	3.80	3.79	3.78	3.72
5	4.06	3.78	3.62	3.52	3.45	3.40	3.37	3.34	3.32	3.30	3.27	3.24	3.21	3.19	3.17	3.16	3.14	3.12	3.10
6	3.78	3.46	3.29	3.18	3.11	3.05	3.01	2.98	2.96	2.94	2.90	2.87	2.84	2.82	2.80	2.78	2.76	2.74	2.72
7	3.59	3.26	3.07	2.96	2.88	2.83	2.78	2.75	2.72	2.70	2.67	2.63	2.59	2.58	2.56	2.54	2.51	2.49	2.47
8	3.46	3.11	2.92	2.81	2.73	2.67	2.62	2.59	2.56	2.54	2.50	2.46	2.42	2.40	2.38	2.36	2.34	2.32	2.29
9	3.36	3.01	2.81	2.69	2.61	2.55	2.51	2.47	2.44	2.42	2.38	2.34	2.30	2.28	2.25	2.23	2.21	2.18	2.16
10	3.29	2.92	2.73	2.61	2.52	2.46	2.41	2.38	2.35	2.32	2.28	2.24	2.20	2.18	2.16	2.13	2.11	2.08	2.06
11	3.23	2.86	2.66	2.54	2.45	2.39	2.34	2.30	2.27	2.25	2.21	2.17	2.12	2.10	2.08	2.05	2.03	2.00	1.97
12	3.18	2.81	2.61	2.48	2.39	2.33	2.28	2.24	2.21	2.19	2.15	2.10	2.06	2.04	2.01	1.99	1.96	1.93	1.90
13	3.14	2.76	5.56	2.43	2.35	2.28	2.23	2.20	2.16	2.14	2.10	2.05	2.01	1.98	1.96	1.93	1.90	1.88	1.85
14	3.10	2.73	2.52	2.39	2.31	2.24	2.19	2.15	2.12	2.10	2.05	2.01	1.96	1.94	1.91	1.89	1.86	1.83	1.80
15	3.07	2.70	2.49	2.36	2.27	2.21	2.16	2.12	2.09	2.06	2.02	1.97	1.92	1.90	1.87	1.85	1.82	1.79	1.76
16	3.05	2.67	2.46	2.33	2.24	2.18	2.13	2.09	2.06	2.03	1.99	1.94	1.89	1.87	1.84	1.81	1.78	1.75	1.72
17	3.03	2.64	2.44	2.31	2.22	2.15	2.10	2.06	2.03	2.00	1.96	1.91	1.86	1.84	1.81	1.78	1.75	1.72	1.69
18	3.01	2.62	2.42	2.29	2.20	2.13	2.08	2.04	2.00	1.98	1.93	1.89	1.84	1.81	1.78	1.75	1.72	1.69	1.66
19	2.99	2.61	2.40	2.27	2.18	2.11	2.06	2.02	1.98	1.96	1.91	1.86	1.81	1.79	1.76	1.73	1.70	1.67	1.63
20	2.97	2.59	2.38	2.25	2.16	2.09	2.04	2.00	1.96	1.94	1.89	1.84	1.79	1.77	1.74	1.71	1.68	1.64	1.61

续表

n_1 \ n_2	1	2	3	4	5	6	7	8	9	10	12	15	20	24	30	40	60	120	∞
21	2.96	2.57	2.36	2.23	2.14	2.08	2.02	1.98	1.95	1.92	1.87	1.83	1.78	1.75	1.72	1.69	1.66	1.62	1.59
22	2.95	2.56	2.35	2.22	2.13	2.06	2.01	1.97	1.93	1.90	1.86	1.81	1.76	1.73	1.70	1.67	1.64	1.60	1.57
23	2.94	2.55	2.34	2.21	2.11	2.05	1.99	1.95	1.92	1.89	1.84	1.80	1.74	1.72	1.69	1.66	1.62	1.59	1.55
24	2.93	2.54	2.33	2.19	2.10	2.04	1.98	1.94	1.91	1.88	1.83	1.78	1.73	1.70	1.67	1.64	1.61	1.57	1.53
25	2.92	2.53	2.32	2.18	2.09	2.02	1.97	1.93	1.89	1.87	1.82	1.77	1.72	1.69	1.66	1.63	1.59	1.56	1.52
26	2.91	2.52	2.31	2.17	2.08	2.01	1.96	1.92	1.88	1.86	1.81	1.76	1.71	1.68	1.65	1.61	1.58	1.54	1.50
27	2.90	2.51	2.30	2.17	2.07	2.00	1.95	1.91	1.87	1.85	1.80	1.75	1.70	1.67	1.64	1.60	1.57	1.53	1.49
28	2.89	2.50	2.29	2.16	2.06	2.00	1.94	1.90	1.87	1.84	1.79	1.74	1.69	1.66	1.63	1.59	1.56	1.52	1.48
29	2.89	2.50	2.28	2.15	2.06	1.99	1.93	1.89	1.86	1.83	1.78	1.73	1.68	1.65	1.62	1.58	1.55	1.51	1.47
30	2.89	2.49	2.28	2.14	2.05	1.98	1.93	1.88	1.85	1.82	1.77	1.72	1.67	1.64	1.61	1.57	1.54	1.50	1.46
40	2.84	2.44	2.23	2.09	2.00	1.93	1.87	1.83	1.79	1.76	1.71	1.66	1.61	1.57	1.54	1.51	1.47	1.42	1.38
60	2.79	2.39	2.18	2.04	1.95	1.87	1.82	1.77	1.74	1.71	1.66	1.60	1.54	1.51	1.48	1.44	1.40	1.35	1.29
120	2.75	2.35	2.13	1.99	1.90	1.82	1.77	1.72	1.68	1.60	1.60	1.55	1.48	1.45	1.41	1.37	1.32	1.26	1.19
∞	2.71	2.30	2.08	1.94	1.85	1.77	1.72	1.67	1.63	1.65	1.55	1.49	1.42	1.38	1.34	1.30	1.24	1.17	1.00

($\alpha = 0.05$)

n_1 \ n_2	1	2	3	4	5	6	7	8	9	10	12	15	20	24	30	40	60	120	∞
1	161.40	199.50	215.70	224.60	230.20	234.00	236.80	238.90	240.50	241.90	243.9	245.9	248.0	249.1	250.1	251.1	252.3	253.3	254.3
2	18.51	19.00	19.16	19.25	19.30	19.33	19.35	19.37	19.38	19.40	19.41	19.43	19.45	19.45	19.46	19.47	19.48	19.49	19.50
3	10.13	9.55	9.28	9.12	9.01	8.94	8.89	8.85	8.81	8.79	8.74	8.70	8.66	8.64	8.62	8.59	8.57	8.55	8.53
4	7.71	6.94	6.59	6.39	6.26	6.16	6.09	6.04	6.00	5.96	5.91	5.86	5.80	5.77	5.75	5.72	5.69	5.66	5.63
5	6.61	5.79	5.41	5.19	5.05	4.95	4.88	4.82	4.77	4.74	4.68	4.62	4.56	4.53	4.50	4.46	4.43	4.40	4.36
6	5.99	5.14	4.76	4.53	4.39	4.28	4.21	4.15	4.10	4.06	4.00	3.94	3.87	3.84	3.81	3.77	3.74	3.70	3.67
7	5.59	4.74	4.35	4.12	3.97	3.87	3.79	3.73	3.68	3.64	3.57	3.51	3.44	3.41	3.38	3.34	3.30	3.27	3.23
8	5.32	4.46	4.07	3.84	3.69	3.58	3.50	3.44	3.39	3.35	3.28	3.22	3.15	3.12	3.08	3.04	3.01	2.97	2.93
9	5.12	4.26	3.86	3.63	3.48	3.37	3.29	3.23	3.18	3.14	3.07	3.01	2.94	2.90	2.86	2.83	2.79	2.75	2.71
10	4.96	4.10	3.71	3.48	3.33	3.22	3.14	3.07	3.02	2.98	2.91	2.85	2.77	2.74	2.70	2.66	2.62	2.58	2.54

续表

n_1 \ n_2	1	2	3	4	5	6	7	8	9	10	12	15	20	24	30	40	60	120	∞
11	4.84	3.98	3.59	3.36	3.20	3.09	3.01	2.95	2.90	2.85	2.79	2.72	2.65	2.61	2.57	2.53	2.49	2.45	2.40
12	4.75	3.89	3.49	3.26	3.11	3.00	2.91	2.85	2.80	2.75	2.69	2.62	2.54	2.51	2.47	2.43	2.38	2.34	2.30
13	4.67	3.81	3.41	3.18	3.03	2.92	2.83	2.77	2.71	2.67	2.60	2.53	2.46	2.42	2.38	2.34	2.30	2.25	2.21
14	4.60	3.74	3.34	3.11	2.96	2.85	2.76	2.70	2.65	2.60	2.53	2.46	2.39	2.35	2.31	2.27	2.22	2.18	2.13
15	4.54	3.68	3.29	3.06	2.90	2.79	2.71	2.64	2.59	2.54	2.48	2.40	2.33	2.29	2.25	2.20	2.16	2.11	2.07
16	4.49	3.63	3.24	3.01	2.85	2.74	2.66	2.59	2.54	2.49	2.42	2.35	2.28	2.24	2.19	2.15	2.11	2.06	2.01
17	4.45	3.59	3.20	2.96	2.81	2.70	2.61	2.55	2.49	2.45	2.38	2.31	2.23	2.19	2.15	2.10	2.06	2.01	1.96
18	4.41	3.55	3.16	2.93	2.77	2.66	2.58	2.51	2.46	2.41	2.34	2.27	2.19	2.15	2.11	2.06	2.02	1.97	1.92
19	4.38	3.52	3.13	2.90	2.74	2.63	2.54	2.48	2.42	2.38	2.31	2.23	2.16	2.11	2.07	2.03	1.98	1.93	1.88
20	4.35	3.49	3.10	2.87	2.71	2.60	2.51	2.45	2.39	2.35	2.28	2.20	2.12	2.08	2.04	1.99	1.95	1.90	1.84
21	4.32	3.47	3.07	2.84	2.68	2.57	2.49	2.42	2.37	2.32	2.25	2.18	2.10	2.05	2.01	1.96	1.92	1.87	1.81
22	4.30	3.44	3.05	2.82	2.66	2.55	2.46	2.40	2.34	2.30	2.23	2.15	2.07	2.03	1.98	1.94	1.89	1.84	1.78
23	4.28	3.42	3.03	2.80	2.64	2.53	2.44	2.37	2.32	2.27	2.20	2.13	2.05	2.01	1.96	1.91	1.86	1.81	1.76
24	4.26	3.40	3.01	2.78	2.62	2.51	2.42	2.36	2.30	2.25	2.18	2.11	2.03	1.98	1.94	1.89	1.84	1.79	1.73
25	4.24	3.39	2.99	2.76	2.60	2.49	2.40	2.34	2.28	2.24	2.16	2.09	2.01	1.96	1.92	1.87	1.82	1.77	1.71
26	4.23	3.37	2.98	2.74	2.59	2.47	2.39	2.32	2.27	2.22	2.15	2.07	1.99	1.95	1.90	1.85	1.80	1.75	1.69
27	4.21	3.35	2.96	2.73	2.57	2.46	2.37	2.31	2.25	2.20	2.13	2.06	1.97	1.93	1.88	1.84	1.79	1.73	1.67
28	4.20	3.34	2.95	2.71	2.56	2.45	2.36	2.29	2.24	2.19	2.12	2.04	1.96	1.91	1.87	1.82	1.77	1.71	1.65
29	4.18	3.33	2.93	2.70	2.55	2.43	2.35	2.28	2.22	2.18	2.10	2.03	1.94	1.90	1.85	1.81	1.75	1.70	1.64
30	4.17	3.32	2.92	2.69	2.53	2.42	2.33	2.27	2.21	2.16	2.09	2.01	1.93	1.89	1.84	1.79	1.74	1.68	1.62
40	4.08	3.23	2.84	2.61	2.45	2.34	2.25	2.18	2.12	2.08	2.00	1.92	1.84	1.79	1.74	1.69	1.64	1.58	1.51
60	4.00	3.15	2.76	2.53	2.37	2.25	2.17	2.10	2.04	1.99	1.92	1.84	1.75	1.70	1.65	1.59	1.53	1.47	1.39
120	3.92	3.07	2.68	2.45	2.29	2.17	2.09	2.02	1.96	1.91	1.83	1.75	1.66	1.61	1.55	1.50	1.43	1.35	1.25
∞	3.84	3.00	2.60	2.37	2.21	2.10	2.01	1.94	1.88	1.83	1.75	1.67	1.57	1.52	1.46	1.39	1.32	1.22	1.00

续表

($\alpha = 0.025$)

n_1 \ n_2	1	2	3	4	5	6	7	8	9	10	12	15	20	24	30	40	60	120	∞
1	647.8	799.5	864.2	899.6	921.8	937.1	948.2	956.7	963.3	968.6	976.7	984.9	993.1	997.2	1 001	1 006	1 010	1 014	1 018
2	38.51	39.00	39.17	39.25	39.30	39.33	39.36	39.37	39.39	39.40	39.41	39.43	39.45	39.46	39.46	39.47	39.48	39.49	39.50
3	17.44	16.04	15.44	15.10	14.88	14.73	14.62	14.54	14.47	14.42	14.34	14.25	14.17	14.12	14.08	14.04	13.99	13.95	13.90
4	12.22	10.65	9.98	9.60	9.36	9.20	9.07	8.98	8.90	8.84	8.75	8.66	8.56	8.51	8.46	8.41	8.36	8.31	8.26
5	10.01	8.43	7.76	7.39	7.15	6.98	6.85	6.76	6.68	6.62	6.52	6.34	6.33	6.28	6.22	6.18	6.12	6.07	6.02
6	8.81	7.26	6.60	6.23	5.99	5.82	5.70	5.60	5.52	5.45	5.37	5.27	5.17	5.12	5.07	5.01	4.96	4.90	4.85
7	8.07	6.54	5.89	5.52	5.29	5.12	4.99	4.90	4.82	4.76	4.67	4.57	4.47	4.42	4.36	4.31	4.25	4.20	4.14
8	7.57	6.06	5.42	5.05	4.82	4.65	4.53	4.43	4.36	4.30	4.20	4.10	4.00	3.95	3.89	3.84	3.78	3.73	3.67
9	7.21	5.71	5.08	4.72	4.48	4.32	4.20	4.10	4.03	3.96	3.87	3.77	3.67	3.61	3.56	3.51	3.45	3.39	3.33
10	6.94	5.46	4.83	4.47	4.24	4.07	3.95	3.85	3.78	3.72	3.62	3.52	3.42	3.37	3.31	3.26	3.20	3.14	3.08
11	6.72	5.26	4.63	4.28	4.04	3.88	3.76	3.66	3.59	3.53	3.43	3.33	3.23	3.17	3.12	3.06	3.00	2.94	2.88
12	6.55	5.10	4.47	4.12	3.89	3.73	3.61	3.51	3.44	3.37	3.28	3.18	3.07	3.02	2.96	2.91	2.85	2.79	2.72
13	6.41	4.97	4.35	4.00	3.77	3.60	3.48	3.39	3.31	3.25	3.15	3.05	2.95	2.89	2.84	2.78	2.72	2.66	2.60
14	6.30	4.86	4.24	3.89	3.66	3.50	3.38	3.29	3.21	3.15	3.05	2.95	2.84	2.79	2.73	2.67	2.61	2.55	2.49
15	6.20	4.77	4.15	3.80	3.58	3.41	3.29	3.20	3.12	3.06	2.96	2.86	2.76	2.70	2.64	2.59	2.52	2.46	2.40
16	6.12	4.69	4.08	3.73	3.50	3.34	3.22	3.12	3.05	2.99	2.89	2.79	2.68	2.63	2.57	2.51	2.45	2.38	2.32
17	6.04	4.62	4.01	3.66	3.44	3.28	3.16	3.06	2.98	2.92	2.82	2.72	2.62	2.56	2.50	2.44	2.38	2.32	2.25
18	5.98	4.56	3.95	3.61	3.38	3.22	3.10	3.01	2.92	2.87	2.77	2.67	2.56	2.50	2.44	2.38	2.32	2.26	2.19
19	5.92	4.51	3.90	3.56	3.33	3.17	3.05	2.96	2.88	2.82	2.72	2.62	2.51	2.45	2.39	2.33	2.27	2.20	2.13
20	5.87	4.46	3.86	3.51	3.29	3.13	3.01	2.91	2.84	2.77	2.68	2.57	2.46	2.41	2.35	2.29	2.22	2.16	2.09
21	5.83	4.42	3.82	3.48	3.25	3.09	2.97	2.87	2.80	2.73	2.64	2.53	2.42	2.37	2.31	2.25	2.18	2.11	2.04
22	5.79	4.38	3.78	3.44	3.22	3.05	2.93	2.84	2.76	2.70	2.60	2.50	2.39	2.33	2.27	2.21	2.14	2.08	2.00
23	5.75	4.35	3.75	3.41	3.18	3.02	2.90	2.81	2.73	2.67	2.57	2.47	2.36	2.30	2.24	2.18	2.11	2.04	1.97
24	5.72	4.32	3.72	3.38	3.15	2.99	2.87	2.78	2.70	2.64	2.54	2.44	2.33	2.27	2.21	2.15	2.08	2.01	1.94

续表

n_1 \ n_2	1	2	3	4	5	6	7	8	9	10	12	15	20	24	30	40	60	120	∞
25	5.69	4.29	3.69	3.35	3.13	2.97	2.85	2.75	2.68	2.61	2.51	2.41	2.30	2.24	2.18	2.12	2.05	1.98	1.91
26	5.66	4.27	3.67	3.33	3.10	2.94	2.82	2.73	2.65	2.59	2.49	2.39	2.28	2.22	2.16	2.09	2.03	1.95	1.88
27	5.63	4.24	3.65	3.31	3.08	2.92	2.80	2.71	2.63	2.57	2.47	2.36	2.25	2.19	2.13	2.07	2.00	1.93	1.85
28	5.61	4.22	3.63	3.29	3.06	2.90	2.78	2.69	2.61	2.55	2.45	2.34	2.23	2.17	2.11	2.05	1.98	1.91	1.83
29	5.59	4.20	3.61	3.27	3.04	2.88	2.76	2.67	2.59	2.53	2.43	2.32	2.21	2.15	2.09	2.03	1.96	1.89	1.81
30	5.57	4.18	3.59	3.25	3.03	2.87	2.75	2.65	2.57	2.51	2.41	2.31	2.20	2.14	2.07	2.01	1.94	1.87	1.79
40	5.42	4.05	3.46	3.13	2.90	2.74	2.62	2.53	2.45	2.39	2.29	2.18	2.07	2.01	1.94	1.88	1.80	1.72	1.64
60	5.29	3.93	3.34	3.01	2.79	2.63	2.51	2.41	2.33	2.27	2.17	2.06	1.94	1.88	1.82	1.74	1.67	1.58	1.48
120	5.15	3.80	3.23	2.89	2.67	2.52	2.39	2.30	2.22	2.16	2.05	1.94	1.82	1.76	1.69	1.61	1.53	1.43	1.31
∞	5.02	3.69	3.12	2.79	2.57	2.41	2.29	2.19	2.11	2.05	1.94	1.83	1.71	1.64	1.57	1.48	1.39	1.27	1.00

($\alpha = 0.01$)

n_1 \ n_2	1	2	3	4	5	6	7	8	9	10	12	15	20	24	30	40	60	120	∞
1	4 052	4 999.5	5 403	5 625	5 764	5 859	5 928	5 982	6 022	6 056	6 106	6 157	6 209	6 235	6 261	6 287	6 313	6 339	6 366
2	98.50	99.00	99.17	99.25	99.30	99.33	99.36	99.37	99.39	99.40	99.42	99.43	99.45	99.46	99.47	99.47	99.48	99.49	99.50
3	34.12	30.82	29.46	28.71	28.24	27.91	27.67	27.49	27.35	27.23	27.05	26.87	26.69	26.60	26.50	26.41	26.32	26.22	26.13
4	21.20	18.00	16.69	15.98	15.52	15.21	14.98	14.80	14.66	14.55	14.37	14.20	14.02	13.93	13.84	13.75	13.65	13.56	13.46
5	16.26	13.27	12.06	11.39	10.97	10.67	10.46	10.29	10.16	10.05	9.89	9.72	9.55	9.47	9.38	9.29	9.20	9.11	9.02
6	13.75	10.92	9.78	9.15	8.75	8.47	8.26	8.10	7.98	7.87	7.72	7.56	7.40	7.31	7.23	7.14	7.06	6.97	6.88
7	12.25	9.55	8.45	7.85	7.46	7.19	6.99	6.84	6.72	6.62	6.47	6.31	6.16	6.07	5.99	5.91	5.82	5.74	5.65
8	11.26	8.65	7.59	7.01	6.63	6.37	6.18	6.03	5.91	5.81	5.67	5.52	5.39	5.28	5.20	5.12	5.03	4.95	4.86
9	10.56	8.02	6.99	6.42	6.06	5.80	5.61	5.47	5.35	5.26	5.11	4.96	4.81	4.73	4.65	4.57	4.48	4.40	4.31
10	10.04	7.56	6.55	5.99	5.64	5.39	5.20	5.06	4.94	4.85	4.71	4.56	4.41	4.33	4.25	4.17	4.08	4.00	3.91
11	9.65	7.21	6.22	5.67	5.32	5.07	4.98	4.77	4.63	4.54	4.40	4.25	4.10	4.02	3.94	3.86	3.78	3.69	3.60
12	9.33	6.93	5.95	5.41	5.06	4.82	4.64	4.50	4.39	4.30	4.16	4.01	3.86	3.78	3.70	3.62	3.54	3.45	3.36
13	9.07	6.70	5.74	5.21	4.86	4.62	4.44	4.30	4.19	4.10	3.96	3.82	3.66	3.59	3.51	3.43	3.34	3.25	3.17
14	8.86	6.51	5.56	5.04	4.69	4.46	4.28	4.14	4.03	3.94	3.80	3.66	3.51	3.43	3.35	3.27	3.18	3.09	3.00

续表

n_2 \ n_1	1	2	3	4	5	6	7	8	9	10	12	15	20	24	30	40	60	120	∞
15	8.68	6.36	5.42	4.89	4.56	4.32	4.14	4.00	3.89	3.80	3.67	3.52	3.37	3.29	3.21	3.13	3.05	2.96	2.87
16	8.53	6.23	5.29	4.77	4.44	4.20	4.03	3.89	3.78	3.69	3.55	3.41	3.26	3.18	3.10	3.02	2.93	2.84	2.75
17	8.40	6.11	5.18	4.67	4.34	4.10	3.93	3.79	3.68	3.59	3.46	3.31	3.16	3.08	3.00	2.92	2.83	2.75	2.65
18	8.29	6.01	5.09	4.58	4.25	4.01	3.84	3.71	3.60	3.51	3.37	3.23	3.08	3.00	2.92	2.84	2.75	2.66	2.57
19	8.18	5.93	5.01	4.50	4.17	3.94	3.77	3.63	3.52	3.43	3.30	3.15	3.00	2.92	2.84	2.76	2.67	2.58	2.49
20	8.10	5.85	4.94	4.43	4.10	3.87	3.70	3.56	3.46	3.37	3.23	3.09	2.94	2.86	2.78	2.69	2.61	2.52	2.42
21	8.02	5.78	4.87	4.37	4.04	3.81	3.64	3.51	3.40	3.31	3.17	3.03	2.88	2.80	2.72	2.64	2.55	2.46	2.36
22	7.95	5.72	4.82	4.31	3.99	3.76	3.59	3.45	3.35	3.26	3.12	2.98	2.83	2.75	2.67	2.58	2.50	2.40	2.31
23	7.88	5.66	4.76	4.26	3.94	3.71	3.54	3.41	3.30	3.21	3.07	2.93	2.78	2.70	2.62	2.54	2.45	2.35	2.26
24	7.82	5.61	4.72	4.22	3.90	3.67	3.50	3.36	3.26	3.17	3.03	2.89	2.74	2.66	2.58	2.49	2.40	2.31	2.21
25	7.77	5.57	4.68	4.18	3.85	3.63	3.46	3.32	3.22	3.13	2.99	2.85	2.70	2.62	2.54	2.45	2.36	2.27	2.17
26	7.72	5.53	4.64	4.14	3.82	3.59	3.42	3.29	3.18	3.09	2.96	2.81	2.66	2.58	2.50	2.42	2.33	2.23	2.13
27	7.68	5.49	4.60	4.11	3.78	3.56	3.39	3.26	3.15	3.06	2.93	2.78	2.63	2.55	2.47	2.38	2.29	2.20	2.10
28	7.64	5.45	4.57	4.07	3.75	3.53	3.36	3.23	3.12	3.03	2.90	2.75	2.60	2.52	2.44	2.35	2.26	2.17	2.06
29	7.60	5.42	4.54	4.04	3.73	3.50	3.33	3.20	3.09	3.00	2.87	2.73	2.57	2.49	2.41	2.33	2.23	2.14	2.03
30	7.56	5.39	4.51	4.02	3.70	3.47	3.30	3.17	3.07	2.98	2.84	2.70	2.55	2.47	2.39	2.30	2.21	2.11	2.01
40	7.31	5.18	4.31	3.83	3.51	3.29	3.12	2.99	2.89	2.80	2.66	2.52	2.37	2.29	2.20	2.11	2.02	1.92	1.80
60	7.08	4.98	4.13	3.65	3.34	3.12	2.95	2.82	2.72	2.63	2.50	2.35	2.20	2.12	2.03	1.94	1.84	1.73	1.60
120	6.85	4.79	3.95	3.48	3.17	2.96	2.79	2.66	2.56	2.47	2.34	2.19	2.03	1.95	1.86	1.76	1.66	1.53	1.38
∞	6.63	4.61	3.78	3.32	3.02	2.80	2.64	2.51	2.41	2.32	2.18	2.04	1.88	1.79	1.70	1.59	1.47	1.32	1.00

参考书目

1. McClave, etc. Statistics for Business and Economics. 12th Edition. Pearson, 2014.
2. Bock, etc. Stats. Modeling the World. 3rd Edition. Addison Wesley, 2010.
3. Watkins, etc. Statistics, from Data to Decision. 2nd Edition. John Wiley & Sons Inc., 2011.
4. 埃维森,等.统计学——基本概念和方法[M].吴喜之,等,译.北京:高等教育出版社;海德堡:施普林格出版社,2000.
5. 戴维·S.穆尔.统计学的世界[M].郑惟厚,译.北京:中信出版社,2003.
6. 冯士雍,倪加勋,邹国华.抽样调查理论与方法[M].北京:中国统计出版社,1998.
7. 袁卫,吴喜之,贾俊平.描述统计学[M].北京:中国统计出版社,1996.
8. 袁卫,刘超.统计学——思想、方法与应用.北京:中国人民大学出版社,2011.
9. 贾俊平.统计学[M].北京:清华大学出版社;海德堡:施普林格出版社,2004.
10. 贾俊平.统计学[M].8版.北京:中国人民大学出版社,2018.

教学支持说明

建设立体化精品教材,向高校师生提供整体教学解决方案和教学资源,是高等教育出版社"服务教育"的重要方式。为支持相应课程教学,我们专门为本书研发了配套教学课件及相关教学资源,并向采用本书作为教材的教师免费提供。

为保证该课件及相关教学资源仅为教师获得,烦请授课教师清晰填写如下开课证明并拍照后,发送至邮箱:songzhw@ hep. com. cn 或 shichh@ hep. com. cn,也可通过搜索加入高教经济类教师服务 QQ 群:563780432,进行索取。

咨询电话:010-58581020,编辑电话:010-58581775

证　　明

兹证明_____大学_____学院/系第_____学年开设的_____课程,采用高等教育出版社出版的《_____》(主编)作为本课程教材,授课教师为_____,学生_____个班,共_____人。授课教师需要与本书配套的课件及相关资源用于教学使用。

授课教师联系电话:_____　E-mail:_____

学院/系主任:_____(签字)

(学院/系办公室盖章)

20___年___月___日

郑重声明

高等教育出版社依法对本书享有专有出版权。任何未经许可的复制、销售行为均违反《中华人民共和国著作权法》，其行为人将承担相应的民事责任和行政责任；构成犯罪的，将被依法追究刑事责任。为了维护市场秩序，保护读者的合法权益，避免读者误用盗版书造成不良后果，我社将配合行政执法部门和司法机关对违法犯罪的单位和个人进行严厉打击。社会各界人士如发现上述侵权行为，希望及时举报，我社将奖励举报有功人员。

反盗版举报电话　　（010）58581999　58582371
反盗版举报邮箱　　dd@hep.com.cn
通信地址　　北京市西城区德外大街4号　高等教育出版社法律事务部
邮政编码　　100120

防伪查询说明
　　用户购书后刮开封底防伪涂层，使用手机微信等软件扫描二维码，会跳转至防伪查询网页，获得所购图书详细信息。
防伪客服电话　　（010）58582300